리눅스 시스템 프로그래밍

LINUX
SYSTEM
PROGRAMMING

지은이 로버트 러브 Robert Love

초창기부터 리눅스를 사용하고 있으며 리눅스 커널과 GNOME 데스크톱 환경에 많은 기여를 하고 있다. 로버트는 구글에서 소프트웨어 엔지니어로 근무 중이며 과거에는 안드로이드팀에서 일했고 현재는 웹 검색 인프라팀에서 근무 중이다. 로버트는 플로리다 주립 대학에서 수학과 컴퓨터 과학을 전공했다. 현재 보스턴에 있다.

옮긴이 김영근 iam@younggun.kim

애플 II에서 베이직으로 처음 프로그래밍을 시작했고, 장래 희망은 항상 프로그래머라고 말하고 다니다 정신 차리고 보니 어느덧 10여 년 차 개발자가 되었다. 임베디드 환경에서부터 미들웨어, 스마트폰 애플리케이션에 이르기까지 다양한 분야의 개발 경험이 있다. 국립금오공과대학교에서 컴퓨터공학을 전공하고 리눅스 커뮤니티에서 오랫동안 활동한 경험을 살려 운명처럼 『리눅스 시스템 프로그래밍(개정 2판)』을 번역했다. 데이터 분석의 매력에 빠져 『파이썬 라이브러리를 활용한 데이터 분석』(한빛미디어, 2014)을 번역했으며 〈PYCON 한국 2014〉를 조직해 개최했다.

리눅스 시스템 프로그래밍(개정2판) : 커널과 C 라이브러리로 풀어가는

초 판 1쇄 발행 2009년 7월 2일
개정판 1쇄 발행 2015년 1월 2일
개정판 5쇄 발행 2022년 4월 15일

지은이 로버트 러브 / **옮긴이** 김영근 / **펴낸이** 김태헌
펴낸곳 한빛미디어(주) / **주소** 서울시 서대문구 연희로2길 62 한빛미디어(주) IT출판부
전화 02-325-5544 / **팩스** 02-336-7124
등록 1999년 6월 24일 제25100-2017-000058호 / **ISBN** 978-89-6848-148-2 93000

총괄 전정아 / **책임편집** 박민아 / **기획** 조희진 / **진행** 김종찬
디자인 표지 손경선 내지 강은영 / **전산편집** 백지선
영업 김형진, 김진불, 조유미, 김선아 / **마케팅** 박상용, 송경석, 한종진, 이행은, 고광일, 성화정 / **제작** 박성우, 김정우

이 책에 대한 의견이나 오탈자 및 잘못된 내용에 대한 수정 정보는 한빛미디어(주)의 홈페이지나 아래 이메일로 알려주십시오. 잘못된 책은 구입하신 서점에서 교환해 드립니다. 책값은 뒤표지에 표시되어 있습니다.
한빛미디어 홈페이지 www.hanbit.co.kr / 이메일 ask@hanbit.co.kr

지금 하지 않으면 할 수 없는 일이 있습니다.
책으로 펴내고 싶은 아이디어나 원고를 메일(**writer@hanbit.co.kr**)로 보내주세요.
한빛미디어(주)는 여러분의 소중한 경험과 지식을 기다리고 있습니다.

리눅스 시스템 프로그래밍

LINUX
SYSTEM
PROGRAMMING

O'REILLY® 한빛미디어
Hanbit Media, Inc.

예전 이야기를 해볼까 한다.

그래 봤자 그리 오래되지 않은 과거에 지금의 웹, 모바일 앱 개발 열풍처럼 많은 사람이 리눅스 시스템 프로그래밍을 공부하던 시절이 있었다. 요즘 유행하는 파이썬이나 루비를 이용한 웹 프로그래밍은 아니었지만, 그 시절에도 PHP를 중심으로 한 웹 개발의 인기는 대단했고 등장하자마자 가파르게 치고 올라가던 자바의 무서운 기세도 잊을 수 없다. 날마다 해가 뜨면 새로운 코드가 쏟아졌다. 지금만큼이나 전체 개발자의 잉여력과 생산성이 최고조였던 시기다. MySQL, 파이썬, 파이어폭스 브라우저, 아파치 웹 서버, 비트토렌트, Qt 툴킷 등 지금도 널리 사용되고 있는 많은 소프트웨어가 처음 모습을 드러냈던 시기가 바로 그때였다.

돌이켜보면 이런 흐름에 불을 지폈던 건 다름 아닌 오픈소스와 리눅스였다. 당시에는 설치조차 호락호락하지 않았던 생소한 이 운영체제는 기업이나 연구소의 선택받은 일부만 접할 수 있었던 서버라는 꿈의 존재를 시간과 노력을 조금만 들이면 누구나 자신이 소유한 PC에서 구동할 수 있게 하는 마법과도 같은 선물이었다. 일반 PC에서 동작하는 소스 코드가 공개된 커널, 자유롭게 쓸 수 있는 다양한 컴파일러, 어떤 것이라도 구현할 수 있는 잘 설계된 라이브러리, 그리고 지나치게 친절한 라이브러리 문서, 이 모든 것을 담고 있는 리눅스는 개발자에게는 종합 선물 상자와 같았다. 게다가 이 모든 소스 코드는 공개되어 있으므로 자연스럽게 시스템 프로그래밍을 접할 기회가 늘었고 웹 개발과 같은 다른 개발 분야만큼이나 많은 사람이 시스템 프로그래밍을 공부했다.

하지만 여전히 시스템 프로그래밍이라는 분야 자체는 업계의 첨단 분야임에도 불구하고 웹이나 모바일 앱 개발과 비교하면 시스템 프로그래밍을 공부하려는 사람들이 과거보다 훨씬 더 적다고 느낀다. 개발 트렌드의 변화, 개인의 취향 같은 여러 가지 이유가 있겠지만, 제대로 된 관련 서적의 부재가 크다고 생각하는데, 질소 없는 과자처럼 속이 꽉 찬 이 책이 출판됨으로써 어느 정도 해소되리라 기대한다.

또한, 이 책에서 리눅스 시스템 프로그래밍 언어로 사용하고 있는 C 언어는 많은 사람이 오래된 언어, 익히기 어려운 언어라는 선입관을 가지고 있다. C 언어는 그보다 수십 년 뒤에 나온 언어에 비해 다소 투박한 면은 있지만, 결코 어려운 언어는 아니다. 또한, 오래된 언어이긴 하나 아직도 현역으로 사용되고 있으며 특히 리눅스 시스템 프로그래밍 분야에서는 독보적인 존재다. 커널과 드라이버는 말할 것도 없고, 안드로이드의 핵심 코드와 최근 인기를 얻고 있는 키-밸류 저장소인 레디스Redis도 C로 개발되었으며 후발주자임에도 빠르게 성장하고 있는 새로운 웹 서버인 Nginx, 그리고 MySQL, Git, 파이썬 모두 C로 작성되었다.

한 분의 독자라도 이 책을 다 읽고 나서 리눅스 시스템 프로그래밍에 흥미를 느낀다면 번역자이자 오랜 시간 리눅스 시스템 프로그래밍 광으로 지낸 한 사람으로서 큰 기쁨이 될 것이다. 리눅스 시스템 프로그래머로서 더욱 탄탄한 지식 기반을 쌓고 싶다면 부록에서 소개하는 참고 서적들도 공부하길 추천한다. 혹시나 이 책을 다 읽고 난 뒤에 무엇부터 시작해야 할지 확신이 서지 않는 독자가 있다면 주저 말고 역자에게 메일을 보내주시기 바란다.

가장 먼저, 조금은 유별난(?) 선택을 해주신 독자님께 감사의 마음을 전한다. 그리고 책이 출판되기까지 마음고생이 많으셨을 조희진 편집자님과 최현우 팀장님, 더운 여름 열기를 피할 수 있게 옆자리를 내어주신 김진불 과장님과 김옥현 대리님, 항상 힘이 되어 주는 동생 은애와 어머니, 언젠가는 이 책을 읽게 될 조카 세진이, 이름은 밝힐 수 없지만, 본인은 누군지 제일 잘 알고 계실 그분께 감사의 마음을 전하고 싶다.

_동틀 무렵, 김영근 (iam@younggun.kim)

추천사

리눅스 커널 개발자들이 심술을 부리고 싶을 때 뱉는 오래된 말이 있다. '사용자 영역은 단순히 커널을 위한 테스트 환경에 불과하다.'

커널 개발자들은 이렇게 중얼거리면서 가능한 한 사용자 영역에서 실행되는 코드에서 발생한 문제로부터 책임을 회피하려고 한다. 커널 개발자들은 어떤 문제든, 커널의 잘못이 아니므로 사용자 영역 개발자들이 그 문제를 고쳐야 한다고 생각하는 것이다.

문제 대부분은 커널의 잘못이 아님을 증명하고자 한 유명한 리눅스 커널 개발자는 몇 해 전 모 콘퍼런스에서 '왜 사용자 영역이 구린가?'*라는 주제로 모든 개발자가 매일 매달려 있는 끔찍한 실제 코드를 예로 들면서 발표를 한 적이 있다. 또 다른 커널 개발자는 사용자 영역 프로그램이 얼마나 심각하게 하드웨어를 망가뜨리고 아무도 모르게 노트북의 배터리를 잡아먹는지 보여주는 프로그램**을 만들기도 했다.

하지만 커널 개발자들이 비아냥거리는 것처럼 사용자 영역 코드가 커널을 위한 '테스트 환경'이라면 커널 개발자들 역시 매일 이런 사용자 영역 코드에 의존하고 있다는 방증이다. 만약에 그렇지 않다면 모든 커널은 화면에 ABABAB 패턴을 찍어대는 것만으로도 훌륭한 역할을 하는 것이 된다.

현재, 리눅스는 역사상 가장 유연하고 강력한 운영체제로 자리매김했다. 손바닥만 한 휴대전화와 임베디드 장비부터 세계 톱 500 슈퍼컴퓨터의 90%가 리눅스 환경에서 동작하고 있다. 다른 어떤 운영체제도 이처럼 유연하게 확장되어 다양한 하드웨어와 환경에 따른 요구사항에 대응할 수 없을 것이다.

그리고 커널이 있기에 리눅스의 사용자 영역에서 돌아가는 코드는 이 모든 플랫폼에서 동작할 수 있으며 전 세계 사람들이 필요로 하는 유틸리티와 애플리케이션을 제공할 수 있다.

---

* 역자주_ https://www.kernel.org/doc/ols/2006/ols2006v1-pages-441-450.pdf
** 역자주_ 아마도 PowerTOP을 말하는 것 같다. https://01.org/powertop/

이 책에서 로버트 러브는 리눅스의 거의 모든 시스템 콜에 대해서 설명하는 골치 아픈 일을 떠맡았다. 그 과정에서 리눅스 커널이 어떻게 동작하는지 사용자 영역 관점에서의 이해와 어떻게 이 강력한 시스템을 활용할 것인지에 대한 바이블을 완성했다.

이 책에서는 여러 가지 리눅스 배포판과 다양한 하드웨어 상에서 구동되는 코드를 작성하기 위한 정보를 알려준다. 이를 통해 리눅스가 어떻게 동작하는지, 그리고 그 유연함을 어떻게 잘 이용할 것인지 이해할 수 있게 된다.

마지막으로 이 책에서 알려주는 내용 중 단연 최고는 구리지 않은 코드를 작성하는 방법이다.

_ **그렉 크로아 하트만 (커널 구루)**

서문

이 책은 리눅스 시스템 프로그래밍에 관한 책이다. 시스템 프로그래밍이란 시스템 소프트웨어를 작성하는 방법을 말하는데, 저수준에서 동작하며 커널과 코어 시스템 라이브러리를 직접 사용하는 프로그램이다. 또한, 이 책은 리눅스 시스템 콜과 C 라이브러리에 정의되어 있는 저수준 함수도 다루고 있다.

유닉스 시스템 프로그래밍을 다루는 많은 책 중에서 리눅스에만 초점을 맞춘 책을 찾아보기 힘들고 그나마 리눅스 시스템 프로그래밍을 다루는 책 중에서 최신 리눅스 커널과 리눅스에서만 지원되는 고급 인터페이스에 대해서 다룬 책을 찾기 쉽지 않다. 게다가 나는 리눅스 커널과 그 위에서 동작하는 많은 시스템 소프트웨어를 작성한 경험이 있다. 사실 나는 이 책에서 설명하는 몇몇 시스템 콜과 다른 몇 가지 기능을 직접 구현했다. 그래서 이 책은 단순히 시스템 인터페이스에 대한 설명에 그치는 것이 아니라 실제 해당 기능을 개발한 저자의 지식을 녹여내어 실제로 어떻게 동작하는지, 또 어떻게 사용하는 것이 가장 효과적인지를 알려준다. 이 책은 리눅스 시스템 프로그래밍에 대한 튜토리얼과 리눅스 시스템 콜에 대한 레퍼런스 메뉴얼, 멋지고 빠르게 동작하는 코드를 작성하기 위한 실제 개발자의 가이드를 합쳐놓았다. 재밌고 이해하기 쉽도록 구성했으며 매일같이 시스템 프로그래밍을 하지 않더라도 더 나은 소프트웨어 개발자가 될 수 있는 팁을 알려줄 것이다.

대상 독자

독자가 C 프로그래밍 언어와 리눅스 개발 환경에 익숙하다는 가정하에 이 책을 집필했다. 이 내용에 대해 정통할 필요는 없지만, 최소한 어떤 것인지 정도는 알아야 한다. 만약에 이맥스emacs나 Vim 같은 널리 사용되는 유닉스 텍스트 편집기에 익숙하지 않다면 지금 당장 사용해보기를 권한다. 또, gcc, gdb, make 같은 개발 도구의 기본적인 사용법을 알아두어야 할 것이다. 리눅스 프로그래밍에 관한 많은 책이 출간되었으므로 각 도구에 대한 사용법은 다른 책을 참고하기 바란다. 부록 B에서 몇 가지 유용한 참고 서적을 적어두었다.

독자들이 리눅스(혹은 유닉스) 시스템 프로그래밍에 대한 이해가 거의 없다는 가정하에 이 책을 썼다. 이 책은 근본적으로 철저히 기초부터 시작해서 고급 인터페이스와 최적화 기법까지 다루고 있다. 이 책을 쓰면서 내가 그랬듯이 어떤 독자에게라도 이 책이 공부할 가치가 있고 새로운 것을 배우는 계기가 되기를 바라는 바이다.

또한, 독자들이 이 책을 읽는 동기에 대해서 어떠한 가정도 하지 않았다. 물론 시스템 프로그래밍을 공부하려는 (혹은 더 잘해보려는) 독자가 주된 대상이지만 굳이 시스템 프로그래머가 아니더라도 시스템에 대해 깊은 이해를 원하는 독자들도 흥미로운 내용을 많이 찾을 수 있을 것이다. 단순히 호기심 많은 해커의 지식에 대한 굶주림도 물론 채워줄 수 있을 것이다. 이 책은 다양한 개발자를 만족시키기 위해 폭넓게 고려해서 집필했다.

어떤 이유로 이 책을 펼쳤든 간에 재미있게 읽어주기 바란다.

다루고 있는 내용

이 책은 11장과 2장의 부록으로 구성되어 있다.

1장. 핵심 개념 소개

이 장은 도입부로, 리눅스, 시스템 프로그래밍, 커널, C 라이브러리, C 컴파일러에 대한 개요를 담고 있다. 고급 개발자들도 이 장은 꼭 읽고 넘어가길 바란다.

2장. 파일 입출력

이 장은 유닉스 환경에서 가장 중요한 추상 개념인 파일에 관해서 소개하고 파일 입출력, 리눅스 프로그래밍 모드의 기초에 대해서 설명한다. 파일을 읽고 쓰는 법과 다른 기본적인 파일 입출력 연산에 대해서 다룬다. 이 장은 리눅스 커널에서 파일이 어떻게 구현되고 관리되는지에 대한 논의로 마무리한다.

3장. 버퍼 입출력

이 장은 버퍼 크기 관리 같은 기본적인 파일 입출력 인터페이스에 관련된 주제에 대해서 논의하고 해법으로 일반적인 버퍼 입출력과 특히 표준 입출력에 대해서 설명한다.

4장. 고급 파일 입출력

이 장은 3장으로 구성된 입출력 관련 내용의 마지막 장으로, 메모리 맵핑과 최적화 기법 같은 고급 입출력 인터페이스를 다룬다. 이 장은 파일 탐색을 자제하는 것과 리눅스 커널의 입출력 스케줄러의 역할에 대한 논의로 마무리한다.

5장. 프로세스 관리

이 장은 유닉스에서 두 번째로 중요한 추상 개념인 프로세스를 소개하고 위대한 fork( ) 같은 기본적인 프로세스 관리를 위한 몇 가지 시스템 콜에 대해서 설명한다.

6장. 고급 프로세스 관리

이 장은 실시간 프로세스를 포함한 고급 프로세스 관리 기법에 대해 다룬다.

7장. 스레딩

이 장은 스레드와 멀티스레드 프로그래밍에 대해서 다룬다. 상위 레벨의 디자인 개념에 초점을 맞추고 있으며 Pthread로 알려진 POSIX 스레딩 API에 대한 소개를 담고 있다.

8장. 파일과 디렉터리 관리

이 장은 생성, 이동, 복사, 삭제 등 파일과 디렉터리 관리에 대한 내용을 다룬다.

9장. 메모리 관리

이 장은 메모리 관리를 다룬다. 프로세스의 주소 공간과 페이지 같은 유닉스의 메모리 개념에 대한 설명을 시작으로, 메모리를 할당하고 다시 커널로 메모리를 반환하는 인터페이스에 대해 논의한다. 이 장은 메모리와 관련된 고급 인터페이스에 대한 내용으로 마무리한다.

10장. 시그널

이 장은 시그널에 대해서 다룬다. 시그널과 유닉스 시스템에서의 역할에 대한 논의를 시작으로, 시그널 인터페이스의 기본에서부터 고급 기법까지 모두 포함한다.

11장. 시간

이 장은 시간과 잠들기, 클럭 관리에 대해서 설명한다. POSIX 시계와 고해상도 타이머의 기본 인터페이스에 대해 다룬다.

부록 A

constant, pure, inline 같은 함수 속성처럼 gcc와 GNU C에서 제공하는 다양한 C 언어 확장 기능에 대해서 살펴본다.

부록 B

추가로 읽어보면 좋은 참고문헌과 이 책을 이해하는 데 필요한 선수 과제를 다루는 책을 나열해두었다.

이 책에서 다루고 있는 소프트웨어 버전

리눅스 시스템 인터페이스는 리눅스 커널(운영체제의 심장)과 GNU C 라이브러리(glibc),
GNU C 컴파일러(gcc, 지금은 공식적으로 GNU 컴파일러 컬렉션으로 개명되었지만, 이 책
에서는 C에 대해서만 다룬다), 이 세 가지를 통해 제공되는 애플리케이션 바이너리 인터페이
스와 애플리케이션 프로그래밍 인터페이스로 정의할 수 있다. 이 책은 리눅스 커널 3.9, glibc
2.17 버전, gcc 4.8 버전에서 정의한 시스템 인터페이스를 다룬다. 이 책에 나오는 인터페이
스는 새로운 커널, glibc, gcc 버전에 대한 상위 호환성을 가지므로 새로운 버전이 나오더라도
이 책에서 설명한 인터페이스와 동작을 그대로 따르며 마찬가지로 이 책에서 다루는 인터페이
스 대부분은 오랫동안 리눅스의 일부로 있었던 터라 오래된 커널, glibc, gcc 버전에 대한 하
위 호환성도 가진다.

계속 발전하는 운영체제를 움직이는 목표물이라고 한다면 리눅스는 재빠른 치타라고 할 수 있
다. 1년 단위로 발전하는 게 아니라 하루가 다르게 발전하고 있으며 커널과 다른 컴포넌트의
잦은 릴리즈를 통해 지속해서 실제 환경에 맞게 변화하고 있다. 어떠한 책도 그런 역동적인 변
화를 담아낼 수 없을 것이다.

그렇지만 시스템 프로그래밍에 의해 정의된 프로그래밍 환경은 돌처럼 견고하게 정해져 있다.
커널 개발자들은 시스템 콜을 망가뜨리지 않기 위해 많은 어려움을 감내하며 glibc 개발자들은
하위 버전과 상위 버전에 대한 호환성을 유지하는 데 가장 큰 가치를 두고 있다. 따라서 리눅스
가 지속해서 변화하더라도 리눅스 시스템 프로그래밍 환경은 안정적으로 유지되며 특정 시점
에 맞춰서 책을 쓴다고 하더라도 책의 내용이 유지되는 기간은 전혀 짧지 않다. 하고 싶은 말
은, 시스템 인터페이스가 변하면 어떡하지 고민하지 말고 책을 사라!

이 책을 살펴보는 방법

간결하면서도 유용한 코드 예제를 제공하기 위해 많은 노력이 필요했다. 보기만 해도 미쳐버릴 것 같은 매크로와 읽기 힘든 줄임 코드가 잔뜩 들어 있는 헤더 파일을 따로 제공하지 않는다. 대신 아주 많은 간단한 예제로 채워져 있다. 예제 자체로 설명할 수 있고 온전히 사용할 수 있으면서도 짧고 명료하다. 이 예제 코드가 처음엔 유용한 튜토리얼로, 그리고 다음에는 훌륭한 레퍼런스로 활용되기를 바란다.

이 책에 나온 거의 모든 예제 코드는 독립적으로 동작한다. 즉 이 코드는 텍스트 편집에 복사해서 넣은 다음에 사용할 수 있다는 뜻이다. 따로 언급하지 않는 한, 모든 예제 코드는 따로 컴파일러 플래그를 추가하지 않고 빌드할 수 있다(몇몇 경우, 특수한 라이브러리와 함께 링크해야 하는 경우도 있다). 소스 파일을 컴파일할 때 다음 명령어를 사용하기를 추천한다.

```
$ gcc -Wall -Wextra -O2 -g -o snippet snippet.c
```

이 명령은 snippet.c라는 소스파일을 유효하면서도 과하지 않은 최적화, 그리고 디버깅 옵션을 활성화하여 실행 가능한 바이너리 파일인 snippet으로 컴파일한다. 이 책에 예제 코드는 모두 이 명령으로 어떠한 에러나 경고도 없이 컴파일되어야 한다. 물론 당연히 처음에는 snippet이라는 뼈대 프로그램을 작성해야 한다.

새로운 함수를 소개할 때는 다음과 같은 일반적인 유닉스 맨 페이지 형식으로 나타낸다.

```
#include <fcntl.h>

int posix_fadvise (int fd, off_t pos, off_t len, int advice);
```

필요한 헤더 파일과 선언(define)이 제일 먼저 나오고 그다음에 함수의 전체 프로토타입이 보인다.

코드 예제 활용

이 책은 독자가 원하는 작업을 쉽게 할 수 있도록 돕기 위한 책이다. 따라서 일반적으로라면 이 책에 나오는 코드를 독자들의 프로그램이나 문서에 갖다 써도 된다. 하지만 이 책에 나오는 코드를 재생산하려 한다면 사전에 허가를 구해야 한다. 예를 들어 질문에 대한 답변으로 이 책과 예제 코드를 인용하는 것은 허가 없이도 가능하다. 하지만 이 책에 나오는 예제 코드가 담긴 CD를 판매하거나 배포하는 것은 허가를 받아야 한다. 또한, 이 책에 나오는 예제 코드의 상당 부분을 제품의 문서에 포함하는 것 역시 사전에 허가를 받아야 한다.

꼭 필요한 사항은 아니지만 인용할 때는 책 제목, 저자, 출판사를 넣어 출처를 밝혀줬으면 좋겠다.

『리눅스 시스템 프로그래밍(개정2판)』(한빛미디어, 2015)

앞에서 명시하지 않았더라도 만약 코드 사용에 대해 허가가 필요한 사항이라고 생각되면 permissions@oreilly.com으로 연락해주기 바란다.

책에서 사용된 예제 코드는 그 수가 많고 짧아서 따로 공개하지 않는다.

감사의 말씀

일일이 언급할 수 없을 만큼 많은 분이 이 원고를 완성하기까지 도와주셨지만, 용기를 북돋아 주고 지식을 나누어준 동료들과 조력자에게 감사의 마음을 전한다.

앤디 오람Andy Oram은 경이로운 편집자이자 친구이다. 이 책은 그의 지대한 노력 없이는 절대 출간되지 못했을 것이다. 앤디의 깊은 기술적 이해와 영어의 시적인 표현은 쉽게 볼 수 없는 것이었다.

이 책은 훌륭한 기술자들에게 검수를 받는 축복을 받았다. 그들이 아니었다면 이 책은 지금 여러분이 읽고 있는 것보다 훨씬 볼품없었을 것이다. 기술적인 내용은 제레미 알리슨Jeremy Allison,

로버트 P. J. 데이Robert P. J. Day, 케니스 가이스셔트Kenneth Geisshirt, 조이 쇼Joey Shaw, 제임스 윌콕스 James Willcox가 살펴봐 주었다. 이들의 노고에도 불구하고 여전히 잘못된 내용이 있다면 그것은 모두 내 탓이다.

구글의 동료들은 내가 함께 즐겁게 일할 수 있었던 가장 똑똑하고 헌신적인 엔지니어 집단이었다. 매일매일이 도전이었다는 말이 이들을 설명할 유일한 표현일 것이다. 이 책을 다듬는 데 도움이 되었던 시스템 레벨의 프로젝트와 이렇게 책을 낼 수 있었던 분위기에 감사한다.

다양한 이유로, 폴 아미치Paul Amici, 미키 배비트Mikey Babbitt, 냇 프리드먼Nat Friedman, 미겔 드 아이카자Miguel de Icaza, 그렉 크로아-하트만Greg Kroah-Hartman, 도리스 러브Doris Love, 린다 러브Linda Love, 팀 오라일리Tim O'Reily, 살바토르 히바우도Salvatore Ribaudo와 그 가족들, 크리스 리베라Chris Rivera, 캐롤린 로든Carolyn Rodon, 조이 쇼Joey Shaw, 사라 스튜어트Sarah Stewart, 피터 타이크만Peter Teichman, 리누스 토르발즈Linus Torvalds, 존 트로브리지Jon Trowbridge, 제레미 반도렌Jeremy VanDoren과 그 가족들, 루이스 빌라Louis Villa, 스티브 와이즈버그Steve Weisberg와 그 가족들, 헬린 휘스넌트Helen Whisnant에게 감사와 존경을 전한다.

마지막으로 아버지와 어머니께 감사의 말씀을 전하고 싶다.

_ 보스턴에서, **로버트 러브**

리눅스 시스템 프로그래밍의 표지를 장식하고 있는 그림은 비행체를 타고 있는 사람이다. 1903년 라이트 형제는 처음으로 공기보다 무거운 물체를 제어해서 공중에 띄웠다. 하지만 그 전부터 하늘로 기계를 띄우려는 사람들의 노력은 계속 있었다. 기록을 보면 2~3세기경 중국의 제갈량은 열기구의 원리를 이용해서 종이등(제갈량의 자인 공명을 따서 공명등이라고도 한다)을 띄웠다고 한다. 소문에 의하면 5~6세기경 중국인들은 큰 연에 자신을 묶어 하늘을 날았다고 한다.

레오나르도 다빈치는 사람이 탈 수 있는 비행체 아이디어를 설계했고 그로부터 헬리콥터가 유래했는데, 중국에서도 이와 비슷한, 하늘로 날릴 수 있는 장난감을 만들기도 했다. 다빈치는 또한, 새를 연구해서 낙하산을 설계하기도 했으며 1845년에는 하늘로 사람을 수송하기 위해 날개를 상하로 흔드는 방식의 비행체를 설계하기도 했다. 비록 구현하지는 못했지만 이 다빈치의 새와 같은 구조는 몇 세기에 걸쳐 비행체 설계에 영향을 미쳤다.

표지에 있는 그림은 1893년 제임스 민스James Means가 고안한 비행체로 프로펠러가 없는 비행체보다 좀 더 정교하다. 후에 민스는 그의 비행체에 대한 조작 설명서를 출판했는데 여기에는 실험을 위해 '뉴햄프셔 주의 크로포드 집 근처 월러드 산 정상에서 좋은 곳을 찾겠다.'라고 쓰여있다.

하지만 이런 종류의 실험은 위험했다. 19세기 말, 오토 릴리엔탈Otto Lilienthal은 단엽기, 복엽기, 글라이더를 만들었다. 그는 처음으로 사람이 제어할 수 있는 글라이더를 만들었고 2천 회가 넘는 글라이더 비행을 시도했고 그중에는 1,000피트가 넘게 비행을 지속하기도 하여 '항공 실험의 아버지'라는 별명을 얻었다. 하지만 1896년 비행 실험 중 추락하여 척추가 부러지는 부상을 입고 사망했다.

비행체는 기계로 만든 새, 비행기, 그리고 종종 더 멋들어진 이름인 인간이 만든 알바트로스 같은 이름으로 알려졌다. 비행체에 대한 열망은 여전히 식지 않아서 오늘날에도 항공 매니아는 초창기 비행체를 만들고 있다.

표지 그림은 도버Dover 도감에서 가져왔다.

CONTENTS

CHAPTER 1 핵심 개념 소개

CONTENTS

CHAPTER **3 버퍼 입출력**

CONTENTS

CONTENTS

CHAPTER **5** 프로세스 관리

CHAPTER **6** 고급 프로세스 관리

CONTENTS

CHAPTER **7 스레딩**

CHAPTER 8 파일과 디렉터리 관리

CONTENTS

CHAPTER **9 메모리 관리**

CONTENTS

CHAPTER **11 시간**

CONTENTS

핵심 개념 소개

이 책은 시스템 프로그래밍에 관한 책이다. 시스템 프로그래밍이란 커널 및 핵심 시스템 라이브러리를 직접 사용하면서 하위 레벨에서 동작하는 시스템 소프트웨어를 작성하는 기술을 일컫는다. 셸, 텍스트 편집기, 컴파일러, 디버거, 시스템 유틸리티 및 시스템 데몬은 모두 시스템 소프트웨어다. 네트워크 서버, 웹 서버, 데이터베이스 역시 시스템 소프트웨어의 종류이며 이런 소프트웨어는 주로 커널과 C 라이브러리를 직접 사용한다. GUI 애플리케이션 같은 소프트웨어는 시스템 소프트웨어보다 상위 레벨에서 동작하며 아주 가끔 필요한 경우에만 하위 레벨을 필요로 한다. 이 책을 읽는 독자 중에는 시스템 소프트웨어 개발자도 있고 그렇지 않은 개발자도 있을 것이다. 하지만 시스템 프로그래밍을 공부해서 손해를 볼 개발자는 없다는 점을 미리 말해두고 싶다. 시스템 프로그래밍 그 자체로 개발자의 존재의 이유든, 아니면 그저 상위 레벨 개념을 이해하기 위한 기초든, 시스템 프로그래밍은 우리가 작성하는 모든 소프트웨어의 핵심이다.

이 책은 시스템 프로그래밍 중에서도 특히 리눅스 시스템 프로그래밍에 관한 책이다. 리눅스는 최신 유닉스 시스템으로, 리누스 토르발스Linus Torvalds가 처음 개발했으며 지금은 세계 각지의 개발자들로 구성된 커뮤니티에서 리눅스의 개발을 이끌고 있다. 리눅스는 유닉스의 목표와 철학을 공유하고 있지만, 엄밀히 말하자면 리눅스는 유닉스가 아니다. 리눅스는 실용적인 면에 집중하는 리눅스만의 독자적인 길을 가고 있다. 리눅스 시스템 프로그래밍의 핵심은 다른 유닉스 시스템과 비슷하지만, 기본적인 점을 제외하면 추가적인 시스템 콜 지원과 명료한 동작 특성, 새로운 기능을 제공함으로써 다른 전통적인 유닉스 시스템과 차별화되고 있다.

1.1 시스템 프로그래밍

전통적으로 모든 유닉스 프로그래밍은 시스템 프로그래밍이라고 할 수 있다. 유닉스 시스템을 돌이켜보면 추상화가 잘 이루어진 고급 시스템은 아니었다. 심지어 유닉스에서 흔히 사용하던 X 윈도우 환경에서 개발을 하더라도 유닉스의 핵심 시스템 API에 바로 접근할 수 있었다. 따라서 이 책은 범용적인 리눅스 프로그래밍에 관한 책이라고 봐도 무방하다. 하지만 이 책에서 리눅스 프로그래밍 환경, 예를 들어 make 유틸리티 같은 것을 다루지는 않는다. 이 책에서 다루는 내용은 최신 리눅스 시스템에 탑재된 시스템 프로그래밍 API에 관한 내용이다.

시스템 프로그래밍과 애플리케이션 프로그래밍을 비교해보면 중요한 몇몇 부분만 다르고 나머지는 비슷하다. 시스템 프로그래밍을 할 때는 꼭 프로그램이 동작할 하드웨어와 운영체제에 대해서 정확히 알고 개발해야 한다. 시스템 프로그램은 주로 커널 및 시스템 라이브러리를 사용하고 애플리케이션 프로그램은 고급 라이브러리를 사용한다. 이런 고급 라이브러리는 하드웨어와 운영체제에 대한 자세한 내용을 추상화하는데, 추상화는 서로 다른 시스템 간 이식을 가능하게 하거나 서로 다른 버전 간의 호환성을 제공하며 더 사용하기 쉽고 강력한 상위 레벨의 툴킷을 작성할 수 있게 해준다. 애플리케이션을 작성할 때 고급 라이브러리나 시스템 라이브러리를 얼마나 사용할지는 전적으로 애플리케이션이 동작하는 범위에 따라 결정된다. 하지만 시스템의 하위 레벨과 동떨어진 상위 레벨에서 동작하는 애플리케이션일지라도 시스템 프로그래밍을 알고 개발한다면 더 나은 애플리케이션을 만들 수 있다. 시스템 내부에 대한 이해는 모든 형태의 프로그래밍에 있어 큰 도움이 된다.

1.1.1 시스템 프로그래밍을 배워야 하는 이유

지난 수십 년간 애플리케이션 프로그래밍은 시스템 프로그래밍에서 자바스크립트로 대표할 수 있는 웹 소프트웨어나 자바를 예로 들 수 있는 관리되는 코드*처럼 더 높은 상위 레벨로 이동하고 있다. 하지만 이렇게 프로그래밍 트렌드가 바뀐다 해서 시스템 프로그래밍의 영역이 사라지지는 않는다. 실제로 지금도 누군가는 자바스크립트 인터프리터나 자바 가상머신을 개발하고 있을 텐데 이것 또한, 시스템 프로그램이다. 게다가 파이썬, 루비 또는 스칼라로 프로그래밍하는 개발자도 시스템 프로그래밍을 이해해야 작성하는 코드가 작동하는 레벨과 관계없이 더

---

* 역자주_ managed code. 실행하기 위한 런타임이 필요한 자바나 닷넷 언어(C#, VB.Net)로 작성된 프로그램. 직접 기계어로 컴파일되는 Native Code(Unmanaged code)와 구별된다.

나은 성능을 이끌어 낼 수 있다.

애플리케이션 프로그래밍에서는 트렌드가 변화하고 있음에도 유닉스와 리눅스 코드의 대부분은 시스템 레벨에서 작성된다. 이 코드들은 대부분 C와 C++이며 C 라이브러리와 커널에서 제공하는 인터페이스를 사용하고 있다. 이런 전통적인 시스템 프로그래밍의 대표적인 예는 아파치 웹 서버, 이맥스Emacs 편집기, vim 편집기, bash 셸, X 윈도우 시스템, cp, init, gcc, gdb, glibc, ls, mv가 있으며 단기간 안에 사라지지 않을 것들이다.

시스템 프로그래밍 범주에는 커널이나 디바이스 드라이버 개발이 포함된다. 이 책은 다른 대부분의 시스템 프로그래밍 서적과 마찬가지로 커널 개발을 다루지 않는다. 대신, 커널 위에 존재하는 사용자 영역에서의 시스템 프로그래밍에 중점을 두고 있다. (물론 커널 내부에 대한 지식은 이 책에서 다루는 내용을 보완하기에 훌륭한 주제다.) 디바이스 드라이버 개발에 대한 내용은 무척 방대하므로 해당 주제를 전문으로 다루는 서적을 참고하자.

시스템 레벨 인터페이스란 무엇이며 리눅스에서 어떻게 시스템 레벨 애플리케이션을 작성할 수 있을까? 커널과 C 라이브러리는 정확히 무엇을 제공하나? 최적의 코드를 작성하려면 어떻게 해야 하고 리눅스에서는 어떤 방법을 제공하나? 다른 유닉스 시스템과 비교했을 때 리눅스에서만 제공하는 시스템 콜은 무엇인가? 이 모든 것은 어떤 방식으로 동작하나? 이 책에서는 이 모든 질문에 대한 답을 다루고 있다.

1.1.2 시스템 프로그래밍의 주춧돌

리눅스 시스템 프로그래밍을 떠받치고 있는 주춧돌은 시스템 콜, C 라이브러리, C 컴파일러 이세 가지다. 각각에 대해서 간략히 알아보자.

1.1.3 시스템 콜

시스템 프로그래밍은 시스템 콜에서 시작해서 시스템 콜로 끝난다. 시스템 콜**이란 운영체제에 리소스나 서비스를 요청하려고 사용자 영역(텍스트 편집기나 게임 같은)에서 시작해서 커널 내부로 들어가는 함수 호출이다. 시스템 콜에는 read( ), write( ) 같은 익숙한 함수에서부터

** System Call. 줄여서 syscall이라고도 한다

get_narea( ), set_tid_address( ) 같은 생소한 함수까지 그 범위가 다양하다.

리눅스에서 구현된 시스템 콜은 다른 대부분의 운영체제 커널에서 제공하는 시스템 콜보다 더 적다. 예를 들어 x86-64 아키텍처의 리눅스 시스템 콜은 약 300여 개인데 비해 마이크로소 프트 윈도우에는 수천여 개의 시스템 콜이 있다. 리눅스 커널에서는 표준 시스템 콜을 Alpha, x86-64, PowerPC 같은 개별 아키텍처별로 확장하여 구현하고 있다. 그래서 아키텍처별로 사용할 수 있는 시스템 콜이 조금씩 다를 수 있지만, 시스템 콜의 90% 이상은 모든 아키텍처에 구현되어 있으므로 이 책에서는 이런 공통 시스템 콜에 대해서 다루겠다.

시스템 콜 호출하기

사용자 영역의 애플리케이션을 커널 영역으로 직접 연결하는 것은 불가능하다. 보안과 안정성 의 이유로 애플리케이션은 커널 코드를 직접 실행하거나 커널 내부 데이터를 조작할 수 없다. 대신, 애플리케이션이 시스템 콜을 실행하려 한다는 '시그널'을 커널로 보낼 수 있다. 이 메커니 즘을 통해야만 커널 내부로 진입하고 커널이 허용한 코드를 실행한다. 물론 정확한 메커니즘은 아키텍처마다 다르다. 예를 들어 i386에서는 애플리케이션에서 소프트웨어 인터럽트 명령인 int에 0x80이라는 값을 넘기면 이 명령은 평소에는 보호된 커널 영역으로 들어가 소프트웨어 인터럽트 핸들러를 실행한다. 인터럽트 0x80은 바로 시스템 콜 핸들러이다.

애플리케이션은 실행할 시스템 콜과 매개 변수를 레지스터를 통해 전달한다. 시스템 콜은 0부 터 시작하는 숫자로 나타내며 시스템 콜을 호출하려면 레지스터에 해당 시스템 콜을 먼저 저장 해야 한다. 예를 들어 i386 아키텍처에서 시스템 콜 5번(open( ))을 호출하려면 응용 프로그 램은 int 명령을 실행하기 전에 eax 레지스터에 5를 저장해야 한다.

매개 변수 전달도 비슷한 방식으로 처리되는데 i386에서는, ebx, ecx, edx, esi, edi 레지스 터에 순서대로 다섯 개의 매개 변수를 저장한다. 매개 변수가 다섯 개 이상 필요할 때는 레지스 터 하나에 나머지 모든 매개 변수를 담은 사용자 영역의 버퍼를 가리키도록 한다. 물론 대부분 의 시스템 콜에는 매개 변수가 두어 개만 있다.

아키텍처별로 시스템 콜을 처리하는 방식은 다르지만, 기본 원리는 같다. 보통 시스템 프로그 래머가 커널이 시스템 콜을 처리하는 자세한 내용까지 알 필요는 없다. 이런 지식은 아키텍처 의 표준 콜링 컨벤션standard calling convention (호출 규약)에 녹아 있으며 컴파일러와 C 라이브러리 에서 자동으로 처리된다.

1.1.4 C 라이브러리

C 라이브러리(libc)는 유닉스 애플리케이션의 핵심이다. 심지어 다른 언어로 프로그래밍해도 상위 레벨의 라이브러리에 포함되어 핵심 서비스와 시스템 콜을 처리하기 위해 C 라이브러리가 동작한다. 최신 리눅스 시스템에서는 GNU C 라이브러리인 glibc가 제공되는데 '지-립-씨' 또는 '글립-씨'라고 읽는다.

GNU C 라이브러리는 C 라이브러리뿐만 아니라 시스템 콜에 대한 래퍼와 스레드 지원, 그리고 기본 애플리케이션 기능에 대한 내용도 포함하고 있다.

1.1.5 C 컴파일러

리눅스는 표준 C 컴파일러로 GNU 컴파일러 컬렉션(GCC)을 제공하는데, 원래 gcc는 C 컴파일러인 cc의 GNU 버전이었다. 그래서 gcc는 GNU C Compiler의 약자였으나 세월이 흐르면서 여러 가지 언어를 지원하게 되었고 그 결과 현재 gcc는 GNU 컴파일러군을 총칭하는 일반적인 이름이 되었다. 하지만 gcc는 C 컴파일러의 실행 파일 이름이기도 하다. 앞으로 책에서 gcc를 언급하면 C 컴파일러 실행 파일인 gcc를 의미한다.

리눅스를 포함한 유닉스 시스템에서 컴파일러는 시스템 프로그래밍에서 뗄래야 뗄 수 없는 중요한 요소로, C 표준(39쪽 'C 언어 표준' 참조)과 시스템 ABI 구현(36쪽 'API와 ABI' 참조)에 관여한다.

C++

이 책에서는 C를 시스템 프로그래밍의 표준 언어로 삼고 있으나 C++ 역시 나름 중요한 위치를 차지하고 있다.

현재까지 시스템 프로그래밍에서 C++는 C의 그늘에 가려져 있었다. 역사적으로 리눅스 개발자들이 C++보다 C를 더 선호했던 터라 핵심 라이브러리, 데몬, 유틸리티는 물론 리눅스 커널까지도 모두 C로 작성되었다. 리눅스 외의 환경에서 C++의 위상이 C보다 높은 건 사실이지만, 적어도 리눅스 환경에서 C++는 C의 그늘에 가려진 2인자이다.

그렇긴 하지만 이 책에서는 'C'를 'C++'로 바꿔 읽어도 무방하다. 사실 C++는 C를 대체할 수

있는 훌륭한 대안이며 어떠한 시스템 프로그래밍 과제에도 적합하다. C++ 코드에서 직접 C 코드를 사용할 수 있으며 리눅스 시스템 콜을 실행할 수 있고, glibc 역시 활용할 수 있다.

C++ 시스템 프로그래밍에는 표준 C++ 라이브러리와 GNU C++ 컴파일러가 필요하다. 표준 C++ 라이브러리는 C++ 시스템 인터페이스와 ISO C++11 표준을 구현한다. 이는 libstdc++ 라이브러리(libstdcxx로 불리기도 한다)로 제공되며 GNU C++ 컴파일러는 리눅스 시스템에서 C++ 코드를 컴파일하기 위한 표준 컴파일러로, g++이라는 이름의 바이너리로 제공된다.

1.2 API와 ABI

개발자는 당연히 자기가 작성한 프로그램이 항상 잘 동작하기를 바란다. 자기가 사용하는 리눅스 배포판에서 잘 동작하는 프로그램이 다른 리눅스 배포판에서도 문제없이 동작해야 안심을 할 수 있다.

시스템 레벨에서 보면 호환성에 영향을 주는 2가지 내용이 있는데, 바로 API^{Application Programming Interface}와 ABI^{Application Binary Interface}다. 둘 다 서로 다른 컴퓨터 소프트웨어 간의 인터페이스를 정의하고 기술한다.

1.2.1 API

API는 소프트웨어의 소스 코드 레벨에서 서로 인터페이스 하는 방식을 정의한다. 일반적으로 API의 표준 인터페이스는 함수이며 상위 레벨의 소프트웨어에서 더 하위 레벨의 소프트웨어를 호출할 수 있다. 예를 들면 화면에 글자를 출력하는 데 필요한 내용을 제공하는 함수의 집합을 API라고 할 수 있겠다. API는 그저 인터페이스를 정의하며 그 정의를 실제로 구현한 소프트웨어를 API 구현체라고 한다.

API를 흔히 '계약^{contract}'이라고 부르는데, API는 쌍방 계약이 아니므로 법률적으로 본다면 정확한 비유는 아니다. 보통 상위 레벨의 소프트웨어인 API의 사용자는 API와 그 구현에 직접적인 영향을 끼치지 못한다. 그냥 API 그 자체를 사용하거나 사용하지 않거나 둘 중 하나이다. API는 양쪽 소프트웨어 모두가 API를 준수할 경우에만 동작하며 소스 코드 수준에서 호환된다. 즉

API의 구현체와 관계없이 그 API를 따르기만 한다면 성공적으로 컴파일된다.

C 표준에서 정의하고 표준 C 라이브러리에서 구현한 C API가 좋은 예다. C API는 메모리 관리나 문자열 처리 루틴 같은 기본 함수를 정의하고 있다.

이 책 전반에 걸쳐 3장에서 살펴볼 표준 입출력 라이브러리 같은 다양한 API를 사용할 것이다. 리눅스 시스템 프로그래밍에서 가장 중요한 API는 38쪽 '표준' 절에서 살펴보겠다.

1.2.2 ABI

API가 소스 코드 수준의 인터페이스를 정의한다면 ABI는 특정 아키텍처 간에서 동작하는 소프트웨어 간의 바이너리 인터페이스를 정의한다. ABI는 애플리케이션 내에서의 상호 동작, 커널과 애플리케이션, 혹은 애플리케이션과 라이브러리 간의 상호 동작에 대해서 정의한다. API가 소스 코드 수준의 호환성을 보장한다면 ABI는 바이너리의 호환성을 보장하며 이는 오브젝트 코드를 다시 컴파일하는 수고 없이 같은 ABI를 지원하는 시스템이라면 동일한 기능을 수행하도록 보장한다.

ABI는 콜링 컨벤션, 바이트 순서, 레지스터 활용, 시스템 콜 실행, 라이브러리 링크, 라이브러리 동작 방식, 바이너리 오브젝트 형식 같은 내용과 관련이 있다. 예를 들어 콜링 컨벤션은 함수가 실행되는 방식, 인자가 함수로 전달되는 방식, 레지스터에 값을 저장하는 방식, 함수를 호출한 측에서 반환값을 가져가는 방식 등을 정의한다.

특정 아키텍처의 다양한 운영체제(특히 i386 유닉스 시스템) 간의 단일 ABI를 정의하려는 시도가 몇 차례 있었으나 결실을 맺지 못했다. 리눅스를 포함한 운영체제는 각각의 요구사항에 부합하는 고유의 ABI를 정의하려는 경향이 있다. ABI는 아키텍처와 밀접한 관계가 있으며 ABI 대부분은 특정 레지스터나 어셈블리 명령어 같은 하드웨어에 국한된 개념을 다루고 있다. 따라서 리눅스에서는 아키텍처마다 다른 고유의 ABI를 가지고 있다. 그래서 실제로 Alpha, x86-64 같은 아키텍처 이름으로 특정 ABI를 지칭하기도 한다. ABI는 말하자면 리눅스 같은 운영체제와 x86-64 같은 아키텍처 양쪽 모두의 기능이다.

시스템 프로그래머라면 ABI가 있다는 사실은 알고 있어야 하지만 모두 외울 필요는 없다. ABI는 컴파일러, 링커 같은 툴체인에 의해서 강제되므로 겉으로 드러나는 일은 거의 없다. 하지만 ABI에 대한 지식이 있으면 프로그램을 좀 더 최적화할 수 있으며 시스템 프로그래밍의 한 종류인 어셈블리 코드나 툴체인 자체를 개발할 때는 ABI를 꼭 알아야 한다.

ABI는 커널과 툴체인에서 정의 및 구현하고 있다.

1.3 표준

유닉스 시스템 프로그래밍은 오래된 기술이다. 유닉스 프로그래밍의 기초는 지난 수십 년간 크게 바뀌지 않았다. 하지만 유닉스 시스템은 거대한 공룡과 같다. 동작 방식은 바뀌고 있으며 새로운 기능도 계속 추가된다. 이런 혼돈을 바로 잡기 위해서 표준 그룹은 공식적인 시스템 인터페이스를 표준으로 만들었다. 다양한 표준안이 존재하지만 기술적으로 말하자면 리눅스는 어떤 표준에도 맞지 않는다. 대신 리눅스는 가장 중요하고 유력한 표준인 POSIX*와 SUS^{Single UNIX Specification}(단일 유닉스 명세) 호환을 지키려고 노력한다.

POSIX와 SUS는 특히 유닉스 호환 운영체제 인터페이스를 위한 C API를 명세하고 있는데 실질적으로 이 표준은 시스템 프로그래밍, 혹은 최소한 유닉스 호환 시스템상에서의 시스템 프로그래밍에 대한 공통 부분을 기술하고 있다.

1.3.1 POSIX와 SUS 표준 이야기

1980년대 중반 IEEE^{Institute of Electrical and Electronics Engineers}는 유닉스 시스템을 위한 시스템 수준의 인터페이스 표준화를 시작했다. 자유 소프트웨어 재단(FSF^{Free Software Foundation})의 창립자인 리차드 스톨만^{Richard Stallman}은 POSIX를 표준안 이름으로 제안했다.

이런 IEEE의 노력의 결과로, 1988년 IEEE Std 1003.1-1998(POSIX 1988) 표준이 발표되었고, 1990년 IEEE는 POSIX 표준을 IEEE Std 1003.1-1990(POSIX 1990)으로 개정했다. 실시간과 스레드 지원에 대한 표준은 각각 IEEE Std 1003.1b-1993(POSIX 1993 혹은 POSIX.1b)과 IEEE Std 1003.1c-1995(POSIX 1995 혹은 POSIX.1c)에 담겨 있다. 2001년, POSIX 1990을 근간으로 하여 실시간과 스레드에 대한 표준까지 모두 포함한 단일 표준인 IEEE Std 1003.1-2001(POSIX 2001)이 발표됐다. 가장 최신 버전은 2008년 12월에 발표

---

* Portable Operating System Interface. '파-직스' 또는 '포직스'라고 읽는다.

된 IEEE Std 1003.1−2008이다. 모든 POSIX 핵심 표준은 POSIX.1로 줄여 부르며 2008년 개정판이 가장 최신 버전이다.

1980년대 후반부터 1990년 초반, 유닉스 시스템 업체들은 서로 자신의 유닉스 변종을 표준 유닉스 운영체제로 정의하고자 유닉스 전쟁을 치렀다. 몇몇 대형 유닉스 업체는 공개 소프트웨어 파운데이션(OSF^{Open Software Foundation})과 X/Open을 합쳐 오픈 그룹이라는 컨소시엄을 구성하고 공식 인증, 백서, 호환성 테스트를 제공했다. 1990년대 초반, 유닉스 전쟁이 극에 달했고 오픈 그룹은 SUS를 발표했다. SUS는 POSIX 표준에 비해 비용이 저렴(무료)했던 이유로 빠르게 인기를 얻었다. 오늘날 SUS는 최신 POSIX 표준을 포함한다.

SUS의 최초 버전은 1994년에 발표되었다. 그리고 개정안인 SUSv2가 1997년에 발표되었고 2002년에는 SUSv3가 발표되었다. SUS 표준의 가장 최신 버전은 SUSv4이며 2008년에 발표되었다. SUSv4는 IEEE Std 1003.1−2008과 다른 몇 가지 표준안을 포함해서 개정되었다. 이 책에서는 POSIX 표준에서 정의한 시스템 콜과 인터페이스를 다루겠다. SUS라고 하지 않고 POSIX라고 부르는 이유는 SUS가 POSIX를 포함하기 때문이다.

1.3.2 C 언어 표준

1978년 출간된 데니스 리치^{Dennis Ritchie}와 브라이언 커니핸^{Brian Kernighan}의 유명한 저서, 『C 언어 프로그래밍』(휴먼 싸이언스, 2012)**은 출간 이후 몇 년 동안 그 자체로 C 언어의 표준 역할을 했는데 이를 K&R C라고 한다.*** 당시 C 언어는 이미 BASIC을 제치고 마이크로컴퓨터 프로그래밍에서 표준 언어로 사용되고 있었는데, 큰 인기를 얻고 있는 C 언어의 표준화를 위해 1983년 ANSI^{American National Standards Institue}에서는 위원회를 구성하고 여러 업체에서 제공한 기능과 개선점, 그리고 새로운 언어인 C++를 포함한 표준을 만들고 있었다. 지루한 작업 끝에 1989년에 표준화 작업은 마무리가 되었는데, 바로 ANSI C(C89)다. 1990년 국제표준기구(ISO^{International Organization for Standardization})는 ANSI C에 몇 가지 편리한 변경을 추가한 ISO C90을 발표했다.

** 역자주_『The C Programming Language, 2nd Edition』(Prentice Hall, 1988)
*** 역자주_ K&R C는 책 자체와 표준 모두를 지칭한다.

1995년, ISO는 개선된(비록 거의 구현되지 않았지만) C 언어 표준안인 ISO C95를 발표한다. 이는 1999년, 인라인 함수, 새로운 자료구조, 가변 길이 배열, C++ 형식의 주석 같은 새로운 기능과 새로운 라이브러리 함수이 추가된 대규모 개선이 더해져 ISO C99라는 이름으로 발표된다. 가장 최신의 C 표준은 ISO C11이며 가장 두드러지는 내용은 메모리 모델과 스레드 사용에 대한 내용이다.

C++의 표준화는 더디게 진행되었다. 수년간의 논의 끝에 첫 번째 C++ 표준인 ISO C++98이 1998년 발표되었다. 컴파일러 호환성을 극적으로 개선했지만, 표준의 일부 측면에서는 일관성과 이식성을 제한하기도 했다. 2003년에는 ISO C++03이 발표되었다. 이 표준에서는 컴파일러 개발자를 위한 오류가 수정되었으며 사용자를 위한 변경은 없었다. 그리고 최신 C++ 표준인 C++11(원래는 2010년이 되기 전에 발표할 것으로 굳게 믿고 이름을 C++0x로 지었으나 실패했다)*은 방대한 기능과 표준 라이브러리의 추가로 인해 많은 사람이 C++11은 과거의 C++와 구분해야 한다고 얘기하고 있다.

1.3.3 리눅스와 표준

앞서 말했듯이 리눅스는 POSIX와 SUS 호환을 지향한다. 리눅스는 실시간(POSIX.1b)과 스레드(POSIX.1c)를 포함하여 POSIX 2008과 SUSv4에 명세된 인터페이스를 제공한다. 더 중요한 것은 리눅스는 POSIX와 SUS 요구사항에 맞게 동작하도록 노력하고 있다는 점이다. 따라서 표준에 어긋나면 보통 버그로 취급한다. 리눅스는 POSIX.1과 SUSv3를 따르고 있지만, 공식적으로 POSIX와 SUS 인증을 마친 리눅스 배포판이 없으므로 리눅스가 공식적으로 POSIX와 SUS 호환이라고 말하기는 힘들다.

리눅스는 프로그래밍 언어 표준을 잘 따르고 있는 편이다. gcc C 컴파일러는 ISO C99 호환이며 C11도 지원할 예정이다. C++ 컴파일러인 g++는 ISO C++03 호환이며 C++11 지원을 위한 개발이 진행 중이다. 그리고 gcc와 g++는 C와 C++의 언어 확장을 구현하고 있다. 이런 확장을 모두 GNU C라고 부르며 부록 A에서 설명하겠다.

최근 상당 부분 개선되긴 했지만 리눅스는 상위 호환성이 썩 훌륭하지 못하다. 하지만 표준 C 라이브러리 같은 표준에 기술된 인터페이스는 소스 코드 호환성을 명확히 지킨다. 바이너리 호

---

* 역자주_ 최신은 C++14다.

환성은 최소한 glibc의 주요 버전 사이에서는 유지된다. C 언어는 표준화가 되어 있기에 gcc는 항상 C 표준에 맞도록 컴파일한다. gcc 전용 확장은 새로운 gcc 릴리즈에서는 결국 빠지게 될 수도 있다. 더욱 중요한 것은, 리눅스 커널은 시스템 콜의 안정성을 보장한다. 리눅스 커널 안정 버전에서 시스템 콜이 한 번 구현이 되면 돌에 새긴 글씨처럼 견고하게 유지된다.

다양한 리눅스 배포판 중에서 LSB^Linux Standard Base^는 리눅스 시스템 대부분을 표준화한다. LSB는 몇몇 리눅스 업체가 리눅스 파운데이션(이전에는 Free Standards Group)의 후원으로 진행하고 있는 프로젝트다. LSB는 POSIX와 SUS를 확장해서 독자적인 표준 몇 가지는 추가했다. LSB는 바이너리 표준을 제공함으로써 오브젝트 코드가 호환 가능한 시스템에서는 변경 없이 실행할 수 있게 해준다. 리눅스 업체 대부분은 일정 수준 이상의 LSB 호환을 제공한다.

1.3.4 이 책에서의 표준

이 책은 표준에 대한 영양가 없는 내용은 싣지 않도록 특별히 주의를 기울였다. 어떤 유닉스 시스템 프로그래밍 책에서는 표준에 명시된 인터페이스가 각 표준마다 어떻게 다르게 동작하는지, 또 어떤 시스템 콜은 어느 시스템에서 구현되어 있는지 따위를 수 페이지에 걸쳐 설명하지만 이 책에서는 최신 리눅스 환경(리눅스 커널 3.9, gcc 4.8, glibc 2.17)에서의 시스템 프로그래밍에 대해서만 기술하고 있다.**

시스템 인터페이스는 보통 돌에 새겨진 글씨와 같다. 리눅스 커널 개발자들은 절대 시스템 콜 인터페이스를 깨트리지 않으려고 엄청난 노력을 기울인다. 리눅스는 소스 코드와 바이너리 호환성을 제공하여 다른 다양한 유닉스 시스템과 표준에 얽매이지 않고도 리눅스 시스템 인터페이스를 심도 있게 살펴볼 수 있다. 이 책은 리눅스만 다루고 있기 때문에 앞으로도 유효한 최신 리눅스 관련 인터페이스를 깊이 공부할 수 있을 것이다. 또한, 이 책은 상세한 리눅스에 대한 지식과 그 구현, gcc와 커널 같은 컴포넌트의 동작 방식, 그리고 경험이 풍부한 전문가가 제시하는 최적화 팁과 실제 사례에 대한 내용을 담고 있다.

** 역자주_ 이 책을 출간하는 현재 리눅스 커널 3.14.3, gcc 4.9.2, glibc 2.20 버전이 최신 버전이다.

1.4 리눅스 프로그래밍의 개념

이번에는 리눅스 시스템에서 제공하는 서비스의 간략한 개요를 살펴보자. 리눅스를 포함한 모든 유닉스 시스템은 상호 간의 추상화와 인터페이스를 제공한다. 사실 이런 공통성이 곧 유닉스를 의미한다. 파일과 프로세스, 파이프와 소켓을 다루기 위한 인터페이스 등 이런 것들이 유닉스의 핵심이다.

이 절은 독자가 리눅스 환경에 익숙하다는 가정하에 쓰여졌다. 셸에 익숙하고 기본 명령어를 사용할 줄 알고 간단한 C 프로그램을 컴파일할 수 있다고 가정하고 있다. 지금 설명할 내용은 리눅스나 리눅스의 개발 환경에 대한 내용이라기보다는 리눅스 시스템 프로그래밍의 기본이다.

1.4.1 파일과 파일시스템

파일은 리눅스에서 가장 기본적이고 핵심이 되는 추상화 개념이다. 리눅스는 모든 것이 파일이라는 철학을 따른다(비록 Plan9* 같은 시스템에서만큼 엄격하지는 않지만). 따라서 모든 인터렉션은 실제로 파일이 아닌 것처럼 보일지라도 파일을 읽고, 파일에 쓰는 것으로 이루어진다.

파일에 접근하려면 먼저 파일을 열어야 한다. 파일은 읽기, 쓰기, 혹은 읽기/쓰기 모드로 열 수 있다. 이렇게 열린 파일은 그 파일에 대한 메타데이터와 연결된 고유한 기술자를 통해 참조할 수 있다. 리눅스 커널 내부에서 이 기술자descriptor는 정수(C 언어의 int 타입)로 표현되며 파일 디스크립터file descriptor라고 부르며 흔히 줄여서 fd라고 부른다. 파일 디스크립터는 사용자 영역에서 공유되며 응용 프로그램이 파일에 접근할 때 직접 사용한다. 리눅스 시스템 프로그래밍 대부분은 바로 이 파일 디스크립터를 열고 조작하고 닫는 작업이다.

일반 파일

우리가 흔히 파일이라고 부르는 것은 일반 파일을 의미한다. 일반 파일은 바이트 스트림이라고 부르는 연속적으로 나열된 바이트 배열에 저장된 데이터를 의미한다. 리눅스에는 파일을 위한 특별한 자료구조가 없다. 이 데이터에는 어떠한 값이라도 들어갈 수 있으며 어떤 구조로 저장해도 상관없다. 시스템 수준에서 살펴보면 리눅스는 바이트 스트림 외에 어떤 자료구조도 강제

---

* Plan9은 벨 연구소에서 만든 운영체제로 유닉스의 후계자로 거론된다. Plan9에는 여러 가지 혁신적인 아이디어가 구현되어 있으며 모든 것은 파일이라는 철학을 고수한다.

하지 않는다. VMS나 다른 운영체제에서는 레코드 같은 개념을 지원하는 고도화된 자료구조를 제공하지만 리눅스는 그렇지 않다.

파일은 바이트를 읽고 쓰는 것이 가능하다. 이런 작업은 파일 내부의 위치를 지정해서 수행할 수 있는데, 이 위치는 파일 오프셋$^{file\ offset}$ 혹은 파일 위치$^{file\ position}$라고 한다. 파일 오프셋은 커널이 열린 파일마다 유지하는 메타데이터의 핵심이다. 파일이 처음 열리면 파일 오프셋은 0이다. 보통 파일은 바이트 단위로 읽고 쓰기 때문에 파일 오프셋 역시 바이트 단위로 증가하거나 감소한다. 직접 파일 오프셋을 지정할 수도 있는데 파일 끝을 넘길 수도 있다. 파일의 끝을 넘어서는 위치에 바이트를 기록하면 파일 끝에서부터 지정한 위치까지의 내용은 0으로 채워진다. 이렇게 파일의 끝을 넘어서는 위치에 데이터를 기록할 수는 있지만, 파일의 시작 위치보다 앞선 위치에 데이터를 기록하는 것은 불가능하다. 파일의 시작 위치보다 앞선 위치에 데이터를 기록한다는 것은 의미가 없을 뿐만 아니라 그걸 가능하게 해야 할 이유도 별로 찾기 어렵기 때문이다. 파일 오프셋은 0부터 시작하며 음수 값이 될 수 없다. 파일 중간에 데이터를 기록하면 전에 있던 데이터를 덮어쓴다. 따라서 파일 중간에 데이터를 쓰는 방법으로 파일을 확장하는 것은 불가능하다. 파일을 쓰는 작업 대부분은 파일 끝에서 일어난다. 파일 오프셋의 최댓값은 이 오프셋을 저장하기 위해 사용하는 C 타입의 크기로 결정되며 최신 리눅스 시스템에서는 64비트 값이다.

파일 크기는 바이트 단위로 측정되는데 이를 파일 길이라고 한다. 다시 말하자면 길이는 단순히 파일을 구성하는 바이트 배열의 크기다. 파일 길이는 잘라내기^{truncation} 연산을 통해 변경할 수 있다. 파일은 원래 크기보다 더 작은 사이즈로 잘라낼 수 있으며 이때 파일 끝에서 잘라낼 크기만큼의 바이트를 제거한다. 이름 때문에 헷갈릴 수 있는데, 잘라내기 연산을 통해 원래 크기보다 더 큰 크기로 자르는 것도 가능하다. 이 경우 파일 끝에 추가되는 새로운 데이터는 0으로 채워진다. 빈 파일(길이가 0인)을 만들 수도 있으며 이때는 아무런 데이터도 포함하지 않는다. 최대 파일 길이는 최대 파일 오프셋 값과 동일하며 커널에서 파일을 관리하기 위해 사용하는 C 타입의 크기로 제한된다. 하지만 일부 파일시스템에서는 이보다 더 작은 크기로 최대 길이를 제약하는 경우도 있다.

하나의 파일은 다른 프로세스나 심지어 동일한 프로세스에서 한 번 이상 열 수 있다. 파일은 열릴 때마다 고유한 파일 디스크립터를 반환한다. 반대로, 프로세스들끼리는 파일 디스크립터를 공유할 수 있다. 하나의 파일 디스크립터는 하나 이상의 프로세스에서 사용될 수 있다. 커널은 파일에 대한 동시 접근을 막지 않는다. 여러 개의 프로세스에서 동시에 같은 파일을 읽거나 쓰는 것이 가능하다. 이와 같은 동시 접근은 각각의 연산 순서에 따라 다른 결과를 발생시키며 예측이 불가능하다. 사용자 영역의 프로그램은 이런 파일 동시 접근을 회피할 수 있도록 항상 신경써야 한다.

일반적으로 파일 이름을 통해 파일에 접근하지만 실제로 파일은 파일 이름과 직접적으로 연관되어 있지 않다. 파일은 inode^information node (아이노드)라고 하는 파일시스템 내에서만 고유한 정수 값으로 참조된다. 이 값은 inode 번호라고 하며 ino^i-number라고 줄여 쓰기도 한다. inode는 변경된 날짜, 소유자, 타입, 길이, 데이터 저장 위치 같은 파일에 관련된 메타데이터를 저장하고 있지만, 파일 이름은 저장하지 않는다. inode는 유닉스 파일시스템에서 디스크에 저장된 물리적인 객체임과 동시에 리눅스 커널에서 자료구조로 표현되는 논리적인 개념이기도 하다.

디렉터리와 링크

inode 번호로 파일에 접근하려면 귀찮은 데다 잠재적 보안 위협까지 있어서 보통 사용자 영역에서 파일에 접근할 때는 inode 대신 파일 이름을 사용한다. 디렉터리는 파일에 접근하기 위한 이름을 제공하는데 디렉터리는 inode 대신에 사람이 읽을 수 있는 이름으로 나타낸다. 이 이름과 inode 쌍을 링크라고 한다. 사용하는 파일시스템에 맞게 이 링크를 관리하고 물리적으로 디스크에 저장하는 코드가 커널에 구현되어 있다. 개념적으로 디렉터리는 일반 파일과 유사한 모습이지만 이름과 inode의 맵핑만 저장한다는 점에서 차이가 있다. 커널은 이런 맵핑을 사용해서 이름으로 inode를 찾는 작업을 수행한다.

사용자 영역 애플리케이션에서 어떤 파일을 열겠다고 요청하면 커널은 파일 이름이 포함된 디렉터리를 열고 파일을 찾는다. 커널은 파일 이름으로 inode 번호를 얻고, 이렇게 얻은 inode 번호로 inode를 찾는다. inode에는 디스크에서 파일의 위치 같은 파일 관련 메타데이터가 있다.

초기 디스크에는 루트 디렉터리 하나만 있다. 보통 루트 디렉터리 경로는 /로 표시한다. 하지만 이미 알고 있듯이 시스템에서 수많은 디렉터리가 있다. 특정 파일을 찾기 위해서 어떤 디렉터리를 살펴봐야 하는지 어떻게 알 수 있을까?

앞서 말했지만 디렉터리는 일반 파일과 매우 유사하다. 실제 디렉터리도 inode가 있다. 따라서 디렉터리 내부의 링크 역시 다른 디렉터리의 inode를 가리킬 수 있다. 즉 디렉터리는 다른 디렉터리 내부에 존재할 수 있고 계층적인 구조를 형성할 수 있게 된다. 이를 활용해서 /home/blackbeard/concorde.png처럼 우리에게 친숙한 파일 경로를 사용할 수 있는 것이다.

이런 파일 경로를 열겠다고 요청하면 커널은 해당 파일 경로에 속한 각 디렉터리 엔트리^{directory entry} (커널 내부에서는 dentry라고 부른다)를 탐색해서 다음 항목의 inode를 찾는다. 위 예에서 커널은 /로 시작하고 home을 가리키는 inode를 얻은 다음 blackbeard를 가리키는 inode를 얻고, 최종적으로 concorde.png의 inode를 얻는다. 이런 과정을 디렉터리, 혹은 경로 이름 찾기라고 한다. 리눅스 커널은 dentry 캐시를 사용해서 디렉터리 찾기 결과를 저장하고 나중에 일시적인 지역성*을 활용해 탐색 속도를 높인다.

루트 디렉터리에서 시작하는 경로 이름은 언제나 완전하게 명시되어 있기 때문에 절대 경로라고 한다. 어떤 경로 이름은 완전하게 명시되어 있지 않으며 다른 디렉터리의 상대적인 위치로 표현한다(예를 들어 todo/plunder 같은). 이를 상대 경로 이름이라고 한다. 상대 경로 이름을 사용하면 커널은 현재 작업 디렉터리에서 경로 이름을 찾는다. 예를 들어 todo/plunder를 찾는다면 현재 작업 디렉터리에서 todo 디렉터리를 탐색한다. 여기서 커널은 plunder를 가리키는 inode를 얻는다. 상대 경로 이름과 현재 작업 디렉터리를 합치면 완전한 디렉터리 이름을 얻을 수 있다.

비록 디렉터리를 일반 파일처럼 취급하지만, 커널은 사용자 영역에서 디렉터리를 일반 파일처럼 열고 조작하지 못하도록 제한한다. 그래서 디렉터리는 특수한 시스템 콜을 활용해서 조작해야 하는데, 이를 위한 시스템 콜로는 링크 추가와 삭제가 있다. 사용자 영역에서 커널의 중재 없이 디렉터리를 조작할 수 있게 하면 아주 단순한 오류가 발생해도 파일시스템 전체를 망가뜨릴 수 있다.

하드 링크

지금까지 살펴본 바로는 다른 이름으로 동일한 inode를 가리키지 못하게 하는 방법은 없었다. 하지만 이런 방법도 가능한데, 여러 개의 링크들이 각각 자신의 이름을 동일한 inode로 맵핑하고 있을 때, 이를 하드 링크라고 한다.

....
* 일시적인 지역성은 특정 리소스에 접근할 때 같은 리소스에 접근하는 다른 요청이 뒤따라 들어 올 확률이 높을 가능성을 의미한다.

하드 링크는 복잡한 파일시스템 구조에서 동일한 데이터를 여러 경로 이름이 가리킬 수 있게 허용한다. 하드 링크는 동일한 디렉터리에 존재하거나 둘 이상의 다른 디렉터리에 걸쳐 있어도 된다. 커널은 어느 경우에도 경로 이름을 가지고 올바른 inode를 찾아낸다. 예를 들어 특정 데이터를 가리키고 있는 어떤 inode는 /home/bluebeard/treasure.txt와 /home/blackbeard/to_steal.txt로 하드 링크를 걸 수 있다.

파일 삭제는 디렉터리 구조에서 링크를 해제하는 작업에 관여하는데 파일 삭제는 단순히 디렉터리에서 이름과 inode 쌍을 삭제하면 끝난다. 하지만 리눅스는 하드 링크를 지원하므로 파일시스템은 링크를 해제할 때마다 inode와 관련 자료를 삭제할 수 없다. 파일시스템 내에 다른 하드 링크가 존재한다면 어떻게 될까? 모든 링크가 삭제될 때까지 파일을 삭제하지 못하도록 보장하기 위해 각 inode는 파일 시스템 내에서 링크 카운터를 두어 자신을 가리키는 링크 개수를 추적한다. 파일 이름의 링크가 해제하면 링크 카운터가 하나 감소하며 링크 카운트가 0이 되면 파일시스템에서 inode와 관련 자료를 실제로 삭제한다.

심벌릭 링크

하드 링크가 다른 파일시스템으로 확장되지 못하는 이유는 inode가 속한 파일시스템 외부에서는 inode 번호가 무의미하기 때문이다. 유닉스 시스템은 여러 파일시스템에 걸쳐 사용할 수 있도록 좀 더 단순하지만 덜 투명한 링크인 심벌릭 링크*를 제공한다.

심벌릭 링크는 일반 파일처럼 생겼다. 심벌릭 링크도 독자적인 inode 및 데이터를 가지는데, 이 데이터 안에는 링크로 연결할 파일의 완전한 경로 이름이 포함되어 있다. 이는 심벌릭 링크가 다른 파일시스템에 들어 있는 파일과 디렉터리는 물론이고 심지어는 존재하지 않는 파일과 디렉터리를 가리킬 수도 있음을 의미한다. 존재하지 않는 파일을 가리키는 심벌릭 링크를 깨진 링크라고 한다.

하드 링크보다 심벌릭 링크가 오버헤드를 많이 초래하는 이유는 심벌릭 링크를 효과적으로 탐색하기 위해 심벌릭 링크와 그 링크로 연결된 파일, 둘 다 다뤄야 하기 때문이다. 하드 링크에 추가적인 오버헤드가 없는 이유는 파일시스템에서 링크가 둘 이상 걸린 파일에 접근하거나, 하나만 걸린 파일에 접근하거나 구현상 차이가 없기 때문이다. 심벌릭 링크의 오버헤드는 매우 작지만, 그래도 부정적인 것으로 취급되고 있다.

....
* symbolic link, 줄여서 symlink라고 한다

심벌릭 링크는 또한, 하드 링크보다 투명성이 떨어진다. 하드 링크는 사용자 입장에서 봤을 때 완전히 투명하다. 실제로, 두 번 이상 링크된 파일을 찾아내는 작업이 더 어렵다. 반면에 심벌릭 링크를 조작하려면 특수한 시스템 콜이 필요하다. 이런 투명성 결여는 심벌릭 링크가 명료하게 생성되며 파일시스템 내부 링크가 아닌 일종의 바로가기처럼 동작하기 때문에 종종 장점으로 작용하기도 한다.

특수 파일

특수 파일은 파일로 표현되는 커널 객체다. 지난 수년 동안 유닉스 시스템은 적은 수의 특수 파일만 지원해왔다. 그중 리눅스는 네 종류의 특수 파일을 지원하는데 블록 디바이스 파일, 캐릭터 디바이스 파일, 네임드 파이프, 유닉스 도메인 소켓이 그 4가지다. 특수 파일은 '모든 것이 파일'이라는 유닉스 철학에 맞게 파일시스템 위에 구현된 추상화 개념이며 리눅스는 특수 파일을 생성하는 시스템 콜을 제공한다.

유닉스 시스템에서는 하드웨어 장치에 대한 접근 또한, 파일을 거쳐 실행된다. 이런 파일이 파일시스템에 있는 디바이스 파일인데 일반 파일처럼 생기고 실제 일반 파일처럼 동작한다. 디바이스 파일을 열고, 읽고, 쓰는 방식으로 사용자 영역에서 하드웨어 장치로 접근을 허용하여 시스템에 있는 (물리적이거나 가상의) 하드웨어 장치를 조작한다. 유닉스에서 하드웨어 장치는 보통 캐릭터 디바이스와 블록 디바이스로 나뉘고 하드웨어 종류마다 독자적인 특수 디바이스 파일이 존재한다.

캐릭터 디바이스는 바이트로 구성된 선형 큐처럼 접근할 수 있다. 디바이스 드라이버는 큐에 바이트를 하나씩 집어 넣고, 사용자 영역에서는 큐에 쌓인 순서대로 바이트를 읽어낸다. 키보드는 캐릭터 디바이스의 대표적인 예로, 사용자가 'peg'라고 입력하면 애플리케이션은 키보드 디바이스에서 p, e, g를 순서대로 읽어낸다. 읽을 문자가 남아 있지 않으면 디바이스는 EOF[End Of File]를 반환한다. 글자가 빠지거나 순서가 바뀐 상태로 읽으면 키보드를 사용할 수 없을 것이다. 캐릭터 디바이스는 캐릭터 디바이스 파일로 접근한다.

반면에 블록 디바이스는 바이트 배열로 접근한다. 디바이스 드라이버는 위치 지정이 가능한 장치에 여러 바이트를 맵핑해 사용자 영역에서는 이 배열이 포함하고 있는 유효한 바이트에 임의로 접근할 수 있다. 예를 들어 12바이트를 읽은 다음에 7바이트를 읽고 다시 12 바이트를 읽어도 된다. 블록 디바이스는 보통 저장장치를 말하는데 하드 디스크, 플로피 드라이브, CD-

ROM 드라이브, 플래시 메모리는 모두 블록 디바이스에 해당한다. 블록 디바이스 역시 블록 디바이스 파일을 통해 접근한다.

네임드 파이프(First In, First Out의 약자인 FIFO로 부르기도 한다)는 IPC^{Inter-Process} ^{Communication} 메커니즘으로 특수 파일을 읽고 쓰는 파일 디스크립터 형태로 통신 채널을 제공한다. 일반 파이프는 특정 프로그램 출력을 파이프를 잇는 것처럼 다른 프로그램 입력으로 연결하기 위한 방법이다. 시스템 콜로 만들어지는 일반 파이프는 파일시스템이 아니라 메모리에 존재한다. 네임드 파이프는 일반 파이프와 동일하게 동작하지만, FIFO라는 특수한 파일을 거쳐 접근한다. 서로 무관한 프로세스도 이 파일에 접근하는 방식으로 프로세스 사이에 통신이 가능해진다.

마지막 유형으로 소켓이 있다. 소켓은 서로 다른 프로세스끼리 통신을 할 수 있는 고급 IPC의 한 종류이며 같은 머신뿐만 아니라 다른 머신과도 통신이 가능하다. 실제로 소켓은 네트워크와 인터넷 프로그래밍의 근간을 이루고 있다. 로컬 머신 내부에서 통신을 위해 사용하는 소켓 형태인 유닉스 도메인 소켓을 포함하여 소켓에는 많은 변종이 있다. 인터넷에서 통신하는 소켓은 통신 목적지를 파악하기 위해 호스트 이름과 포트를 사용하지만, 유닉스 도메인 소켓은 파일시스템에 만들어진 특수 파일(소켓 파일)을 사용한다.

파일시스템과 네임스페이스

다른 유닉스 시스템과 마찬가지로 리눅스는 파일과 디렉터리를 나타내기 위한 통합된 전역 네임스페이스를 제공한다. 몇몇 운영체제는 디스크와 드라이브를 분리해서 독립적인 네임스페이스로 할당한다. 예를 들어 플로피 디스크에 있는 파일은 A:\plank.jpg로 접근하지만, 하드 드라이브는 C:\로 접근한다. 유닉스에서는 플로피 드라이브에 있는 파일은 /media/floopy/plank.jpg라는 경로 이름 혹은 심지어 /home/captain/stuff/plank.jpg으로 접근 가능하다. 다시 말해 유닉스에서는 네임스페이스가 통합되어 있다.

파일시스템은 파일과 디렉터리를 정형적이고 유효한 계층 구조 안에 모아놓은 것이다. 파일시스템을 파일과 디렉터리라는 전역 네임스페이스 안에 개별적으로 추가하거나 제거할 수 있다. 이런 과정을 마운트(추가)와 언마운트(제거)라고 한다. 개별 파일시스템이 마운트되는 네임스페이스 상의 장소를 마운트 포인트라고 한다. 마운트된 파일시스템의 루트 디렉터리는 마운트 포인트에서 접근 가능하다. 예를 들어 CD를 /media/cdrom에 마운트하면

CD에 있는 파일시스템 루트는 마운트 포인트인 /media/cdrom에서 접근 가능하다. 가장 먼저 마운트된 파일시스템은 네임스페이스의 루트인 /에 위치하므로 루트 파일시스템이라고 한다. 리눅스 시스템에는 항상 루트 파일시스템이 존재한다. 그 외 다른 파일시스템을 다른 마운트 포인트에 마운트하는 과정은 필요에 따라 선택한다.

리눅스는 메모리에만 존재하는 가상 파일시스템과 네트워크를 통해 다른 머신과 연결하는 네트워크 파일시스템을 지원하지만 일반적으로 파일시스템은 물리적으로 존재한다(다시 말해, 디스크에 저장된다). 물리적인 파일시스템은 CD, 플로피 디스크, SD카드 같은 블록 저장 디바이스에 존재한다. 어떤 디바이스는 파티션으로 나눠지기도 한다. 이는 디바이스를 여러 개의 파일시스템으로 나눠서 따로 관리할 수 있다는 의미다. 리눅스는 일반 사용자들이 주로 찾는 다양한 파일시스템을 지원한다. 여기에는 저장매체에 밀접한 파일시스템(예, ISO9660), 네트워크 파일시스템(NFS), 네이티브 파일시스템(ext4), 다른 유닉스에서 사용하는 파일시스템(XFS), 심지어는 유닉스 계열이 아닌 파일시스템(FAT)도 포함된다.

블록 디바이스의 최소 접근 단위는 섹터다. 섹터는 디바이스의 물리적인 속성이다. 섹터는 2의 승수로 나타내며 512 바이트가 가장 일반적이다. 블록 디바이스는 섹터보다 더 작은 데이터 단위를 전송하거나 더 작은 데이터 단위에 접근하지 못한다. 모든 입출력은 섹터 하나 이상을 기준으로 일어난다.

물리적인 최소 접근 단위가 섹터라면 파일시스템에서 논리적인 최소 접근 단위는 블록이다. 블록은 파일시스템이 추상화한 개념으로 파일시스템이 존재하는 물리 매체와 무관하다. 블록은 보통 섹터 크기의 2의 배수이다. 블록은 일반적으로 섹터보다 더 크지만, 페이지 크기(하드웨어 구성 요소인 메모리 관리 유닛에서 지정 가능한 최소 단위)*보다는 작다. 보통 블록 크기는 512바이트, 1,024바이트, 4,096바이트다.

전통적으로 유닉스 시스템은 시스템 내의 모든 사용자와 모든 프로세스가 볼 수 있는 단일 공유 네임스페이스만 존재한다. 리눅스는 혁신적인 방식으로 프로세스별 네임스페이스를 지원하여 개별 프로세스에서 선택적으로 시스템에 존재하는 파일과 디렉터리 계층 구조를 독자적으로 바라볼 수 있다.** 기본적으로 각 프로세스는 부모의 네임스페이스를 상속받지만, 프로세스는 독자적인 마운트 포인트와 단일 루트 디렉터리로 독자적인 네임스페이스를 생성할 수 있다.

---

* 이는 커널의 인위적인 제한으로 언젠가는 사라질 수 있다.

** 이런 시도는 벨 연구소의 Plan9에서 처음 시도되었다. http://plan9.bell-labs.com/plan9/index.html

1.4.2 프로세스

유닉스의 가장 기본 개념인 파일을 이해했다면 두 번째 개념인 프로세스를 볼 차례다. 프로세스는 실행 중인 오브젝트 코드를 말하는데 언제나 활성화 상태로 실행 중인 프로그램이다. 프로세스를 오브젝트 코드라 말했지만, 정확히는 단순한 오브젝트 코드를 넘어 데이터, 리소스, 상태, 가상화된 컴퓨터를 포함한다.

프로세스는 커널이 이해하는 실행 파일 포맷으로 만들어져 실행 가능한 오브젝트 코드로부터 시작된다. 리눅스에서 가장 일반적인 실행 파일 포맷은 ELF^{Executable and Linkable Format}이다. 실행 파일은 여러 섹션으로 구성되는데 섹션에는 메타데이터, 코드, 데이터 등이 들어 있다. 이 섹션은 오브젝트 코드가 담긴 바이트 배열이며 선형 메모리 공간에 적재된다. 섹션에 담긴 바이트는 접근 권한이 같으며 사용 목적이 비슷하고, 동일하게 취급된다.

가장 중요한 공통 섹션은 텍스트 섹션, 데이터 섹션, bss 섹션이다. 텍스트 섹션에는 실행 가능한 코드나 상수, 변수와 같은 읽기 전용 데이터가 있으며 읽기 전용과 실행 가능으로 표시된다. 데이터 섹션에는 정의된 값을 할당한 C 변수와 같은 초기화된 자료가 있으며 일반적으로 읽고 쓰기가 가능하도록 표시된다. bss 섹션은 초기화되지 않은 전역 데이터를 포함한다. C 표준에 따르면 C 전역 변수의 기본값은 반드시 0이므로 디스크에 저장된 오브젝트 코드에 0을 저장할 필요가 없다. 그 대신 오브젝트 코드는 단순히 bss 섹션에 초기화되지 않은 변수 목록을 유지하며 커널은 메모리에 올라오는 시점에서 모든 값이 0인 페이지를 이 섹션에 맵핑할 수 있다. bss 섹션은 오로지 이 목적에 최적화되어 있다. bss라는 이름은 block started by symbol 또는 block storage segment에서 유래했다. 이외에도 ELF 파일에는 (재배치 불가능한 심벌을 포함한) 절대 섹션과 온갖 잡다한 데이터가 들어가는 미정의 섹션이 있다.

또한, 프로세스는 커널이 중재하고 관리하는 다양한 시스템 리소스과 관련이 있다. 프로세스는 일반적으로 시스템 콜을 이용해서 리소스를 요청하고 조작한다. 이런 리소스에는 타이머, 대기 중인 시그널, 열린 파일, 네트워크 연결, 하드웨어, IPC 메커니즘 등이 포함된다. 프로세스 리소스는 자신과 관련한 데이터의 통계 정보를 포함하고 있으며 해당 프로세스의 프로세스 디스크립터의 형태로 커널 내부에 저장된다.

프로세스는 가상화를 위한 추상 개념이다. 선점형 멀티태스킹과 가상 메모리를 지원하는 리눅스 커널은 가상화된 프로세서와 가상화된 메모리를 프로세스에 제공한다. 프로세스 관점에서 바라보면 마치 혼자서 시스템을 통제하고 있다는 착각에 빠진다. 다시 말해, 스케줄러를 통해 프로세스 여러 개가 실행되더라도 프로세스 각각이 전체 시스템을 독점하는 듯이 동작한다. 커널은 동작 중인 모든 프로세스가 시스템 프로세서를 공유하도록 빈틈없고 투명하게 프로세스를 선점하고 스케줄링한다. 프로세서 입장에서는 동작 방식에 대한 차이점을 결코 알지 못한다. 또한, 커널은 각 프로세스에 단일 선형 주소 공간^{Single Linear Address Space}을 제공하므로 마치 프로세스 홀로 시스템에 존재하는 모든 메모리를 제어하는 것처럼 보인다. 커널은 가상 메모리와 페이징 기법을 사용해서 프로세스마다 다른 주소 공간에서 동작하도록 만들기 때문에 여러 프로세스가 시스템상에 공존할 수 있는 것이다. 최신 프로세서는 운영체제가 독립적인 여러 프로세스의 상태를 동시에 관리할 수 있도록 하며 커널은 이런 하드웨어의 도움을 받아 가상화를 관리한다.

스레드

각 프로세스는 실행 스레드(일반적으로 그냥 스레드라고 하는)를 하나 이상 포함한다. 스레드는 프로세스 내부에서 실행하는 활동 단위이며, 코드를 실행하고 프로세스 동작 상태를 유지하는 추상 개념이다.

프로세스는 대부분 스레드 하나로만 구성되어 있는데 이를 싱글스레드라고 한다. 여러 스레드를 포함하는 프로세스를 멀티스레드라고 한다. 유닉스의 간결함을 중시하는 철학과 빠른 프로세스 생성 시간, 견고한 IPC 메커니즘 때문에 전통적으로 유닉스 프로그램은 싱글스레드였고 스레드 기반으로 옮겨가려는 요구사항이 비교적 적었다.

스레드는 (비스레드로 동작하는 프로세스 스택과 마찬가지로 독자적인 지역 변수를 저장하는) 스택, 프로세서 상태, 오브젝트 코드의 현재 위치(흔히 프로세서에 탑재된 명령어 포인터 ^{instruction pointer}에 저장되어 있다)를 포함한다. 기타 프로세스에 남아 있는 대부분의 리소스는 모든 스레드가 공유한다. 이런 방식으로 스레드는 가상 메모리를 공유하고 가상 프로세서를 관리한다.

내부적으로 리눅스 커널은 독특한 관점으로 스레드를 구현한다. 스레드는 단순히 (특히 주소 공간을 비롯하여) 몇몇 리소스를 공유하는 일반적인 프로세스일 뿐이다. 사용자 영역에서 리눅스는 (Pthread라고 하는) POSIX 1003.1c에 따라 스레드를 구현한다. glibc의 일부인 현재 리눅스 스레드 구현 이름은 NPTL^{Native POSIX Threading Library}이다. 더 자세한 내용은 7장에서 살펴보겠다.

프로세스의 계층 구조

각각의 프로세스는 pid(프로세스 ID)라고 하는 고유한 양수 값으로 구분된다. 첫 번째 프로세스의 pid는 1이며 그 뒤로 생성되는 프로세스는 새로운 pid를 받는다.

리눅스에서 프로세스는 프로세스 트리라는 엄격한 계층 구조를 형성한다. 일반적으로 프로세스 트리는 init 프로그램으로 알려진 첫 번째 프로세스가 루트가 된다. 새로운 프로세스는 fork() 시스템 콜로 만들어진다. 이 시스템 콜은 호출하는 프로세스를 복사해서 다른 프로세스를 새로 만든다. 원본 프로세스를 부모라고 하며 새로 만든 프로세스를 자식이라고 한다. 첫 번째 프로세스를 제외한 나머지 모든 프로세스에는 부모가 있다. 부모 프로세스가 자식 프로세스보다 먼저 종료되면 커널은 고아가 된 자식 프로세스를 init 프로세스에 입양시킨다.

프로세스가 종료되면 시스템에서 바로 제거되지 않고 프로세스 일부를 메모리에 계속 유지해서 자식 프로세스가 종료될 때 부모 프로세스가 상태를 검사할 수 있도록 한다. 이를 '종료된 프로세스를 기다린다'고 표현한다. 부모 프로세스가 종료된 자식 프로세스를 기다렸다면 자식 프로세스는 완전히 종료된다. 그런데 프로세스가 종료되었는데 기다리는 부모 프로세스가 없다면 이때, 좀비가 탄생한다. 일상적으로 init 프로세스는 자기에게 딸린 자식 모두를 기다려서 새로 입양된 프로세스가 영원히 좀비로 남지 않도록 보살핀다.

1.4.3 사용자와 그룹

리눅스에서 권한은 사용자와 그룹 형태로 제공된다. uid(사용자 ID)는 고유한 양수 값이며 사용자를 구분한다. 따라서 프로세스마다 자신을 실행하는 사용자가 누구인지 파악하는 용도로 uid가 하나 붙으며 이를 프로세스의 실제 uid라고 한다. uid는 리눅스 커널 내부에서 사용자를 나타내는 유일한 개념이다. 하지만 다행히 사용자는 자신과 다른 사용자를 숫자가 아닌 사용자 이름으로 참조한다. 사용자 이름에 대응하는 uid는 /etc/passwd 파일에 저장되어 있으며 라이브러리 루틴들은 이 파일을 참조해서, 사용자가 입력한 사용자 이름을 그에 대응하는 uid로 맵핑할 수 있게 된다.

로그인 과정에서 사용자는 이름과 암호를 login 프로그램에 전달한다. 사용자가 입력한 이름과 암호가 올바르면 login 프로그램은 /etc/passwd에 지정되어 있는 사용자 로그인 셸을 실행해서 셸의 uid를 사용자 uid로 바꾼다. 자식 프로세스는 부모 프로세스의 uid를 상속받는다.

uid 0은 root(루트)라는 특수한 사용자를 가리킨다. root 사용자는 특별한 권한이 있으며 시스템에서 거의 모든 작업을 실행할 수 있다. 예를 들면 오로지 root 사용자만이 프로세스의 uid를 바꿀 수 있다. 따라서 login 프로그램은 루트로 동작한다.

실제 uid 이외에, 프로세스마다 유효 uid, 저장된 uid, 파일시스템 uid가 있다. 실제 uid는 항상 프로세스를 시작한 사용자를 나타내지만, 유효 uid는 다른 사용자 권한으로 프로세스를 실행하도록 만드는 다양한 규칙에 따라 바뀔 수도 있다. 저장된 uid는 원래 유효한 uid를 저장하며 이 값은 사용자가 전환하기를 원할지도 모르는 유효 uid 값을 결정하기 위해 쓰인다. 파일 시스템 uid는 일반적으로 유효 uid와 같으며 파일시스템 접근을 검증하는 데 쓰인다.

모든 사용자는 하나 이상의 그룹에 속해 있다. 주 그룹이나 로그인 그룹은 /etc/passwd에 지정하며 추가 그룹은 /etc/group에 지정한다. 따라서 프로세스마다 gid(그룹 ID)가 대응되어 실제 gid, 유효 gid, 저장된 gid, 파일시스템 gid를 갖게 된다. 일반적으로 프로세스는 사용자 로그인 그룹과 관련이 있으며 추가 그룹과는 관련이 없다.

보안 확인은 특정 범주를 만족하는 경우에만 프로세스가 해당 연산을 실행하도록 허용한다. 역사적으로 유닉스는 흑백논리에 따라 이런 결정을 실행했다. 예를 들어 uid가 0인 프로세스는 접근이 가능하지만, 다른 프로세스는 접근이 불가능하다. 최근 리눅스는 이런 보안 시스템을 좀 더 일반적인 보안 시스템으로 대체했다. 신규 보안 시스템에서는 참/거짓을 따지는 단순한 검사를 넘어 좀 더 세밀한 접근 설정이 가능하다.

1.4.4 권한

리눅스의 표준 파일 접근 권한과 보안 메커니즘은 전통적인 유닉스와 동일하다.

파일마다 소유자, 소유자 그룹, 그리고 세 가지 접근 권한 비트가 있다. 이 비트는 소유자, 소유자 그룹, 그 외 모든 사용자가 파일을 읽고, 쓰고, 실행하는 능력을 기술한다. 세 그룹별로 세 비트가 할당되어 총 아홉 비트로 표현한다. 소유자와 접근 권한 정보는 파일 inode에 저장된다.

일반 파일의 접근 권한은 읽기, 쓰기, 실행 권한으로 명시하므로 확실히 이해하기 쉽다. 일반 파일과 특수 파일 둘 다 동일하게 읽기와 쓰기 권한을 적용할 수 있지만, 특수 파일에서의 읽기와 쓰기는 의미가 달라질 수도 있으며 실행 권한은 특수 파일에서 무시된다. 디렉터리에서 읽기 권한은 디렉터리 목록 내용을 열거하며 쓰기 권한은 디렉터리 내부에 새로운 링크를 추가

(파일 생성)하며 실행 권한은 경로 이름을 사용해서 디렉터리 내부로 들어가도록 허용한다. [표 1-1]에 접근 권한 비트 아홉 개, 이를 나타내기 위한 8진수, ls가 보여주는 텍스트, 접근 권한 의미를 차례로 정리해두었다.

표 1-1 권한 비트와 값

비트	8진수	텍스트	접근 권한
8	400	r--------	소유자 읽기
7	200	-w-------	소유자 쓰기
6	100	--x------	소유자 실행
5	040	---r-----	그룹 읽기
4	020	----w----	그룹 쓰기
3	010	-----x---	그룹 실행
2	004	------r--	그 외 사용자 읽기
1	002	-------w-	그 외 사용자 쓰기
0	001	--------x	그 외 사용자 실행

리눅스는 전통적인 유닉스 접근 권한 이외에 ACL^{Access Control List}도 지원한다. ACL은 복잡하고 저장 공간을 많이 차지하지만, 좀 더 상세하고 정확한 접근 권한과 보안 제어 기능을 제공한다.

1.4.5 시그널

시그널은 비동기식 단방향 알림 메커니즘이다. 커널에서 프로세스로, 프로세스에서 다른 프로세스로, 아니면 프로세스 자기 자신에게 시그널을 보낼 수 있다. 일반적으로 시그널은 세그멘테이션 폴트^{Segmentation Fault}나 사용자가 Ctrl+C를 누르는 경우와 같이 프로세스에 특정 사건이 발생했음을 알려준다.

리눅스 커널에는 대략 30개 정도의 시그널이 있다(정확한 숫자는 아키텍처마다 다르다). 각 시그널은 상수와 이름으로 표현되는데, 예를 들어 x86-64에서 터미널이 끊겼을 때 시그널을 보내기 위해 사용되는 SIGHUP은 1로 표현된다.

즉시 프로세스를 종료하도록 만드는 SIGKILL과 즉시 프로세스를 멈추게 만드는 SIGSTOP을 제외하고, 프로세스는 시그널을 받았을 때 어떻게 해야 할지 제어가 가능하다. 프로세스를 종료하거나, 프로세스를 종료하고 메모리를 덤프하거나, 프로세스를 멈추거나, 아무 작업도 하지 않는 기본 동작을 그대로 따를 수도 있다. 아니면 프로세스가 명시적으로 시그널을 무시하거나 독자적으로 처리하도록 결정해도 된다. 무시된 시그널은 조용히 버려진다. 애플리케이션에서 시그널을 처리할 경우 사용자가 제공한 시그널 핸들러를 실행한다. 프로그램은 시그널이 도착하자마자 바로 이 함수로 건너뛰며 시그널 핸들러가 반환될 때 프로그램 제어권은 인터럽트가 발생된 위치로 돌아온다. 시그널은 비동기적이기 때문에, 시그널 핸들러가 비동기-안전한(시그널-안전하다고도 함) 함수만을 실행하도록 함으로써, 인터럽트된 장소의 코드가 망가지지 않도록 해야 한다.

1.4.6 프로세스 간 통신

프로세스 사이에서 일어나는 정보 교환과 알림은 운영체제가 담당하는 가장 중요한 작업이다. 리눅스 커널은 시스템 V*와 POSIX에서 정의하고 표준화한 메커니즘은 물론이고 한두 가지 독자적인 메커니즘을 포함해서 과거부터 내려오는 유닉스 IPC 메커니즘 대부분을 구현한다.

리눅스에서 지원하는 IPC 메커니즘은 파이프, 네임드 파이프, 세마포어, 메시지 큐, 공유 메모리, 퓨텍스가 있다.

1.4.7 헤더 파일

리눅스 시스템 프로그래밍은 여러 헤더 파일을 중심으로 돌아간다. 커널 자체와 glibc는 시스템 프로그래밍에 사용되는 헤더 파일을 제공한다. 이런 헤더는 표준 C (예를 들면 ⟨string.h⟩) 계열과 일반적인 유닉스(예를 들면 ⟨unistd.h⟩)계열을 포함한다.

1.4.8 에러 처리

에러 검사 및 처리의 중요성은 두말할 필요도 없다. 시스템 프로그래밍에서 에러는 함수 리턴 값으로 확인이 가능하며 특수한 변수인 errno로 에러가 발생한 구체적인 이유를 알 수 있다.

----

* 역자주_ 시스템 5

glibc는 라이브러리와 시스템 콜 양쪽을 지원하도록 errno 값을 공정하게 제공한다. 이 책에서 다루는 다양한 인터페이스는 이런 메커니즘을 사용해서 에러를 주고받는다.

정확한 값은 함수에 따라 다르겠지만, 보통 에러가 발생하면 −1을 반환한다. 이 에러 값은 호출한 측에 에러가 발생했음을 알려주지만, 자세한 에러 이유는 알려주지 않는다. 이때 에러 원인을 찾아내기 위해 errno 변수를 사용한다.

errno 변수는 ⟨errno.h⟩ 헤더에 다음과 같이 정의되어 있다.

```
extern int errno;
```

이 값은 errno에 값을 대입한 함수를 호출한 직후에만 유효하다. 연이어 다른 함수를 실행하면 이 값이 바뀌므로 주의해야 한다.

errno 변수는 직접 읽고 쓸 수 있으며 변경 가능한 변수(lvalue)다. errno 값은 그 에러에 대한 설명에 매핑되어 있다. 선행처리기 구문인 #define으로 지정한 문자열 역시 숫자인 errno 값에 대응된다. 예를 들어 선행처리기는 #define을 사용해서 '접근 거부'를 나타내는 EACCESS를 1로 정의한다. [표 1-2]에 표준 정의와 관련 에러 설명을 표로 정리했다.

표 1-2 에러와 설명

선행처리기 문자열 정의	설명
E2BIG	너무 긴 인자 목록
EACCESS	접근 거부
EAGAIN	재시도
EBADF	잘못된 파일 번호
EBUSY	이미 사용 중인 디바이스나 리소스
ECHILD	자식 프로세스 없음
EDOM	함수 영역을 넘어선 수학 인자
EEXIST	이미 존재하는 파일
EFAULT	잘못된 주소
EFBIG	너무 큰 파일
EINTR	인터럽트가 걸린 시스템 호출
EINVAL	유효하지 않은 인자

EIO	입출력 에러
EISDIR	디렉터리임
EMFILE	열린 파일이 너무 많음
EMLINK	너무 많은 링크
ENFILE	파일 테이블 넘침
ENODEV	그런 디바이스 없음
ENOENT	그런 파일이나 디렉터리 없음
ENOEXEC	잘못된 실행 파일 형식
ENOMEM	메모리 부족
ENOSPC	디바이스에 남은 공간 없음
ENOTDIR	디렉터리 아님
ENOTTY	부적절한 입출력 제어 연산
ENXIO	그런 디바이스나 주소 없음
EPERM	허용되지 않은 연산
EPIPE	파이프 깨짐
ERANGE	너무 긴 결과
EROFS	읽기 전용 파일시스템
ESPIPE	유효하지 않은 탐색
ESRCH	그런 프로세스 없음
ETXTBSY	이미 사용 중인 텍스트 파일
EXDEV	적절하지 않은 링크

C 라이브러리는 errno 값을 그에 맞는 문자열 표현으로 변환하는 함수를 몇 가지 제공하고 있다. 이런 함수는 사용자에게 에러를 알려줄 때 사용한다. 흔히 선행처리기 정의와 errno를 직접 활용해서 에러 검사와 처리 작업을 실행한다.

이런 용도로 사용하는 함수는 perror( )가 있다.

```
#include <stdio.h>

void perror (const char *str);
```

이 함수는 str이 가리키는 문자열 뒤에 콜론(:)을 붙인 다음에 errno가 기술하는 현재 에러를 문자열로 바꿔 표준 에러(stderr: standard error)로 내보낸다. 활용도를 높이려면 실패한 함수 이름을 문자열에 포함해주면 좋다. 예를 들면 다음과 같다.

```
if (close (fd) == -1)
    perror ("close");
```

C 라이브러리는 strerror( )와 strerror_r( ) 함수를 제공한다. strerror( ) 함수의 원형은 다음과 같다.

```
#include <string.h>

char * strerror (int errnum);
```

strerror_r( ) 함수의 원형은 다음과 같다.

```
#include <string.h>

int strerror_r (int errnum, char *buf, size_t len);
```

strerror( ) 함수는 errnum 에러에 대한 설명이 담긴 문자열에 대한 포인터를 반환한다. 문자열 내용을 애플리케이션에 의해 변경되지는 않지만, 연속해서 perror( )와 strerror( )를 호출할 경우에는 바뀔 수도 있다. 이런 의미에서 이 함수는 스레드 세이프(137쪽)하지 않다.

strerror_r( ) 함수는 스레드에서 사용할 수 있다. 이 함수는 buf가 가리키는 지점부터 len 만큼 버퍼를 채운다. 성공하면 strerror_r( ) 함수는 0을 반환하고, 실패하면 −1을 반환한다. 웃기는 이야기지만, 여기서도 에러가 발생하면 errno를 설정한다.

어떤 함수에서는 반환 타입의 전체 범위가 유효한 반환값인 경우도 있다. 이런 경우 호출 전에 errno를 0으로 초기화한 후에 함수를 호출하여 errno를 검사한다(이런 함수는 실제 에러가 발생했을 때, errno를 0이 아닌 값으로 설정하기만 하는 것으로 설계되어 있다). 예를 들면 다음과 같다.

```
errno = 0;
arg = strtoul (buf, NULL, 0);
```

```
if (errno)
    perror ("strtoul");
```

흔히 하는 실수로, 라이브러리나 시스템 콜에서 errno 값을 바꿀 수 있다는 사실을 잊은 채 errno 값을 검사하는 경우가 있다. 예를 들면 다음 코드에는 버그가 있다.

```
if (fsync (fd) == -1) {
    fprintf (stderr, "fsync failed!\n");
    if (errno == EIO)
        fprintf (stderr, "I/O error on %d!\n", fd);
}
```

만일 함수를 여러 번 호출하면서 errno 값을 보존해야 한다면 다른 곳에 따로 저장하자.

```
if (fsync (fd) == -1) {
    const int err = errno;
    fprintf (stderr, "fsync failed: %s\n", strerror (errno));
    if (err == EIO) {
        /* I/O(입출력)와 관련된 에러라면 빠져나간다 */
        fprintf (stderr, "I/O error on %d!\n", fd);
        exit (EXIT_FAILURE);
    }
}
```

이 절 초반에 살펴보았듯이 싱글스레드 프로그램에서 errno는 전역 변수다. 하지만 멀티스레드 프로그램에서 errno는 스레드별로 저장되므로 스레드에서 사용이 가능하다.

1.5 시스템 프로그래밍 시작하기

이 장에서는 프로그래머 관점에서 리눅스 시스템 프로그래밍 기초를 살펴보았다. 다음 장에서는 기본적인 파일 입출력을 설명한다. 물론 파일을 읽고 쓰는 방법을 다루지만, 리눅스는 많은 인터페이스를 파일로 구현했기 때문에 파일 입출력은 단순한 파일 처리를 넘어서 다양한 작업에 밀접하게 관련되어 있다. 1장에서 어느 정도 기초 지식을 익혔으므로 본격적으로 시스템 프로그래밍에 뛰어들겠다.

## CHAPTER 2

파일 입출력

2장부터 4장까지는 파일에 대해 다룬다. 유닉스 시스템에서는 거의 모든 것을 파일로 표현하므로 파일 입출력은 매우 중요한 부분이다. 이 장에서는 파일 입출력의 기본을 알아보고 파일을 다루는 가장 기본 방법이자 간단한 방법인 시스템 콜을 자세히 알아보겠다. 3장에서는 표준 C 라이브러리에서의 표준 입출력을 알아보고 4장에서는 고급 파일 입출력과 특수한 파일 입출력 인터페이스에 대해서 다루겠다. 그리고 8장에서 파일과 디렉터리 조작이라는 주제로 파일에 관한 부분은 마무리하겠다.

파일은 읽거나 쓰기 전에 반드시 열어야 한다. 커널은 파일 테이블이라고 하는 프로세스별로 열린 파일 목록을 관리한다. 이 테이블은 음이 아닌 정수 값인, 파일 디스크립터(중종 fd라고 부르는)로 인덱싱되어 있다. 이 테이블의 각 항목은 열린 파일에 대한 정보를 담고 있으며 여기에는 메모리에 복사된 inode를 가리키는 포인터와 각종 메타데이터(파일 위치와 접근 모드 같은)가 포함되어 있다. 파일 디스크립터는 사용자 영역과 커널 영역 모두에서 프로세스 내의 고유한 식별자로 사용된다. 파일을 열면 파일 디스크립터가 반환되고 이 파일 디스크립터를 관련 시스템 콜의 첫 번째 인자로 넘겨 (읽기, 쓰기 등등) 다양한 연산을 수행한다.

파일 디스크립터는 C의 int 자료형이다. 특수한 자료형을 사용하지 않는 것이 이상하게 보일 수도 있겠지만, 유닉스 시스템은 예전부터 이렇게 사용해왔다. 각 리눅스 프로세스가 열 수 있는 최대 파일 개수는 정해져 있다. 파일 디스크립터는 0에서 시작해서 이 최댓값보다 하나 적은 값까지 증가한다. 기본적으로 최댓값은 1,024지만 1,048,576까지 설정할 수 있다. 파일 디스크립터로 음수를 허용하지 않기 때문에 함수에서 발생한 에러는 음수인 −1을 사용한다. 음수가 아닌 반환값은 유효한 파일 디스크립터다.

프로세스에서 명시적으로 닫지 않는 이상 모든 프로세스는 최소한 0, 1, 2라는 세 가지 파일 디스크립터를 열어 두고 있다. 파일 디스크립터 0번은 표준 입력(stdin)이고, 파일 디스크립터 1번은 표준 출력(stdout), 파일 디스크립터 2번은 표준 에러(stderr)다. 이런 파일 디스크립터 값을 직접 참조하는 대신 C 라이브러리는 STDIN_FILENO, STDOUT_FILENO, STDERR_FILENO라는 선행처리기 정의를 제공한다. 일반적으로 표준 입력은 키보드 같은 터미널의 입력장치에 연결되고 표준 출력과 표준 에러는 터미널의 출력장치에 연결된다. 사용자는 이런 표준 파일 디스크립터를 리다이렉트하거나 파이프를 사용해서 프로그램의 출력을 다른 프로그램의 입력으로 리다이렉트할 수도 있다. 이게 셸이 리다이렉션과 파이프를 구현하는 방식이다.

파일 디스크립터는 단순히 일반 파일만 나타내는 것이 아니다. 파일 디스크립터는 장치 파일, 파이프, 디렉터리, 퓨텍스, FIFO, 소켓 접근에도 사용되며 모든 것이 파일이라는 유닉스 철학에 따라 읽고 쓸 수 있는 모든 것은 파일 디스크립터를 통해 접근할 수 있다.

기본적으로 자식 프로세스는 부모 프로세스가 소유한 파일 테이블의 복사본을 상속받는다. 열린 파일, 접근 모드, 현재 파일의 오프셋 등을 담고 있는 목록은 동일하지만, 예를 들어 자식 프로세스가 파일을 닫는 등의 특정 프로세스에서 일어난 변화는 다른 프로세스의 파일 테이블에 영향을 미치지 않는다. 나중에 5장에서 설명하겠지만, 스레드처럼 부모 프로세스가 소유한 파일 테이블을 자식과 부모가 공유하는 방식도 가능하다.

2.1 파일 열기

파일에 접근하는 가장 기본적인 방법은 read( )와 write( ) 시스템 콜이다. 하지만 파일에 접근하기에 앞서 open( )이나 creat( ) 시스템 콜을 사용해서 파일을 열어두고, 다 쓴 다음에는 close( ) 시스템 콜로 파일을 닫아야 한다.

2.1.1 open() 시스템 콜

open() 시스템 콜을 사용해서 파일을 열고 파일 디스크립터를 얻는다.

```
#include <sys/types.h>
#include <sys/stat.h>
#include <fcntl.h>

int open (const char *name, int flags);
int open (const char *name, int flags, mode_t mode);
```

open() 시스템 콜은 경로 이름이 name인 파일을 파일 디스크립터에 맵핑하고, 성공하면 이 파일 디스크립터를 반환한다. 파일 오프셋은 파일의 시작지점인 0으로 설정되며 파일은 flags 로 지정한 플래그에 대응하는 접근 모드로 열리게 된다.

open() 플래그

flags 인자는 O_RDONLY, O_WRONLY, O_RDWR 중 하나를 포함해야 한다. 각 플래그는 읽기 전용 모드, 쓰기 전용 모드, 읽기와 쓰기 모드로 파일을 열도록 요청한다.

예를 들어 다음 코드는 읽기 전용 모드로 /home/kidd/madagascar 파일을 연다.

```
int fd;

fd = open ("/home/kidd/madagascar", O_RDONLY);

if (fd == -1)
    /* 에러 */
```

쓰기 전용 모드로 열린 파일은 읽기 작업이 불가능하며 반대의 경우도 마찬가지다. open() 시스템 콜을 호출한 프로세스는 호출 시 사용한 플래그에 맞는 충분한 접근 권한을 확보해야 한다.

flags 매개 변수에 비트 OR 연산으로 다음 값 중 하나 이상을 추가해서 열기 동작을 변경할 수 있다.

O_APPEND   덧붙이기 모드Append Mode로 파일을 연다. 다시 말해, 매번 쓰기 작업 직전
                  에 파일 오프셋이 파일 끝을 가리키도록 갱신된다. 덧붙이기 모드로 파
                  일을 열어서 쓰고 난 후에 다른 프로세스에서 이 파일을 또 써도 파일 오
                  프셋은 계속 파일의 끝을 가리킨다(77쪽 '덧붙이기 모드').

O_ASYNC   특정 파일에서 읽기나 쓰기가 가능해질 때 시그널(기본값으로 SIGIO)
                  이 발생한다. 이 플래그는 일반 파일이 아니라 터미널과 소켓에만 사용
                  할 수 있다.

O_CLOEXEC   열린 파일에 close-on-exec 플래그를 설정한다. 새 프로세스를 실행하
                  면 이 파일은 자동으로 닫힌다. 이 플래그를 설정하면 fcntl( ) 함수를 이
                  용해서 따로 FD_CLOSEXEC 플래그를 설정할 필요가 없다. close-on-
                  exec 플래그를 설정하면 새 프로세스가 생성되면서 기존의 파일 디스크
                  립터를 복사해서 생기는 경쟁 상태를 사전에 방지할 수 있다. 이 플래그는
                  리눅스 커널 2.6.23 이상 버전에서만 사용 가능하다.

O_CREAT   name에 적은 파일이 없으면 파일을 새로 만든다. 파일이 이미 있다면
                  O_EXCL을 붙이지 않는 이상 이 플래그는 아무런 효과도 없다.

O_DIRECT   직접 입출력을 수행하기 위해 파일을 연다(85쪽 '직접 입출력' 참고).

O_DIRECTORY   name이 디렉터리가 아니면 open( ) 호출이 실패한다. 이 플래그는
                  opendir( ) 라이브러리 호출을 내부적으로 사용한다.

O_EXCL   O_CREAT와 함께 이 플래그를 사용하면 name으로 지정한 파일이 이미
                  있을 때 open( ) 호출이 실패한다. 파일 생성 과정에서 경쟁 상태를 회
                  피하기 위해 쓰인다.

O_LARGEFILE   2기가바이트를 초과하는 파일을 열기 위해 64비트 오프셋을 사용한다.
                  이 플래그는 64비트 아키텍처를 내재한다.

O_NOATIME+   읽기에 의해서 파일의 마지막 접근 시간이 갱신되지 않도록 한다. 이 플
                  래그는 백업이나 인덱싱, 또는 시스템 내에 존재하는 모든 파일을 읽어
                  야 하는 프로그램에서 파일을 읽을 때마다 해당 inode를 갱신하기 위해
                  발생하는 쓰기 작업을 방지할 수 있어서 유용하다. 이 플래그는 리눅스
                  커널 2.6.8 이상에서만 사용이 가능하다.

O_NOCTTY	name이 터미널 디바이스(예를 들면 /dev/tty)를 가리키면 프로세스에 현재 제어 중인 터미널이 없더라도 프로세스의 제어 터미널이 되지 않는다. 자주 쓰는 플래그는 아니다.
O_NOFOLLOW	name이 심벌릭 링크라면 open( ) 호출이 실패한다. 일반적인 상황이라면 링크를 따라가서 해당 파일을 연다. 경로의 다른 구성 요소가 링크여도 호출은 성공한다. 예를 들어 name이 /etc/ship/plank.txt인데 plank.txt가 심벌릭 링크라면 호출은 실패한다. 하지만 etc나 ship이 심벌릭 링크지만 plank.txt는 심벌릭 링크가 아니라면 호출은 성공한다.
O_NONBLOCK	가능한 경우 파일을 논블록킹 모드로 연다. open( ) 호출이나 다른 연산은 입출력 과정에서 프로세스를 막고(블록) 있지 않는다. FIFO용으로만 이런 동작 방식을 정의한다.
O_SYNC	파일을 동기식 입출력용으로 연다. 데이터를 물리적으로 디스크에 쓰기 전까지는 쓰기 연산이 완료되지 않는다. 일반적인 읽기 연산은 이미 동기식이므로 읽기와 관련해서 이 플래그는 영향을 미치지 않는다. POSIX는 추가적으로 O_DSYNC와 O_RSYNC를 정의하고 있지만, 리눅스에서 이 두 플래그는 O_SYNC와 같다(84쪽 'O_SYNC 플래그').
O_TRUNC	파일이 존재하고, 일반 파일이며 flags 인자에 쓰기가 가능하도록 명시되어 있으면 파일 길이를 0으로 잘라버린다. FIFO나 터미널 디바이스에서 O_TRUNC는 무시된다. 다른 파일 유형에 대한 O_TRUNC의 동작은 정의되지 않았다. 파일을 자르려면 쓰기 권한이 있어야 하므로 O_TRUNC가 O_RDONLY와 함께 쓰이는 경우의 동작도 정의되지 않았다.

예를 들어 다음 코드는 파일 /home/teach/pearl을 쓰기 모드로 연다. 파일이 이미 존재하면 길이를 0으로 잘라버린다. O_CREAT 플래그를 명세하지 않았기 때문에 파일이 존재하지 않으면 호출은 실패한다.

```
int fd;

fd = open ("/home/teach/pearl", O_WRONLY | O_TRUNC);
if (fd == -1)
    /* 에러 */
```

2.1.2 새로운 파일의 소유자

새로운 파일 소유자를 결정하는 작업은 간단하다. 파일 소유자의 uid는 파일을 생성한 프로세스의 euid(유효 uid)다.

소유 그룹을 결정하는 작업은 좀 더 복잡하다. 기본 동작 방식에 따르면 파일 그룹은 파일을 생성한 프로세스의 egid(유효 gid)로 설정한다. 이는 시스템 V 동작 방식이며 (상당수의 리눅스가 이 방식을 따른다) 리눅스가 따른 표준 작업 방식이다.

하지만 어려운 것은 파일의 그룹이 상위 디렉터리의 gid로 설정되도록 정의한 BSD의 독자적인 동작인데 이런 동작 방식은 리눅스에서 마운트 옵션*으로 변경 가능하다. 또한, 리눅스에서 파일의 상위 디렉터리에 그룹 ID 설정(setgid$^{set\ group\ id}$) 비트를 켜놓은 경우에 적용되는 동작 방식이기도 하다. 대다수 리눅스 시스템은 시스템 V 동작 방식을 따르지만(새로운 파일은 파일을 생성한 프로세스의 gid를 받는다), BSD 동작 방식(새로운 파일은 상위 디렉터리의 gid를 받는다)을 따를 가능성도 있기 때문에 gid가 진짜 중요한 코드라면 chown( ) 시스템 콜(8장 참조)을 사용해서 그룹을 직접 설정할 필요가 있다.

다행히 이렇게 파일 소유 그룹을 따져야 하는 경우는 흔치 않다.

2.1.3 새로운 파일의 권한

방금 설명한 open( ) 시스템 콜에서는 mode 인자가 붙은 형식과 붙지 않은 형식 둘 다 유효하다. 파일을 생성하지 않는다면 mode 인자는 무시된다. 반대로 mode 인자 없이 O_CREAT로 파일을 생성하면 파일 권한이 정의되지 않아 종종 골치 아픈 일을 겪는다. O_CREAT를 사용할 때는 꼭 mode를 확인하자.

---

* bsdgroups와 sysvgroups 옵션

파일이 생성되면 새로 만들어진 파일의 접근 권한은 mode 인자에 따라 설정된다. mode 인자가 없으면 파일을 생성할 때 mode를 점검하지 않으므로 파일을 쓰기 상태로 열었지만, 파일의 접근 권한이 읽기 전용인 경우처럼 모순되는 결과를 초래할 수도 있다.

mode 인자는 시스템 관리자에게는 낯익은 유닉스 접근 권한 비트 집합이며 8진수 0644(소유자는 읽기/쓰기가 가능하며 나머지 모든 사람은 읽기만 가능)와 같이 표현한다. 좀 더 기술적으로 말하자면 POSIX는 구체적인 접근 권한 값을 구현에 따라 다른 사항으로 남겨둬서 다양한 유닉스 시스템에서 원하는 방식대로 접근 권한 비트 패턴을 설계하도록 허용한다. 하지만 모든 유닉스 시스템은 접근 권한 비트를 동일한 방식으로 구현하고 있다. 따라서 기술적으로는 이식성이 없는 (호환이 불가능한) 방식이지만 mode 값으로 0644나 0700처럼 직접 적용해도 모든 시스템에서 동일하게 동작한다.

하지만 POSIX는 비트 위치에 따른 비호환성을 보완하기 위해 이진 OR 연산이 가능한 다음 상수 집합을 제공하여 mode 인자에 사용할 수 있도록 한다.

S_IRWXU   소유자에게 읽기, 쓰기, 실행 권한이 있다.

S_IRUSR   소유자에게 읽기 권한이 있다.

S_IWUSR   소유자에게 쓰기 권한이 있다.

S_IXUSR   소유자에게 실행 권한이 있다.

S_IRWXG   그룹에게 읽기, 쓰기, 실행 권한이 있다.

S_IRGRP   그룹에게 읽기 권한이 있다.

S_IWGRP   그룹에게 쓰기 권한이 있다.

S_IXGRP   그룹에게 실행 권한이 있다.

S_IRWXO   그 외 모든 사용자에게 읽기, 쓰기, 실행 권한이 있다.

S_IROTH   그 외 모든 사용자에게 읽기 권한이 있다.

S_IWOTH   그 외 모든 사용자에게 쓰기 권한이 있다.

S_IXOTH   그 외 모든 사용자에게 실행 권한이 있다.

디스크에 기록될 실제 접근 권한 비트는 사용자 파일 생성 마스크(umask)의 보수complement와 mode 인자를 이진 AND로 계산한 값으로 결정한다. 알기 쉽게 설명하자면 umask에 들어 있는 비트는 open( )에 넘긴 mode 인자에 들어 있는 비트를 꺼버린다. 따라서 보통 022로 설정한 umask 값은 0666으로 설정한 mode 인자를 0644로 만든다(0644 & ~022). 시스템 프로그래머 입장에서는 일반적으로 접근 권한을 설정할 때 umask를 고려하지 않는다. umask는 프로그램이 새로운 파일에 설정하는 접근 권한을 사용자가 제한하는 메커니즘이기 때문이다.

예를 들어 다음 코드는 쓰기 모드로 file을 연다. 파일이 존재하지 않고 umask 값이 022라면 (mode 인자를 0664로 지정했음에도 불구하고) 접근 권한이 0644인 파일이 만들어진다. 그리고 파일이 존재하면 길이를 0으로 잘라버린다.

```
int fd;

fd = open (file, O_WRONLY | O_CREAT | O_TRUNC,
    S_IWUSR | S_IRUSR | S_IWGRP | S_IRGRP | S_IROTH);
if (fd == -1)
    /* 에러 */
```

호환성을 유지하기 위해 가독성을 희생했다. 다음 코드는 위 코드와 동일하다.

```
int fd;

fd = open (file, O_WRONLY | O_CREAT | O_TRUNC, 0664);
if (fd == -1)
    /* 에러 */
```

2.1.4 creat( ) 함수

O_WRONLY | O_CREAT | O_TRUNC 조합은 너무나도 일반적이라 아예 이런 동작 방식을 지원하는 시스템 콜이 아래처럼 존재한다.

```
#include <sys/types.h>
#include <sys/stat.h>
#include <fcntl.h>

int creat (const char *name, mode_t mode);
```

다음은 전형적인 creat( ) 호출의 예다.

```
int fd;

fd = creat (filename, 0644);
if (fd == -1)
    /* 에러 */
```

이 코드는 이렇게도 표현한다.

```
int fd;

fd = open (filename, O_WRONLY | O_CREAT | O_TRUNC, 0644);
if (fd == -1)
    /* 에러 */
```

다음과 같이 사용자 영역에서 간단하게 구현이 가능함에도 불구하고 대다수 리눅스 아키텍처에서 creat( )는 시스템 콜이다.

```
int creat (const char *name, int mode)
{
    return open (name, O_WRONLY | O_CREAT | O_TRUNC, mode);
}
```

이런 중복은 open( )에 인자가 두 개만 있었던 시절에서 이어진 유물이다. 지금의 creat( ) 시스템 콜은 하위 호환성을 위해 남아 있다. 최신 아키텍처에서는 glibc에서 앞서 보여준 방식처럼 creat( )를 구현하고 있다.

---

* 역자주_이 일화는 유닉스 시스템 프로그래밍의 고전인 『The UNIX Programming Environment』(Prentice-Hall, 1983)에도 소개되어 있다.

2.1.5 반환값과 에러 코드

open()과 creat()는 성공하면 파일 디스크립터를 반환한다. 에러가 발생하면 둘 다 -1을 반환하고 errno를 적절한 에러 값으로 설정한다(errno에 대한 내용은 1장에서 설명했다). 파일을 여는 과정에서의 에러 처리는 복잡하지 않다. 일반적으로 파일을 열기에 앞서 수행하는 단계가 거의 없으므로 기존에 수행한 작업을 취소할 필요가 없기 때문이다. 에러 처리 과정에서 다른 파일 이름을 사용자에게 요청하거나 단순히 프로그램을 끝내는 전형적인 대응 방법을 사용한다.

2.2 read()로 읽기

이제 파일을 어떻게 여는지 알았으므로 읽는 방법을 알아보자. 읽은 다음에는 쓰기에 대해서 알아보도록 하겠다.

가장 대표적인 읽기 메커니즘은 POSIX.1에 정의된 read() 시스템 콜을 사용하는 것이다.

```
#include <unistd.h>

ssize_t read (int fd, void *buf, size_t len);
```

호출할 때마다 fd가 참조하는 파일의 현재 파일 오프셋에서 len 바이트만큼 buf로 읽어 들인다. 성공하면 buf에 쓴 바이트 숫자를 반환한다. 실패하면 -1을 반환하며 errno를 설정한다. 파일 오프셋은 fd에서 읽은 바이트 크기만큼 전진한다(예를 들어 문자 디바이스 파일처럼). fd가 표현하는 객체에 탐색 기능이 없다면 읽기 작업은 항상 '현재' 위치에서 일어난다.

기본 사용법은 간단한다. 다음 예제는 파일 디스크립터(fd)로부터 읽어서 word에 저장한다. 읽은 바이트 수는 unsigned long 타입 크기와 동일하며 32비트 리눅스 시스템에서는 4바이트, 64비트 리눅스 시스템에서는 8바이트다. 반환값 nr은 읽은 바이트 숫자이며 오류가 발생했을 경우에는 -1이다.*

----

* 시스템 호출이 아키텍처별로 정의된다는 사실을 기억하자. 따라서 x86-64에서는 creat() 시스템 콜이 존재하지만, Alpha에는 존재하지 않는다. 물론 어떤 아키텍처에서도 creat()를 사용할 수 있지만, 독자적인 시스템 콜이 아니라 라이브러리 함수로 존재할 가능성도 있다.

```
unsigned long word;
ssize_t nr;

/* 'fd'에서 몇 바이트를 읽어서 'word'에 저장한다 */
nr = read (fd, &word, sizeof (unsigned long));
if (nr == -1)
    /* 에러 */
```

이런 단순한 구현 방법에는 두 가지 문제점이 있다. len 바이트만큼 모든 데이터를 읽지 못할 가능성과 점검 후 처리 과정이 빠져 있기 때문에 에러가 발생할 가능성이 있다. 유감스럽게도 이런 코드는 아주 흔하다. 어떻게 개선해야 할지 알아보자.

2.2.1 반환값

read( )가 len보다 작은 양수값을 반환하는 경우도 있다. 이런 현상에는 몇 가지 이유가 있는데, len 바이트보다 적은 바이트만 사용 가능하거나, 시그널이 시스템 콜을 중단시키거나, (fd가 파이프라면) 파이프가 깨지는 등 이유는 다양하다.

read( )를 사용할 때 반환값이 0이 될 또 다른 가능성을 고려해야 한다. read( ) 시스템 호출은 파일 끝(EOF)를 알려주기 위해 0을 반환한다. 이 경우 당연히 읽을 바이트가 남아 있지 않다. EOF는 에러로 취급되지 않으며(따라서 반환값으로 −1을 돌려주지 않는다) 단순히 파일 오프셋이 파일에서 마지막으로 유효한 오프셋을 넘어갔기 때문에 더 이상 읽을 데이터가 없다는 사실을 알려줄 뿐이다. 하지만 파일 끝에 도달한 경우와는 달리, len 바이트만큼 읽으라고 요청했지만 읽을 데이터가 없다면 read( ) 호출은 읽을 바이트가 생길 때까지 블록(잠자기)된다. (파일 디스크립터가 논블록 모드로 열리지 않았음을 가정한다. 자세한 내용은 73쪽 '논블록 읽기'를 참조하자.) 이는 EOF를 반환하는 앞선 동작 방식과는 다르다. 다시 말해, '사용 가능한 데이터가 없음'과 '파일 끝' 사이에는 차이점이 존재한다. EOF는 파일 끝에 도달했다는 의미가 있다. 블록은 읽기 과정에서 더 많은 데이터를 기다림을 의미한다(소켓이나 디바이스 파일에서 읽는 경우가 이에 해당한다).

어떤 에러는 복구가 가능하다. 예를 들어 한 바이트도 읽기 전에 시그널이 read( )를 중단시켰을 경우, read( )는 −1을 반환하며(0은 EOF와 혼동이 올지도 모른다), errno를 EINTR로 설정한다. 이 경우 다시 한 번 읽기 요청이 가능하다.

사실상 read( ) 호출은 다음과 같은 다양한 가능성을 가지고 있다.

- 호출이 len과 같은 값을 반환한다. len 바이트 전체를 읽어서 buf에 저장했다. 결과는 의도한 바와 같다.

- 호출이 len보다 작지만 0보다는 큰 값을 반환한다. 읽은 바이트는 buf에 저장된다. 이런 상황은 시그널이 중
  간에 읽기를 중단시켰거나, 읽는 도중에 에러가 발생해서 1바이트 이상이지만 len 길이만큼 데이터를 가져오
  지 못했거나, len 바이트를 읽기 전에 EOF에 도달한 경우에 발생한다. (적절하게 buf와 len 값을 고친 다음
  에) 다시 read( )를 호출하면 남은 바이트를 남은 버퍼 공간에 읽거나 에러 원인을 확인할 수 있다.

- 0을 반환한다. 이는 EOF를 나타낸다. 더 이상 읽을 데이터가 없다.

- 현재 사용 가능한 데이터가 없기 때문에 호출이 블록된다. 논블록 모드에서는 이런 상황이 발생하지 않는다.

- 호출이 −1을 반환하고 errno를 EINTR로 설정한다. EINTR은 바이트를 읽기 전에 시그널이 도착했음을 알
  려준다. 이럴 때는 다시 호출하면 된다.

- 호출이 −1을 반환하고 errno를 EAGAIN으로 설정한다. EAGAIN은 현재 읽을 데이터가 없기 때문에 블록된
  상태이며 나중에 반드시 다시 읽기 요청을 해야 한다고 알려준다. 논블록 모드일 때만 일어나는 상황이다.

- 호출이 −1을 반환하고 errno를 EINTR이나 EAGAIN이 아닌 다른 값으로 설정한다. 이는 심각한 에러가 발
  생했음을 알려준다.

2.2.2 전체 바이트 읽기

앞서 소개한 가능성 때문에 직전에 소개한 간단하면서도 전형적인 read( ) 용법은 에러를 처
리하면서 실제로 모든 len 바이트(최소한 EOF까지)를 읽어야 하는 경우에는 적합하지 않다.
이렇게 하려면 루프와 몇 가지 조건문이 필요하다. 다음 코드를 살펴보자.

```
ssize_t ret;

while (len != 0 && (ret = read (fd, buf, len)) != 0) {
    if (ret == -1) {
        if (errno == EINTR)
            continue;
        perror ("read");
        break;
    }

    len -= ret;
    buf += ret;
}
```

여기서 소개하는 코드 조각은 다섯 가지 조건 모두를 처리한다. 루프는 현재 파일 오프셋에서 len 바이트만큼을 fd에서 읽어서 buf에 기록한다. 모든 len 바이트를 읽거나 EOF에 도달할 때까지 반복해서 읽는다. 0보다 크지만 len 바이트보다 적게 읽었다면 len에서 읽은 만큼 바이트 숫자를 빼고 buf에 읽은 만큼 바이트 숫자를 더하여 다시 호출한다. 호출이 −1을 반환하며 errno가 EINTR이라면 인자를 변경하지 않고 다시 호출한다. 호출이 −1을 반환하고 errno가 EINTR이 아니라면 perror()를 호출해서 표준 에러로 설명을 출력한 다음에 루프를 종료한다.

일부만 읽는 방식은 합법적일 뿐만 아니라 흔히 사용되기도 한다. 일부만 읽은 결과를 제대로 점검해서 예외 처리를 잊어버린 프로그래머가 수많은 버그를 만들어낸다. 이런 대열에 끼지 말자!

2.2.3 논블록 읽기

때때로 프로그래머 입장에서 읽을 데이터가 없을 때 read() 호출이 블록되지 않기를 바라는 경우가 있다. 이 경우, 블록되는 대신 읽을 데이터가 없다는 사실을 알려주기 위해 호출이 즉시 반환되는 편을 선호한다. 이를 논블록 입출력이라고 한다. 논블록 입출력은 애플리케이션이 잠재적으로 다중 파일 입출력을 수행하도록 만든다. 따라서 특정 파일에서 블록되는 바람에 다른 파일에서 사용 가능한 데이터를 놓치는 현상이 벌어지지는 않는다.

따라서 추가적인 errno 값인 EAGAIN을 점검할 필요가 있다. (63쪽 'open() 플래그'에서 살펴봤듯이 open()을 호출하면서 O_NONBLOCK을 넘겨) 파일 디스크립터를 논블록 모드로 열었지만 읽을 데이터가 없다면 read() 호출은 블록되는 대신 −1을 반환하며 errno를 EAGAIN으로 설정한다. 논블록 읽기를 수행할 때는 EAGAIN을 반드시 점검해야 한다. 그렇지 않으면 단순히 데이터 부족인 상황에서 심각한 에러가 발생한 듯이 보이는 위험을 감수해야 한다. 예를 들어 다음과 같은 코드를 작성했다고 하자.

```
char buf[BUFSIZ];
ssize_t nr;

start:
nr = read (fd, buf, BUFSIZ);
if (nr == -1) {
```

```
    if (errno == EINTR)
        goto start; /* 웁스! */
    if (errno == EAGAIN)
        /* 나중에 다시 시도 */
    else
        /* 에러 */
}
```

NOTE_ 이 예제에서 EINTR을 처리하는 방법(goto start)으로 EAGAIN을 처리하는 것은 실제로 거의 의미가 없으며 아예 논블록 입출력을 사용하지 않는 편이 낫다. 시간 절약 대신에 루프만 무한정 돌면서 부하를 줄 뿐이다.

2.2.4 그 외 에러 값

다른 에러 코드는 프로그래밍 에러나 EIO 같은 저수준 문제를 나타낸다. read( ) 호출 시에 발생할 수 있는 에러 값은 다음과 같다.

EBADF   주어진 파일 디스크립터가 유효하지 않거나 읽기 가능한 모드로 열리지 않았다.

EFAULT   buf로 전달된 포인터가 호출하는 프로세스의 주소 공간 밖에 존재한다.

EINVAL   파일 디스크립터가 읽기를 허용하지 않는 객체에 맵핑되어 있다.

EIO   저수준 입출력 에러가 발생했다.

2.2.5 read( ) 크기 제약

POSIX에서는 size_t와 ssize_t 타입을 지원하는데, size_t 타입은 바이트 단위로 크기를 측정하기 위해 사용되는 값을 저장한다. ssize_t 타입은 부호가 있는^{signed} size_t 타입이다(음수는 에러를 포함하기 위해 사용된다). 32비트 시스템에서 기본 C 타입은 일반적으로 각각 unsigned int와 int다. 두 유형은 종종 함께 사용되므로 잠재적으로 범위가 좀 더 작은 ssize_t가 size_t의 범위를 제한한다.

size_t의 최댓값은 SIZE_MAX이며 ssize_t의 최댓값은 SSIZE_MAX이다. len이

SSIZE_MAX보다 큰 경우의 read( ) 호출 결과는 정의되어 있지 않다. 대다수 리눅스 시스템에서 SSIZE_MAX는 LONG_MAX이며 32비트 기계에서는 0x7fffffff다. 한 번 읽기에는 비교적 큰 값이지만, 그럼에도 불구하고 염두에 두어야 할 사항이 있다. 앞서 얘기한 읽기 루프를 더 나은 범용 읽기 루틴으로 만들고 싶다면 다음과 같이 수정하고 싶을지도 모르겠다.

```
if (len > SSIZE_MAX)
    len = SSIZE_MAX;
```

len을 0으로 둔 상태에서 read( )를 호출하면 즉시 0을 반환한다.

2.3 write()로 쓰기

파일에 데이터를 기록하기 위해 사용하는 가장 기본적이며 일반적인 시스템 콜은 write( )다. write( )는 read( )와 반대 개념의 시스템 콜이며 역시 POSIX.1에 정의되어 있다.

```
#include <unistd.h>

ssize_t write (int fd, const void *buf, size_t count);
```

write( ) 호출은 count 바이트만큼 파일 디스크립터 fd가 참조하는 파일의 현재 파일 위치에 시작 지점이 buf인 내용을 기록한다. (예를 들어 문자 디바이스 파일처럼) fd가 표현하는 객체에 탐색 기능이 없다면 쓰기 작업은 항상 '처음' 위치에서 일어난다.

성공하면 쓰기에 성공한 바이트 수를 반환하며 파일 오프셋도 같은 크기만큼 전진한다. 에러가 발생하면 −1을 반환하며 errno를 적절한 값으로 설정한다. write( ) 호출은 0을 반환할 수 있지만, 이 반환값에 특별한 의미는 없다. 단순히 0바이트를 썼다고 알려줄 뿐이다.

read( )와 마찬가지로 기본 사용법은 간단하다.

```
const char *buf = "My ship is solid!";
ssize_t nr;

/* 'buf'에 들어 있는 문자열을 'fd'에 기록한다 */
```

```
nr = write (fd, buf, strlen (buf));
if (nr == -1)
    /* 에러 */
```

하지만 여기서도 read( )와 마찬가지로 이런 구현 방법이 아주 정확하지는 않다. 호출자는 또한, 다음과 같이 부분 쓰기가 일어났을 가능성도 점검할 필요가 있다.

```
unsigned long word = 1720;
size_t count;
ssize_t nr;

count = sizeof (word);
nr = write (fd, &word, count);
if (nr == -1)
    /* 에러, errno를 확인하자 */
else if (nr != count)
    /* 에러일 가능성이 있지만, errno는 설정되지 않음 */
```

2.3.1 부분 쓰기

write( ) 시스템 콜은 read( ) 시스템 콜에서 발생하는 부분 읽기와 비교해서 부분 쓰기를 일으킬 가능성이 훨씬 적다. 또한, write( )에는 EOF 조건도 없다. 일반 파일에 대한 write( )는 에러가 발생하지 않을 경우 요청받은 전체 쓰기 작업 수행을 보장한다.

따라서 일반 파일을 대상으로 쓰기 작업을 수행할 경우에는 루프 내에서 돌릴 필요가 없다. 하지만 (소켓과 같은) 다른 파일 유형을 대상으로 쓰기 작업을 수행할 경우에는 요청한 모든 바이트를 정말로 썼는지 보장하기 위해 루프가 필요할지도 모른다. 루프를 사용하면서 얻는 또 다른 장점은 두 번째 write( ) 호출이 숨어 있던 에러 코드를 반환할 가능성이다. 여기서 에러 코드는 첫 번째 write( ) 호출 결과로 부분 쓰기를 일으킨 원인을 밝혀줄 수도 있다(물론 이런 상황이 자주 발생하지는 않는다). 다음 예를 살펴보자.

```
ssize_t ret, nr;

while (len != 0 && (ret = write (fd, buf, len)) != 0) {
    if (ret == -1) {
```

```
        if (errno == EINTR)
            continue;
        perror ("write");
        break;
    }

    len -= ret;
    buf += ret;
}
```

2.3.2 덧붙이기 모드

O_APPEND 옵션을 이용해서 fd를 덧붙이기 모드로 열면 파일 디스크립터의 현재 파일 오프셋이 아니라 파일 끝에서부터 쓰기 연산이 일어난다.

예를 들어 두 프로세스가 동일한 파일에 쓰기 작업을 진행 중이라고 가정하자. 덧붙이기 모드가 아니라면 첫 번째 프로세스가 파일 끝에 쓴 다음에 두 번째 프로세스가 동일한 작업을 하면 첫 번째 프로세스의 파일 오프셋은 더 이상 파일 끝을 가리키지 않는다. 다시 말해, 파일 끝에서 두 번째 프로세스가 직전에 기록했던 데이터 크기만큼을 뺀 위치를 가리킬 것이다. 이는 프로세스들이 경쟁 상태에 말려들기 때문에 다중 프로세스가 명시적인 동기화 과정 없이 동일 파일에 덧붙이는 작업이 불가능함을 의미한다.

덧붙이기 모드는 이런 문제를 방지한다. 덧붙이기 모드는 파일 오프셋이 항상 파일 끝에 위치하도록 설정하므로 심지어 쓰기 작업을 수행하는 프로세스가 여럿 존재할지라도 쓰기 과정에서 항상 덧붙이기 작업을 수행한다. 이런 덧붙이기 작업을 매번 쓰기 요청에 앞서 파일 오프셋을 원자적으로 갱신하는 기능으로 생각해도 좋다. 파일 오프셋은 데이터를 새로 쓴 끝 부분을 가리키도록 갱신된다. 파일 오프셋을 자동으로 갱신하므로 다음 번에 write()를 호출하면 문제가 없다. 하지만 어떤 이상한 이유 때문에 직후에 read()를 호출하면 문제를 일으킬 가능성도 있다.

덧붙이기 모드는 로그 파일 갱신과 같은 특정 작업에만 뛰어난 효과를 발휘할 뿐이다.

2.3.3 논블록 쓰기

O_NONBLOCK 옵션을 지정해서 fd가 논블록 모드로 열린 상태에서 쓰기 작업이 블록될 경우, write() 시스템 콜은 −1을 반환하며 errno를 EAGAIN으로 설정한다. 나중에 쓰기 요청을 다시 해야 한다. 일반 파일에서는 대체로 일어나지 않는 일이다.

2.3.4 그 외 에러 코드

알아둘 만한 errno 값은 다음과 같다.

EBADF	파일 디스크립터가 유효하지 않거나 쓰기 모드가 아니다.
EFAULT	buf의 포인터가 호출하는 프로세스 주소 공간 안에 있지 않다.
EFBIG	쓰기 작업이 프로세스 단위로 걸려 있는 최대 파일 제약이나 내부 구현 제약보다 더 큰 파일을 만들었다.
EINVAL	파일 디스크립터가 쓰기에 적합하지 않은 객체에 맵핑되어 있다.
EIO	저수준의 입출력 에러가 발생했다.
ENOSPC	파일 디스크립터가 들어 있는 파일시스템에 충분한 공간이 없다.
EPIPE	파일 디스크립터가 파이프와 소켓에 연결되어 있지만, 반대쪽 읽기 단이 닫혀버렸다. 또한, 프로세스는 SIGPIPE 시그널을 받는다. SIGPIPE 시그널의 기본 동작은 수신 프로세스 종료이므로 명시적으로 이 시그널을 무시하거나 블록하거나 아니면 처리하도록 요청할 경우에만 프로세스 쪽으로 이 errno 값이 넘어온다.

2.3.5 write() 크기 제약

count를 0으로 둔 상태에서 write()를 호출하면 호출 즉시 0을 반환한다.

2.3.6 write() 동작 방식

write() 호출이 반환될 때, 사용자 영역에서 커널에 넘긴 버퍼에서 커널 버퍼로 데이터가 복사된 상태이긴 하지만 의도한 목적지에 데이터를 썼다는 보장은 못한다. 실제로 쓰기 호출에서 돌아오는 시간은 데이터를 쓰기에는 너무 촉박하다. 프로세서와 하드 디스크 사이에 벌어지는 성능 격차는 이런 동작 방식이 뼈저리게 드러나도록 만든다.

대신에 사용자 영역 애플리케이션이 write() 시스템 콜을 호출하면 리눅스 커널은 몇 가지 점검을 수행한 다음에 단순히 데이터를 버퍼로 복사해 놓는다. 나중에 커널은 모든 '변경된' 버퍼를 수집해서 최적 수준으로 정렬한 다음에 배경 작업으로 디스크에 쓴다(이런 과정을 쓰기 저장writeback이라고 한다). 이런 방식은 쓰기 호출을 번개처럼 빠르게 수행해서 거의 즉시 반환하도록 만든다. 또한, 커널은 좀 더 여유가 생길 때까지 쓰기 작업을 늦춰서 한꺼번에 여러 작업을 모아 배치로 수행한다.

이런 지연된 쓰기가 POSIX에서 정의한 의미를 바꾸지는 않는다. 예를 들어 조금 전에 쓴 데이터를 읽도록 요청하는 순간, 이 데이터가 버퍼에 들어 있으며 아직 디스크에는 기록되지 않은 상태라면 디스크에 저장된 '김빠진' 데이터가 아니라 버퍼에 들어 있는 데이터를 바로 가져온다. 이런 동작 방식은 실제로 성능을 개선한다. 읽기 작업을 위해 디스크까지 가지 않고 메모리 내부에 존재하는 캐시를 참조하기 때문이다. 읽기와 쓰기를 의도적으로 번갈아가며 요청하면 데이터를 디스크에 쓰기 전에 시스템이 죽지 않는다면 결과는 예상한 그대로다. 심지어 애플리케이션에서 쓰기 작업을 성공리에 완수했다고 믿고 있을지 몰라도 아직 데이터는 디스크에 저장되지 않은 상태다.

지연된 쓰기와 관련된 또 다른 문제는 쓰기 순서를 강제할 방법이 없다는 사실이다. 특정 순서로 디스크에 기록하는 방식으로 쓰기 요청에 순서를 부여하도록 애플리케이션에서 신경을 쓰더라도 성능 개선에 적합한 방식으로 커널 쪽에서 쓰기 요청 순서를 바꾼다. 이런 동작 방식은 일반적으로 비정상 시스템 종료 상황에서 문제가 된다. 모든 버퍼 내용을 디스크에 써야 하며 쓰고 난 다음에도 정상 상태를 유지해야 하기 때문이다. 이런 문제에도 불구하고 사실상 대다수 애플리케이션은 쓰기 순서를 거의 신경 쓰지 않는다. 데이터베이스는 특수한 경우로 쓰기 연산이 순서대로 발생해서 데이터베이스가 부적합한 상태에 빠지지 않도록 보장한다.

지연된 쓰기와 관련된 마지막 문제는 특정 입출력 에러 리포트와 관련이 있다. 예를 들어 물리적인 드라이브의 오류로 인해 입출력 에러가 쓰기 저장 시점에서 발생하면 쓰기를 요청한 프로세스로 리포트가 불가능하다. 실제로 버퍼는 프로세스와 전혀 관계가 없다. 개별 버퍼에 포함된 데이터를 다중 프로세스가 변경했을지도 모르며 프로세스가 버퍼에 데이터를 쓰고 난 다음에 커널이 디스크에 쓰기 전에 종료되었을지도 모른다. 게다가 소급해서 쓰기 실패가 일어난 사실을 프로세스에 알려줄 방법이 있을까?

커널은 지연된 쓰기에 따른 위험을 최소화하려고 시도한다. 제때에 데이터를 기록하도록 보증하려고 커널은 최대 버퍼 나이를 만들어서 나이가 꽉 찬 변경된 버퍼를 빠짐없이 기록한다. 이 값은 /proc/sys/vm/dirty_expire_centiseconds에서 센티 초(1/100초) 단위로 설정할 수 있다.

또한, 파일 버퍼의 쓰기 저장 기능을 강제로 켜거나 심지어 모든 쓰기를 동기식으로 만드는 방식도 가능하다. 이런 주제는 이어서 '동기식 입출력'에서 설명한다.

107쪽 '커널 들여다보기'에서 리눅스 커널 버퍼 쓰기 저장 하위 시스템을 자세히 다룬다.

2.4 동기식 입출력

입출력을 동기화하는 것은 매우 중요한 주제이긴 하지만, 쓰기 작업이 지연되는 문제를 너무 확대 해석해서는 안 된다. 쓰기 버퍼링은 분명 가시적인 성능 향상을 제공하며 흔히 말하는 '최신' 운영체제라면 버퍼를 통해서 지연된 쓰기 작업을 구현하고 있다. 그럼에도 애플리케이션에서 직접 데이터가 디스크에 기록되는 시점을 제어하고 싶을 때가 있다. 이런 때를 위해 리눅스 커널에서는 성능을 희생하는 대신 입출력을 동기화하는 몇 가지 옵션을 제공한다.

2.4.1 fsync()와 fdatasync()

데이터가 디스크에 기록되도록 확인할 수 있는 가장 단순한 방법은 POSIX.1b에 정의되어 있는 fsync() 시스템 콜을 사용하는 것이다.

```
#include <unistd.h>

int fsync (int fd);
```

fsync()를 호출하면 파일 디스크립터 fd에 맵핑된 파일의 모든 변경점을 디스크에 기록한다.

이때 파일 디스크립터 fd는 반드시 쓰기 모드로 열려야 한다. fsync()는 데이터와 파일 생성 시간 같은 inode에 포함된 메타데이터를 모두 디스크에 기록한다. fsync()는 하드 디스크에 데이터와 메타데이터가 성공적으로 기록을 완료할 때까지 반환하지 않고 기다린다.

하드 디스크에 쓰기 캐시가 있다면 fsync()를 호출해서 실제로 디스크에 데이터를 기록했는지 확인할 수 있는 방법이 없다. 하드 디스크는 데이터를 제대로 기록했다고 알려줄 테지만, 실제로 데이터가 하드 디스크 캐시에만 기록됐을 수도 있다. 다행히도 하드 디스크의 캐시에 저장된 데이터는 매우 짧은 시간 안에 실제 디스크에 기록된다.

리눅스에서는 또한, fdatasync() 시스템 콜도 제공한다.

```
#include <unistd.h>

int fdatasync (int fd);
```

fdatasync()는 fsync()와 동일한 기능을 하지만, 데이터만 기록한다는 점에서 차이가 있다. fdatasync()를 호출하면 메타데이터까지 실제 디스크에 기록하도록 보장하지 않으므로 이론상으로는 fsync()보다 더 빠르게 반환된다. 대부분 fdatasync() 정도면 충분하다.

> NOTE_ fsync()는 적어도 두 가지 작업을 하는데 데이터를 디스크에 기록하는 작업과 inode의 파일 변경 시점을 갱신하는 작업이 그것이다. inode와 파일 데이터는 디스크 상에서 인접해있지 않기 때문에 탐색 연산에 시간이 소요되며 변경된 날짜와 같은 메타데이터는 나중에 파일에 접근할 때 꼭 필요하지는 않으므로 fdatasync()를 사용하는 편이 성능상 이득이다.

두 함수의 사용법은 동일하다.

```
int ret;

ret = fsync (fd);

if (ret == -1)
    /* 에러 */
```

fdatasync()의 사용법은 다음과 같다.

```
int ret;

/* fsync와 동일하지만 필수적이지 않은 메타데이터는 강제로 디스크에 기록하지 않는다 */
ret = fdatasync (fd);
if (ret == -1)
    /* 에러 */
```

두 함수 모두 변경된 파일이 포함된 디렉터리 엔트리에 대한 디스크 동기화는 보장하지 않는다. 파일의 링크가 최근에 갱신되었고 파일 데이터도 디스크에 제대로 기록되었지만 관련된 디렉터리 엔트리가 디스크에 기록되지 않았을 경우에는 그 파일에 대한 접근이 불가능하다. 디렉터리 엔트리 역시 디스크에 강제로 기록하려면 디렉터리 자체를 대상으로 연 파일 디스크립터를 fsync( )에 인자로 넘겨야 한다.

반환값과 에러 코드

호출이 성공하면 0을 반환한다. 실패하면 두 함수 모두 -1을 반환하고 errno를 다음 세 값 중 하나로 설정한다.

EBADF   주어진 파일 디스크립터가 유효하지 않거나 쓰기 모드가 아니다.

EINVAL   주어진 파일 디스크립터가 동기화를 지원하지 않는 객체에 매핑되어 있다.

EIO   동기화 과정 중에 저수준 입출력 에러가 발생했다. 이는 쓰기 과정 중에 실제 입출력 에러가 발생했다는 뜻이다.

몇몇 리눅스 배포판에서는 파일시스템에 fdatasync( )는 구현되어 있는데 fsync( )는 구현되어 있지 않았기 때문에 호출이 실패하기도 한다. 집요한 애플리케이션에서는 fsync( )가 EINVAL을 반환할 경우에 fdatasync( )를 호출하도록 작성하기도 한다.

```
if (fsync (fd) == -1) {
    /*
     * fsync()를 선호하지만 fdatasync()를 먼저 호출해보고 실패하면 fsync()를 호출한다.
     */
    if (errno == EINVAL) {
        if (fdatasync (fd) == -1)
            perror ("fdatasync");
```

```
    } else
        perror ("fsync");
}
```

POSIX는 fsync()를 필수적으로 구현하도록 요구하지만 fdatasync()는 필수가 아니기 때문에 fsync() 시스템 콜은 일반적인 리눅스 파일시스템에서 반드시 구현되어야 한다. 하지만 동기화할 메타데이터가 존재하지 않는 파일 유형이나 특별한 파일시스템에서는 fdatasync()만 구현하기도 한다.

2.4.2 sync()

최적화는 조금 부족하지만 활용 범위가 넓은 sync() 시스템 콜은 모든 버퍼 내용을 디스크에 동기화한다.

```
#include <unistd.h>

void sync (void);
```

이 함수는 인자도 없고 반환하는 값도 없다. 호출은 항상 성공하며 버퍼의 모든 내용(데이터와 메타데이터 모두)을 디스크에 강제로 기록한다.*

표준에서는 sync()가 버퍼의 모든 내용을 디스크에 기록한 뒤에 반환하도록 강제하지 않는다. 그냥 모든 버퍼를 디스크에 기록하는 과정을 시작하도록 요구할 뿐이다. 이 때문에 종종 모든 데이터를 디스크에 안전하게 저장하기 위해 sync()를 여러 번 호출하도록 권장하는데 리눅스에서는 버퍼를 모두 기록할 때까지 기다린다. 따라서 한번의 sync() 호출이면 충분하다.

실제로 sync()를 사용하는 곳은 sync(8) 유틸리티다. 꼭 필요한 파일 디스크립터의 데이터를 디스크에 강제로 기록하기 위해서는 fsync()와 fdatasync()를 사용해야 한다. 작업량이 많은 시스템에서는 sync() 호출이 반환하기까지 수 분이 걸릴 수도 있음을 기억하자.

---

* 앞서 동일한 문제점을 언급했는데 하드 디스크는 실제로는 데이터가 아직 디스크 캐시에 있는데도 디스크에 기록했다고 커널에 거짓말할 수도 있다.

2.4.3 O_SYNC 플래그

open( ) 호출 시 0_SYNC 플래그를 사용하면 모든 파일 입출력은 동기화된다.

```
int fd;

fd = open (file, O_WRONLY | O_SYNC);
if (fd == -1) {
    perror ("open");
    return -1;
}
```

읽기 요청은 언제나 동기화된다. 그렇지 않다면 읽기 요청의 결과로 저장된 데이터가 유효한 지 확인할 수 있는 방법이 없다. 하지만 앞에서 얘기한 것처럼 write( ) 호출은 보통 동기화되 지 않는다. 호출이 반환되는 것과 데이터가 디스크에 기록되는 것에는 아무런 관련성이 없다. 0_SYNC 플래그는 write( )가 파일을 기록하는 작업이 동기화되도록 해준다.

0_SYNC는 write( )가 작업 후 반환하기 직전에 fsync( )를 매번 호출하는 방식이라고 이해 해도 좋다. 실제로는 리눅스 커널에서 좀 더 효율적인 방식으로 0_SYNC를 구현하고 있지만, 의미는 동일하다.

0_SYNC는 사용자 영역과 커널 영역에서 소모되는 시간을 조금씩 늘리는 결과를 가져온다. 게 다가 디스크에 쓴 파일 크기에 따라 전체 소요 시간이 수십 배로 늘어나기도 한다. 모든 입출력 레이턴시는 프로세스에 의해 초래되기 때문이다. 이렇게 입출력 동기화는 들어가는 비용이 매 우 크기 때문에 가능한 다른 대안을 모두 적용한 다음 최후의 선택으로 사용해야 한다.

일반적으로 쓰기 작업이 디스크에 바로 기록되어야 하는 애플리케이션에서는 fsync( )나 fdatasync( )를 사용한다. fsysnc( )나 fdatasync( )는 호출 횟수가 적어서 0_SYNC보다 비용이 적게 든다(예를 들면 어떤 중요한 작업을 마친 후에만 호출한다).

2.4.4 O_DSYNC와 O_RSYNC

POSIX에는 open( )에서 사용할 수 있는 O_DSYNC와 O_RSYNC라는 입출력 동기화 관련 플래 그를 정의하고 있다. 리눅스에서 이 두 플래그는 0_SYNC와 동일하며 동작 방식 역시 같다.

O_DSYNC는 쓰기 작업 직후에 메타데이터를 제외한 일반 데이터만 동기화한다. 쓰기 요청 직후에 fdatasync()를 호출했다고 보면 된다. O_SYNC가 좀 더 확실한 동기화를 보장하므로 O_DSYNC를 O_SYNC의 별칭으로 두면 기능적으로 누락되는 것은 없으며 다만 O_SYNC에서 요구하는 요구사항으로 인한 잠재적인 성능상의 손실이 있을 뿐이다.

O_RSYNC는 쓰기뿐만 아니라 읽기까지도 동기화되도록 한다. 이 옵션은 O_SYNC나 O_DSYNC와 함께 사용해야만 한다. 앞서 언급했듯이 읽기는 이미 동기화되므로 최종적으로 사용자에게 넘겨줄 데이터가 생길 때까지 반환되지 않는다. O_RSYNC는 읽기 과정 중에 발생하는 부작용까지도 동기화한다. 이는 읽기 작업으로 변경된 메타데이터도 반환하기 전에 디스크에 기록한다는 의미다. 실제 동작 과정을 살펴보면 read() 호출이 반환되기 전에 inode의 디스크 복사본에 파일 접근 시간을 갱신하게 된다. 그다지 세련된 방법은 아니지만 리눅스는 O_RSYNC를 O_SYNC와 동일하게 정의하고 있다(O_DSYNC와 달리 O_RSYNC는 O_SYNC와 관련성이 낮다). 현재로써는 리눅스에서 O_RSYNC 동작 방식을 구현하기가 쉽지 않다. 가장 유사한 방법은 read() 호출 직후에 바로 fdatasync()를 호출하는 것이지만 이런 동작 방식은 거의 필요하지 않다.

2.5 직접 입출력

다른 최신 운영체제의 커널과 마찬가지로 리눅스 커널은 디바이스와 애플리케이션 사이에 캐시, 버퍼링, 입출력 관리 같은 복잡한 계층을 구현하고 있다(107쪽 '커널 들여다보기' 참고). 성능이 중요한 애플리케이션에서는 이런 복잡한 계층을 우회해서 직접 입출력을 관리하고 싶을 수도 있다. 하지만 보통 독자적인 입출력 시스템을 운영하는 것은 들인 노력에 비해 효과가 미미하며 사실상 운영체제 수준에서 제공하는 도구는 애플리케이션에서 가능한 방법보다 훨씬 뛰어난 성능을 낸다. 물론 데이터베이스 시스템은 독자적인 캐시를 선호하며 운영체제의 개입을 가능한 한 최소한으로 줄이기를 원한다.

open() 호출에 O_DIRECT 플래그를 사용하면 커널이 입출력 관리를 최소화하도록 한다. O_DIRECT를 넘기면 페이지 캐시를 우회해서 사용자 영역 버퍼에서 직접 디바이스로 입출력 작업을 시작한다. 모든 입출력은 동기화 방식으로 동작하며 호출은 입출력 작업이 완료된 후에야 반환된다.

직접 입출력을 수행할 때 요청하는 크기, 버퍼 정렬, 파일 오프셋은 모두 디바이스의 섹터 크기 (일반적으로 512바이트)의 정수배가 되어야 한다. 리눅스 커널 2.6 이전에는 이런 요구사항이 좀 더 엄격했다. 커널 2.4에서는 파일시스템의 논리 블록 크기(대부분 4KB)에 맞춰 정렬되어야 했다. 애플리케이션에서 호환성을 유지하려면 논리 블록 크기보다 더 큰 값(더 불편할 수 있는)으로 맞추도록 해야 한다.

2.6 파일 닫기

파일 디스크립터로 읽고 쓰는 작업을 마치고 나면 close( ) 시스템 콜을 이용해서 파일 맵핑을 끊어야 한다.

```
#include <unistd.h>

int close (int fd);
```

close( )를 호출하면 열려있는 파일 디스크립터 fd에 연관된 파일과의 맵핑을 해제하며 프로세스에서 파일을 떼어낸다. 그러면 해제된 파일 디스크립터는 더는 유효하지 않으며 커널이 다음 open( )이나 creat( ) 호출에서 그 파일 디스크립터를 다시 사용할 수 있게 된다. close( ) 호출이 성공하면 0을 반환하고 실패하면 −1을 반환하며 errno를 적절한 값으로 설정한다. 사용법은 간단하다.

```
if (close (fd) == -1)
    perror ("close");
```

파일을 닫더라도 파일을 디스크에 강제로 쓰지 않는다는 점을 기억하자. 파일을 닫기 전에 디스크에 확실히 기록을 하려면 애플리케이션에서 앞서 얘기한 '동기식 입출력(80쪽)'에서 설명한 방법 중 하나를 사용해야 한다.

파일을 닫을 때 몇 가지 부작용이 생길 수 있다. 마지막으로 열린 파일 디스크립터가 닫히면 커널 내부에서 그 파일을 표현하는 자료구조를 해제한다. 그 자료구조가 해제되면 커널은 메모리에서 그 파일과 관련된 inode 복사본을 제거한다. inode를 참조하는 객체가 없으면 커널은 그 inode 복사본을 메모리에서 제거할 수 있다(파일을 닫더라도 inode 복사본이 메모리에 남아 있는 이유는 커널이 성능상의 이유로 inode를 캐시하기 때문이다. 하지만 반드시 그럴 필요는 없다). 만약에 파일이 디스크에서 연결이 끊어질 때 열려있는 상태였다면 파일이 닫히고 inode 복사본이 메모리에서 삭제될 때까지 물리적으로 제거되지 않는다. 따라서 close( )를 호출할 경우, 파일을 닫는 작업 이외에 연결이 끊어진 파일을 디스크에서 물리적으로 완전히 제거하는 부작용이 발생할 수 있다.

2.6.1 에러 값

흔히 close( )의 반환값을 검사하지 않는 실수를 저지르곤 하는데 이 경우 심각한 에러를 놓칠 수 있다. 왜냐하면 지연된 연산에 의한 에러는 한참 후에도 나타나지 않기 때문인데 close( ) 반환값을 통해 이를 알아챌 수 있다.

close( ) 호출이 실패했을 때 확인할 수 있는 유용한 errno 값이 몇 가지 있는데 EBADF(파일 디스크립터가 유효하지 않음) 이외에 EIO가 가장 중요한 값이다. EIO는 저수준의 입출력 에러를 나타내며 실제 파일을 닫는 것과는 무관해 보일 수도 있다. close( ) 호출 시 발생한 에러와 관계없이 파일 디스크립터가 유효하다면 파일은 항상 닫히며 관련된 자료구조 역시 메모리에서 해제된다.

비록 POSIX에서는 허용하고 있지만 리눅스 커널 개발자들이 더 잘 알고 있기 때문에 close( )는 EINTR을 반환하지 않는다.

2.7 lseek()로 탐색하기

보통 입출력은 파일 전체에 걸쳐 선형적으로 발생하고 읽기와 쓰기 중에 자연스럽게 발생하는 파일 위치 갱신이면 족하다. 하지만 어떤 경우에는 파일의 특정 위치로 직접 이동해야 할 필요가 있다. lseek( ) 시스템 콜을 사용해서 파일 디스크립터에 연결된 파일의 오프셋을 특정 값으로 지정할 수 있다. lseek( )는 파일 오프셋 갱신 외에 다른 동작은 하지 않으며 어떤 입출력도 발생시키지 않는다.

```
#include <sys/types.h>
#include <unistd.h>

off_t lseek (int fd, off_t pos, int origin);
```

lseek( )는 origin 인자에 따라 다음과 같이 동작한다.

SEEK_CUR   fd의 파일 오프셋을 현재 오프셋에서 pos를 더한 값으로 설정한다. pos 값
            은 음수, 0, 양수 모두 가능하다. pos가 0이면 현재 파일 오프셋을 반환한다.

SEEK_END   fd의 파일 오프셋을 현재 파일 크기에서 pos를 더한 값으로 설정한다. pos
            값은 음수, 0, 양수 모두 가능하다. pos가 0이면 파일 오프셋을 현재 파일
            의 끝으로 설정한다.

SEEK_SET   fd의 파일 오프셋을 pos 값으로 설정한다. pos가 0이면 파일 오프셋을 파
            일의 처음으로 설정한다.

성공하면 새로운 파일 오프셋을 반환하며 에러가 발생하면 −1을 반환하고 errno를 적절한 값
으로 설정한다.

예를 들어 다음 예제는 fd의 파일 오프셋을 1825로 설정한다.

```
off_t ret;

ret = lseek (fd, (off_t) 1825, SEEK_SET);
if (ret == (off_t) -1)
    /* 에러 */
```

다음 코드는 파일 오프셋을 현재 파일의 끝으로 설정한다.

```
off_t ret;

ret = lseek (fd, 0, SEEK_END);
if (ret == (off_t) -1)
    /* 에러 */
```

lseek( )는 갱신된 파일 오프셋을 반환하므로 lseek( )에 SEEK_CUR와 0을 pos 값으로 넘

기면 현재 파일의 오프셋을 알 수 있다.

```
int pos;

pos = lseek (fd, 0, SEEK_CUR);
if (pos == (off_t) -1)
    /* 에러 */
else
    /* 'pos'는 fd의 현재 위치 */
```

lseek()는 파일의 시작, 혹은 끝 지점으로 오프셋을 이동하거나, 현재 파일의 오프셋을 알아내는 데 가장 많이 사용된다.

2.7.1 파일 끝을 넘어서 탐색하기

lseek()를 이용해서 파일 오프셋이 파일 끝을 넘어서도록 지정하는 것도 가능하다. 예를 들어 다음 코드는 fd에 연결된 파일의 끝에서 1688바이트를 넘긴 위치로 이동하도록 한다.

```
int ret;

ret = lseek (fd, (off_t) 1688, SEEK_END);
if (ret == (off_t) -1)
    /* 에러 */
```

파일 끝을 넘어서도록 위치를 지정하는 것만으로는 아무런 일도 발생하지 않는다. 갱신된 오프셋에서 데이터를 읽으면 EOF를 반환한다. 하지만 쓰기 요청이 들어오면 파일의 마지막 오프셋과 새로운 오프셋 사이에 새로운 공간이 만들어지며 0으로 채워진다.

이렇게 0으로 채운 공간을 구멍이라고 한다. 유닉스 계열의 파일시스템에서 이 구멍은 물리적인 디스크 공간을 차지하지 않는다. 이는 파일시스템에서 모든 파일을 합친 크기가 물리적인 디스크 크기보다 더 클 수 있다는 사실을 암시한다. 구멍이 생긴 파일을 성긴spare 파일이라고 한다. 이런 파일이 공간을 상당히 절약하며 효율을 크게 높일 수 있는 이유는 구멍을 다루는 과정에 물리적인 입출력 작업이 필요하지 않기 때문이다.

이런 파일의 구멍에 읽기 요청을 하면 적절한 개수만큼 0으로 채워진 값을 반환한다.

2.7.2 에러 값

에러가 발생하면 −1을 반환하고 errno가 다음 네 가지 값 중 하나로 설정된다.

EBADF   주어진 파일 디스크립터가 열린 파일 디스크립터가 아니다.

EINVAL   origin 값이 SEEK_SET, SEEK_CUR, SEEK_END가 아니거나, 새로운 오프셋 값이 음수가 되는 경우다. EINVAL이 이런 두 가지 에러를 모두 표현한다는 사실은 불행한 일이다. 전자는 거의 확실히 컴파일 과정에서 에러를 낼 것이고 후자는 실행 중 모르는 새에 논리 에러로 나타날 것이다.

EOVERFLOW   탐색의 결과로 반환해야 할 새로운 오프셋이 off_t 값으로 표현되지 못한다. 이 에러는 32비트 아키텍처에서만 나타난다. 에러가 발생하더라도 파일 오프셋은 갱신되며 단지 새로 갱신된 오프셋을 반환하지 못한다는 사실을 알려준다.

ESPIPE   파일 디스크립터가 파이프, FIFO, 소켓처럼 오프셋을 지정할 수 없는 객체와 연결되어 있다.

2.7.3 제약 사항

파일 오프셋의 최댓값은 off_t의 크기에 제한된다. 대부분의 아키텍처에서는 off_t를 C의 long 타입으로 정의하며 리눅스에서는 항상 워드 크기(일반적으로 기계의 범용 레지스터 크기)가 된다. 하지만 커널은 내부적으로 오프셋 값을 C의 long long 타입으로 저장한다. 이런 타입 크기 문제는 64비트 머신에서는 문제가 되지 않지만 32비트 머신에서는 EOVERFLOW 에러가 발생할 수 있다.

2.8 지정한 위치 읽고 쓰기

리눅스에서는 lseek( ) 대신 읽고 쓸 파일 오프셋을 지정할 수 있는 read( )와 write( )의 사촌쯤 되는 시스템 콜이 있다. 둘 모두 읽기, 쓰기 작업이 끝나고 난 뒤 파일 오프셋을 갱신하지 않는다.

pread( )를 사용하면 읽을 오프셋을 지정할 수 있다.

```
#define _XOPEN_SOURCE 500

#include <unistd.h>

ssize_t pread (int fd, void *buf, size_t count, off_t pos);
```

pread( )를 사용하면 파일 디스크립터 fd에서 pos 오프셋에 있는 데이터를 buf에 count 바이트만큼 읽는다.

pwrite( )를 사용하면 쓸 오프셋을 지정할 수 있다.

```
#define _XOPEN_SOURCE 500

#include <unistd.h>

ssize_t pwrite (int fd, const void *buf, size_t count, off_t pos);
```

pwrite( )를 사용하면 buf에 담긴 데이터를 파일 디스크립터 fd의 pos 오프셋에 count 바이트만큼 쓴다.

이 두 호출은 현재 파일의 오프셋을 무시하며 pos로 지정한 오프셋을 사용한다는 점을 제외하고는 read( )와 write( ) 시스템 콜과 거의 유사하게 동작한다. 또한, 작업이 끝나도 파일 오프셋을 갱신하지 않는다. 하지만 read( )나 write( )를 pread( ), pwrite( )와 혼용하게 되면 파일을 망가뜨릴 가능성이 있으니 조심하자.

오프셋을 지정한 읽기/쓰기는 lseek( ) 호출이 가능한 파일 디스크립터에만 사용이 가능하다. 두 함수는 read( )나 write( ) 호출에 앞서 lseek( )를 호출하는 방식과 유사하게 동작하지만 세 가지 차이점이 존재한다. 첫째, pread( )와 pwrite( )는 작업 후 파일 오프셋을 원위치로 되돌리거나 임의의 오프셋에 접근해야 하는 경우에 쉽게 사용할 수 있다. 둘째, pread( )와 pwrite( )는 호출이 완료된 후 파일 포인터를 갱신하지 않는다. 가장 중요한 마지막 차이점은 pread( )와 pwrite( )는 lseek( )를 사용할 때 발생할 수 있는 경쟁 상태를 피할 수 있다.

스레드는 현재 파일 오프셋이 저장된 파일 테이블을 공유하기 때문에 어떤 스레드가 lseek( )를 호출한 다음 읽기와 쓰기 작업을 미처 수행하기도 전에 다른 스레드에서 파일 오프셋을 갱신하는 경우가 있다. 다시 말해 lseek( )는 본질적으로 여러 스레드에서 같은 파일 디스크립터를 처리할 경우 안전하지 않다. 이런 경쟁 상태는 pread( )와 pwrite( )를 사용해서 회피할 수 있다.

2.8.1 에러 값

두 함수는 호출이 성공하면 읽거나 쓴 바이트 개수를 반환한다. pread( )에서 0을 반환하면 EOF를 의미한다. pwrite( )가 0을 반환하며 아무런 데이터도 쓰지 못했음을 나타낸다. 에러가 발생하면 -1을 반환하며 errno를 적절한 값으로 설정한다. pread( )는 read( )와 lseek( )에서 허용하는 errno 값을 설정하며 pwrite( )는 write( )와 lseek( )에서 허용하는 errno 값을 설정한다.

2.9 파일 잘라내기

리눅스는 파일을 특정 길이만큼 잘라내기 위해 POSIX에서 정의하고 요구한 두 가지 시스템 콜을 제공하는데 그 두 가지는 다음과 같다.

하나는 ftruncate( )이다.

```
#include <unistd.h>
#include <sys/types.h>

int ftruncate (int fd, off_t len);
```

다른 하나는 truncate( )이다.

```
#include <unistd.h>
#include <sys/types.h>

int truncate (const char *path, off_t len);
```

두 시스템 콜은 모두 파일을 len 크기만큼 잘라낸다. ftruncate( )는 쓰기 모드로 열린 fd에 대해서 동작하며 truncate( )는 쓰기 권한이 있는 파일 경로에 대해서 동작한다. 성공하면 둘 다 0을 반환하며 에러가 발생하면 −1을 반환하고 errno를 적절한 값으로 설정한다.

두 시스템 콜은 일반적으로 파일을 현재 크기보다 좀 더 작은 크기로 잘라내기 위한 목적으로 사용한다. 호출이 성공하면 파일의 길이는 len이 된다. len과 자르기 전의 파일 크기 사이에 존재하던 데이터는 없어지고 read( )를 통해 이 영역에 접근할 수 없게 된다.

두 시스템 콜은 '파일 끝을 넘어 탐색하기(89쪽)'에서 언급한 내용과 유사하게 파일을 더 큰 크기로 '잘라내기' 위해 사용할 수도 있다. 확장된 바이트는 모두 0으로 채워진다.

두 가지 시스템 콜 모두 현재 파일 오프셋을 갱신하지 않는다.

예를 들어 다음 내용을 포함하고 있는 74바이트짜리 파일인 pirate.txt가 있다고 하자.

```
Edward Teach was a notorious English pirate.
He was nicknamed Blackbeard.
```

같은 디렉터리에서 다음 프로그램을 실행해보자

```c
#include <unistd.h>
#include <stdio.h>

int main() {
    int ret;
    ret = truncate ("./pirate.txt", 45);
    if (ret == -1) {
        perror ("truncate");
        return -1;
    }
    return 0;
}
```

결과는 다음 내용을 포함하는 45바이트짜리 파일이 된다.

```
Edward Teach was a notorious English pirate.
```

2.10 다중 입출력

종종 키보드 입력(stdin)과 프로세스 간 통신(IPC), 그리고 여러 파일 사이에서 일어나는 입출력을 처리하면서 하나 이상의 파일 디스크립터를 블록할 필요가 있다. 최신의 이벤트 드리븐event-driven GUI 애플리케이션은 메인루프*에서 말 그대로 수백 개의 이벤트와 씨름을 해야 한다.

단일 프로세스는 각 파일 디스크립터를 분리해서 서비스하는 스레드 없이는 동시에 하나 이상의 파일 디스크립터를 블록할 수 없다. 항상 읽거나 쓸 준비가 되어 있다면 여러 개의 파일 디스크립터로 작업하는 방식도 문제 없다. 하지만 파일 디스크립터 하나가 대응할 준비가 안 되어 있다면, 그러니까 만약에 read( ) 시스템 콜이 호출되었는데 아무런 데이터도 없다면 프로세스는 블록되고 더는 다른 파일 디스크립터를 처리할 수 없다. 불과 몇 초 동안 블록될지라도, 애플리케이션의 효율은 떨어지고 사용자는 짜증을 낸다. 심지어 그 파일 디스크립터에서 어떤 데이터도 읽을 수 없다면 프로세스는 영원히 블록된다. 왜냐하면 파일 디스크립터의 입출력은 종종 서로 관계를 맺고 있기 때문에 (파이프를 생각해보자) 어떤 파일 디스크립터를 처리할 때 다른 파일 디스크립터가 준비되지 못한 상황이 충분히 발생할 수 있다. 특히 네트워크 애플리케이션에서 소켓이 여러 개 열려 있다면 심각한 문제가 생길 수도 있다.

표준 입력(stdin)에서 처리를 기다리는 데이터가 있지만 프로세스간 통신(IPC)과 관련된 파일 디스크립터가 블록되어 있다고 가정하자. 애플리케이션은 블록된 IPC 파일 디스크립터가 데이터를 반환할 때까지 키보드 입력이 들어왔는지 모른다. 하지만 블록된 작업이 영원히 반환되지 않는다면 어떻게 될까?

이 장 초반에 이런 문제의 해법으로 논블록 입출력을 알아보았다. 논블록 입출력을 사용하면 애플리케이션은 블록하는 대신에 특수한 에러 조건을 반환하는 입출력 요청을 할 수 있다. 하지만 이런 해법이 효과적이지 않은 이유가 두 가지 있다. 첫 번째, 프로세스는 계속 열린 파일 디스크립터 중 하나가 입출력을 준비할 때까지 기다리면서 어떤 임의의 순서대로 입출력 요청을 해야 한다. 이는 정말 형편없는 설계다. 두 번째, 프로세스를 재워 다른 작업을 처리하게 하고 파일 디스크립터가 입출력을 수행할 준비가 되면 깨우는 편이 훨씬 더 효과적일 수 있다.

---

* 메인루프는 GUI 애플리케이션을 작성해본 사람에게는 아주 익숙한 개념인데, 예를 들어 GNOME 애플리케이션은 GNOME 환경에 기본 라이브러리인 GLib에서 제공하는 메인루프를 활용한다. 메인루프는 하나의 블록 지점에서 여러 이벤트를 감시하면서 응답하도록 만들어 준다.

그러면 다중 입출력을 살펴보자.

다중 입출력은 애플리케이션이 여러 개의 파일 디스크립터를 동시에 블록하고 그중 하나라도 블록되지 않고 읽고 쓸 준비가 되면 알려주는 기능을 제공한다. 따라서 다중 입출력은 다음과 같은 설계 방식을 따르는 애플리케이션을 위한 중심점이 된다.

1 다중 입출력: 파일 디스크립터 중 하나가 입출력이 가능할 때 알려준다.

2 준비가 됐나? 준비된 파일 디스크립터가 없다면 하나 이상의 파일 디스크립터가 준비될 때까지 잠든다.

3 깨어나기. 어떤 파일 디스크립터가 준비됐나?

4 블록하지 않고 모든 파일 디스크립터가 입출력을 준비하도록 관리한다.

5 1로 돌아가서 다시 시작한다.

리눅스는 select, poll, epoll 인터페이스라는 세 가지 다중 입출력 방식을 제공한다. select와 poll은 지금 알아보고, 리눅스에 국한된 고급 기법인 epoll은 4장에서 알아보기로 한다.

2.10.1 select()

select() 시스템 콜은 동기화된 다중 입출력 메커니즘을 제공한다.

```
#include <sys/select.h>

int select (int n,
    fd_set *readfds,
    fd_set *writefds,
    fd_set *exceptfds,
    struct timeval *timeout);

FD_CLR(int fd, fd_set *set);
FD_ISSET(int fd, fd_set *set);
FD_SET(int fd, fd_set *set);
FD_ZERO(fd_set *set);
```

select() 호출은 파일 디스크립터가 입출력을 수행할 준비가 되거나 옵션으로 정해진 시간이 경과할 때까지만 블록된다.

감시 대상 파일 디스크립터는 세 가지 집합으로 나뉘어 각각 다른 이벤트를 기다린다. readfds 집합의 파일 디스크립터는 데이터 읽기가 가능한지(다시 말해 블록되지 않고 read( ) 작업이 가능한지)를 파악하기 위해 감시한다. writefds 집합의 파일 디스크립터는 블록되지 않고 write( ) 작업이 가능한지 감시한다. 마지막으로 exceptfds 집합의 파일 디스크립터는 예외가 발생했거나 대역을 넘어서는 데이터(이는 소켓에만 적용된다)가 존재하는지 감시한다. 어떤 집합이 NULL이라면 select( )는 해당 이벤트를 감시하지 않는다.

호출이 성공하면 각 집합은 요청받은 입출력 유형을 대상으로 입출력이 준비된 파일 디스크립터만 포함하도록 변경된다. 예를 들어 값이 7과 9인 두 개의 파일 디스크립터가 readfds에 들어 있다고 한다면 호출이 반환될 때 7이 집합에 남아 있을 경우 파일 디스크립터 7번은 블록 없이 읽기가 가능하다. 만약에 9번 파일 디스크립터가 집합에 남아 있지 않다면 아마도 읽기 요청은 블록될 것이다. (호출이 완료되자마자 데이터를 읽을 수도 있어서 '아마도'라고 표현했다. 이 경우 바로 select( )를 다시 호출하면 해당 파일 디스크립터를 읽기 준비가 가능한 상태로 표시해서 반환할 것이다.*)

첫 번째 인자인 n은 파일 디스크립터 집합에서 가장 큰 파일 디스크립터 숫자에 1을 더한 값이다. 따라서 select( )를 호출하려면 파일 디스크립터에서 가장 큰 값이 무엇인지 알아내서 이 값에 1을 더해 첫 번째 인자에 넘겨야 한다. timeout 인자는 timeval 구조체를 가리키는 포인터이며 이 구조체는 다음과 같이 정의되어 있다.

```
#include <sys/time.h>

struct timeval {
    long tv_sec;    /* 초 */
    long tv_usec;   /* 마이크로 초 */
};
```

이 인자가 NULL이 아니면 select( ) 호출은 입출력이 준비된 파일 디스크립터가 없을 경우에도 tv_sec 초와 tv_usec 마이크로 초 이후에 반환된다. 몇몇 유닉스 시스템에서는 select( ) 호출이 반환된 다음에 이 구조체가 정의되지 않은 상태로 남아 있으므로 매번 호출

---

* 이렇게 되는 이유는 select( )와 poll( )이 에지 트리거(Edge Trigger, 변경 사항이 생길 때 이벤트가 발생)가 아니라 레벨 트리거(Level Trigger, 특정 수준에 머무르면 이벤트가 발생)이기 때문이다. 4장에서 살펴볼 epoll( )은 두 가지 모드를 모두 지원한다. 에지 트리거가 좀 더 간단하지만 주의하지 않으면 입출력 이벤트를 놓칠 수 있다.

하기 직전에 (파일 디스크립터 집합과 더불어) 다시 초기화를 해줘야 한다. 실제로 최근 리눅스 버전은 이 인자를 자동으로 수정해서 남아 있는 시각으로 값을 설정한다. 따라서 timeout이 5초고, 파일 디스크립터가 준비되기까지 3초가 경과했다면 tv.tv_sec은 반환될 때 2를 담고 있을 것이다.

timeout에 설정된 두 값이 모두 0이면 호출은 즉시 반환되며 호출하는 시점에서 대기 중인 이벤트를 알려주지만 그다음 이벤트를 기다리지 않는다.

select()에서 사용하는 파일 디스크립터 집합은 직접 조작하지 않고 매크로를 사용해서 관리한다. 이렇게 하면 각 유닉스 시스템에 맞춰 집합을 구현할 수 있다. 하지만 대다수의 시스템에서는 파일 디스크립터 집합을 비트 배열처럼 간단한 방식으로 구현하고 있다.

FD_ZERO는 지정한 집합내의 모든 파일 디스크립터를 제거한다. 이 매크로는 항상 select()를 호출하기 전에 사용해야 한다.

```
fd_set writefds;

FD_ZERO(&writefds);
```

FD_SET은 주어진 집합에 파일 디스크립터를 추가하고, FD_CLR 매크로는 주어진 집합에서 파일 디스크립터를 하나 제거한다.

```
FD_SET(fd, &writefds);   /* 'fd'를 'writefds' 집합에 추가한다 */
FD_CLR(fd, &writefds);   /* 'writefds' 집합에서 'fd'를 제거한다 */
```

제대로 설계된 코드라면 FD_CLR를 사용할 일이 절대 없으며 실제로도 사용되는 경우가 드물다.

FD_ISSET 매크로는 파일 디스크립터가 주어진 집합에 존재하는지 검사한다. 파일 디스크립터가 집합에 들어 있으면 0이 아닌 정수를 반환하며 들어 있지 않다면 0을 반환한다. FD_ISSET은 select() 호출이 반환된 다음에 파일 디스크립터가 입출력이 가능한 상태인지 확인하기 위해 사용된다.

```
if (FD_ISSET(fd, &readfds))
    /* 'fd'에서 즉시 값을 읽을 수 있다! */
```

파일 디스크립터 집합은 정적으로 만들어지기 때문에, 파일 디스크립터 최대 개수와 집합에 들어갈 파일 디스크립터의 최댓값에는 제약이 있다. 두 가지 제약 모두 FD_SETSIZE와 관련이 있는데 리눅스에서 이 값은 1024이며 이 장의 후반부에서 이 내용에 대해서 자세히 알아보겠다.

반환값과 에러 코드

select() 호출이 성공하면 전체 세 가지 집합 중에서 입출력이 준비된 파일 디스크립터 개수를 반환한다. timeout을 초과하면 반환값이 0이 될 수 있다. 에러가 발생하면 −1을 반환하며 errno는 다음 값 중 하나로 설정된다.

EBADF   집합에 제공된 파일 디스크립터가 유효하지 않다.
EINTR   대기 중에 시그널이 발생했으며 다시 호출할 수 있다.
EINVAL   인자 n이 음수이거나 timeout 값이 유효하지 않다.
ENOMEM   요청을 처리하기 위한 메모리가 충분하지 않다.

select() 예제

select()의 사용법을 알아보기 위해 단순하지만 완전하게 동작하는 예제 프로그램을 살펴보자. 이 예제는 5초 동안 stdin으로 들어오는 입력을 기다리며 블록된다. 파일 디스크립터 하나만 감시하므로 실제로 다중 입출력을 수행하지는 않지만 시스템 콜의 사용법을 명확하게 확인할 수 있다.

```
#include <stdio.h>
#include <sys/time.h>
#include <sys/types.h>
#include <unistd.h>

#define TIMEOUT 5       /* 타임아웃 (초) */
#define BUF_LEN 1024    /* 읽기 버퍼 크기 (바이트) */

int main (void) {
    struct timeval tv;
    fd_set readfds;
    int ret;
```

```c
/* 표준 입력에서 입력을 기다리기 위한 준비 */
FD_ZERO(&readfds);
FD_SET(STDIN_FILENO, &readfds);

/* select가 5초 동안 기다리도록 timeval 구조체 설정 */
tv.tv_sec = TIMEOUT;
tv.tv_usec = 0;

/* 이제 입력을 기다리자! */
ret = select (STDIN_FILENO + 1,
              &readfds,
              NULL,
              NULL,
              &tv);
if (ret == -1) {
    perror ("select");
    return 1;
} else if (!ret) {
    printf ("%d seconds elapsed.\n", TIMEOUT);
    return 0;
}

/*
 * 여기까지 오면 select가 0이 아닌 양수를 반환했다는 의미이므로
 * 파일 디스크립터에서 즉시 읽기가 가능하다.
 */

if (FD_ISSET(STDIN_FILENO, &readfds)) {
    char buf[BUF_LEN+1];
    int len;

    /* 여기서 read()는 블록되지 않는다 */
    len = read (STDIN_FILENO, buf, BUF_LEN);
    if (len == -1) {
        perror ("read");
        return 1;
    }

    if (len) {
        buf[len] = '\0';
        printf ("read: %s\n", buf);
    }

    return 0;
```

```
    }

    fprintf (stderr, "This should not happen!\n");
    return 1;
}
```

select()로 구현하는 이식 가능한 잠들기

역사적으로 보면 select()는 다양한 유닉스 시스템에서 1초 미만의 짧은 시간 동안 프로세스를 재울 수 있는 더 나은 방법을 제공했기 때문에 timeout을 제외한 나머지 fds 집합을 NULL로 넘겨서 다양한 시스템에서 동작하는 잠들기를 손쉽게 구현할 수 있었다.

```
struct timeval tv;

tv.tv_sec = 0;
tv.tv_usec = 500;

/* 500마이크로 초 동안 대기 */
select (0, NULL, NULL, NULL, &tv);
```

물론 최신 리눅스는 아주 짧은 시간 동안의 잠들기를 위한 인터페이스를 지원한다. 이는 11장에서 자세히 살펴보겠다.

pselect()

select() 시스템 콜은 4.2BSD에서 처음 소개되어 큰 인기를 얻었지만 POSIX에서도 POSIX 1003.1g-2000과 그 뒤에 나온 POSIX 1003.1-2001에서 자체적인 해법인 pselect()를 정의했다.

```
#define _XOPEN_SOURCE 600
#include <sys/select.h>

int pselect (int n,
    fd_set *readfds,
    fd_set *writefds,
    fd_set *exceptfds,
    const struct timespec *timeout,
```

```
                const sigset_t *sigmask);

    /* 아래는 select()에서 사용하던 것과 같다 */
    FD_CLR(int fd, fd_set *set);
    FD_ISSET(int fd, fd_set *set);
    FD_SET(int fd, fd_set *set);
    FD_ZERO(fd_set *set);
```

pselect()와 select()에는 다음 세 가지 차이점이 있다.

- pselect()는 timeout 인자로 timeval 구조체 대신 timespec 구조체를 사용한다. timespec 구조체는 초, 마이크로 초가 아니라 초, 나노 초 조합을 사용하므로 이론적으로는 더 짧은 시간 동안 잠들 수 있다. 하지만 실제로는 둘 다 마이크로 초도 확실히 지원하지 못한다.

- pselect()는 timeout 인자를 변경하지 않기 때문에 잇달은 호출 과정에서 timeout 인자를 계속 초기화해야 할 필요가 없다.

- select() 시스템 콜은 sigmask 인자를 받지 않는다. 이 인자를 NULL로 설정하면 pselect()는 select()와 동일하게 동작한다.

timespec 구조체는 다음과 같이 정의되어 있다.

```
    #include <sys/time.h>

    struct timespec {
        long tv_sec;    /* 초 */
        long tv_nsec;   /* 나노 초 */
    };
```

유닉스에 pselect() 시스템 콜을 추가하게 된 (숨은) 이유는 파일 디스크립터와 시그널을 기다리는 사이에 발생할 수 있는 경쟁 상태를 해결하기 위한 sigmask 인자를 추가하기 위함이다(시그널은 10장에서 다룬다). 시그널 핸들러가 (대부분 그렇듯이) 전역 플래그를 설정하고 프로세스가 select()를 호출하기 전에 이 플래그를 검사한다고 가정하자. 여기서 플래그 점검을 완료하고 select()를 호출하기 직전에 시그널이 도착했다면 애플리케이션은 무한정 블록되고 이 플래그 설정에 절대 반응하지 않을 수 있다. pselect()는 블록할 시그널 목록을 인자로 받아서 select() 도중에 시그널이 도착하는 경우에도 이를 처리한다. 블록된 시그널은 블록이 해제될 때까지 처리되지 않는다. pselect() 호출이 반환되면 커널은 과거의 시그널 마스크를 복구한다.

커널 2.6.16까지는, 리눅스의 pselect( ) 구현이 시스템 콜이 아니라 glib에서 제공하는 select( )의 래퍼wrapper 함수였다. 이런 방식은 경쟁 상태가 발생하는 위험을 완벽하게 제거 하지는 못했지만 최소화했다. 제대로 된 시스템 콜 구현을 제공하고 나서는 이런 위험이 사라 졌다.

pselect( )에 추가된 상대적으로 사소한 이런 개선에도 불구하고, 대다수의 애플리케이션에 서는 그동안의 습관이나 이식성을 이유로 select( )를 계속 사용하고 있다.

2.10.2 poll( )

poll( ) 시스템 콜은 시스템 V에서 제공하는 다중 입출력 방식이다. poll( )은 select( ) 의 몇 가지 결점을 보완한다. 하지만 그럼에도 불구하고 여전히 습관이나 이식성의 이유로 select( )를 더 많이 사용하고 있다.

```
#include <poll.h>

int poll (struct pollfd *fds, nfds_t nfds, int timeout);
```

효율적이지 않은 비트마스크 기반의 세 가지 파일 디스크립터 집합을 사용하는 select( )와 는 달리 poll( )은 fds가 가리키는 단일 pollfd 구조체 배열을 nfds 개수만큼 사용한다. pollfd 구조체는 다음과 같다.

```
#include <poll.h>

struct pollfd {
    int fd;          /* 파일 디스크립터 */
    short events;    /* 감시할 이벤트 */
    short revents;   /* 발생한 이벤트 */
};
```

각 pollfd 구조체는 감시하고자 하는 단일 파일 디스크립터를 명시한다. 여러 개의 pollfd 구조체를 poll( )에 넘겨서 여러 파일 디스크립터를 감시하도록 할 수도 있다. 각 구조체의 events 필드는 그 파일 디스크립터에서 감시할 이벤트의 비트마스크다. 이 필드는 반환 시 커 널이 설정한다. events 필드에서 요청한 모든 이벤트가 revents에 담겨서 반환될 수도 있다.

설정 가능한 이벤트는 다음과 같다.

POLLIN	읽을 데이터가 존재한다.
POLLRDNORM	일반 데이터를 읽을 수 있다.
POLLRDBAND	우선권이 있는 데이터를 읽을 수 있다.
POLLPRI	시급히 읽을 데이터가 존재한다.
POLLOUT	쓰기가 블록되지 않을 것이다.
POLLWRNORM	일반 데이터 쓰기가 블록되지 않을 것이다.
POLLWRBAND	우선권이 있는 데이터 쓰기가 블록되지 않을 것이다.
POLLMSG	SIGPOLL 메시지가 사용 가능하다.

그리고 revents 필드에 다음 이벤트가 설정될 수 있다.

POLLER	주어진 파일 디스크립터에 에러가 있다.
POLLHUP	주어진 파일 디스크립터에서 이벤트가 지체되고 있다.
POLLNVAL	주어진 파일 디스크립터가 유효하지 않다.

이 이벤트는 events 필드에서는 의미가 없으며 해당하는 경우에만 반환되는 값이므로 events 필드에 넘겨서도 안 된다. select()와는 달리 poll()에서는 명시적으로 예외를 확인할 필요가 없다.

POLLIN | POLLPRI는 select()의 읽기 이벤트와 동일하며 POLLOUT | POLLWRBAND는 select()에서 쓰기 이벤트와 동일하다. POLLIN은 POLLRDNORM | POLLRDBAND와 동일하며 POLLOUT은 POLLWRNORM과 동일하다.

예를 들어 파일 디스크립터의 읽기와 쓰기를 감시하려면 events를 POLLIN | POLLOUT으로 설정한다. 호출이 반환되면 pollfd 구조체 배열에서 원하는 파일 디스크립터가 들어 있는 항목을 찾아 revents에 해당 플래그가 켜져 있는지 확인한다. POLLIN이 설정되어 있다면 읽기는 블록되지 않는다. POLLOUT이 설정되어 있다면 쓰기는 블록되지 않는다. 두 플래그는 상호 배타적이지 않다. 해당 파일 디스크립터에 대해 읽기와 쓰기가 블록되는 대신 둘 다 바로 반환된다고 알려주기 위해 양쪽 모두를 설정해도 된다.

timeout 인자는 준비된 입출력에 상관없이 반환되기까지 기다릴 시간을 밀리 초 단위로 지정한다. 타임아웃을 무한으로 설정하려면 음수를 사용한다. 이 값이 0이면 호출이 즉시 반환되며 입출력이 가능한 파일 디스크립터를 열거하지만, 이벤트를 기다리지는 않는다. poll()은 이름이 의미하는 바와 같이 한 번만 폴링한 다음에 바로 반환된다.

반환값과 에러 코드

poll() 호출이 성공하면 revents 필드가 0이 아닌 구조체의 개수를 반환한다. 이벤트가 발생하기 전에 타임아웃이 발생했다면 0을 반환한다. 에러가 발생하면 −1을 반환하며 errno를 다음 중 하나로 설정한다.

EBADF   주어진 구조체의 파일 디스크립터가 유효하지 않다.

EFAULT   fds를 가리키는 포인터가 프로세스 주소 공간을 벗어난다.

EINTR   이벤트를 기다리는 중에 시그널이 발생했다. 다시 호출이 필요하다.

EINVAL   nfds 인자가 RLIMIT_NOFILE 값을 초과했다.

ENOMEM   요청을 완료하기 위한 메모리가 부족하다.

poll() 예제

poll()을 사용해서 표준 입력에서 읽기를, 그리고 표준 출력에 쓰기를 블록하는지 동시에 검사하는 예제 프로그램을 살펴보자.

```
#include <stdio.h>
#include <unistd.h>
#include <poll.h>
#define TIMEOUT 5        /* 타임아웃 (초) */

int main (void) {
    struct pollfd fds[2];
    int ret;

    /* 표준 입력에 대한 이벤트를 감시하기 위한 준비 */
    fds[0].fd = STDIN_FILENO;
    fds[0].events = POLLIN;
```

```
/* 표준 출력에 쓰기가 가능한지 감시하기 위한 준비(거의 항상 참이다) */
fds[1].fd = STDOUT_FILENO;
fds[1].events = POLLOUT;

/* 준비 끝. 블록! */
ret = poll (fds, 2, TIMEOUT * 1000);
if (ret == -1) {
        perror ("poll");
    return 1;
}

if (!ret) {
    printf ("%d seconds elapsed.\n", TIMEOUT);
    return 0;
}

if (fds[0].revents & POLLIN)
    printf ("stdin is readable\n");

if (fds[1].revents & POLLOUT)
    printf ("stdout is writable\n");

return 0;
}
```

이 코드를 실행하면 예상대로 다음과 같은 결과를 얻는다.

```
$ ./poll
stdout is writable
```

이 프로그램을 다시 한 번 돌리는데 이번에는 파일을 표준 입력으로 리다이렉트하면 두 이벤트
모두 발생하는 것을 확인할 수 있다.

```
$ ./poll < ode_to_my_parrot.txt
stdin is readable
stdout is writable
```

실제 애플리케이션에서 poll()을 사용했다면 매 호출 때마다 pollfd를 다시 설정할 필요가
없다. 동일한 구조체를 반복해서 사용해도 상관없다. 커널은 revents 필드를 필요할 때 0으
로 초기화한다.

ppoll()

리눅스는 pselect()처럼 poll()의 사촌 함수인 ppoll()을 제공한다. pselect()와는 다르게 ppoll()은 리눅스에서만 사용 가능한 인터페이스다.

```
#define _GNU_SOURCE

#include <poll.h>

int ppoll (struct pollfd *fds, nfds_t nfds,
    const struct timespec *timeout, const sigset_t *sigmask);
```

pselect()처럼 timeout 인자는 나노 초 단위로 지정 가능하며 블록할 시그널 집합은 sigmask 인자로 제공한다.

2.10.3 poll()과 select() 비교

비록 같은 작업을 수행하지만 poll() 시스템 콜은 다음과 같은 몇 가지 이유 때문에 select()보다 훨씬 유용하다.

- poll()은 가장 높은 파일 디스크립터 값에 1을 더해서 인자로 전달할 필요가 없다.
- poll()은 파일 디스크립터 숫자가 큰 경우에 좀 더 효율적으로 동작한다. select()로 값이 900인 단일 파일 디스크립터를 감시한다고 할 때, 커널은 매번 전달된 파일 디스크립터 집합에서 900번째 비트까지 일일이 검사해야 한다.
- select()의 파일 디스크립터 집합은 크기가 정해져 있으므로 트레이드 오프가 발생한다. 집합의 크기가 작으면 select()가 감시할 최대 파일 디스크립터 개수를 제약하며 집합의 크기가 크면 비효율적이다. 큰 비트마스크에 대한 연산은 비효율적이며 파일 디스크립터가 연속적이지 않고 드문드문 흩어져 있을 경우에는 특히 심각하다.* poll()을 사용하면 딱 맞는 크기의 배열 하나만 사용하면 된다. 하나만 검사할 경우에는 구조체 하나만 넘기면 끝난다.
- select()를 사용하면 파일 디스크립터 집합을 반환하는 시점에서 재구성되므로 잇따른 호출 과정에서 매번 파일 디스크립터 집합을 다시 초기화해야 한다. poll() 시스템 콜은 입력(events 필드)과 출력(revents 필드)을 분리하므로 변경 없이 배열을 재사용할 수 있다.
- select()의 timeout 인자는 반환하게 되면 미정의 상태가 된다. 따라서 코드의 이식성을 높이려면 timeout 인자를 다시 초기화해야 한다. 하지만 pselect()를 사용할 경우에는 이런 문제가 없다.

....

* 비트마스크가 드문드문 흩어져 있다면 마스크를 개별 워드가 0인지 검사하는 방식이 유리하다. 그 검사에서 거짓을 반환하는 경우에만 개별 비트를 검사하면 된다. 하지만 비트마스크가 조밀하게 밀집해 있다면 이런 방식은 시간만 낭비한다.

select( ) 시스템 콜에도 몇 가지 장점이 있다.

- select()가 상대적으로 이식성이 높다. 몇몇 유닉스 시스템은 poll()을 지원하지 않는다.
- select()는 타임아웃 값을 마이크로 초까지 지정할 수 있다. poll()은 밀리 초로 지정할 수 있다. 이론상으로 ppoll()과 pselect()는 나노 초까지 타임아웃 값을 지정할 수 있지만, 실제로는 마이크로 초까지도 안정적으로 제공하지 못한다.

epoll( )은 poll( )이나 select( )보다 훨씬 뛰어난 리눅스의 입출력 멀티플렉싱 인터페이스며 4장에서 살펴보도록 하겠다.

2.11 커널 들여다보기

이 절에서는 리눅스 커널에서 입출력을 구현하고 있는 방법에 대해서 살펴본다. 특히 가상 파일시스템(VFS$^{\text{Virtual File System}}$), 페이지 캐시, 페이지 쓰기 저장$^{\text{page writeback}}$이라는 세 가지 주요 하부 시스템에 초점을 맞춘다. 이 세 가지 하부 시스템이 결합해서 빈틈없고 효율적이며 최적의 입출력을 구성한다.

> **NOTE_** 네 번째 하위 시스템인 입출력 스케줄러는 4장에서 살펴볼 것이다.

2.11.1 가상 파일시스템

가상 파일시스템은 종종 가상 파일 스위치라고도 하는데 사용 중인 파일시스템이 무엇인지 몰라도, 심지어는 전혀 신경 쓰지 않아도 파일시스템 데이터를 처리하고 파일시스템 함수를 호출할 수 있도록 하는 추상화 메커니즘이다.

VFS는 이런 추상화를 위해 리눅스에서 모든 파일시스템의 기초가 되는 공통 파일 모델을 제공한다. 공통 파일 모델은 함수 포인터와 다양한 객체지향적인 접근**을 통해 리눅스 커널에서 모든 파일시스템이 충실히 따라야 하는 프레임워크를 제공한다. 이는 파일시스템에 대한 요청을 일반화시켜준다. 이 프레임워크는 읽기, 링크 생성하기, 동기화하기 같은 작업을 위한 훅^{hook}을

** 커널은 C로 만들어졌다.

제공한다. 각 파일시스템은 이런 훅을 활용해서 지원 가능한 연산을 수행하는 함수를 등록한다.

이런 접근은 파일시스템 간의 상당한 부분을 공통적인 부분으로 강제한다. 예를 들어 가상 파일시스템은 inode, 슈퍼블록, 디렉터리 엔트리라는 단어를 사용하고 있다. inode와 같은, 유닉스에서 사용하는 개념이 없을 가능성이 있는, 유닉스 태생이 아닌 파일시스템은 이에 잘 대처해야 하는데 실제로 리눅스는 FAT와 NTFS를 문제없이 잘 지원하고 있다.

가상 파일시스템은 아주 많은 장점을 가지고 있다. 하나의 시스템 콜로 어떤 매체의 어떤 파일시스템도 읽을 수 있고, 유틸리티 하나로 특정 파일시스템에서 다른 파일시스템으로 복사도 가능하다. 모든 파일시스템은 동일한 개념과 동일한 인터페이스, 동일한 호출을 지원한다. 모든 기능이 아주 잘 동작한다.

애플리케이션에서 read( )를 호출했을 때 벌어지는 일들을 살펴보자. C 라이브러리는 컴파일 시점에 적절한 트랩 구문으로 변환될 시스템 콜 정의를 제공한다. 사용자 영역의 프로세스에서 시스템 콜 핸들러를 거쳐 커널로 트랩되어 read( ) 시스템 콜로 진입하면 커널은 파일 디스크립터를 다루는 객체가 무엇인지 알아낸다. 그리고 커널은 이 객체에 연관된 읽기 함수를 호출한다. 파일시스템 관점에서 이 함수는 파일시스템 코드의 일부다. 이 함수는 자신이 맡은 작업(그러니까 파일시스템에서 물리적으로 데이터를 읽는)을 수행하고 read( )를 호출한 사용자 영역으로 데이터를 반환한다. 시스템 콜 핸들러가 커널 내부에서 읽은 데이터를 사용자 영역으로 복사하는 과정을 마칠 때 read( ) 시스템 콜을 반환되며 프로세스는 계속 실행된다.

가상 파일시스템은 시스템 프로그래머에게 중요한 영향을 끼친다. 프로그래머는 파일시스템이 존재하는 물리적인 매체나 파일시스템 유형을 신경 쓸 필요가 없다. 일반적인 시스템 콜인 read( ), write( ) 등은 커널이 지원하는 어떠한 파일시스템이나 매체에서도 파일을 다룰 수 있다.

2.11.2 페이지 캐시

페이지 캐시는 디스크 파일시스템에서 최근에 접근한 데이터를 저장하는 메모리 저장소다. 특히 최근 CPU의 속도에 비교하면 디스크 접근 성능은 끔찍하리만큼 느리다. 메모리에 쓰기를 요청한 데이터를 저장하면 동일한 데이터에 대한 요청이 연이어 발생할 경우 커널은 반복적인 디스크 접근을 피해 메모리에서 바로 처리할 수 있다.

페이지 캐시는 일시적인 지역성temporal locality라는 개념을 활용한다. 일시적인 지역성은 참조 지역성locality of reference의 한 가지 유형으로, 특정 시점에서 리소스에 접근하면 오래 지나지 않은 장래에 다시 또 접근할 가능성이 높다는 이론이다. 처음 접근에서 데이터를 캐시하기 위해 소비된 메모리는 나중에 디스크 접근에 들어가는 불필요한 비용을 지불하지 않게 해준다.

페이지 캐시는 커널이 파일시스템 데이터를 탐색하는 첫 번째 장소다. 커널은 메모리 하부 시스템을 호출해서 캐시에서 찾을 수 없는 경우에만 디스크에서 데이터를 읽는다. 따라서 처음으로 데이터를 읽으면 디스크에서 페이지 캐시로 전송되며 캐시에서 애플리케이션으로 데이터를 반환한다. 이 데이터를 다시 읽으면 그냥 캐시에서 바로 반환한다. 모든 연산은 페이지 캐시를 경유해서 투명하게 수행되며 데이터가 적절하고 유효한 상태로 유지되도록 보장한다.

리눅스 페이지 캐시는 동적으로 크기를 변경할 수 있다. 입출력 작업이 점점 더 많은 데이터를 메모리에 가져오면 페이지 캐시도 점점 더 커지면서 남아 있는 사용 가능한 메모리를 소비한다. 페이지 캐시가 결국 모든 여유 메모리를 다 쓰고 나서 추가 메모리 할당 요청이 들어오면 페이지 캐시 중에서 가장 적게 사용한 페이지를 삭제해서 메모리를 확보한다. 이런 작업은 자동적으로 매끄럽게 일어난다. 동적으로 크기가 조정되는 캐시는 리눅스가 시스템의 모든 메모리를 사용해서 가능한 한 많은 데이터를 캐시하도록 지원한다.

하지만 종종 다음 읽기 요청 시 메모리에서 다시 읽을 가능성이 높은 페이지 캐시에서 자주 사용하는 내용을 삭제하는 대신 거의 사용하지 않는 데이터를 디스크에 스왑하는 편이 좀 더 상식적인 경우가 있다(스왑swap은 커널이 데이터를 디스크에 저장해서 실제 장착된 RAM보다 더 큰 메모리 공간을 확보할 수 있도록 하는 기법이다). 리눅스 커널은 디스크 스왑과 캐시(미리 확보된 메모리) 삭제 간의 균형을 맞추기 위해 경험적인(휴리스틱*) 기법을 구현한다. 이 휴리스틱은 스왑될 데이터가 사용되지 않는 상태라면 페이지 캐시를 삭제하는 대신에 데이터를 디스크에 스왑하도록 한다.

스왑과 캐시의 균형은 /proc/sys/vm/swappiness를 통해 설정할 수 있다. 이 가상 파일은 0에서 100 사이의 값을 가지며 기본값은 60이다. 메모리에 페이지 캐시를 저장하면서 스왑을 많이 하는 방식을 선호한다면 좀 더 큰 값을 지정한다. 페이지 캐시를 삭제하면서 스왑은 하지

---

* 역자주_ 휴리스틱(heuristics) 기법은 경험에 기반하여 만족할만한 결과를 얻는 방법을 일컫는다.

않기를 원한다면 더 작은 값을 지정한다.

또 다른 참조 지역성 유형으로, 데이터가 순차적으로 참조됨을 뜻하는 순차적 지역성sequential locality이 있다. 커널은 순차적 지역성을 활용하기 위해 페이지 캐시 미리읽기readahead를 구현하고 있다. 미리읽기는 잇따른 읽기 요청에 대비하기 위해서 여유있을 때 디스크에서 데이터를 읽어서 페이지 캐시에 넣어두는 방식이다. 커널이 디스크에서 데이터 블록을 읽을 때, 연이은 데이터 블록을 한두 개 더 읽는다. 한 번에 연속적인 데이터 블록을 많이 읽으면 디스크 탐색이 필요하지 않으므로 효율이 높아진다. 추가적으로 커널은 프로세스가 첫 번째로 읽은 데이터 블록을 다루는 동안에 미리읽기를 수행한다. 종종 일어나는 현상이지만, 프로세스가 연이은 블록을 읽도록 계속 요청하면 커널은 별도의 디스크 입출력 과정을 건너뛰고, 앞서 미리읽기 과정에서 가져온 데이터를 바로 프로세스에 전달할 수 있다.

페이지 캐시와 마찬가지로 커널은 미리읽기도 동적으로 관리한다. 프로세스가 미리읽기로 읽어둔 데이터를 계속해서 사용한다고 커널에서 인지하면 커널은 미리읽기 버퍼 크기를 지정하는 미리읽기 윈도우 크기를 늘려 점점 더 많은 데이터를 미리읽기 시작한다. 미리읽기 윈도우 크기는 16KB 수준으로 작게 시작해서 128KB까지 커진다. 반대로, 애플리케이션이 연속으로 데이터를 읽는 대신 파일의 여기저기를 탐색해서 미리읽기가 유용하지 않다고 판단하면 미리읽기 기능을 완전히 꺼버릴 수도 있다.

페이지 캐시의 존재는 투명성을 의미한다. 시스템 개발자 입장에서는 페이지 캐시의 장점을 살릴 수 있도록 코드를 최적화하는 일반적인 방법은 아마도 사용자 영역에서 그런 동일한 캐시를 직접 구현하지 않는 것뿐일 것이다. 일반적으로 페이지 캐시를 최대로 활용하기 위해서는 효율적인 코드가 반드시 필요하다. 반면 미리읽기를 활용하는 것은 어렵지 않다. 언제나 연속적인 파일 입출력은 임의 접근 방식보다 선호되는 방법이다.

2.11.3 페이지 쓰기 저장

'write() 동작 방식(78쪽)'에서 설명했듯이 커널은 버퍼를 통해 쓰기 작업을 지연시킨다. 프로세스가 쓰기 요청을 하면 버퍼로 데이터를 복사한 다음 버퍼에 변경 표시를 하여 디스크에 있는 복사본보다 메모리에 있는 복사본이 새롭다고 알려준다. 그러면 쓰기 요청은 바로 반환된다. 만약 파일의 동일한 블록에서 또 다른 쓰기 요청이 생기면 버퍼는 새로운 데이터로 갱신된다. 동일 파일의 다른 위치에서 쓰기 요청이 생기면 새로운 버퍼가 생성된다.

최종적으로는 버퍼에 있는 내용이 디스크로 반영되어 디스크와 메모리에 있는 데이터가 동기화되어야 한다. 이를 쓰기 저장이라고 하며 다음 두 가지 상황에서 발생한다.

- 여유 메모리가 설정된 경계 값 이하로 줄어들면 변경된 버퍼를 디스크에 기록한 다음, 이렇게 비워진 버퍼를 삭제해서 메모리 공간을 확보한다.
- 설정된 값보다 오랫동안 유지된 버퍼는 디스크에 기록된다. 이는 변경된 버퍼가 무한정 메모리에만 남아 있는 상황을 방지한다.

쓰기 저장은 플러셔flusher 스레드라고 하는 커널 스레드 무리에서 수행한다. 앞서 소개한 두 가지 조건 중 하나라도 만족하면 플러셔 스레드가 깨어나 다시 두 조건이 거짓이 될 때까지 버퍼의 내용을 디스크에 쓰기 시작한다.

동시에 여러 플러셔 스레드가 깨어나서 쓰기 저장을 수행할 수도 있다. 이는 병렬성의 장점을 극대화하고 정체를 회피하기 위한 구현이다. 정체 회피 기능은 하나의 블록 디바이스에 쓰기를 기다리는 동안 다른 블록 디바이스에도 계속 쓰기를 시도한다. 만일 다른 블록 디바이스에 갱신된 버퍼가 존재한다면 여러 플러셔 스레드는 각 블록 디바이스를 모두 사용하며 작업을 할 것이다. 이는 예전 커널의 플러셔 스레드(pdflush와 bdflush)에서 다른 블록 디바이스가 유휴 상태인 동안 하나의 블록 디바이스를 기다리느라 시간을 소모하던 문제를 해결한 것이다. 리눅스 커널은 이제 최신 머신에서 매우 많은 디스크를 골고루 사용할 수 있게 되었다.

커널에서 버퍼는 buffer_head라는 자료구조로 표현된다. 이 자료구조는 해당 버퍼가 비어 있는지 아니면 변경되었는지에 관한 다양한 메타데이터를 추적한다. 또한, 이 자료구조는 실제 데이터를 가리키는 포인터도 포함하고 있다. 이 데이터는 페이지 캐시에 존재하며 이런 방식으로 버퍼 하부 시스템과 페이지 캐시를 통합한다.

리눅스 커널의 2.4 이전 버전에서는 이런 버퍼 하부 시스템과 페이지 캐시가 분리되어 있었기 때문에 페이지와 버퍼 캐시를 함께 사용했었다. 이는 데이터가 버퍼 캐시(변경된 버퍼)와 페이지 캐시(캐시된 데이터로서)에 동시에 존재할 수 있는 가능성을 내포하고 있었다. 필연적으로, 독립적인 두 캐시를 동기화하는 노력이 필요했다. 통합 페이지 캐시는 환영받을 만한 개선 사항으로 커널 2.4에 도입되었다.

리눅스에서 제공하는 지연된 쓰기와 버퍼 하부 시스템은 정전 시 데이터 손실이라는 위험을 감수하는 대신 빠른 쓰기를 보장한다. 이런 문제를 피하기 위해 이 장의 초반에서 설명한 입출력 동기화를 사용할 수 있다.

2.12 맺음말

이 장에서는 리눅스 시스템 프로그래밍의 기초인 파일 입출력에 대해서 알아봤다. 가능한 모든 것을 파일로 표현하는 리눅스 같은 시스템에서는 어떻게 파일을 열고, 읽고, 쓰고, 닫는지 이해하는 것이 매우 중요하다. 이 모든 연산은 유닉스의 고전이며 여러 표준에 기술되어 있다.

다음 장에서는 버퍼 입출력과 표준 C 라이브러리가 제공하는 표준 입출력 인터페이스를 알아본다. 표준 C 라이브러리는 단순히 편의성만 제공하는 게 아니다. 사용자 영역에서의 버퍼 입출력은 성능 개선에 크게 기여한다.

## CHAPTER 3

버퍼 입출력

1장에서 살펴봤듯이 블록은 파일시스템의 최소 저장 단위를 나타내는 추상 개념이다. 커널 내부를 살펴보면 모든 파일시스템 연산은 블록 단위로 일어난다. 커널 내부에서 블록은 입출력에 관한 공통어라고 할 수 있다. 따라서 모든 입출력 연산은 블록 크기의 정수배에 맞춰서 일어난다. 단지 1바이트를 읽을지라도 최소 하나의 블록을 읽어야만 한다. 기록하려는 데이터에 필요한 블록이 4.5개라 하더라도 무조건 블록을 5개 써야 한다. 이는 전체 블록 중 마지막 블록에는 갱신이 필요한 절반의 데이터만 기록하고 디스크에 기록할 때는 전체 블록을 기록한다는 의미를 내포한다.

잘 생각해보면 블록의 일부분만 다루는 연산이 비효율적이라는 사실을 알 수 있다. 블록에 맞추어 연산을 수행하기 위해서는 운영체제가 차상위 크기의 블록을 잡아서 입출력을 수행해야 한다. 불행히도 사용자 애플리케이션은 이런 식으로 작성되지 않는다. 대부분 애플리케이션은 블록 크기와는 독립적인 필드나 문자열 같은 좀 더 고수준의 추상화를 통해 입출력을 수행한다. 최악의 경우에는 사용자 애플리케이션이 한 번에 1바이트씩만 읽거나 쓸 수도 있다. 이는 엄청난 낭비다. 이렇게 1바이트씩 쓰는 작업은 실제로는 한 개의 블록 전체를 쓰기 때문이다.

이런 상황은 데이터를 읽기 위해 불필요한 시스템 콜을 사용하면서 더욱 악화된다. 예를 들어 한 바이트를 1,024번 읽는 경우와 한 번에 1,024바이트를 모두 읽는 경우를 생각해보자.

3.1 사용자 버퍼 입출력

일반 파일에 대해 잦은 입출력을 처리해야만 하는 프로그램은 종종 사용자 버퍼 입출력을 수행한다. 이는 커널이 아니라 사용자 영역에서 애플리케이션이나 라이브러리에 의해 버퍼링을 처리한다는 의미다. 2장에서 살펴보았듯이 커널은 내부적으로 지연된 쓰기 연산과 미리읽기, 그리고 연속된 입출력 요청을 모아서 처리하는 방식으로 버퍼링을 구현하고 있다. 사용자 버퍼링 역시 다양한 수단으로 성능을 개선시키기 위한 방법이다.

사용자 영역 프로그램인 dd를 사용하는 다음 예제를 살펴보자.

```
dd bs=1 count=2097152 if=/dev/zero of=pirate
```

이 명령을 실행하면 bs=1 옵션에 의해 /dev/zero(0이 담긴 끝없는 스트림을 제공하는 가상 디바이스)에서 2메가바이트를 1바이트씩, 2,097,152번 읽어서 pirate 파일을 만든다. 이 말은, 한 바이트씩 읽기와 쓰기 연산을 대략 200만 회 반복하여 데이터를 복사한다는 뜻이다.

이번에는 한번에 1,024바이트씩 쓰도록 해보자.

```
dd bs=1024 count=2048 if=/dev/zero of=pirate
```

이 작업 역시 /dev/zero를 읽어서 2메가바이트짜리 파일을 복사하지만, 읽기와 쓰기 작업을 1,024배 더 적게 수행한다. [표 3-1]에서 볼 수 있듯이 이로 인한 성능 개선은 엄청나다. 표에서로 다른 블록 크기로 dd를 수행하여 걸린 시간(세 가지 값으로 측정했다)을 기록했다. 실제 시간은 말 그대로 실제로 경과한 전체 시간이며 사용자 시간은 사용자 영역에서 프로그램 코드가 수행되는 데 걸린 시간, 시스템 시간은 커널 영역에서 시스템 콜을 수행하는 데 걸린 시간이다.

표 3-1 블록 크기가 성능에 미치는 영향

블록 크기	실제 시간	사용자 시간	시스템 시간
1바이트	18.707초	1.118초	17.549초
1,024바이트	0.025초	0.002초	0.023초
1,130바이트	0.035초	0.002초	0.027초

1,024바이트 크기의 블록을 사용해서 한 바이트를 사용할 때보다 성능을 비약적으로 개선했

다. 하지만, 표를 살펴보면 크기가 큰 블록을 사용하면 시스템 콜 횟수는 줄어들지만, 디스크 블록 크기의 배수로 연산을 수행하지 않으면 성능 저하가 발생하는 것을 알 수 있다. 1,130바이트짜리 요청은 더 적은 횟수의 시스템 콜을 사용함에도 불구하고 결국은 정렬되지 않은 요청을 발생시켜 1,024바이트 요청보다 효율이 떨어진다.

이런 성능 개선을 이루려면 실제 물리 블록 크기를 이해해야 한다. 표에 나온 결과를 통해 유추해보면 블록 사이즈가 1,024일 때 가장 효율적이므로 실제 물리 블록의 크기는 1,024이거나 1,024의 배수 또는 약수일 것이다. /dev/zero의 경우 블록 크기는 4,096바이트다.

3.1.1 블록 크기

실제로 블록 크기는 보통 512, 1,024, 2,048, 4,096 혹은 8,192로 정해진다.

[표 3-1]에 나와 있듯이 블록 크기의 정수배나 약수 단위로 연산을 수행하기만 해도 상당한 성능 개선을 얻을 수 있다. 이는 커널과 하드웨어가 블록 크기를 기준으로 대화하기 때문이다. 따라서, 블록 크기나 블록에 딱 들어맞는 값을 사용하면 블록에 정렬된 입출력 요청을 보장하므로 커널 내부에서 발생하는 추가 작업을 방지할 수 있다.

특정 디바이스의 블록 크기를 알아내려면 stat( ) 시스템 콜(8장에서 자세히 알아본다)이나 stat(1) 명령어를 사용하면 된다. 하지만 보통, 실제 블록 크기를 알아야 할 경우는 드물다.

입출력 연산 과정에서 크기를 결정하는 주된 목적은 1,130 같은 특이한 값을 선택하지 않기 위함이다. 어떤 유닉스도 블록 크기가 1,130바이트인 적은 없었고 이런 값을 사용하면 첫 요청 이후에는 계속 정렬되지 않은 입출력을 수행하게 된다. 블록 크기의 정수배나 약수를 사용하면 이런 정렬되지 않은 요청을 방지할 수 있다. 입출력 연산을 모두 블록 크기에 맞추면 성능이 좋아진다. 더 큰 배수로 지정하면 시스템 콜을 사용하는 횟수가 더 줄어든다.

따라서 보통은 일반적인 블록 크기의 정수배 크기의 버퍼를 사용해서 입출력을 수행하는 것이 가장 쉬운 방법이며 4,096이나 8,192바이트를 주로 사용한다.

그러면 모든 데이터를 4KB나 8KB 단위로 취급하는 게 가장 좋을까? 그렇지 않다. 실제로 데이터를 블록 단위로 취급하는 프로그램이 드물기에 현실성이 없는 방법이다. 프로그램은 블록 같은 추상 개념이 아니라 필드, 행, 단일 문자를 다룬다. 그래서 사용자 버퍼 입출력이 필요하다. 사용자 버퍼 입출력은 블록 단위로 동작하는 파일시스템과 저마다의 추상 개념을 가지고 있는 애플리케이션 간의 간극을 좁혀준다. 이는 단순하지만 매우 강력하게 동작한다. 데이터가 쓰여지면 프로그램 주소 공간 내 버퍼에 저장된다. 버퍼가 특정 크기(버퍼 크기)에 도달하면 전체 버퍼는 한 번의 쓰기 연산을 통해 실제로 기록이 된다. 읽기 역시 마찬가지로, 버퍼 크기에 맞춰 블록에 정렬된 데이터를 읽는다. 애플리케이션이 이상한 크기로 읽기나 쓰기를 요청하더라도 데이터는 하나의 큰 버퍼에 저장되어 있다가 블록에 맞춰 파일시스템으로 전달된다. 그 결과 데이터가 많더라도 모두 블록 크기에 맞춰 적은 횟수의 시스템 콜만 사용하게 되며 이를 통해 엄청난 성능 향상을 얻을 수 있다.

프로그램 내부에서 직접 사용자 버퍼링을 구현하는 것도 가능하다. 실제로 수많은 애플리케이션이 그렇게 하고 있다. 하지만 대다수 프로그램에서는 견고하고 뛰어난 사용자 버퍼링 해법을 제공하는 인기 있는 (표준 C 라이브러리의 일부인) 표준 입출력 라이브러리나 (표준 C++ 라이브러리의 일부인) iostream을 활용한다.

3.2 표준 입출력

표준 C 라이브러리는 표준 입출력 라이브러리(간단히 stdio라고도 한다)를 제공한다. 이 라이브러리는 플랫폼 독립적인 사용자 버퍼링 해법을 제공한다. 이 표준 입출력 라이브러리는 사용하기 쉬우면서도 강력하다.

포트란 같은 프로그래밍 언어와 다르게, C 언어에는 제어 흐름, 산술 연산 등을 넘어서는 좀 더 고급 기능을 제공하는 키워드나 내장 기능을 포함하지 않으며 입출력을 위한 언어 고유의 지원도 없다. C 프로그래밍 언어가 계속 진화하면서, 사용자들은 문자열 처리, 수학 루틴, 시간과 날짜 기능, 입출력 같은 핵심 기능을 제공하는 표준 함수 집합을 개발했다. 시간이 지나면서 이런 루틴의 완성도는 점점 높아졌으며 1989년 ANSI C 표준(C89)이 인가되면서 최종적으로 표준 C 라이브러리가 되었다. C95, C99, C11에 몇몇 새로운 인터페이스가 추가되었지만, 표준 입출력 라이브러리는 1989년 이후로 상대적으로 거의 변하지 않은 상태로 남아 있다.

이 장의 나머지는 파일 입출력과 관련 표준 C 라이브러리로 구현된 사용자 버퍼 입출력을 설명한다. 즉 표준 C 라이브러리를 통해서 파일을 열고, 닫고, 읽고 쓰는 작업을 수행한다. 애플리케이션이 표준 입출력을 사용할지, 직접 작성한 사용자 버퍼링 해법을 사용할지, 아니면 시스템 콜을 직접 사용할지는 애플리케이션의 요구사항과 동작 방식에 대해 심사숙고 한 다음에 조심스럽게 결정해야 한다.

C 표준은 항상 세부 내용을 구현부에 위임하고 있으며 구현부에서는 종종 추가 기능을 포함시킨다. 이 장에서는 최신 리눅스 시스템에 포함된 glibc에서 구현된 인터페이스와 동작 방식을 설명한다. 리눅스의 구현이 표준을 벗어날 경우 따로 언급하겠다.

3.2.1 파일 포인터

표준 입출력 루틴은 파일 디스크립터를 직접 다루지 않는다. 그 대신, 파일 포인터라는 독자적인 식별자를 사용한다. 파일 포인터는 C 라이브러리 내부에서 파일 디스크립터로 맵핑된다. 파일 포인터는 ⟨stdio.h⟩에 정의된 FILE typedef를 가리키는 포인터다.

> **NOTE_ FILE은 왜 대문자로 쓸까?**
>
> 종종, 전체를 대문자로 쓴 FILE은 함수와 자료형에 모두 소문자를 사용하는 C 표준(그리고 그 결과, 대부분의 애플리케이션의 코드도 소문자를 사용)과 구별되는 그 생김새 때문에 조롱거리가 되기도 한다. 이런 특징은 역사적인 이유에서 기인하는데, 원래 표준 입출력은 매크로로 작성되었다. FILE뿐만 아니라 그 라이브러리의 모든 메서드는 매크로를 통해 구현되어 있었다. 지금도 일반적으로 통용되고 있는, 매크로를 전부 대문자로 표현하는 코딩 스타일의 영향으로, C 언어가 계속 개선되고 표준 입출력이 표준의 일부로 승인되면서 입출력 관련 메서드가 새롭게 구현되고 FILE이 typedef로 바뀌는 와중에도 대문자로 표현되는 것은 그대로 남게 되었다.

표준 입출력 용어로 열린 파일은 스트림stream이라고 부르기도 한다. 스트림은 읽기(입력 스트림), 쓰기(출력 스트림), 또는 읽기/쓰기(입출력 스트림) 모드로 열 수 있다.

3.3 파일 열기

읽거나 쓰기 위해 fopen( )을 사용해서 파일을 연다.

```
#include <stdio.h>

FILE * fopen (const char *path, const char *mode);
```

이 함수는 파일 path를 mode에 따라 원하는 용도로 새로운 스트림을 만든다.

3.3.1 모드

mode 인자는 주어진 파일을 어떻게 열지 기술하며 아래 문자열 중 하나를 사용한다.

r   읽기 목적으로 파일을 연다. 스트림은 파일 시작 지점에 위치한다.

r+   읽기/쓰기 목적으로 파일을 연다. 스트림은 파일 시작 지점에 위치한다.

w   쓰기 목적으로 파일을 연다. 파일이 이미 존재하면 길이를 0으로 잘라버린다. 파일
      이 존재하지 않으면 새로 만든다. 스트림은 파일 시작 지점에 위치한다.

w+   읽기/쓰기 목적으로 파일을 연다. 파일이 이미 존재하면 길이를 0으로 잘라버린다.
      파일이 존재하지 않으면 새로 만든다. 스트림은 파일 시작 지점에 위치한다.

a   덧붙이기^{append} 상태에서 쓰기 목적으로 파일을 연다. 파일이 존재하지 않으면 새로
      만든다. 스트림은 파일 끝 지점에 위치한다. 쓰기는 파일 끝에서부터 진행된다.

a+   덧붙이기 상태에서 읽기/쓰기 목적으로 파일을 연다. 파일이 존재하지 않으면 새로
      만든다. 스트림은 파일 끝 지점에 위치한다. 쓰기는 파일 끝에서부터 진행된다.

> **NOTE_** mode에는 문자 b를 포함할 수 있지만, 리눅스에서는 이 값을 무시한다. 몇몇 운영체제는 텍스트와
> 바이너리 파일을 구분하므로 b 모드는 파일을 바이너리 모드로 열도록 한다. 하지만 POSIX를 따르는 모든
> 시스템과 마찬가지로 리눅스는 텍스트와 바이너리 파일을 동일하게 취급한다.

fopen( )은 성공 시 유효한 FILE 포인터를 반환한다. 실패하면 NULL을 반환하고 errno를 적
절한 값으로 설정한다.

예를 들어 다음 코드는 /etc/manifest를 읽기용으로 열어서 스트림을 만든다.

```
FILE *stream;

stream = fopen ("/etc/manifest", "r");
if (!stream)
    /* 에러 */
```

3.4 파일 디스크립터로 스트림 열기

fdopen( ) 함수는 이미 열린 파일 디스크립터(fd)를 통해 스트림을 만든다.

```
#include <stdio.h>

FILE * fdopen (int fd, const char *mode);
```

사용 가능한 mode는 fopen( )과 동일하며 원래 파일 디스크립터를 열 때 사용했던 모드와 호환성을 유지해야 한다. w와 w+ 모드를 지정하는 것도 가능하지만 파일을 잘라먹지는 않는다. 스트림은 파일 디스크립터(fd)가 가리키는 위치에서 시작한다.

파일 디스크립터가 스트림으로 변환되면 그 파일 디스크립터를 통해 직접 입출력을 수행해서는 안 된다. 하지만 가능은 하다. 파일 디스크립터는 중복되지 않으며 단순히 새로운 스트림과 연결될 뿐이다. 스트림을 닫아버리면 파일 디스크립터 역시 닫힌다.

성공 시에는 유효한 파일 포인터를 반환하고 실패하면 NULL을 반환하고 errno를 적절한 값으로 설정한다.

예를 들어 다음 코드는 open( ) 시스템 콜을 통해 /home/kidd/map.txt 파일을 열어 반환된 파일 디스크립터를 사용해서 그 파일에 대한 스트림을 생성한다.

```
FILE *stream;
int fd;

fd = open ("/home/kidd/map.txt", O_RDONLY);
if (fd == -1)
    /* 에러 */

stream = fdopen (fd, "r");
if (!stream)
    /* 에러 */
```

3.5 스트림 닫기

fclose() 함수는 스트림을 닫는다.

```
#include <stdio.h>

int fclose (FILE *stream);
```

버퍼에 쌓여있지만 아직 스트림에 쓰지 않은 데이터를 먼저 처리한다. 성공하면 fclose()는 0을 반환하고 실패하면 EOF를 반환하고 errno를 적절한 값으로 설정한다.

3.5.1 모든 스트림 닫기

fcloseall() 함수는 표준 입력, 표준 출력, 표준 에러를 포함하여 현재 프로세스와 관련된 모든 스트림을 닫는다.

```
#define _GNU_SOURCE

#include <stdio.h>

int fcloseall (void);
```

닫기 전에 버퍼에 남아 있는 데이터는 모두 스트림에 쓰여지며 언제나 0을 반환한다. 이 함수는 리눅스에서만 사용이 가능하다.

3.6 스트림에서 읽기

지금까지 스트림을 열고 닫는 방법에 대해서 알아봤다. 이제부터 스트림에서 읽는 방법과 스트림에 쓰는 방법을 알아보자.

표준 C 라이브러리는 일반적인 형태부터 흔히 접하기 어려운 형태에 이르기까지 열린 스트림에서 데이터를 읽기 위한 다양한 함수를 구현하고 있다. 여기서는 가장 많이 쓰이는 읽기 함수

3가지, 한 번에 문자 하나를 읽는 함수, 한 번에 한 줄씩 읽는 함수, 바이너리 데이터를 읽는 함수를 살펴보겠다. 스트림에서 데이터를 읽으려면 먼저 적절한 모드로 입력 스트림을 열어놓아야 한다. 즉 w나 a를 제외한 나머지 모드로 스트림을 열어야 한다.

3.6.1 한 번에 한 문자씩 읽기

가끔은 한 번에 문자 하나씩 읽는 입출력 패턴이 이상적이기도 하다. 이는 fgetc() 함수를 통해서 구현할 수 있다.

```
#include <stdio.h>

int fgetc (FILE *stream);
```

이 함수는 stream에서 다음 문자를 읽고 unsigned char 타입을 int 타입으로 변환해서 반환한다. 이렇게 타입 변환 후 반환하는 이유는 파일 끝이나 에러를 알려줄 수 있도록 하기 위해서며 이런 에러 상황일 때 EOF를 반환한다. fgetc()의 반환값은 반드시 int 타입으로 저장해야 한다. 자주 char 타입으로 저장하는 실수를 범하는데 이렇게 하면 에러를 확인할 수 없게 되어 매우 위험하니 유의하자.

다음 예제는 stream에서 문자를 하나 읽고 에러를 검사한 다음 char 타입으로 결과를 출력한다.

```
int c;

c = fgetc (stream);
if (c == EOF)
    /* 에러 */
else
    printf ("c=%c\n", (char) c);
```

stream이 가리키는 스트림은 반드시 읽기 가능 모드로 열려야 한다.

읽은 문자 되돌리기

표준 입출력은 스트림으로 문자 하나를 되돌리는 함수를 제공하는데 이런 기능은 스트림을 '찔러'

보고 원하는 문자가 아닌 경우 그 문자를 되돌릴 수 있도록 해준다.

```
#include <stdio.h>

int ungetc (int c, FILE *stream);
```

호출 때마다 c를 unsigned char로 변환한 다음에 stream으로 되돌린다. 성공하면 c를 반환하고 실패하면 EOF를 반환한다. 되돌린 직후에 stream에서 문자를 하나 읽으면 c와 같은 값을 얻는다. 여러 문자를 되돌렸다면 역순으로 반환하므로 스택처럼 LIFO(마지막에 넣은 글자가 가장 먼저 반환되는)를 따른다. C 표준에서는 중간에 읽기 요청이 없는 경우에 되돌리기를 한 번만 보장한다. 몇몇 구현은 되돌리기를 한 번만 허용하지만 리눅스는 메모리가 허용하는 범위 내에서 무제한 되돌리기를 허용한다. 당연히, 리눅스에서도 되돌리기를 한 번만 수행하는 경우에는 항상 성공한다.

만일 ungetc()를 호출하고 나서 중간에 탐색 함수(130쪽 '스트림 탐색하기' 참조)를 호출했고, 읽기 요청은 아직 하지 않았을 경우에는 되돌린 모든 문자를 버린다. 스레드는 버퍼를 공유하므로 단일 프로세스에서 여러 스레드가 동작하는 경우에도 동일한 현상이 발생한다.

3.6.2 한 줄씩 읽기

fgets() 함수는 stream에서 문자열을 읽는다.

```
#include <stdio.h>

char * fgets (char *str, int size, FILE *stream);
```

이 함수는 stream에서 size보다 하나 적은 내용을 읽어서 결과를 str에 저장한다. 마지막 바이트를 읽고 난 다음, 버퍼 마지막에 null 문자(\0)를 저장한다. EOF나 개행문자를 만나면 읽기를 중단한다. 만일 개행문자를 읽으면 str에 \n을 저장한다.

성공하면 str을 반환하고, 실패하면 NULL을 반환한다.

예를 들면 다음과 같다.

```
char buf[LINE_MAX];

if (!fgets (buf, LINE_MAX, stream))
    /* 에러 */
```

POSIX는 ⟨limits.h⟩에 LINE_MAX를 정의하고 있는데 이는 POSIX의 행 처리 인터페이스가 다룰 수 있는 입력행의 최대 길이다. 리눅스의 C 라이브러리에는 행 길이의 제한이 없지만 LINE_MAX 값과 연계할 방법이 없다. 리눅스에서는 안전성을 보장하여 프로그램의 이식성을 높이기 위해 상대적으로 높은 값으로 설정되어 있는 LINE_MAX를 사용해도 된다. 리눅스에서만 사용할 프로그램이라면 행 길이 제약 따위는 신경쓰지 않아도 된다.

원하는 만큼 문자열 읽기

종종 fgets()를 사용해서 행 단위로 읽는 방법은 유용하긴 하지만 또 그만큼 귀찮은 경우도 있다. 개발자들은 종종 개행문자가 아닌 다른 구분자를 사용하고 싶을 때가 있다. 아니면 구분자가 전혀 필요하지 않은 경우도 있고, 오히려 버퍼에 저장된 구분자를 사용하려는 개발자가 드문 편이다. 되돌아보면 반환된 버퍼에 개행문자를 저장하도록 하는 결정은 틀린 경우가 많았다.

fgetc()를 사용해서 fgets()를 대체하기란 어렵지 않다. 예를 들면 다음 예제는 stream에서 n-1바이트를 읽어서 str에 저장하고 \0을 추가한다.

```
char *s;
int c;

s = str;
while (--n > 0 && (c = fgetc (stream)) != EOF)
    *s++ = c;
*s = '\0';
```

다음 코드 예제는 정수 d를 구분자로 하여 읽기를 멈추도록 확장되었다. (여기서 d는 null 문자가 될 수 없다.)

```
char *s;
int c = 0;
```

```
    s = str;
    while (--n > 0 && (c = fgetc (stream)) != EOF && (*s++ = c) != d)
        ;

    if (c == d)
        *--s = '\0';
    else
        *s = '\0';
```

d를 \n으로 설정하면 fgets( )와 유사하게 동작한다. 단, 버퍼에 개행문자를 저장하지 않는다.

fgets( )의 구현방식에 따라 fgetc( ) 함수를 반복해서 호출하기 때문에 이를 변형한 형태
는 좀 느릴지도 모르겠다. 하지만 여기서 발생하는 문제는 앞서 살펴본 dd 예제에서 살펴본 문
제와는 다르다. 앞서 소개한 fgets( ) 예제가 추가적인 함수 호출을 초래할지는 몰라도 dd에
bs=1을 지정할 때 발생하는 시스템 콜 부하와 정렬되지 않은 입출력 패널티는 초래하지 않는
다. 물론 후자가 훨씬 더 심각한 문제이다.

3.6.3 바이너리 데이터 읽기

어떤 애플리케이션에서는 개별 문자나 행을 읽는 기능만으로는 부족한 경우가 있다. 종종 C 구
조체 같은 복잡한 바이너리 데이터를 읽고 써야 하는 경우가 생긴다. 이를 위해 표준 입출력 라
이브러리는 fread( ) 함수를 제공한다.

```
#include <stdio.h>

size_t fread (void *buf, size_t size, size_t nr, FILE *stream);
```

fread( )를 호출하면 stream에서 각각 크기가 size 바이트인 엘리먼트를 nr개 읽어서 buf
가 가리키는 버퍼에 저장한다. 파일 포인터는 읽은 바이트 숫자만큼 증가한다.

읽어 들인 엘리먼트 개수(읽은 바이트가 아니다!)가 반환된다. 이 함수는 nr보다 적은 값을 반
환하여 실패나 EOF를 알려준다. 불행히도 ferror( )와 feof( )를 사용하지 않고서는 두 조건
중 어디에 해당하는지 바로 알 수 없다(133쪽 '에러와 EOF' 참조).

변수의 크기나 정렬, 채워넣기padding, 바이트 순서가 다르기 때문에 어떤 애플리케이션에서 기

록한 바이너리 데이터를 다른 애플리케이션에서는 못 읽을 수 있다. 심지어 같은 애플리케이션이라도 다른 머신에서 동작하는 경우에 문제가 생길 가능성이 있다.

정렬 문제

모든 아키텍처는 데이터 정렬 요구사항을 가지고 있다. 프로그래머는 메모리를 단순히 바이트 배열로 취급하는 경향이 있다. 하지만 프로세서는 바이트 크기 단위로 메모리를 읽고 쓰지 않고 2, 4, 8, 16바이트처럼 정해진 기본 단위로 메모리에 접근한다. 각 프로세스의 주소 공간은 0번지부터 시작하므로 프로세스는 이런 기본 단위의 정수배로 시작하는 주소에 접근해야 한다.

따라서 C 언어에서 변수는 반드시 정렬된 주소에 저장하고 접근해야 한다. 일반적으로 변수는 C 언어의 자료형 크기에 대응하는 정렬 조건에 맞춰 자연스럽게 정렬이 이뤄진다. 예를 들어 32비트 정수는 4바이트 경계에 맞춰 정렬된다. 다시 말하자면 대부분의 아키텍처에서 int는 4로 나눠 떨어지는 메모리 주소 공간에 저장된다.

정렬되지 않은 데이터에 접근하는 데는 아키텍처에 따라 다양한 패널티가 존재한다. 어떤 프로세서는 정렬되지 않은 데이터에 접근할 수 있지만 성능 저하를 감수해야 한다. 또 다른 프로세서는 정렬되지 않은 데이터에 아예 접근 자체를 허용하지 않으며 이런 시도를 하드웨어 예외로 처리한다. 더 나쁜 경우, 어떤 프로세서는 주소를 강제로 정렬하기 위해 하위 비트를 쥐도 새도 모르게 제거해버리기도 하는데, 이렇게 되면 프로그램은 분명 의도하지 않은 방식으로 동작하게 될 것이다.

보통, 컴파일러가 아키텍처에 맞게 모든 데이터를 정렬하므로 이는 프로그래머에게 눈에 띄는 문제는 아니다. 구조체를 다루거나, 직접 메모리를 관리하거나, 바이너리 데이터를 디스크에 기록하거나 네트워크를 통해 통신하는 경우에 정렬 문제를 마주치게 된다. 따라서 시스템 프로그래머라면 이런 문제를 숙달해야 한다.

9장에서 정렬에 대해서 상세하게 설명한다.

---

fread( )의 가장 간단한 예제는 주어진 stream에서 일련의 바이트를 담고 있는 단일 엘리먼트를 읽어내는 것이다.

```
char buf[64];
size_t nr;
```

```
nr = fread (buf, sizeof(buf), 1, stream);
if (nr == 0)
    /* 에러 */
```

fread( )에 대응되는 쓰기 함수인 fwrite( )를 공부할 때 좀 더 복잡한 예제를 살펴보도록
하자.

3.7 스트림에 쓰기

읽기와 마찬가지로 표준 C 라이브러리는 열린 스트림에 쓰기 작업을 수행하는 다양한 함수를
정의하고 있다. 여기서는 가장 많이 쓰이는 쓰기 함수 세 가지, 한 번에 문자 하나를 쓰는 함수,
문자열을 쓰는 함수, 바이너리 데이터를 쓰는 함수를 살펴보겠다. 스트림에 쓰기 위해서는 적
절한 모드로 출력 스트림을 열어야 한다. 즉 r을 제외한 나머지 모드가 유효하다.

3.7.1 한 번에 문자 하나만 기록하기

fgetc( )에 대응하는 쓰기 함수는 fputc( )다.

```
#include <stdio.h>

int fputc (int c, FILE *stream);
```

fputc( ) 함수는 c로 지정한 바이트를 (unsigned char로 변환한 후에) stream이 가리키는
스트림에 쓴다. 쓰기에 성공하면 c를 반환하고 그렇지 않으면 EOF를 반환하고 errno를 적절
한 값으로 설정한다.

사용법은 간단하다.

```
if (fputc ('p', stream) == EOF)
    /* 에러 */
```

이 예제는 쓰기 모드로 열린 stream에 문자 p를 기록한다.

3.7.2 문자열 기록하기

fputs( ) 함수는 stream에 문자열을 기록한다.

```
#include <stdio.h>

int fputs (const char *str, FILE *stream);
```

fputs( )를 호출하면 str이 가리키는 NULL로 끝나는 문자열 전부를 stream이 가리키는 스트림에 기록한다. 성공하면 음수가 아닌 값을 반환하고 실패하면 EOF를 반환한다.

다음 예제는 덧붙이기 모드로 쓸 수 있는 파일을 열고 해당 스트림에 문자열을 기록한 뒤 스트림을 닫는다.

```
FILE *stream;

stream = fopen ("journal.txt", "a");
if (!stream)
    /* 에러 */

if (fputs ("The ship is made of wood.\n", stream) == EOF)
    /* 에러 */

if (fclose (stream) == EOF)
    /* 에러 */
```

3.7.3 바이너리 데이터 기록하기

프로그램에서 복잡한 데이터를 기록해야 하는 경우, 문자와 행만으로는 역부족이다. C 변수처럼 바이너리 데이터를 직접 저장하려면 표준 입출력에서 제공하는 fwrite( )를 사용한다.

```
#include <stdio.h>

size_t fwrite (void *buf,
        size_t size,
        size_t nr,
        FILE *stream);
```

fwrite( )를 호출하면 buf가 가리키는 데이터에서 size 크기의 엘리먼트 nr개를 stream에 쓴다. 파일 포인터는 기록한 바이트 개수만큼 전진한다.

쓰기에 성공하면 엘리먼트 개수(바이트 개수가 아니다!)를 반환하고 nr보다 작은 반환값은 실패를 나타낸다.

3.8 사용자 버퍼 입출력 예제 프로그램

이제 지금까지 살펴본 다양한 인터페이스를 통합한 온전한 프로그램 예제를 살펴보자. 이 프로그램은 먼저 struct pirate를 정의하고 이 타입의 변수 두 개를 선언한다. 그리고 변숫값 중 하나를 초기화한 다음, 출력 스트림을 통해 data 파일에 이 내용을 기록한다. 프로그램은 data에 대한 입력 스트림을 열고 이를 통해 내용을 읽은 다음, 다른 struct pirate 인스턴스를 그대로 복구한다. 마지막으로 그 구조체의 내용을 표준 출력에 쓴다.

```c
#include <stdio.h>

int main (void)
{
    FILE *in, *out;
    struct pirate {
        char        name[100];        /* 실제 이름 */
        unsigned long    booty;        /* 영국 파운드 단위 */
        unsigned int     beard_len;  /* 인치 단위 */
    } p, blackbeard = { "Edward Teach", 950, 48 };

    out = fopen ("data", "w");
    if (!out) {
        perror ("fopen");
        return 1;
    }

    if (!fwrite (&blackbeard, sizeof (struct pirate), 1, out)) {
        perror ("fwrite");
        return 1;
    }

    if (fclose (out)) {
```

```
            perror ("fclose");
            return 1;
        }

        in = fopen ("data", "r");
        if (!in) {
            perror ("fopen");
            return 1;
        }

        if (!fread (&p, sizeof (struct pirate), 1, in)) {
            perror ("fread");
            return 1;
        }

        if (fclose (in)) {
            perror ("fclose");
            return 1;
        }

        printf ("name=\"%s\" booty=%lu beard_len=%u\n",
            p.name, p.booty, p.beard_len);

        return 0;
    }
```

당연히 결과는 원래 값을 보여준다.

```
name="Edward Teach" booty=950 beard_len=48
```

변수 크기, 정렬 등에서 차이가 있기 때문에 특정 애플리케이션에서 쓴 바이너리 데이터를 다른 애플리케이션에서 읽지 못할 수도 있다는 사실을 다시 떠올려보자. 즉 다른 애플리케이션, 심지어는 같은 애플리케이션일지라도 다른 머신에서 동작하는 경우 fwrite()로 기록한 데이터를 제대로 읽지 못할 가능성이 있다. 방금 살펴본 예제 프로그램에서 unsigned long 타입의 크기가 바뀌거나 채워 넣는 값의 양이 달라진다면 어떤 일이 생길지 생각해보자. 아키텍처와 ABI가 동일한 경우에만 바이너리 데이터를 일관적으로 읽고 쓸 수 있다.

3.9 스트림 탐색하기

현재 스트림의 위치를 조작해야 하는 경우가 종종 있다. 애플리케이션에서 복잡한 레코드 기반의 파일을 읽다가 여기저기로 건너뛰어야 하는 상황이 발생할 수도 있고 아니면 스트림의 최초 위치로 되돌아가야 할 수도 있다. 표준 입출력은 이 중 어떤 상황에서도 사용할 수 있는 lseek() 시스템 콜과 동일한 기능을 하는 인터페이스를 제공한다. fseek() 함수는 가장 일반적인 표준 입출력 탐색 인터페이스로, offset과 whence에 따라 stream에서 파일 위치를 조작한다.

```
#include <stdio.h>

int fseek (FILE *stream, long offset, int whence);
```

whence를 SEEK_SET으로 설정하면 파일 위치를 offset 값으로 설정한다. whence가 SEEK_CUR라면 파일 위치를 현재 위치에서 offset만큼 더한 값으로 설정한다. whence를 SEEK_END로 설정하면 파일 위치를 파일 끝에서 offset만큼 더한 값으로 설정한다.

fseek() 작업이 성공적으로 끝나면 0을 반환하고 EOF 지시자를 초기화하며 (이전에 실행했던) ungetc()를 취소한다. 에러가 발생하면 −1을 반환하고 errno를 적절한 값으로 설정한다. 가장 잦은 에러는 유효하지 않은 스트림을 뜻하는 EBADF와 유효하지 않은 whence 인자를 나타내는 EINVAL이다.

또한, 표준 입출력은 fsetpos() 함수를 제공한다.

```
#include <stdio.h>

int fsetpos (FILE *stream, fpos_t *pos);
```

이 함수는 stream의 위치를 pos로 설정한다. 이는 whence가 SEEK_SET인 fseek()와 동일하게 동작한다. fsetpos() 함수는 성공하면 0을 반환하고, 실패하면 −1을 반환하고 errno를 적절한 값으로 설정한다. 이 함수는 잠시 후 설명할 fgetpos()와 마찬가지로 스트림 위치를 표현하기 위해 복잡한 타입을 사용하는 비−유닉스 계열의 플랫폼을 위해 제공될 뿐이다. C의 long 타입만으로는 스트림의 위치를 지정하기에 충분하지 않으므로 어떤 플랫폼에서는 이 함수가 스트림 위치를 특정한 값으로 설정할 수 있는 유일한 방법이다. 리눅스 전용 애플리케이션은 이 인터페이스를 사용할 필요가 없다. 물론 다양한 플랫폼에서 동작할 수 있도록 이식성을 높이려는 경우에는 사용해도 좋다.

표준 입출력은 단축 형태로 rewind( )를 제공한다.

```
#include <stdio.h>

void rewind (FILE *stream);
```

다음과 같이 호출한다.

```
rewind (stream);
```

이 코드는 스트림을 시작 위치로 되돌리며 다음과 동일하다.

```
fseek (stream, 0, SEEK_SET);
```

하지만 fseek( )와는 달리 rewind( )는 오류 지시자를 초기화한다.*

rewind( )는 반환값이 없으므로 에러 조건을 직접적으로 파악할 수 있는 방법이 없다. 에러가 발생했는지 확인하기 위해서는 아래 예제처럼 호출 전에 errno를 초기화한 다음 함수를 호출하고 그 호출이 끝난 뒤에 errno가 0이 아닌지 확인하면 된다.

```
errno = 0;
rewind (stream);
if (errno)
    /* 에러 */
```

3.9.1 현재 스트림 위치 알아내기

lseek( )와 달리, fseek( )는 갱신된 위치를 반환하지 않는다. 위치를 파악하기 위한 용도로 분리된 인터페이스를 제공한다. ftell( ) 함수는 현재 스트림 위치를 반환한다.

----

* 역자주_ clearerr(3)

```
#include <stdio.h>

long ftell (FILE *stream);
```

에러가 발생하면 −1을 반환하고 errno를 적절한 값으로 설정한다.

또한, 표준 입출력에서는 fgetpos()함수를 제공한다.*

```
#include <stdioh.h>

int fgetpos (FILE *stream, fpos_t *pos);
```

성공하면 0을 반환하고 현재 스트림 위치를 pos에 기록한다. 실패하면 −1을 반환하고 errno를 적절히 설정한다. fsetpos()와 마찬가지로 fgetpos()는 복잡한 파일 위치 타입을 사용하는 비−유닉스 플랫폼을 위해서 제공된다.

3.10 스트림 비우기

표준 입출력 라이브러리는 사용자 버퍼를 커널로 비워서 스트림에 쓴 모든 데이터가 write()를 통해 실제로 디스크에 기록되도록 만드는 인터페이스를 제공한다. 바로 fflush() 함수가 이런 기능을 제공한다.

```
#include <stdio.h>

int fflush (FILE *stream);
```

이 함수를 호출하면 stream에 있는 쓰지 않은 데이터를 커널로 비운다. stream이 NULL이면 프로세스의 열려있는 모든 입력 스트림이 비워진다. fflush()가 성공하면 0을 반환하고, 실패하면 EOF를 반환하고 errno를 적절한 값으로 설정한다.

---

* 역자주_ ftell()은 long 타입의 파일 오프셋을 반환하는 반면 fgetpos()는 특수한 구조체인 fpos_t 타입에 파일 오프셋을 저장한다. 이를 통해 이기종 간의 호환성을 보장한다.

`fflush()`의 효과를 이해하려면 C 라이브러리가 관리하는 버퍼와 커널이 유지하는 버퍼가 어떻게 다른지 이해해야 한다. 여기서 설명하는 모든 함수 호출은 C 라이브러리가 관리하는 버퍼를 사용하며 이 버퍼는 커널 영역이 아니라 사용자 영역이 위치한다. 이게 바로 성능 개선이 일어나는 부분인데 프로그램은 사용자 영역에 존재하면서 시스템 콜을 사용하지 않고 사용자 코드를 실행한다. 시스템 콜은 디스크나 다른 매체에 접근할 필요가 있을 때만 호출된다.

`fflush()`는 단지 사용자 버퍼에 있는 데이터를 커널 버퍼로 쓰기만 한다. 이는 사용자 버퍼를 사용하지 않고 `write()`를 직접 사용하는 효과와 동일하다. `fflush()`가 데이터를 매체에 물리적으로 기록한다는 보장은 없다. 이렇게 하려면 동기식 입출력에서 살펴본 대로 `fsync()` 같은 함수를 사용해야 한다. 데이터가 매체에 즉각 기록되어야 하는 경우에는 `fflush()`를 호출한 다음 바로 `fsync()`를 호출한다. 이렇게 하면 `fflush()`를 통해 사용자 버퍼를 커널에 쓰고 `fsync()` 함수를 통해 커널 버퍼를 디스크에 기록하도록 보장한다.

3.11 에러와 EOF

`fread()`와 같은 몇몇 표준 입출력 인터페이스는 에러와 EOF를 구분하는 방법을 제공하지 않는 등 에러를 알려주는 기능이 형편없다. `fread()`나 이와 유사한 함수를 사용할 때 에러가 발생했거나 아니면 EOF에 도달했는지를 판단하기 위해 해당 스트림의 상태를 확인하는 것은 매우 유용하다. 표준 입출력은 이를 위한 두 가지 인터페이스를 제공한다. `ferror()`는 스트림에 에러 지시자가 설정되었는지 검사한다.

```
#include <stdio.h>

int ferror (FILE *stream);
```

에러 지시자는 에러 조건에 따라 표준 입출력 인터페이스에서 설정한다. `ferror()` 함수는 해당 스트림에 에러 지시자가 설정되어 있을 경우에는 0이 아닌 값을 반환하며 그렇지 않은 경우에는 0을 반환한다.

`feof()` 함수는 해당 스트림에 EOF 지시자가 설정되어 있는지 검사한다.

```
#include <stdio.h>

int feof (FILE *stream);
```

EOF 지시자는 파일 끝에 도달하면 표준 입출력 인터페이스에서 설정한다. 이 함수는 해당 스트림에 EOF 지시자가 설정되어 있을 경우에 0이 아닌 값을 반환하며 그렇지 않은 경우에는 0을 반환한다.

clearerr( ) 함수는 스트림에서 에러 지시자와 EOF 지시자를 초기화한다.

```
#include <stdio.h>

void clearerr (FILE *stream);
```

clearerr( )는 반환값이 없으며 항상 성공한다(인자로 제공된 스트림이 유효하지 않은지 확인할 수 있는 방법이 없다). clearerr( ) 함수를 호출하고 나면 다시 복구할 방법이 없으므로 에러 지시자와 EOF 지시자를 먼저 검사한 다음에 clearerr( )를 호출해야 한다. 다음 예제를 살펴보자.

```
/* 'f'는 유효한 스트림이다 */

if (ferror (f))
    printf ("Error on f!\n");
if (feof (f))
    printf ("EOF on f!\n");

clearerr (f);
```

3.12 파일 디스크립터 얻어오기

종종 스트림에서 파일 디스크립터를 구해야 하는 경우가 있다. 예를 들어, 대응하는 표준 입출력 함수가 없을 때, 그 파일 디스크립터를 통해서 시스템 콜을 수행할 수 있다면 유용할 것이다. 스트림에서 파일 디스크립터를 구하려면 fileno( )를 사용한다.

```
#include <stdio.h>

int fileno (FILE *stream);
```

fileno()가 성공하면 stream과 관련된 파일 디스크립터를 반환하고, 실패하면 −1을 반환한다. 주어진 스트림이 유효하지 않은 경우에만 실패하며 이 경우 errno는 EBADF로 설정된다.

표준 입출력 함수와 시스템 콜을 섞어서 사용하는 방식은 그다지 권장하지 않는다. fileno()를 사용할 경우에는 표준 입출력 함수와 시스템 콜 사이에서 사용자 버퍼링과 관련된 충돌이 발생하지 않도록 주의해야 한다. 특히 파일 디스크립터를 사용하기 전에 스트림을 비우는 것은 좋은 습관이다. 하지만 파일 디스크립터와 스트림 기반의 표준 입출력 연산을 섞어서 쓰지 않도록 해야 한다.

3.13 버퍼링 제어하기

표준 입출력은 세 가지 유형의 사용자 버퍼링을 구현하고 버퍼의 유형과 크기를 다룰 수 있는 인터페이스를 제공한다. 각각의 사용자 버퍼링 타입은 저마다의 목적이 있으며 상황에 맞게 사용할 때 가장 이상적이다.

버퍼 미사용

사용자 버퍼를 사용하지 않는다. 커널로 바로 데이터를 보낸다. 사용자 버퍼를 사용하지 않으므로 어떤 이점도 얻을 수 없으며 기본적으로 버퍼를 사용하지 않는 표준 에러를 제외하고는 거의 사용되지 않는다.

행 버퍼

행 단위로 버퍼링을 수행한다. 개행문자가 나타나면 버퍼의 내용을 커널로 보낸다. 행 버퍼는 화면 출력을 위한 스트림일 경우에 유용한데, 화면에 출력되는 메시지는 개행문자로 구분되기 때문이다. 그래서 이는 표준 출력처럼 터미널에 연결된 스트림에서 기본적으로 사용하는 버퍼링 방식이다.

블록 버퍼

고정된 바이트 개수로 표현되는 블록 단위로 버퍼링을 수행한다. 이 유형은 이 장 초반에 소개한 버퍼 유형으로 파일에 적합하다. 기본적으로 파일과 관련된 모든 스트림은 블록 버퍼를 사용한다. 표준 입출력에서는 블록 버퍼링을 풀^{full} 버퍼링이라고 한다.

대부분 기본 유형의 버퍼링을 사용하는 편이 올바르고 최선의 선택이다. 하지만 표준 입출력은 버퍼링 방식을 제어할 수 있는 인터페이스를 제공한다.

```
#include <stdio.h>

int setvbuf (FILE *stream, char *buf, int mode, size_t size);
```

setvbuf() 함수는 stream의 버퍼링 유형을 mode로 설정한다. mode의 종류는 다음과 같다.

_IONBF   버퍼 미사용

_IOLBF   행 버퍼

_IOFBF   블록 버퍼

buf와 size를 무시하는 _IONBF를 제외하고, 나머지는 size 바이트 크기의 버퍼를 가리키는 buf를 주어진 stream을 위한 버퍼로 사용한다. 만약 buf가 NULL이라면 glibc가 자동적으로 지정된 크기만큼 메모리를 할당한다.

setvbuf() 함수는 스트림을 연 다음 다른 연산을 수행하기 전에 호출해야 한다. 성공하면 0을 반환하고 실패하면 0이 아닌 값을 반환한다.

제공된 버퍼는 스트림이 닫힐 때까지 반드시 존재해야 한다. 흔히 스트림을 닫기 전에 끝나는 스코프 내부의 자동 변수로 버퍼를 선언하는 실수를 한다. 특히 main()에서 지역 변수로 버퍼를 만든 다음에 스트림을 명시적으로 닫지 않는 경우를 주의하자. 다음 코드에는 버그가 있다.

```
#include <stdio.h>

int main (void)
{
    char buf[BUFSIZ];

    /* stdout을 BUFSIZ 크기에 맞춰 블록 버퍼로 설정한다 */
```

```
    setvbuf (stdout, buf, _IOFBF, BUFSIZ);
    printf ("Arrr!\n");

    return 0;
    /* 'buf'는 스코프를 벗어나고 해제된다. 하지만 stdout을 닫지 않았다 */
}
```

이런 종류의 버그는 스코프를 벗어나기 전에 스트림을 명시적으로 닫아주거나 buf를 전역 변수로 설정함으로써 방지할 수 있다.

일반적으로, 개발자들은 스트림을 다룰 때 버퍼링에 대해 고민할 필요가 없다. 표준 에러를 제외하고, 터미널은 행 버퍼링으로 동작하는 게 맞다. 파일은 블록 버퍼링을 사용하고, 역시 그게 맞는 방식이다. 블록 버퍼링에서 버퍼의 기본 크기는 BUFSIZ이며 〈stdio.h〉에 정의되어 있다. 그리고 이 값은 일반적인 블록 크기의 정수배인 최적의 값이다.

3.14 스레드 세이프

스레드는 개별 프로세스 내에 존재하는 여러 개의 실행 단위다. 대부분의 프로세스는 스레드가 하나다.

하지만 프로세스는 본래 스레드가 여러 개 있을 수 있고 각 스레드는 저마다의 코드를 실행한다. 이런 프로세스를 멀티스레드라고 한다. 멀티스레드 프로세스를 이해하는 한 가지 방법은 서로 주소 공간을 공유하는 여러 개의 프로세스를 생각하면 된다. 명시적으로 관리하지 않으면 아무 때나 스레드가 실행되어 제멋대로 동작할 것이다. 멀티코어 시스템에서는 둘 이상의 스레드가 같은 프로세스에서 동시에 실행될 수도 있다. 스레드에서 데이터에 접근할 때 동기화에 대해 주의(락lock이라고 불리는 기법)를 기울이지 않거나 스레드 로컬thread-local (스레드 감금이라고 불리는 기법)로 만들지 않으면 스레드가 공유 데이터를 덮어써버릴 수 있다.

스레드를 지원하는 운영체제는 상호 배제를 보장하는 프로그래밍 구현 요소인 락 메커니즘을 지원해서 스레드가 서로 발목을 잡지 않도록 해준다. 표준 입출력은 이런 메커니즘을 활용하여 단일 프로세스 내의 여러 스레드가 동시에, 심지어는 같은 스트림에 대해서 표준 입출력을 호출할 수 있도록 한다. 하지만 이것만으로는 충분하지 않다. 예를 들어 여러 함수 호출을 그룹으로 묶어 통째로 락을 걸면 크리티컬 섹션(임계 구역, 다른 스레드의 간섭 없이 실행할 수 있는 코드)이 하나의 입출력 연산에서 여러 입출력 연산으로 확장된다. 또 다른 상황에서는 효율성을 높이기 위해 락을 완전히 없애고 싶은 경우도 있다.* 여기서는 두 가지 경우 모두를 살펴보겠다.

표준 입출력 함수는 본질적으로 스레드 세이프를 보장한다. 내부적으로는 락과 락 카운터, 고유 스레드와 열린 스트림과 연관되어 있다. 스레드는 입출력 요청에 앞서 락을 획득하고 고유 스레드가 되어야 한다. 두 개 이상의 스레드가 동일한 스트림에 접근하면 표준 입출력 연산을 번갈아가면서 할 수 없으니 단일 함수 호출 관점에서 보면 표준 입출력 연산은 아토믹atomic(원자적)이다.

물론 실제로는 많은 애플리케이션은 개별 함수 호출 수준이 아니라 더 넓은 수준의 원자성을 요구한다. 예를 들면 단일 프로세스 내의 여러 스레드가 쓰기 요청을 한다고 상상해보자. 표준 입출력 함수는 스레드 안전을 보장하기 때문에 각각의 쓰기는 번갈아가며 실행되지 않고 왜곡된 결과를 초래할 것이다. 즉 두 스레드가 서로 동시에 쓰기 요청을 하더라도, 락 메커니즘으로 인해 하나가 먼저 완료되고 난 다음에 다른 요청이 실행된다. 하지만 다른 스레드의 개별 쓰기 요청이 끼어들지 않도록 한 번에 일련의 쓰기 요청을 처리하고 싶다면 어떻게 해야 할까? 이를 위해 표준 입출력은 스트림에 관련된 락을 개별적으로 조작하는 함수를 제공한다.

3.14.1 수동으로 파일 락 걸기

flockfile() 함수는 stream의 락이 해제될 때까지 기다린 후에 락 카운터를 올리고 락을 얻은 다음, 스레드가 stream을 소유하도록 만든 후에 반환한다.

```
#include <stdio.h>

void flockfile (FILE *stream);
```

funlockfile() 함수는 stream과 연관된 락 카운터를 하나 줄인다.

---

* 일반적으로 락을 없애면 온갖 문제가 난무하게 된다. 하지만 어떤 프로그램은 모든 입출력을 싱글스레드에 위임하는 방식으로 스레드를 가둬서 스레드 세이프를 구현하기도 한다. 이 경우에는 락에 의한 오버헤드가 없다.

```
#include <stdio.h>

void funlockfile (FILE *stream);
```

만일 락 카운터가 0이 되면 현재 스레드는 stream의 소유권을 포기해서 다른 스레드가 락을 얻을 수 있도록 한다.

이런 호출은 중첩이 가능하다. 즉 한 스레드가 flockfile()을 여러 번 호출하는 것도 가능하며 이 경우 flockfile()을 호출한 횟수만큼 funlockfile()을 호출할 때까지 락이 해제되지 않는다.

ftrylockfile() 함수는 flockfile()의 논블록 버전이다.

```
#include <stdio.h>

int ftrylockfile (FILE *stream);
```

stream이 현재 락이 걸려 있다면 ftrylockfile()은 아무것도 하지 않고 즉시 0이 아닌 값을 반환한다. 만약에 stream이 현재 락이 걸린 상태가 아니라면 락을 걸고 락 카운터를 하나 올린 다음 그 stream을 소유하도록 만들고 0을 반환한다.

다음 예제를 살펴보자. 파일에 몇 행을 기록하려고 하는데 다른 스레드에서 중간에 끼어들지 못하게 하려면 다음처럼 락을 이용한다.

```
flockfile (stream);

fputs ("List of treasure:\n", stream);
fputs ("    (1) 500 gold coins\n", stream);
fputs ("    (2) Wonderfully ornate dishware\n", stream);

funlockfile (stream);
```

'List of treasure' 출력 과정에 끼어드는 다른 요인이 없으므로 개별 fputs()가 다른 입출력과 경쟁 상태에 빠지진 않지만, 다른 스레드에서 같은 스트림을 대상으로 또 다른 표준 입출력 연산을 수행한다면 두 fputs() 호출 사이에 끼어들 수도 있다. 이상적으로는 여러 스레드가 동일 스트림을 대상으로 입출력하지 않도록 설계해야 한다. 하지만 만일 당신의 애플리케이션에서는 그렇게 할 수밖에 없다면 flockfile() 같은 함수를 사용해서 크리티컬 섹션을 확장하면 된다.

3.14.2 락을 사용하지 않는 스트림 연산

스트림에 대해서 수동으로 락을 설정하는 두 번째 이유가 있다. 상세하고 정밀한 락 제어를 통해 가능한 한 락 오버헤드를 최소화해서 성능을 향상시킬 수 있기 때문이다. 이를 위해 리눅스는 표준 입출력 인터페이스에 어떤 락도 수행하지 않는 버전의 표준 입출력 함수를 제공한다.

```
#define _GNU_SOURCE

#include <stdio.h>

int fgetc_unlocked (FILE *stream);
char *fgets_unlocked (char *str, int size, FILE *stream);
size_t fread_unlocked (void *buf, size_t size, size_t nr, FILE *stream);
int fputc_unlocked (int c, FILE *stream);
int fputs_unlocked (const char *str, FILE *stream);
size_t fwrite_unlocked (void *buf, size_t size, size_t nr, FILE *stream);
int fflush_unlocked (FILE *stream);
int feof_unlocked (FILE *stream);
int ferror_unlocked (FILE *stream);
int fileno_unlocked (FILE *stream);
void clearerr_unlocked (FILE *stream);
```

이 함수는 _unlocked가 붙지 않은 함수와 동일하게 동작하지만 stream에 관련된 락을 검사하지도 않고 락을 걸지도 않는다. 락이 필요하다면 개발자가 수동으로 락을 얻고 해제해야 한다.

TIP **입출력 가볍게 다루기**

표준 입출력 함수의 _unlocked 버전을 사용하면 꽤 성능을 크게 향상할 수 있다. 게다가 flockfile()로 복잡한 락 연산에 대해서 신경쓰지 않아도 되므로 코드를 간단하게 만들 수도 있다. 애플리케이션을 설계할 때 모든 입출력을 싱글스레드(혹은 각 스트림이 스레드 풀에 있는 하나의 스레드에 맵핑되는 스레드 풀)에 귀속시키는 것을 고려해보자.

POSIX도 락을 사용하지 않는 표준 입출력 함수의 변종을 정의하고 있긴 하지만, 앞에 나열된 함수는 POSIX에는 정의되어 있지 않다. 모두 리눅스 전용이며 다른 유닉스 시스템에서도 일부 지원한다.

스레드에 대한 내용은 7장에서 충분히 다루도록 하겠다.

3.15 표준 입출력 비평

표준 입출력이 광범위하게 사용됨에 따라, 몇몇 전문가는 표준 입출력의 결함을 지적한다. fgets() 같은 어떤 함수는 종종 충분한 기능을 제공하지 못하며 잘못 설계되었다. gets()같은 다른 함수는 너무 끔찍해서 표준에서 제거되기도 했다.

표준 입출력에 대한 가장 큰 불만은 이중 복사로 인한 성능 문제다. 데이터를 읽을 때 표준 입출력의 read() 시스템 콜을 사용하면 데이터는 커널에서 표준 입출력의 버퍼로 복사된다. 애플리케이션이 fgetc() 같은 표준 입출력을 통해서 읽기를 요청하면 그 데이터는 표준 입출력 버퍼에서 인자로 제공된 버퍼로 또 복사된다. 쓰기 요청도 마찬가지다. 데이터는 제공된 버퍼에서 표준 입출력 버퍼로 복사되고 그리고 나중에 다시 write()를 통해 표준 입출력 버퍼에서 커널로 복사된다.

읽기 요청마다 표준 입출력 버퍼를 가리키는 포인터를 반환하는 대체 구현으로 이중 복사 문제를 피할 수 있다. 그러면 그 데이터는 표준 입출력 버퍼에서 직접 읽을 수 있고 불필요한 복사를 피할 수 있다. 애플리케이션이 그 데이터를 내부의 로컬 버퍼에 두기 원한다면(쓰기 작업을 위해) 항상 수동으로 복사를 수행해야 한다. 이 구현은 애플리케이션이 읽기 버퍼에서 데이터를 다 읽었다고 알려주기 위한 'free' 인터페이스를 제공할 것이다.

쓰기는 좀 더 복잡하지만, 역시 이중 복사 문제를 피할 수 있다. 쓰기 요청이 들어오면 포인터를 기록해둔다. 최종적으로 커널로 데이터를 넘길 준비가 되면 저장해둔 포인터 목록을 순회하면서 데이터를 쓴다. 이는 이합/집산 입출력인 writev()로 가능하며 시스템 호출도 한 번만 일어난다(이합/집산 입출력은 다음 장에서 살펴보자).

방금 살펴본 방법과 유사하게 이중 복사 문제를 해결할 수 있는 고도로 최적화된 사용자 버퍼링 라이브러리가 존재한다. 대안으로 몇몇 개발자들은 자신만의 사용자 버퍼링 해법을 구현하기도 한다. 하지만 아직까지도 표준 입출력의 인기는 여전하다.

3.16 맺음말

표준 입출력은 표준 C 라이브러리의 일부로 제공되는 사용자 버퍼링 라이브러리다. 몇 가지 흠은 있지만 강력하고 매우 인기있는 해법이다. 실제로 많은 C 개발자는 다른 건 몰라도 표준 입출력은 알고 있다. 특히 행 버퍼링이 가장 이상적인 터미널 입출력의 경우에는 표준 입출력 외에 다른 대안이 없다. 표준 출력으로 글자를 쓰기 위해 write()를 쓰는 사람은 거의 없을 것이다.

표준 입출력과 사용자 버퍼링은 일반적으로 다음 가정을 만족할 때 의미가 있다.

- 많은 시스템 콜이 의심되는 경우 수많은 호출을 합쳐서 줄이는 방법으로 오버헤드를 줄이고 싶다.
- 성능이 중요하며 모든 입출력은 정렬된 블록 경계에 맞춰 블록 크기 단위로 일어나도록 확실하게 보장해야 한다.
- 접근 패턴이 문자나 행 기반이며 낯선 시스템 콜에 의지하지 않고 손쉽게 데이터에 접근할 수 있는 인터페이스가 필요하다.
- 저수준 리눅스 시스템 콜보다는 고수준의 인터페이스를 선호한다.

표준 입출력이 많은 것을 지원하지만, 리눅스 시스템 콜을 직접 다룰 수 있어야 비로소 유연성을 극대화할 수 있다. 다음 장에서는 고급 형식의 입출력에 대해서 알아보고 관련 시스템 콜을 살펴보자.

## CHAPTER 4

고급 파일 입출력

2장에서 리눅스가 제공하는 기본 입출력 시스템 콜을 살펴봤다. 기본 입출력 시스템 콜은 파일 입출력의 근본일 뿐만 아니라, 리눅스에서 일어나는 모든 통신의 토대라고 할 수 있다. 3장에서는 이런 기본 입출력 시스템 콜에 사용자 영역 버퍼링이 필요한 때를 알아보고 사용자 영역 버퍼링에 대한 해법으로 C 언어의 표준 입출력 라이브러리에 대해서 공부했다. 이 장에서는 다음과 같은 리눅스의 고급 입출력 시스템 콜에 대해서 알아보자.

벡터 입출력

한 번의 호출로 여러 버퍼에서 데이터를 읽거나 쓸 수 있도록 해준다. 다양한 자료구조를 단일 입출력 트랜젝션으로 다룰 때 유용하다.

epoll

2장에서 소개한 poll( )과 select( ) 시스템 콜을 개선한 시스템 콜이다. 싱글스레드에서 수백 개의 파일 디스크립터를 poll해야 하는 경우에 유용하다.

메모리맵 입출력

파일을 메모리에 맵핑해서 간단한 메모리 조작을 통해 파일 입출력을 수행한다. 특정한 패턴의 입출력에 유용하다.

파일 활용법 조언

프로세스에서 파일을 사용하려는 의도를 커널에게 제공할 수 있도록 하여, 입출력 성능을 향상시킨다.

비동기식 입출력

작업이 완료되기를 기다리지 않는 입출력을 요청한다. 스레드를 사용하지 않고 동시에 입출력 부하가 많은 작업을 처리할 경우 유용하다.

이 장은 성능 개선을 위한 고려사항과 커널의 입출력 서브시스템에 대한 설명으로 마무리된다.

4.1 벡터 입출력

벡터 입출력은 한번의 시스템 콜을 사용해서 여래 개의 버퍼 벡터에 쓰거나 여러 개의 버퍼 벡터로 읽어 들일 때 사용하는 입출력 메서드다. 이렇게 이름을 붙인 이유는 데이터를 여러 버퍼 벡터로 흩뿌리거나 여러 버퍼 벡터로부터 모으기 때문이다. 이런 입출력 방식을 다른 이름으로 벡터 입출력이라고 부르기도 한다. 2장에서 살펴본 표준 읽기와 쓰기는 선형 입출력이라고 한다.

벡터 입출력은 선형 입출력 메서드에 비해 다음과 같은 장점을 가지고 있다.

좀 더 자연스러운 코딩 패턴

데이터가 자연스럽게 분리되어 있다면 즉 미리 정의된 구조체의 여러 필드에 걸쳐 데이터가 분리되어 있는 경우 벡터 입출력을 사용하면 직관적인 방법으로 조작할 수 있다.

효율

하나의 벡터 입출력 연산은 여러 번의 선형 입출력 연산을 대체할 수 있다.

성능

시스템 콜의 호출 횟수를 줄여줄 뿐만 아니라 내부적으로 선형 입출력 구현에 비해 좀 더 최적화된 구현을 제공한다.

원자성

여러 번의 선형 입출력 연산와는 대조적으로, 벡터 입출력 연산 중에 다른 프로세스가 끼어들 여지가 없다.

4.1.1 readv()와 writev()

readv()와 writev()는 POSIX 1003.1-2001에서 정의하고 리눅스에서 구현한 벡터 입출력 시스템 콜이다. 이 리눅스 구현은 앞서 나열한 벡터 입출력의 모든 목표를 충족한다.

readv() 함수는 파일 디스크립터 fd에서 데이터를 읽어서 count 개수만큼의 iov 버퍼에 저장한다.

```
#include <sys/uio.h>

ssize_t readv (int fd,
        const struct iovec *iov,
        int count);
```

writev() 함수는 count 개수만큼의 iov 버퍼에 있는 데이터를 파일 디스크립터 fd에 기록한다.

```
#include <sys/uio.h>

ssize_t writev (int fd,
        const struct iovec *iov,
        int count);
```

readv()와 writev() 함수는 각각 read(), write()와 동일하게 동작하지만, 여러 개의 버퍼를 사용한다는 점에서 구분된다.

iovec 구조체는 세그먼트라고 하는 독립적으로 분리된 버퍼를 나타낸다.

```
#include <sys/uio.h>

struct iovec {
    void *iov_base; /* 버퍼의 시작 포인터 */
    size_t iov_len; /* 버퍼 크기(바이트) */
};
```

이런 세그먼트의 집합을 벡터라고 한다. 벡터의 각 세그먼트에는 데이터를 기록하거나 읽어올 메모리 공간의 주소와 크기가 저장되어 있다. readv() 함수는 각 버퍼에 iov_len 바이트만큼 채운 후에 다음 버퍼를 채운다. writev() 함수는 iov_len 바이트만큼의 데이터를 모두 쓴 다음에 다음 버퍼의 내용을 기록한다. 두 함수 모두 항상 iov[0]부터 시작해서 iov[1], 그리고 iov[count-1]까지 세그먼트 순서대로 동작한다.

반환값

readv()와 writev()는 호출이 성공했을 때 읽거나 쓴 바이트 개수를 반환한다. 이 반환값은 반드시 count * iov_len 값과 같아야 한다. 에러가 발생하면 −1을 반환하고 errno를 적절한 값을 설정한다. readv()와 writev()는 read(), write() 시스템 콜에서 발생 가능한 모든 종류의 에러가 발생할 수 있으며 그에 맞는 errno 값을 설정한다. 표준에서는 여기에 추가로 2가지의 에러 상황을 정의하고 있다.

첫 번째는 반환값의 자료형이 ssize_t이기 때문에, 만약 count * iov_len 값이 SSIZE_MAX 값보다 큰 경우에는 데이터가 전송되지 않고 −1을 반환하며 errno는 EINVAL로 설정된다.

두 번째로 POSIX는 count 값이 0보다 크고 〈limits.h〉에 정의된 IOV_MAX와 같거나 작아야 한다고 명시하고 있다. 리눅스에서 IOV_MAX 값은 현재 1024로 정의되어 있다. 만약에 count가 0이라면 readv()와 writev()는 0을 반환한다.* 만약에 count 값이 IOV_MAX보다 크다면 데이터는 전송되지 않고 −1을 반환하며 errno는 EINVAL로 설정된다.

최적 count 찾기

벡터 입출력 작업을 하는 동안 리눅스 커널에서는 각 세그먼트를 위한 내부 데이터 구조체를 반드시 할당하게 된다. 일반적으로 이런 할당은 count의 크기에 따라 동적으로 일어난다. 하지만 최적화를 위해 리눅스 커널은 count 값이 크지 않을 때 사용할 작은 세그먼트 배열을 스택에 미리 만들어 두고, 세그먼트를 위한 동적 할당이 일어나지 않도록 하는 방법으로 성능을 개선한다. 이 값은 현재 8이며 그래서 만일 count 값이 8 이하라면 벡터 입출력 연산은 프로세스의 커널 스택을 아주 효율적으로 사용하도록 동작한다.

---

* 어떤 유닉스 시스템에서는 count 값이 0일 때 errno를 EINVAL로 설정하기도 한다. 이는 count 값이 0일 경우 errno를 EINVAL로 설정하거나 아니면 다른 방법(에러가 아닌)으로 취급할 수 있도록 표준에서 명시적으로 허용하고 있는 구현이다.

벡터 입출력 연산에 사용할 세그먼트의 개수를 어느 정도로 할지 감이 오지 않을 때는 효율성을 고려해서 8이나 그보다 작은 크기로 먼저 시도해보는 것이 좋을 것이다.

예제

3개의 벡터 세그먼트에 데이터를 쓰는 예제를 살펴보자. 각각 다른 크기의 문자열을 담고 있다.

3개의 세그먼트를 가지는 벡터를 이용한 쓰기 예제 프로그램을 살펴보자. 각각의 세그먼트는 다른 크기의 문자열을 담고 있다. 이 프로그램은 간단하지만 충분히 writev()의 사용법을 살펴볼 수 있는 예제다.

```c
#include <stdio.h>
#include <sys/types.h>
#include <sys/stat.h>
#include <fcntl.h>
#include <string.h>
#include <sys/uio.h>

int main () {
    struct iovec iov[3];
    ssize_t nr;
    int fd, i;

    char *buf[] = {
        "The term buccaneer comes from the word boucan.\n",
        "A boucan is a wooden frame used for cooking meat.\n",
        "Buccaneer is the West Indies name for a pirate.\n" };

    fd = open ("buccaneer.txt", O_WRONLY | O_CREAT | O_TRUNC);
    if (fd == -1) {
        perror ("open");
        return 1;
    }

/* 세 iovec 구조체 값을 채운다 */
    for (i = 0; i < 3; i++) {
        iov[i].iov_base = buf[i];
        iov[i].iov_len = strlen(buf[i]) + 1;
    }
```

```
        /* 단 한 번의 호출로 세 iovec 내용을 모두 쓴다 */
        nr = writev (fd, iov, 3);
        if (nr == -1) {
            perror ("writev");
            return 1;
        }
        printf ("wrote %d bytes\n", nr);

        if (close (fd)) {
            perror ("close");
            return 1;
        }
        return 0;
}
```

이 프로그램을 실행하면 다음과 같은 결과를 얻는다.

```
$ ./writev
wrote 148 bytes
```

그리고 프로그램에서 쓴 파일을 읽어보면 다음과 같은 내용을 담고 있다.

```
$ cat buccaneer.txt
The term buccaneer comes from the word boucan.
A boucan is a wooden frame used for cooking meat.
Buccaneer is the West Indies name for a pirate.
```

readv() 예제

이제 앞서 작성한 프로그램에서 생성한 텍스트 파일을 readv( ) 시스템 콜을 사용해서 읽는 벡터 입출력 예제 프로그램을 살펴보자. 이 프로그램은 단순하면서도 완벽한 사용 예제를 보여 준다.

```
#include <stdio.h>
#include <sys/types.h>
#include <sys/stat.h>
#include <fcntl.h>
#include <sys/uio.h>

int main () {
```

```
        char foo[48], bar[51], baz[49];
        struct iovec iov[3];
        ssize_t nr;
        int fd, i;

        fd = open ("buccaneer.txt", O_RDONLY);
        if (fd == -1) {
            perror ("open");
            return 1;
        }

        /* iovec 구조체를 초기화한다 */
        iov[0].iov_base = foo;
        iov[0].iov_len = sizeof (foo);
        iov[1].iov_base = bar;
        iov[1].iov_len = sizeof (bar);
        iov[2].iov_base = baz;
        iov[2].iov_len = sizeof (baz);

        /* 단 한 번의 호출로 iov로 데이터를 읽어온다 */
        nr = readv (fd, iov, 3);
        if (nr == -1) {
            perror ("readv");
            return 1;
        }

        for (i = 0; i < 3; i++)
            printf ("%d: %s", i, (char *) iov[i].iov_base);

        if (close (fd)) {
            perror ("close");
            return 1;
        }

        return 0;
    }
```

앞서 작성한 writev( ) 예제 프로그램을 실행한 뒤에 이 프로그램을 실행하면 다음과 같은 결
과를 얻을 수 있다.

```
$ ./readv
0: The term buccaneer comes from the word boucan.
1: A boucan is a wooden frame used for cooking meat.
2: Buccaneer is the West Indies name for a pirate.
```

구현

readv( )와 writev( )는 사용자 영역에서 단순한 루프를 통해 아래와 같은 간단한 방식으로 구현할 수 있다.

```c
#include <unistd.h>
#include <sys/uio.h>

ssize_t naive_writev (int fd, const struct iovec *iov, int count)
{
    ssize_t ret = 0;
    int i;

    for (i = 0; i < count; i++) {
        ssize_t nr;

        errno = 0;
        nr = write (fd, iov[i].iov_base, iov[i].iov_len);
        if (nr == -1) {
            if (errno == EINTR)
                continue;
            ret = -1;
            break;
        }
        ret += nr;
    }

    return ret;
}
```

다행스럽게도 readv( )와 writev( ) 시스템 콜의 리눅스 구현은 위와 같은 방식이 아니라 내부적으로 벡터 입출력을 수행하도록 구현되어 있다. 사실 리눅스 커널 내부의 모든 입출력은 벡터 입출력이다. read( )와 write( ) 구현 역시 하나짜리 세그먼트를 가지는 벡터 입출력으로 구현되어 있다.

4.2 epoll

poll()과 select()의 한계에 대해서 인지하면서 커널 2.6 버전에서는 epoll^{event poll}이라는
새로운 기능이 추가되었다.* poll()과 select()에 비해서는 좀 더 복잡하지만 epoll은 예
전 두 가지 방식이 모두 가지고 있던 근본적인 성능상의 문제를 해결하고 새로운 몇 가지 기능
을 더 추가했다.

2장에서 설명한 poll()과 select()는 실행할 때마다 전체 파일 디스크립터를 요구한다. 그
러면 커널은 검사해야 할 모든 파일 리스트를 다 살펴본다. 이 파일 디스크립터 리스트의 크기
가 수백에서 수천까지 커지면 실행마다 모든 리스트를 다 검사해야 하는 과정이 병목 현상으로
작용한다.

epoll은 실제로 검사하는 부분과 검사할 파일 디스크립터를 등록하는 부분을 분리하여 이런
병목을 회피한다. 어떤 시스템 콜에서 epoll 컨텍스트를 초기화하고 다른 시스템 콜에서는 검
사해야 할 파일 디스크립터를 epoll 컨텍스트에 등록하거나 삭제하는 일을 하며 세 번째 시스
템 콜에서는 실제 이벤트를 기다리도록 동작한다.

4.2.1 새로운 epoll 인스턴스 생성하기

epoll 컨텍스트는 epoll_create1()을 통해서 생성한다.

```
#include <sys/epoll.h>

int epoll_create1 (int flags);

/* epoll_create는 구식 방법이다. epoll_create1()을 사용하자 */
int epoll_create (int size);
```

epoll_create1() 호출이 성공하면 새로운 epoll 인스턴스를 생성하고 그 인스턴스와 연
관된 파일 디스크립터를 반환한다. 이 파일 디스크립터는 실제 파일과 아무런 관계가 없고
epoll 기능을 사용하는 다음 호출에 사용되는 핸들일 뿐이다. flag 인자는 epoll 동작을 조
정하기 위한 것이다. 현재는 EPOLL_CLOSEXEC만 유효한데, 이는 새 프로세스가 실행될 때 이

---

* epoll은 리눅스의 개발 버전인 2.5.44 버전에서 처음 소개되었고 인터페이스는 2.5.66에서 확정되었다. 이는 리눅스 전용 시스템 콜이다.

파일을 자동적으로 닫아준다.

에러가 발생하면 −1을 반환하고 errno를 다음 중 하나로 설정한다.

EINVAL   잘못된 flags 인자

EMFILE   사용자가 열 수 있는 최대 파일을 초과했다.

ENFILE   시스템에서 열 수 있는 최대 파일을 초과했다.

ENOMEM   작업을 수행하기 위한 메모리가 부족하다.

epoll_create()는 구식 메서드며 epoll_create1()로 대체됐다. epoll_create()는 아무런 인자를 받지 않으며 그 대신 size 인자를 받는데, 이는 사용되지 않는다. size는 감시할 파일 디스크립터 개수에 대한 힌트로 사용되는데, 최신 커널에서는 동적으로 요청된 자료구조의 크기를 정하며 이 인자는 단지 0보다 크기만 하면 된다. 만약에 size 값이 0이거나 0보다 작다면 EINVAL을 반환한다. 새로 작성하는 애플리케이션은 epoll_create1()을 지원하는 리눅스 커널 2.6.27 버전과 glibc 2.9 버전이 아닌 예전 버전에서 실행해야 하는 경우에만 epoll_create()를 사용하자.

일반적인 사용 방법은 아래와 같다.

```
int epfd;

epfd = epoll_create1 (0);
if (epfd < 0)
    perror ("epoll_create1");
```

epoll_create1()에서 반환하는 파일 디스크립터는 폴링이 끝난 뒤에 반드시 close() 시스템 콜로 닫아줘야 한다.

4.2.2 epoll 제어

epoll_ctl() 시스템 콜은 주어진 epoll 컨텍스트에 파일 디스크립터를 추가하거나 삭제할 때 사용한다.

```
#include <sys/epoll.h>

int epoll_ctl (int epfd, int op, int fd, struct epoll_event *event);
```

⟨sys/epoll.h⟩ 헤더 파일에 epoll_event 구조체가 다음과 같이 정의되어 있다.

```
struct epoll_event {
    __u32 events; /* events */
    union {

        void *ptr;
        int fd;
        __u32 u32;
        __u64 u64;
    } data;
};
```

epoll_ctl( ) 호출이 성공하면 해당 epoll 인스턴스는 epfd 파일 디스크립터와 연결된다. op 인자는 파일 디스크립터 fd가 가리키는 파일에 대한 작업을 명시한다. event 인자는 그 작업의 동작에 대한 설명을 담고 있다.

op 인자는 다음과 같은 값을 가진다.

EPOLL_CTL_ADD   epfd와 연관된 epoll 인스턴스가 파일 디스크립터 fd와 연관된 파일을 감시하도록 추가하며 각 이벤트는 event 인자로 정의한다.

EPOLL_CTL_DEL   epfd와 연관된 epoll 인스턴스에 파일 디스크립터 fd를 감시하지 않도록 삭제한다.

EPOLL_CTL_MOD   기존에 감시하고 있는 파일 디스크립터 fd에 대한 이벤트를 event에 명시된 내용으로 갱신한다.

epoll_event 구조체의 events 필드는 주어진 파일 디스크립터에서 감시할 이벤트의 목록을 담고 있다. 여러 가지 이벤트를 OR 연산으로 함께 묶을 수 있다. 사용 가능한 값은 다음과 같다.

EPOLLERR   해당 파일에서 발생하는 에러 상황. 이 이벤트는 따로 지정하지 않아도 항상 감시한다.

EPOLLET	파일을 감시할 때 에지 트리거edge-trigger(157쪽 '에지 트리거와 레벨 트리거' 참고)를 사용한다. 기본 동작은 레벨 트리거level-trigger 방식이다.
EPOLLHUP	파일에서 발생하는 행업hangup을 감시한다. 이 이벤트는 따로 지정하지 않아도 항상 감시한다.
EPOLLIN	파일 읽기가 지연되지 않고 바로 가능한지 감시한다.
EPOLLONESHOT	이벤트 발생 후 파일을 한번 읽고 나면 더 이상 감시하지 않는다. 이를 다시 활성화하려면 EPOLL_CTL_MOD를 통해서 새로운 이벤트 값을 설정해야 한다.
EPOLLOUT	파일 쓰기가 지연되지 않고 바로 가능한지 감시한다.
EPOLLPRI	즉시 읽어야 할 OOB* 데이터가 있는지 감시한다.

event_epoll 구조체의 data 필드는 사용자 데이터를 위한 필드다. 이 필드에 담긴 내용은 요청한 이벤트가 발생해서 사용자에게 반환될 때 함께 반환된다. 일반적인 사용 예는 event.data.fd를 fd로 채워서 이벤트가 발생했을 때 어떤 파일 디스크립터를 들여다 봐야 하는지 쉽게 확인하는 용도로 사용하기도 한다.

epoll_ctl() 호출이 성공하면 0을 반환하고 실패 시에는 −1을 반환하고 errno를 다음 중 한 가지 값으로 설정한다.

EBADF	epfd가 유효한 epoll 인스턴스가 아니거나, fd가 유효한 파일 디스크립터가 아니다.
EEXIST	op가 EPOLL_CTL_ADD인데 fd가 이미 epfd와 연결되어 있다.
EINVAL	epfd가 epoll 인스턴스가 아니거나 epfd가 fd와 같다. 또는 잘못된 op 값이 사용되었다.
ENOENT	op가 EPOLL_CTL_MOD, 혹은 EPOLL_CTL_DEL인데 fd가 epfd와 연결되지 않았다.
ENOMEM	해당 요청을 처리하기에는 메모리가 부족하다.

----

* 역자주_ OOB, Out Of Band. 'urgent data'는 TCP에서 말하는 Out Of Band 데이터로, 줄여서 OOB라고도 한다. TCP에서 전성되는 데이터는 스트림 기반으로 전송측에서 보낸 순서대로 받게 되는데, 이 순서를 무시하고 보내는 메시지를 OOB 메시지라고 한다. 흔히 사용되지는 않는다.

EPERM   fd가 epoll을 지원하지 않는다.

파일 디스크립터 fd에 대한 새로운 이벤트를 epoll 인스턴스인 epfd에 추가하는 예제 코드를 살펴보자.

```
struct epoll_event event;
int ret;

event.data.fd = fd; /* 나중에 epoll_wait에서 반환된다 */
event.events = EPOLLIN | EPOLLOUT;

ret = epoll_ctl (epfd, EPOLL_CTL_ADD, fd, &event);
if (ret)
    perror ("epoll_ctl");
```

epfd와 연관된 파일 디스크립터 fd에 설정된 기존 구독 이벤트를 변경하려면 아래와 같이 작성한다.

```
struct epoll_event event;
int ret;

event.data.fd = fd; /* 나중에 반환될 fd */
event.events = EPOLLIN;

ret = epoll_ctl (epfd, EPOLL_CTL_MOD, fd, &event);
if (ret)
    perror ("epoll_ctl");
```

반대로 epoll 인스턴스 epfd에 등록된 파일 디스크립터 fd에 연관된 기존 이벤트를 삭제하려면 다음과 같이 작성한다.

```
struct epoll_event event;
int ret;

ret = epoll_ctl (epfd, EPOLL_CTL_DEL, fd, &event);
if (ret)
    perror ("epoll_ctl");
```

op 값이 EPOLL_CTL_DEL인 경우, 이벤트 마스크가 없기 때문에 event 인자의 값이 NULL이 될 수 있다. 하지만 황당하게도 커널 버전 2.6.9 이하 버전에서는 이 인자가 NULL이 아닌지 검사한다. 이런 예전 커널과의 호환성을 위해 NULL이 아닌 유효한 포인터를 넘겨야 한다. 물론 이 포인터가 가리키는 내용은 바뀌지 않는다. 커널 2.6.9 버전에서 이 버그가 수정되었다.

4.2.3 epoll로 이벤트 기다리기

epoll_wait( ) 시스템 콜은 epoll 인스턴스와 연관된 파일 디스크립터에 대한 이벤트를 기다린다.

```
#include <sys/epoll.h>

int epoll_wait (int epfd,
        struct epoll_event *events,
        int maxevents,
        int timeout);
```

epoll_wait( )를 호출하면 timeout 밀리 초 동안 epoll 인스턴스인 epfd와 연관된 파일의 이벤트를 기다린다. 호출이 성공할 경우 events에는 해당 이벤트, 즉 파일이 읽기나 쓰기가 가능한 상태인지를 나타내는 epoll_event 구조체에 대한 포인터가 기록되며 최대 maxevents만큼의 이벤트가 기록된다. 발생한 이벤트 개수를 반환하며 에러가 발생할 경우 −1을 반환하고 errno를 다음 중 하나로 기록한다.

EBADF   epfd가 유효한 파일 디스크립터가 아니다.

EFAULT   events가 가리키는 메모리에 대한 쓰기 권한이 없다.

EINTR   시스템 콜이 완료되거나 타임아웃을 초과하기 전에 시그널이 발생해서 동작을 멈추었다.

EINVAL   epfd가 유효한 epoll 인스턴스가 아니거나 maxevents 값이 0 이하다.

만약 timeout이 0이면 epoll_wait( )는 이벤트가 발생하지 않아도 즉시 반환하며 이때 반환값은 0이다. timeout이 −1이라면 이벤트가 발생할 때까지 해당 호출은 반환되지 않는다.

epoll_wait( )가 결과를 반환하면 epoll_event 구조체의 events 필드에는 발생한 이벤트가 기록된다. data 필드에는 사용자가 epoll_ctl()을 호출하기 전에 설정한 값이 담겨 있다.
epoll_wait()의 온전한 예제는 다음과 같다.

```
#define MAX_EVENTS 64

struct epoll_event *events;
int nr_events, i, epfd;

events = malloc (sizeof (struct epoll_event) * MAX_EVENTS);
if (!events) {
    perror ("malloc");
    return 1;
}

nr_events = epoll_wait (epfd, events, MAX_EVENTS, -1);
if (nr_events < 0) {
    perror ("epoll_wait");
    free (events);
    return 1;
}

for (i = 0; i < nr_events; i++) {
    printf ("event=%ld on fd=%d\n",
        events[i].events,
        events[i].data.fd);

    /*
     * 이제 events[i].data.fd에 대한 events[i].events를
     * 블록하지 않고 처리할 수 있다
     */
}

free (events);
```

malloc()과 free() 함수는 9장에서 살펴보도록 하자.

4.2.4 에지 트리거와 레벨 트리거

epoll_ctl()로 전달하는 event 인자의 events 필드를 EPOLLET로 설정하면 fd에 대한

이벤트 모니터가 레벨 트리거가 아닌 에지 트리거로 동작한다.

유닉스 파이프로 통신하는 입출력에 대한 다음 사례를 생각해보자.

1 출력하는 측에서 파이프에 1KB만큼의 데이터를 쓴다.

2 입력을 받는 쪽에서는 파이프에 대해서 `epoll_wait()`를 수행하고 파이프에 데이터가 들어와서 읽을 수 있는 상태가 되기를 기다린다.

레벨 트리거로 이벤트를 모니터링하면 2단계의 `epoll_wait()` 호출은 즉시 반환하며 파이프가 읽을 준비가 되었음을 알려준다. 에지 트리거 모니터를 설정하면 1단계가 완료될 때까지 호출이 반환되지 않는다. 즉 `epoll_wait()`를 호출하는 시점에 파이프를 읽을 수 있는 상황이 더라도 파이프에 데이터가 들어오기 전까지는 결과를 반환하지 않는다.

기본 동작 방식은 레벨 트리거 방식이다. `poll()`과 `select()`가 동작하는 방식이 레벨 트리거 방식인데 대부분의 개발자들이 생각하는 방식이기도 하다. 에지 트리거는 일반적으로 논블록킹 입출력을 활용하도록 하는 다른 프로그래밍 접근 방식을 요구하며 `EAGAIN`을 주의 깊게 확인해야 한다.

에지 트리거

에지 트리거edge trigger라는 용어는 전자공학 용어이다. 레벨 트리거 인터럽트는 신호가 인가되어 특정 레벨을 유지할 때 발생된다. 에지 트리거 인터럽트는 신호가 하강하거나 상승하는 동안 발생한다. 레벨 트리거 인터럽트는 이벤트의 상태(신호의 레벨)에 관심이 있을 때 유용하며 에지 트리거 인터럽트는 이벤트 자체(신호가 움직이는)에 관심이 있을 때 유용하다.

읽어 들이려는 파일 디스크립터가 있다고 가정하자. epoll을 레벨 트리거로 사용하면 파일 디스크립터가 읽기 가능한 상태가 되었을 때 알림을 받게 된다. 상태의 지속이 알림을 발생시키게 되는 것이다. 반면 에지 트리거 방식이라면 읽을 수 있는 첫 번째 데이터가 들어오면 알림을 받게 된다. 이 경우 알림을 발생시키는 것은 에지, 혹은 상태의 변화이다.*

---

* 역자주_

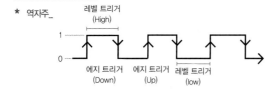

4.3 메모리에 파일 맵핑하기

리눅스 커널은 표준 파일 입출력의 대안으로 애플리케이션이 파일을 메모리에 맵핑할 수 있는 인터페이스를 제공한다. 이는 메모리 주소와 파일 워드 사이에 일대일 대응을 의미하는 것이다. 이를 이용하면 개발자는 메모리에 상주하는 데이터처럼 메모리를 통해 파일에 직접 접근할 수 있다. 또한, 이렇게 맵핑된 메모리 주소에 직접 쓰는 것만으로 디스크에 있는 파일에 기록할 수 있다.

POSIX.1에서 표준화하고 리눅스에서 구현한 mmap( ) 시스템 콜을 사용해서 객체를 메모리에 맵핑할 수 있다. 이 절에서는 파일을 메모리에 맵핑하여 입출력을 수행하는 mmap( )에 대해서 설명한다. mmap( )의 다른 응용 방법은 9장에서 살펴보겠다.

4.3.1 mmap( )

mmap( )을 호출하면 파일 디스크립터 fd가 가리키는 파일의 offset 위치에서 len 바이트만큼을 메모리에 맵핑하도록 커널에 요청한다. addr이 포함되면 메모리에서 해당 주소를 선호한다고 커널에 알려준다. 접근 권한은 prot에 지정하고 추가적인 동작은 flag에 명시한다.

```
#include <sys/mman.h>

void * mmap (void *addr,
    size_t len,
    int prot,
    int flags,
    int fd,
    off_t offset);
```

addr 인자는 파일이 어느 주소에 맵핑되기를 희망하는지 커널에 제안하기 위한 인자다. 이 값은 그저 힌트일 뿐이며 대부분 0을 넘긴다. mmap( )은 메모리 맵핑의 실제 시작 주소를 반환한다.

prot 인자는 맵핑에 원하는 메모리 보호 정책을 명시한다. 이 값은 다음에 있는 플래그 중에서 하나 이상을 OR 연산으로 묶어서 설정할 수 있다.

PROT_NONE	접근이 불가능한 페이지다(거의 사용되지 않는다).*
PROT_READ	읽기가 가능한 페이지다.
PROT_WRITE	쓰기가 가능한 페이지다.
PROT_EXEC	실행이 가능한 페이지다.

메모리 보호 정책은 파일을 여는 모드와 충돌이 있으면 안 된다. 예를 들어, 파일을 읽기 전용으로 읽었다면 prot에 PROT_WRITE 플래그를 지정하면 안 된다.

보호 플래그, 아키텍처 그리고 보안

POSIX에서는 세 가지 보호 비트(읽기, 쓰기, 실행)를 정의하는 반면 몇몇 아키텍처는 이 중에서 일부만 지원한다. 예를 들어 읽기와 실행을 따로 구분하지 않는 프로세서를 생각해보면 이 경우 프로세서는 '읽기' 플래그 하나만 지원할 것이다. 이런 시스템에서는 PROT_READ가 PROT_EXEC를 내포한다. 최근까지도 x86 아키텍처가 이런 시스템에 속했다.

물론 이런 동작 방식에 의존하면 호환성이 떨어진다. 호환성이 있는 프로그램은 맵핑 공간의 코드를 실행하고자 한다면 PROT_EXEC를 항상 설정해야 한다.

반대로, 읽기만 의도한 경우에는 버퍼 오버플로 공격이 우려된다. 맵핑의 메모리 보호 정책으로 실행 권한을 지정하지 않았더라도 프로세서가 실행을 허용할 가능성이 있다.

최신 x86 프로세서에는 NX[No-eXecute] 비트를 도입하여 읽기는 가능하지만 실행을 허용하지 않는 맵핑을 지원한다. 이런 신형 시스템에서는 PROT_READ가 PROT_EXEC를 내포하지 않는다.

---

flags 인자에는 맵핑의 유형과 그 동작에 관한 몇 가지 요소를 명시한다. flags 인자는 다음 값의 OR로 명시할 수 있다.

---

* 역자주_ 언뜻 쓸모없어 보이는 이 플래그는 메모리 공간을 예약(reserve)하거나 접근할 수 없는 임의의 주소 공간을 확보해서 버퍼 오버플로 공격에 대비하기 위한 일종의 보호 페이지를 생성하는데 사용된다. http://stackoverflow.com/questions/12916603/whats-the-purpose-of-mmap-memory-protection-prot-none 단축URL **http://goo.gl/b9561r**

MAP_FIXED	mmap( )의 addr 인자를 힌트가 아니라 요구사항으로 취급하도록 한다. 커널이 해당 주소를 확보하지 못하면 호출을 실패한다. addr과 len 인자가 기존 맵핑과 겹칠 경우, 중첩된 페이지는 새로운 맵핑으로 대체된다. 이 옵션은 프로세스 주소 공간에 대한 깊은 이해를 필요로 하며 호환성이 떨어지므로 장려되지 않는다.
MAP_PRIVATE	맵핑이 공유되지 않음을 명시한다. 파일은 copy-on-write로 맵핑되고 맵핑된 내용에 변경이 발생하더라도 실제 파일이나 다른 프로세스에 반영하지 않는다.
MAP_SHARED	같은 파일을 맵핑한 모든 프로세스와 맵핑을 공유한다. 맵핑된 페이지에 쓰기를 하면 실제 파일에도 동일한 내용을 기록한다. 맵핑된 페이지를 읽으면 다른 프로세스에서 기록한 내용도 반영된다.

MAP_SHARED와 MAP_PRIVATE를 함께 지정하면 안 된다. 9장에서 더 다양한 플래그를 다루겠다.

파일 디스크립터를 맵핑하면 해당 파일의 참조 카운터가 증가한다. 따라서 파일을 맵핑한 후에 파일 디스크립터를 닫더라도 프로세스는 여전히 맵핑된 주소에 접근할 수 있다. 이 참조 카운터는 파일의 맵핑을 해제하거나 프로세스가 종료될 때 감소한다.

예를 들어 다음 예제 코드는 fd가 가리키는 파일의 첫 바이트부터 len 바이트까지를 읽기 전용으로 맵핑한다.

```
void *p;

p = mmap (0, len, PROT_READ, MAP_SHARED, fd, 0);
if (p == MAP_FAILED)
    perror ("mmap");
```

[그림 4-1]은 mmap( )에 전달하는 인자가 파일과 프로세스의 주소 공간을 맵핑하는 과정에서 미치는 영향을 나타낸다.

그림 4-1 프로세스의 주소 공간에 파일 맵핑하기

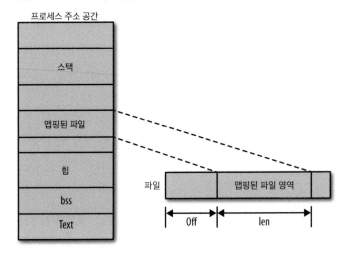

페이지 크기

페이지는 메모리 관리 유닛MMU, Memory Management Unit에서 사용하는 최소 단위다. 즉 페이지는 별도의 접근 권한과 동작 방식을 따르는 가장 작은 메모리 단위라고 할 수 있다. 페이지는 메모리 맵핑을 구성하는 블록이자 프로세스 주소 공간을 구성하는 블록이다.

mmap() 시스템 콜은 페이지를 다룬다. addr과 offset 인자는 페이지 크기 단위로 정렬되어야 한다. 이 말은 addr과 offset은 페이지 크기의 정수배가 되어야 한다는 의미다. 따라서 맵핑의 크기는 페이지의 정수배가 된다. 만약 실제 파일의 크기가 페이지 크기의 정수배가 아니라던가 하는 이유로 mmap()에 넘긴 len 인자가 페이지 크기 단위로 정렬되지 않았다면 바로 다음 크기의 페이지 정수배로 확장된다. 마지막 유효 바이트와 맵핑의 끝 사이에 추가된 메모리는 0으로 채워진다. 이 영역을 읽게 되면 0을 반환하며 이 영역에 쓴 데이터는 MAP_SHARED로 맵핑되었더라도 실제 파일에 반영되지 않는다. 원래 len 바이트만큼만 실제 파일에 기록될 뿐이다.

페이지 크기를 얻을 수 있는 POSIX의 표준 메서드는 sysconf()로, 다양한 시스템 관련 정보를 조회할 수 있다.

```
#include <unistd.h>

long sysconf (int name);
```

sysconf()는 설정 항목 name의 값을 반환하거나 name이 유효하지 않은 경우 −1을 반환한다. 에러가 발생하면 errno는 EINVAL로 설정된다. 어떤 항목(이를테면 제한과 관련된 항목은 −1을 무제한이라는 의미로 사용하기도 한다)에서는 −1이 유효한 값일 수 있으므로 호출하기 전에 errno를 초기화하고, 호출 후에 이 값을 다시 검사하는 것이 현명하다.

POSIX는 페이지 크기를 바이트 단위로 _SC_PAGESIZE(또는 _SC_PAGE_SIZE)로 정의한다. 따라서 런타임에 페이지 크기를 구하는 방법은 간단하다.

```
long page_size = sysconf (_SC_PAGESIZE);
```

또한, 리눅스는 getpagesize() 함수를 제공한다.

```
#include <unistd.h>

int getpagesize (void);
```

getpagesize()는 바이트 단위의 페이지 크기를 반환한다. 사용법은 sysconf()를 사용하는 것보다 더 간단하다.

```
int page_size = getpagesize ();
```

모든 유닉스 시스템이 이 함수를 지원하지 않는다. 이 함수는 POSIX 표준 1003.1−2001 개정안에서 제거되었다. 여기서는 설명을 위해 포함시켰을 뿐이다.

페이지 크기는 <sys/user.h>에 정의된 PAGE_SIZE 매크로에도 정적으로 저장되어 있다. 따라서 페이지 크기를 구하는 세 번째 방법은 PAGE_SIZE를 사용하는 것이다.

```
int page_size = PAGE_SIZE;
```

하지만 먼저 소개한 두 가지 방법과는 다르게, 런타임이 아닌 컴파일 시점에 시스템의 페이지 크기를 가져온다. 몇몇 아키텍처는 머신 유형에 맞춰 다양한 페이지 크기를 지원하며 어떤 머신은 심지어 스스로 다양한 페이지 크기를 지원하기도 한다. 특정 아키텍처로 컴파일된 바이너리는 해당 아키텍처의 모든 머신에서 동작해야 한다. 다시 말해서, 한 번 빌드하면 같은 아키텍처를 따르는 모든 머신에서 실행이 가능하다. 만일 페이지 크기를 코드 내에서 고정해버리면 이런 가능성이 사라진다. 그런 연유로 페이지 크기는 런타임에 결정해야 한다. 보통 addr과 offset은 0이므로 동적으로 페이지 크기를 확인하는 것이 무리한 요구사항은 아니다.

더욱이 향후 커널은 이런 매크로를 사용자 영역에 노출하지 않을 가능성이 있다. 유닉스 코드에서 자주 등장하는 기법이기 때문에 여기서 설명하긴 했지만, 직접 프로그램을 작성할 경우에는 사용하지 않아야 한다. sysconf( )를 사용하는 방법이 호환성을 고려했을 때 최선의 방법이다.

반환값과 에러

mmap( ) 호출이 성공하면 맵핑된 주소를 반환한다. 실패하면 MAP_FAILED를 반환하고 errno를 적절한 값으로 설정한다. mmap( )은 절대 0을 반환하지 않는다.

가능한 errno 값은 다음과 같다.

EACCES	주어진 파일 디스크립터가 일반 파일이 아니거나 파일이 prot이나 flags 인자와 충돌을 일으키는 모드로 열렸다.
EAGAIN	파일 락으로 파일이 잠긴 상태이다.
EBADF	주어진 파일 디스크립터가 유효하지 않다.
EINVAL	addr, len, off 중 하나 이상의 인자가 유효하지 않다.
ENFILE	시스템에서 열 수 있는 파일 개수 제한에 걸렸다.
ENODEV	파일시스템에서 해당 파일에 대한 메모리 맵핑을 지원하지 않는다.
ENOMEM	프로세스에 사용 가능한 메모리가 부족하다.
EOVERFLOW	addr+len 값이 주소 공간의 크기를 초과한다.
EPERM	PROT_EXEC가 설정되었지만 파일시스템이 noexec 모드로 마운트되었다.

관련 시그널

맵핑 영역과 관련된 두 가지 시그널이 있다.

SIGBUS   프로세스가 더 이상 유효하지 않은 맵핑 영역에 접근하려고 할 때 발생한다. 예를 들어 맵핑된 후에 파일이 잘렸을 경우에 이 시그널이 발생한다.

SIGSEGV   이 시그널은 프로세스가 읽기 전용으로 맵핑된 영역에 쓰려고 할 때 발생한다.

4.3.2 munmap( )

리눅스는 mmap( )으로 생성한 맵핑을 해제하기 위한 munmap( ) 시스템 콜을 제공한다.

```
#include <sys/mman.h>

int munmap (void *addr, size_t len);
```

munmap( )은 페이지 크기로 정렬된 addr에서 시작해서 len 바이트만큼 이어지는 프로세스 주소 공간 내에 존재하는 페이지를 포함하는 맵핑을 해제한다. 맵핑이 한 번 해제되면 이전에 연관된 메모리 영역은 더 이상 유효하지 않으며 이 주소로 접근을 시도하면 SIGSEGV 시그널이 발생한다.

일반적으로 mmap( )의 반환값과 mmap( )을 실행할 때 사용했던 len 값을 munmap( )의 인자로 전달한다.

munmap( )은 성공 시 0을 반환하며 실패하면 −1을 반환하고 errno를 적절한 값으로 설정한다. 유일한 표준 errno 값은 EINVAL인데 주어진 인자가 유효하지 않을 경우 설정된다.

예제로 [addr, addr+len] 사이에 포함된 페이지를 담고 있는 메모리 영역에 대한 맵핑을 해제한다.

```
if (munmap (addr, len) == -1)
    perror ("munmap");
```

4.3.3 맵핑 예제

mmap( )을 사용해서 표준 출력으로 사용자가 선택한 파일의 내용을 출력하는 간단한 예제 프로그램을 살펴보자.

```c
#include <stdio.h>
#include <sys/types.h>
#include <sys/stat.h>
#include <fcntl.h>
#include <unistd.h>
#include <sys/mman.h>

int main (int argc, char *argv[]) {
    struct stat sb;
    off_t len;
    char *p;
    int fd;

    if (argc < 2) {
        fprintf (stderr, "usage: %s <file>\n", argv[0]);
        return 1;
    }

    fd = open (argv[1], O_RDONLY);
    if (fd == -1) {
        perror ("open");
        return 1;
    }

    if (fstat (fd, &sb) == -1) {
        perror ("fstat");
        return 1;
    }

    if (!S_ISREG (sb.st_mode)) {
        fprintf (stderr, "%s is not a file\n", argv[1]);
        return 1;
    }

    p = mmap (0, sb.st_size, PROT_READ, MAP_SHARED, fd, 0);

    if (p == MAP_FAILED) {
        perror ("mmap");
```

```
            return 1;
        }

        if (close (fd) == -1) {
            perror ("close");
            return 1;
        }

        for (len = 0; len < sb.st_size; len++)
            putchar (p[len]);

        if (munmap (p, sb.st_size) == -1) {
            perror ("munmap");
            return 1;
        }

        return 0;
    }
```

여기서 처음 fstat( ) 시스템 콜을 사용하게 되었는데 8장에서 자세히 살펴보기로 하자. 지금은 fstat( )이 주어진 파일에 대한 정보를 반환한다는 정도만 알고 있으면 충분하다. S_ISREG( ) 매크로는 이런 정보를 통해 맵핑하기 전에 주어진 파일이 디바이스 파일이나 디렉터리가 아닌 일반 파일인지 점검한다. 일반 파일이 아닐 때는 해당 디바이스가 어떤 디바이스인지에 따라 동작 방식이 달라진다. mmap( )이 가능한 디바이스 파일도 있는 반면 그렇지 않은 특수 파일도 있다. 이 경우 errno는 EACCESS로 설정된다.

예제의 나머지 부분은 명료하다. 이 프로그램은 인자로 파일 이름을 받아서 그 파일을 열고, 일반 파일인지 검사한다. 그리고 맵핑을 수행하고 파일을 닫은 다음, 파일의 내용은 바이트 단위로 표준 출력으로 출력한다. 그리고 마지막으로 파일 맵핑을 해제한다.

4.3.4 mmap( )의 장점

read( )와 write( ) 시스템 콜을 사용하는 것보다 mmap( )을 이용해서 파일을 조작하는 것이 좀 더 유용한데 정리하면 다음과 같다.

- 메모리에 맵핑된 파일을 읽거나 쓰면 read( )나 write( ) 시스템 콜을 사용할 때 발생하는 불필요한 복사를 방지할 수 있다. 이런 추가적인 복사는 사용자 영역의 버퍼로 데이터를 읽고 써야 하기 때문에 발생한다.

- 잠재적인 페이지 폴트 가능성을 제외하면 메모리에 맵핑된 파일을 읽고 쓰는 데 다른 시스템 콜 호출이나 컨텍스트 스위칭(문맥 교환) 오버헤드가 발생하지 않는다. 메모리에 접근하는 것만큼 단순하게 동작한다.
- 여러 개의 프로세스가 같은 객체를 메모리에 맵핑한다면 데이터는 모든 프로세스 사이에서 공유된다. 읽기 전용이나 MAP_SHARED 모드로 쓰기가 가능하게 맵핑된 객체는 전체가 다 공유된다. MAP_PRIVATE 모드로 쓰기가 가능하게 맵핑된 객체는 copy-on-write가 일어나기 전까지만 페이지를 공유한다.
- lseek( ) 같은 시스템 콜을 사용하지 않고도 간단한 포인터 조작만으로 맵핑 영역을 탐색할 수 있다.

이런 이유로 mmap( )은 많은 애플리케이션에서 현명한 선택이다.

4.3.5 mmap( )의 단점

mmap( )을 사용할 때 꼭 기억해야 하는 몇 가지 사항이 있다.

- 메모리 맵핑은 항상 페이지 크기의 정수배만 가능하다. 따라서 맵핑하려는 파일 크기와 페이지 크기의 정수배 차이만큼의 공간이 낭비된다. 크기가 작은 파일이 많다면 맵핑 때문에 낭비되는 공간의 비율이 높을 것이다. 예를 들어, 페이지 크기가 4킬로바이트이고 7바이트를 맵핑하면 4,089바이트가 낭비된다.
- 메모리 맵핑은 반드시 프로세스의 주소 공간 내에 있어야 한다. 32비트 주소 공간에서 다양한 크기의 수많은 맵핑을 사용하게 되면 주소 공간의 파편화fragmentation를 초래하여 크고 연속된 비어 있는 공간을 찾기 어려워진다. 물론 이 문제는 64비트 주소 공간에서는 거의 찾아볼 수 없다.
- 메모리 맵핑과 관련 자료구조를 커널 내부에서 생성, 유지하는 데 오버헤드가 발생한다. 이런 오버헤드는 특히 큰 파일에 자주 접근할 경우 일반적으로 앞 절에서 언급했던 이중 복사를 제거하는 방법으로 방지할 수 있다.

이런 이유로 맵핑하려는 파일이 크거나 (그래서 낭비되는 공간이 전체 맵핑에서 낮은 비율일 때) 맵핑된 파일의 전체 크기가 페이지 크기로 딱 맞아떨어질 때 (그래서 낭비되는 공간이 없는 경우) mmap( )의 장점을 극대화할 수 있다.

4.3.6 맵핑 크기 변경하기

리눅스는 주어진 메모리 맵핑 영역의 크기를 확장하거나 축소하기 위한 mremap( ) 시스템 콜을 제공한다. 이 함수는 리눅스 전용이다.

```
#define _GNU_SOURCE

#include <sys/mman.h>
```

```
void * mremap (void *addr, size_t old_size,
    size_t new_size, unsigned long flags);
```

mremap( )은 [addr, addr+old_size)에 맵핑된 영역을 new_size만큼의 크기로 변경한다. 동시에 커널은 프로세스의 주소 공간에서 사용 가능한 공간과 flags 값에 따라 맵핑된 위치를 변경할 수도 있다.

> **NOTE_** [addr, addr+old_size)에서 처음 '['는 이 주소를 포함하는 낮은 주소부터 시작한다는 의미이며 마지막 ')'는 이 주소를 포함하지 않는 직전 주소, 즉 높은 주소에서 영역이 끝난다는 의미다. 이런 표현법을 구간 표기법이라고 한다.

flags 인자는 0이거나 MREMAP_MAYMOVE가 될 수 있다. MREMAP_MAYMOVE는 크기 변경 요청을 수행하는 데 필요하다면 맵핑의 위치를 이동해도 괜찮다고 커널에 알려준다. 커널이 맵핑 위치를 이동시킬 수 있다면 큰 크기 변경 요청이 성공할 가능성이 높아진다.

반환값과 에러 코드

mremap( )이 성공하면 크기가 조정된 메모리 맵핑의 시작 주소를 반환한다. 실패할 경우 MAP_FAILED를 반환하며 errno는 다음 중 하나로 설정된다.

EAGAIN   메모리 영역에 락이 설정되어 있으며 크기 변경이 불가능하다.

EFAULT   주어진 구간 내 몇몇 페이지가 프로세스 주소 공간에서 유효하지 않은 페이지이거나, 페이지를 다시 맵핑하는 데 문제가 발생했다.

EINVAL   인자가 유효하지 않다.

ENOMEM   MREMAP_MAYMOVE가 명시되지 않은 상태에서는 주어진 영역을 확장할 수 없거나 프로세스의 주소 공간에 남은 공간이 충분하지 않다.

glibc 같은 라이브러리는 malloc( )으로 할당한 메모리의 크기를 변경하기 위한 realloc( )을 효율적으로 구현하기 위해 mremap( )을 자주 사용한다. 다음 예제를 살펴보자.

```
void * realloc (void *addr, size_t len)
{
    size_t old_size = look_up_mapping_size (addr);
    void *p;

    p = mremap (addr, old_size, len, MREMAP_MAYMOVE);
    if (p == MAP_FAILED)
        return NULL;
    return p;
}
```

이런 방식은 모든 `malloc()` 할당이 유일한 익명 맵핑인 경우에만 동작한다. 그래도 이런 구현은 성능을 높이는 유용한 예제라고 할 수 있다. 이 예제에서는 `look_up_mapping_size()` 함수를 libc에서 제공한다고 가정했다.

GNU C 라이브러리는 `mmap()`과 관련 함수를 사용해서 메모리 할당을 수행한다. 이 내용은 9장에서 자세히 살펴보도록 하자.

4.3.7 맵핑의 보호 모드 변경하기

POSIX는 기존 메모리 영역에 대한 접근 권한을 변경할 수 있는 `mprotect()` 인터페이스를 정의하고 있다.

```
#include <sys/mman.h>

int mprotect (const void *addr,
    size_t len,
    int prot);
```

`mprotect()`는 [addr, addr+len) 영역(addr은 페이지 크기로 정렬) 내에 포함된 메모리 페이지의 보호 모드를 변경한다. prot 인자는 `mmap()`에 사용한 prot과 같은, PROT_NONE, PROT_READ, PROT_WRITE, 그리고 PROT_EXEC를 사용할 수 있다. 이런 값, 즉 권한을 추가한다는 의미가 아니라 만약 메모리 영역이 읽기가 가능한 상태에서 prot 값으로 PROT_WRITE만 설정한다면 이 영역은 쓰기만 가능해진다.

어떤 시스템에서는 mmap( )으로 생성한 메모리 맵핑에 대해서만 mprotect( )를 사용할 수 있는데 리눅스에서는 어떤 메모리 영역에도 mprotect( )를 사용할 수 있다.

반환값과 에러 코드

mprotect( )가 성공하면 0을 반환한다. 실패할 경우 −1을 반환하고 errno를 다음 중 하나로 설정한다.

EACCES   메모리 영역을 prot 값으로 설정할 수 있는 권한이 없다. 예를 들어 읽기 전용으로 열린 파일의 맵핑을 쓰기 가능하도록 설정하려고 하면 이 에러가 발생한다.

EINVAL   addr 인자가 유효하지 않거나 페이지 크기로 정렬되어 있지 않다.

ENOMEM   요청을 처리하기에 커널 메모리가 충분하지 않거나 주어진 메모리 영역 중한 페이지 이상이 프로세스 주소 공간에서 유효하지 않다.

4.3.8 파일과 맵핑의 동기화

POSIX는 2장에서 살펴본 fsync( ) 시스템 콜의 메모리 맵핑 버전인 msync( )를 제공한다.

```
#include <sys/mman.h>

int msync (void *addr, size_t len, int flags);
```

msync( )는 mmap( )으로 맵핑된 파일에 대한 변경 내용을 디스크에 기록하여 파일과 맵핑을 동기화한다. 구체적으로 메모리 주소 addr에서부터 len 바이트만큼 맵핑된 파일이나 파일의 일부를 디스크로 동기화한다. addr 인자는 반드시 페이지 크기로 정렬되어야 하며 보통은 mmap( )에서 반환한 값을 사용한다.

msync( )를 호출하지 않으면 맵핑이 해제되기 전까지는 맵핑된 메모리에 쓰여진 내용이 디스크로 반영된다는 보장을 할 수 없다. 이는 쓰기 과정 중에 갱신된 버퍼를 디스크에 기록하도록 큐에 밀어 넣는 write( )의 동작 방식과는 다르다.

flags 인자는 동기화 방식을 제어한다. 다음 값의 OR로 명시할 수 있다.

MS_SYNC   디스크에 모든 페이지를 기록하기 전까지 msync( )는 반환하지 않는다.

MS_ASYNC   비동기 방식으로 동기화한다. 갱신 작업은 예약되고 msync( )는 디스크에 페이지가 기록될 때까지 기다리지 않고 즉시 반환한다.

MS_INVALIDATE   맵핑의 캐시 복사본을 모두 무효화한다. 이 무효화된 맵핑에 접근하면 새롭게 동기화된 디스크의 내용을 반영하게 된다.

msync( )를 호출할 때 MS_ASYNC와 MS_SYNC 중 하나는 반드시 지정해야 하지만, 이 둘을 함께 지정하는 것은 불가능하다.

사용법은 간단하다.

```
if (msync (addr, len, MS_ASYNC) == -1)
    perror ("msync");
```

이 예제는 [addr, addr+len) 영역에 맵핑된 파일을 디스크로 동기화한다(fsync( )에 비해 10배는 빠르다).

반환값과 에러 코드

msync( ) 호출이 성공하면 0을 반환하고, 실패했을 경우 −1을 반환하고 errno를 적절한 값으로 설정한다. 유효한 errno 값은 다음과 같다.

EINVAL   flags 인자에 MS_SYNC와 MS_ASYNC가 함께 쓰였거나, 유효한 flags 값이 아닌 다른 값을 설정했거나, addr이 페이지 크기에 맞춰져 있지 않다.

ENOMEM   주어진 메모리 영역(혹은 일부)이 맵핑되지 않았다. 리눅스는 POSIX에 따라 일부만 맵핑된 영역을 동기화하도록 요청을 받았을 때 이 에러를 반환하지만 주어진 영역 내에서 유효한 맵핑을 동기화한다.

리눅스 커널 2.4.19 이전 버전에서는 msync( )가 ENOMEM 대신 EFAULT를 반환했다.

4.3.9 맵핑의 사용처 알려주기

리눅스는 프로세스가 맵핑을 어떻게 사용할 것인지 커널에 알려주는 madvise() 시스템 콜을 제공한다. 주어진 힌트에 따라 커널은 의도한 용도에 맞게 맵핑의 동작 방식을 최적화할 수 있게 된다. 리눅스 커널은 동적으로 동작 방식을 조절하고 보통은 이런 힌트 없이도 최적의 성능을 내도록 하고 있지만, 이런 힌트를 통해 부하가 걸리는 상황에서 필요한 캐시와 미리읽기 방식을 확실히 보장할 수 있게 된다.

madvise()는 addr로 시작해서 len 바이트의 크기를 가지는 메모리 맵핑 내의 페이지와 관련된 동작 방식에 대한 힌트를 커널에 제공한다.

```
#include <sys/mman.h>

int madvise (void *addr,
    size_t len,
    int advice);
```

만약에 len이 0이라면 커널은 addr에서 시작하는 전체 맵핑에 힌트를 적용한다. advice 인자는 다음 값 중 하나로 커널에 알려줄 힌트를 기술한다.

MADV_NORMAL	이 메모리 영역에 대한 특별한 힌트를 제공하지 않는다. 이 영역은 일반적인 영역으로 취급되어야 한다.
MADV_RANDOM	이 영역의 페이지는 랜덤하게 접근한다.
MADV_SEQUENTIAL	이 영역의 페이지는 낮은 주소에서 높은 주소로 순차적으로 접근한다.
MADV_WILLNEED	이 영역의 페이지는 곧 접근한다.
MADV_DONTNEED	이 영역의 페이지는 당분간 접근하지 않는다.

이런 힌트에 따른 커널의 동작 방식은 구현에 따라 달라진다. POSIX는 힌트에 대한 의미만 정의하고 있으며 잠재적인 결과에 대해서는 정의하고 있지 않다. 리눅스 커널 2.6 버전부터는 각 힌트에 대해 다음과 같이 대응한다.

MADV_NORMAL	평상시와 마찬가지로 동작하며 적당한 양을 미리읽기 한다.

MADV_RANDOM	미리읽기를 사용하지 않고 매번 물리적인 읽기 과정에서 최소한의 데이터만 읽어온다.
MADV_SEQUENTIAL	공격적으로 미리읽기를 수행한다.
MADV_WILLNEED	커널이 미리읽기를 활성화하고 주어진 페이지를 메모리로 읽어 들인다.
MADV_DONTNEED	주어진 페이지와 관련된 자원을 해제하고 변경되었지만 아직 동기화되지 않은 페이지를 버린다. 이후 맵핑된 데이터에 접근이 발생하면 연관된 파일로부터 페이지의 내용을 채우고, 연관된 파일이 없는 익명 맵핑인 경우에는 요청받은 페이지를 0으로 채운다.
MADV_DONTFORK	프로세스를 포크할 때 자식 프로세스에 해당 페이지가 복사되지 않도록 한다. 이 플래그는 리눅스 커널 2.6.16 이후 버전에서만 사용이 가능하며 DMA 페이지를 관리할 때 외에는 거의 필요하지 않다.
MADV_DOFORK+	MADV_DONTFORK의 동작 방식을 원래대로 되돌린다.

일반적인 사용 방법은 다음과 같다.

```
int ret;

ret = madvise (addr, len, MADV_SEQUENTIAL);
if (ret < 0)
    perror ("madvise");
```

이 호출은 프로세스가 [addr, add+len) 메모리 영역을 순차적으로 접근할 것이라고 커널에 알려준다.

미리읽기

리눅스 커널이 디스크에서 파일을 읽을 때 미리읽기readahead라고 하는 최적화 기법을 수행한다. 파일 조각에 대해서 읽기 요청이 들어오면 커널은 그다음 영역도 미리 읽는다. 만약에 파일을 순차적으로 계속 읽는 경우처럼 연속해서 그다음 영역을 요청하면 커널은 요청받은 데이터를 즉시 반환한다. 디스크에는 트랙 버퍼(기본적으로 하드 디스크는 내부적으로 미리읽기를 수행한다)가 있고, 또 파일은 디스크에 순차적으로 저장되어 있는 경우가 일반적이기 때문에 이런 최적화는 적은 비용으로 큰 효과를 볼 수 있다.

일반적으로 미리읽기 작업은 장점이 많지만 최적의 결과는 얼마나 많은 데이터를 미리읽기 할 것인가에 달려있다. 순차적으로 접근하는 파일은 미리읽기 윈도우(크기)가 클수록 유리하며 랜 덤하게 접근하는 파일의 경우 미리읽기는 쓸모없이 성능만 갉아먹는다.

107쪽 '커널 들여다보기'에서 살펴봤듯이 커널은 미리읽기 윈도우 내의 적중률[hit rate]에 따라 미리 읽기 윈도우의 크기를 동적으로 조절한다.

반환값과 에러 코드

madvise( ) 호출이 성공하면 0을 반환하고 실패할 경우 −1을 반환하고 상황에 따라 errno 값을 다음 값 중 하나로 설정한다.

EAGAIN   주로 메모리 같은 커널 내부의 자원이 사용 불가능하다. 프로세스에서 다시 시도해볼 수 있다.

EBADF   맵핑 영역은 존재하지만 파일을 맵핑하고 있지 않다.

EINVAL   len 인자가 음수이거나, addr이 페이지 크기에 정렬되지 않았거나, advice 인자가 유효하지 않거나, 페이지가 잠겨있거나 MADV_DONTNEED로 공유되어 있다.

EIO   MADV_WILLNEED를 지정한 상황에서 내부 입출력 에러가 발생했다.

ENOMEM   주어진 영역이 프로세스의 주소 공간에서 유효한 맵핑이 아니거나, MADV_WILLNEED가 주어졌지만 해당 영역에 페이지를 할당할 메모리가 충분하지 않다.

4.4 일반 파일 입출력에 대한 힌트

지금까지 메모리 맵핑을 사용하는 데 힌트를 제공하는 방법에 대해서 알아봤다. 여기서는 커널 에 일반적인 파일 입출력에 대한 힌트를 제공하는 방법에 대해서 알아보겠다. 리눅스는 이런 힌트를 제공하기 위해 posix_fadvise( )와 readahead( )라는 두 가지 인터페이스를 제공 한다.

4.4.1 posix_fadvise() 시스템 콜

처음 알아볼 인터페이스는 그 이름에서 알 수 있듯이 POSIX 1003.1-2003에서 정의하고 있다.

```
#include <fcntl.h>

int posix_fadvise (int fd,
    off_t offset,
    off_t len,
    int advice);
```

posix_fadvise()를 호출하면 파일 디스크립터 fd의 [offset, offset+len) 범위에 대한 힌트를 커널에 제공한다. 만약 len이 0이면 이 힌트는 파일 전체인 [offset, 파일길이]에 적용된다. 일반적인 사용법은 len과 offset 값을 0으로 넘겨서 전체 파일에 대한 힌트를 제공하는 것이다.

사용 가능한 힌트는 madvise()와 유사하다. 다음 중 한 가지만 설정 가능하다.

POSIX_FADV_NORMAL 주어진 범위에 대한 특별한 힌트를 제공하지 않는다. 평범하게 취급되어야 한다.

POSIX_FADV_RANDOM 지정된 범위 내에 있는 데이터에 랜덤하게 접근한다.

POSIX_FADV_SEQUENTIAL 지정된 범위 내에 있는 데이터에 낮은 주소에서 높은 주소로 순차적으로 접근한다.

POSIX_FADV_WILLNEED 지정된 범위 내에 있는 데이터에 곧 접근한다.

POSIX_FADV_NOREUSE 지정된 범위 내에 있는 데이터에 곧 접근하지만 한 번만 접근한다.

POSIX_FADV_DONTNEED 지정된 범위 내에 있는 데이터는 당분간 접근하지 않는다.

madvise()와 마찬가지로 커널이 이런 힌트에 대응하는 방법은 구현에 따라 다르며 심지어는 커널 버전에 따라 다르게 동작한다. 다음은 현재 버전에서의 대응 방식이다.

POSIX_FADV_NORMAL 커널은 평소와 마찬가지로 동작하며 적당히 미리읽기 한다.

POSIX_FADV_RANDOM	커널에서 미리읽기를 하지 않고 매번 물리적인 읽기마다 최소한의 데이터만 읽는다.
POSIX_FADV_SEQUENTIAL	커널은 공격적으로 미리읽기를 수행하며 미리읽기 윈도우의 크기를 두 배로 늘린다.
POSIX_FADV_WILLNEED	커널이 미리읽기를 활성화하고 주어진 페이지를 메모리로 읽어 들인다.
POSIX_FADV_NOREUSE	현재는 POSIX_FADV_WILLNEED와 똑같이 동작한다. 향후 커널에서는 '한 번만 사용한다'는 동작 방식을 활용하는 추가적인 최적화를 수행할지도 모른다. madvise()에는 이에 대응하는 힌트가 없다.
POSIX_FADV_DONTNEED	커널은 주어진 범위 내의 데이터 중 캐싱 중인 데이터를 페이지 캐시에서 제거한다. 다른 힌트와는 달리 이 힌트는 madvise()에 대응하는 다른 힌트와는 다르게 동작한다.

다음 예제는 커널에게 파일 디스크립터 fd가 가리키는 전체 파일에 랜덤하게 접근하겠노라고 알려준다.

```
int ret;

ret = posix_fadvise (fd, 0, 0, POSIX_FADV_RANDOM);
if (ret == -1)
    perror ("posix_fadvise");
```

반환값과 에러 코드

posix_fadvise()는 성공하면 0을 반환하며 실패하면 −1을 반환하고 errno를 다음 중 하나로 설정한다.

EBADF	주어진 파일 디스크립터가 유효하지 않다.
EINVAL	advice가 유효하지 않거나, 파일 디스크립터가 파이프를 가리키거나, 명시한 advice를 지정한 파일에 적용할 수 없다.

4.4.2 readahead() 시스템 콜

posix_fadive() 시스템 콜은 리눅스 커널 2.6에 새롭게 추가되었다. 그 전에 readahead() 시스템 콜은 POSIX_FADV_WILLNEED 힌트와 동일한 동작 방식을 제공하기 위해 사용했었다. fadvise()와 달리 readahead()는 리눅스 전용 인터페이스다.

```
#define _GNU_SOURCE

#include <fcntl.h>

ssize_t readahead (int fd, off64_t offset, size_t count);
```

readahead()를 호출하면 파일 디스크립터 fd가 가리키는 파일의 [offset, offset+count) 영역의 페이지 캐시를 생성한다.

반환값과 에러 코드

readahead()은 호출이 성공하면 0을 반환한다. 실패하면 −1을 반환하고 errno를 다음 중 하나로 설정한다.

EBADF   주어진 파일 디스크립터가 유효하지 않거나 읽기가 가능하도록 열리지 않았다.
EINVAL   주어진 파일 디스크립터가 미리읽기를 지원하는 파일에 맵핑되지 않았다.

4.4.3 부담 없이 힌트를 사용하자

일반적으로 애플리케이션에서 발생하는 일부 부하는 커널에 힌트를 제공함으로써 쉽게 개선할 수 있다. 이런 힌트는 입출력의 부하를 완화시킨다. 하드 디스크는 매우 느리고 최신 프로세서는 매우 빠르므로 티끌 모아 태산이다. 그리고 적절한 힌트는 도움이 많이 된다.

파일 조각을 읽기 전에 POSIX_FADV_WILLNEED 힌트를 제공하여 커널이 읽으려는 파일을 페이지 캐시에 밀어 넣을 수 있다. 입출력은 백그라운드에서 비동기식으로 일어날 것이다. 애플리케이션이 최종적으로 파일에 접근하면 입출력을 블로킹하지 않고 원하는 작업을 완료할 수 있다.

반대로, 많은 데이터를 읽거나 쓴 후에 말하자면 비디오를 연속적으로 디스크에 기록하는 경우에 프로세스는 POSIX_FADV_DONTNEED 힌트를 커널에 넘겨, 주어진 파일 조각을 페이지 캐시에서 제거할 수도 있다. 대규모 스트리밍 작업은 연속적으로 페이지 캐시를 채운다. 만약에 애플리케이션이 그 데이터에 다시 접근하지 않는다면 이 페이지 캐시는 더 유용한 데이터를 캐시에 넣는 대신에 불필요한 데이터로 가득 차있게 된다. 따라서 비디오 스트리밍 애플리케이션의 경우에는 주기적으로 캐시에서 스트림 데이터를 제거하도록 요청하는 편이 합리적이다.

파일 전체를 읽을 때는 POSIX_FADV_SEQUENTIAL 힌트를 사용해서 커널에 미리읽기를 공격적으로 수행하도록 할 수 있다. 반대로 파일을 랜덤하게 접근하거나 파일의 이곳저곳을 읽어야 한다면 POSIX_FADV_RANDOM 힌트를 사용해서 불필요한 미리읽기가 발생하지 않도록 할 수 있다.

4.5 동기화, 동기식, 비동기식 연산

유닉스 시스템은 동기화^{synchronized}, 비동기화^{nonsynchronized}, 동기식^{synchronous}, 그리고 비동기식^{asynchronous}이라는 용어가 사람들에게 혼란을 주고 있다는 사실을 그다지 고려하지 않은 채 흔히 사용하고 있다. 영어에서 동기식^{synchronous}과 동기화^{synchronized}는 크게 다르지 않다.

동기식 쓰기 연산은 최소한 쓰고자 하는 데이터가 커널의 버퍼 캐시에 기록되기 전까지는 반환되지 않는다. 동기식 읽기 연산은 읽고자 하는 데이터가 애플리케이션에서 제공하는 사용자 영역의 버퍼에 저장되기 전까지는 반환되지 않는다. 반면에 비동기식 쓰기 연산은 심지어 데이터가 사용자 영역에 머무르고 있을지라도 즉시 반환될 수 있다. 비동기식 읽기 연산은 읽으려는 데이터가 미처 준비되기도 전에 반환될 수 있다. 이 말은 비동기식 연산은 나중을 위해서 요청을 큐에 넣을 뿐 실제로 요청된 작업을 수행하지 않는다는 의미이다. 물론, 이런 경우에 실제 연산이 완료되었는지, 그리고 어느 정도나 수행했는지 확인할 수 있는 어떤 메커니즘이 반드시 존재해야 한다.

동기화^{synchronized} 연산은 단순한 동기식^{synchronous} 연산보다 좀 더 제약적이지만 더 안전하다. 동기화 쓰기 연산은 데이터를 디스크에 기록해서 커널 버퍼에 있던 데이터와 디스크에 기록된 데이터가 동기화되도록 보장한다. 동기화 읽기 연산은 항상 데이터의 최신 복사본을 반환하며 이 복사본은 디스크에서 읽어낼 가능성이 높다.

정리하면 동기식synchronous과 비동기식asynchronous이라는 용어는 입출력 연산이 반환하기 전에 어떤 이벤트(예를 들면 데이터의 저장)를 기다리는지의 여부를 나타낸다. 동기화synchronized와 비동기화nonsynchronized라는 용어는 정확한 어떤 이벤트(예를 들어 데이터를 디스크에 기록)가 발생해야 함을 나타낸다.

보통 유닉스의 쓰기 연산은 동기식이자 비동기화 연산이다. 읽기 연산은 동기식이면서 동기화 연산이다.* 쓰기 연산의 경우에는 [표 4-1]에서 나타나 있듯이 이런 특징들의 모든 가능한 조합으로 동작할 수 있다.

표 4-1 쓰기 연산의 동기화 방식

	동기화	비동기화
동기식	쓰기 연산은 데이터를 디스크에 다 비우기 전에는 반환되지 않는다. 파일을 열 때, O_SYNC 플래그를 명시했을 때 이렇게 동작한다.	쓰기 연산은 데이터가 커널 버퍼에 저장되기 전까지는 반환되지 않는다. 이는 일반적인 동작 방식이다.
비동기식	쓰기 연산은 요청이 큐에 들어가자마자 반환된다. 일단 최종적으로 쓰기 연산이 실행되어야 데이터가 디스크에 기록된다.	쓰기 연산은 요청이 큐에 들어가자마자 반환된다. 일단 최종적으로 쓰기 연산이 실행되어야 적어도 데이터가 커널 버퍼에 저장된다.

읽기 연산의 경우 오래 지난 데이터를 읽는 것은 의미가 없으므로 항상 동기화 방식으로 동작한다. 하지만 이런 연산도 동기식, 혹은 비동기식으로 동작할 수 있으며 차이점은 [표 4-2]에서 확인할 수 있다.

표 4-2 읽기 연산의 동기화 방식

	동기화
동기식	읽기 연산은 최신 데이터가 제공된 버퍼로 읽어오기 전에는 반환하지 않는다(이것이 일반적인 동작 방식이다).
비동기식	읽기 연산은 요청이 큐에 들어가자마자 반환된다. 하지만 최종적으로 읽기 연산이 실행되어야 최신 데이터를 반환한다.

----

* 읽기 연산 역시 기술적으로는 쓰기 연산과 마찬가지로 비동기화 방식이다. 하지만 커널은 페이지 캐시가 최신 데이터를 담고 있도록 보장한다. 즉 페이지 캐시에 들어 있는 데이터는 항상 디스크에 있는 데이터와 동일하거나 더 최신 데이터라고 할 수 있다. 이 때문에 실제 동작 방식은 항상 동기화 방식이다. 다른 방식으로 동작해야 할 이유가 별로 없다.

2장에서 O_SYNC 플래그를 사용해서 쓰기 연산을 동기화 하는 방법과 어떻게 모든 입출력을 원하는 시점에 동기화할 수 있는지(fsync() 계열 함수를 사용해서) 설명했다. 이제 읽기와 쓰기를 비동기식으로 작성하는 방법을 알아보자.

4.5.1 비동기식 입출력

비동기식 입출력을 수행하려면 커널의 최하위 레벨에서부터 지원이 필요하다. POSIX 1003.1-2003에는 aio 인터페이스가 정의되어 있으며 리눅스에서 이를 구현하고 있다. aio 라이브러리는 비동기식 입출력을 요청하고 작업이 완료되면 알림을 받는 함수를 제공한다.

```
#include <aio.h>

/* 비동기식 입출력 제어 블록 */
struct aiocb {
    int aio_fildes;          /* 파일 디스크립터 */
    int aio_lio_opcode;      /* 수행할 작업 */
    int aio_reqprio;         /* 요청 우선순위 오프셋 */
    volatile void *aio_buf;  /* 버퍼에 대한 포인터 */
    size_t aio_nbytes;       /* 연산의 크기 */
    struct sigevent aio_sigevent;    /* 시그널 번호와 값 */

    /* 내부적으로 사용하는 프라이빗 멤버... */
};

int aio_read (struct aiocb *aiocbp);
int aio_write (struct aiocb *aiocbp);
int aio_error (const struct aiocb *aiocbp);
int aio_return (struct aiocb *aiocbp);
int aio_cancel (int fd, struct aiocb *aiocbp);
int aio_fsync (int op, struct aiocb *aiocbp);
int aio_suspend (const struct aiocb * const cblist[],
    int n,
    const struct timespec *timeout);
```

4.6 입출력 스케줄러와 성능

최신 시스템에서는 디스크와 시스템의 나머지 부분 간의 상대적인 성능 차이가 상당히 크다. 디스크의 성능을 가장 심각하게 떨어뜨리는 부분은 탐색^{seek}이라고 하는 하드 디스크에서 데이터를 읽고 쓰는 헤드를 이동시키는 과정이다. 여러 개의 연산을 1/3나노 초가 걸리는 간단한 프로세서 사이클 하나로 처리하는 세상이지만 디스크 탐색에는 비록 짧은 시간이긴 하지만 평균 8밀리 초 이상이 소요된다. 이는 프로세서의 사이클 하나보다 25,000,000배나 더 오래 걸리는 시간이다.

하드 디스크와 나머지 시스템 간의 성능상의 차이 때문에 입출력 요청을 순서대로 디스크로 보내는 방식은 엄청나게 투박하고 효율적이지 못하다. 따라서, 최신 운영체제의 커널은 입출력 스케줄러를 구현해서 입출력 요청의 순서와 시간을 조작하는 방법으로 디스크 탐색 횟수를 최소화한다. 입출력 스케줄러는 디스크 접근에 따른 성능 하락을 줄이기 위해 바쁘게 동작한다.

4.6.1 디스크 주소 지정 방식

입출력 스케줄러의 역할을 이해하려면 몇 가지 배경지식이 필요하다. 하드 디스크는 우리가 익숙한 실린더, 헤드, 섹터 또는 CHS^{Cylinder, Head, Sector} 주소 지정 방식을 사용한다. 하드 디스크는 플래터 여러 장으로 구성되어 있으며 각 플래터는 하나의 디스크, 스핀들, 그리고 읽기/쓰기 헤더로 구성되어 있다. 플래터를 CD로 생각하고 여러 개의 플래터는 겹쳐진 CD라고 생각하면 될 것이다. 각각의 플래터는 CD처럼 원형의 트랙으로 나뉘어져 있다. 그리고 그 트랙들은 정수 개의 섹터로 나뉘어져 있다.

특정 데이터가 저장되어 있는 디스크의 위치를 찾을 때 하드 디스크는 실린더, 헤드, 섹터 값을 필요로 한다. 실린더 값은 데이터가 위치한 트랙을 나타낸다. 만약에 플래터를 다른 플래터 위에 쌓아 두었다면 주어진 트랙은 각 플래터를 통과하는 실린더(원기둥)를 형성한다. 다시 말하자면 실린더는 각 디스크의 중심에서 같은 거리만큼 떨어져 있는 트랙을 나타낸다. 헤드 값은 요청한 읽기/쓰기 헤드(정확한 플래터)의 정확한 값을 구분한다. 여기까지 탐색 과정은 단일 플래터에 있는 단일 트랙까지로 범위가 좁혀졌다. 그리고 나서 디스크는 섹터 값을 사용해서 트랙에 위치한 정확한 섹터를 찾는다. 여기까지 오면 탐색이 완료된 것이다. 하드 디스크는 데이터를 찾기 위해 어떤 플래터의 어느 트랙, 어느 섹터에 데이터가 있는지 알아야 한다. 이제 올바른 플래터의 읽기/쓰기 헤드를 올바른 트랙에 위치시키고 필요한 섹터에서 데이터를 읽거나 쓴다.

다행히도 요즘 나온 하드 디스크는 컴퓨터가 실린더, 헤드, 섹터값으로 디스크에서 데이터를 읽도록 강제하지 않는다. 대신 유일한 블록 번호(물리 블록 혹은 디바이스 블록이라고 하는)를 모든 실린더/헤드/섹터에 맵핑해서 하나의 블록이 특정 섹터에 대응되도록 한다. 현대적인 운영체제는 이 블록 번호를 이용해서 하드 디스크의 주소를 지정할 수 있다. 이를 논리 블록 주소 지정LBA: Logical Block Addressing이라고 한다.* 이 블록 번호를 가지고 하드 디스크는 내부적으로 올바른 CHS 주소로 변환한다. 비록 항상 그렇다고 할 수는 없지만 블록과 CHS는 연속적으로 맵핑되는 경향이 있다. 논리 블록 n과 n+1은 디스크에서 물리적으로 인접하는 경향이 있다. 이런 순차적인 맵핑이 중요한 이유는 잠시 후에 살펴보겠다.

반면 파일시스템은 소프트웨어로만 존재한다. 파일시스템은 논리 블록(파일시스템 블록이라고 하거나 헷갈리긴 하지만 그냥 블록이라고도 한다)이라고 하는 독자적인 단위를 사용해서 동작한다. 논리 블록의 크기는 물리적인 블록 크기의 정수배가 되어야 한다. 다시 말해, 파일시스템의 논리 블록은 하나 이상의 디스크의 물리 블록에 맵핑되어 있다.

4.6.2 입출력 스케줄러의 동작 방식

입출력 스케줄러는 병합과 정렬이라는 두 가지 기본 동작을 수행한다. 병합은 둘 이상의 인접한 입출력 요청을 단일 요청으로 합치는 과정이다. 예를 들어, 두 요청이 있을 때 하나는 디스크의 5번 블록을 읽으려 하고, 다른 하나는 6번부터 7번까지의 블록을 읽으려 한다. 이 요청은 디스크 블록 5번부터 7번까지 읽는 하나의 요청으로 합쳐질 수 있다. 읽어야 하는 양은 동일하지만 수행해야 하는 입출력 연산의 횟수는 절반으로 줄어든다.

정렬은 병합보다 더 중요한데, 대기 중인 입출력 요청을 블록 순서의 오름차순으로 정렬하는 것이다. 예를 들어 블록 52, 109, 7에 대한 입출력 연산이 들어오면 입출력 스케줄러는 이 요청을 7, 52, 109 순서대로 정렬한다. 그리고 만약에 81번 블록에 대한 새로운 요청이 들어오면 52번 블록과 109번 블록에 대한 연산 요청 사이에 이를 끼워 넣는다. 그리고 나서 입출력 스케줄러는 큐에 들어 있는 순서대로 7, 52, 81, 109번 순서대로 요청을 처리한다.

---

* 오랫동안 블록 번호의 제약은 전체 디스크 크기에 다양한 제약을 가하고 있다.

이런 방식을 통해 디스크의 헤드 움직임을 최소화한다. 디스크 헤드를 되는 대로 막 여기저기 왔다 갔다 하는 대신에 디스크 헤드를 선형적인 방법으로 부드럽게 이동시킬 수 있다. 탐색은 디스크 입출력에서 가장 오랜 시간이 걸리는 과정이므로 이를 통해 성능을 대폭 개선할 수 있다.

4.6.3 읽기 개선

읽기 요청은 반드시 최신 데이터를 반환해야 한다. 따라서 요청한 데이터가 페이지 캐시에 존재하지 않으면 디스크에서 데이터를 읽어올 때까지 블록되어야 하며 이는 시간이 오래 걸릴 수 있는 작업이다. 이런 성능 영향을 읽기 레이턴시latency라고 한다.

일반적인 애플리케이션은 짧은 시간 동안 여러 차례 읽기 입출력 요청을 보낸다. 각 요청은 독립적으로 동기화되어야 하므로 나중에 들어온 요청은 앞선 요청의 완료에 의존적이다. 디렉터리에서 모든 파일을 읽는 경우를 생각해보자. 애플리케이션에서 첫 번째 파일을 열고 파일의 일부를 읽고 데이터를 기다린다. 그리고 다음 일부를 읽고 또 기다린다. 이렇게 파일 전체를 다 읽고 난 다음, 다음 파일에 대해 똑같은 작업을 시작한다. 요청은 모두 직렬화되어 다음 요청은 현재 요청이 완료되기 전까지는 처리되지 않는다.

이는 특정 시점까지는 디스크 입출력이 불필요한 쓰기 요청(기본적으로 비동기화 상태인)과는 아주 대조적이다. 따라서 사용자 영역 애플리케이션 관점에서 쓰기 요청은 디스크 성능에 방해가 되지 않는 스트림을 사용한다. 쓰기 스트림은 커널과 디스크의 주의를 독차지할 수 있으므로 이런 스트리밍 동작 방식은 읽기 문제만 복잡하게 된다. 이런 현상을 쓰기가 읽기를 굶겨 죽이는 문제writes-starving-reads problem라고 한다.

만일 입출력 스케줄러가 항상 요청이 들어온 순서에 따라 새로운 요청을 끼워 넣는다면 멀리 떨어진 블록에 대한 요청을 무기한으로 굶겨 죽일 수 있다. 이전 예제를 생각해보면 50번 블록에 대한 새로운 요청이 끊임없이 들어오면 109번 블록에 대한 요청은 절대 처리하지 못할 것이다. 읽기 레이턴시가 심각하므로 이런 동작 방식은 시스템의 성능을 크게 저하시킨다. 따라서 입출력 스케줄러는 이런 굶겨 죽이는 사태를 방지할 수 있는 메커니즘을 도입하고 있다.

리눅스 2.4 커널의 입출력 스케줄러에서 채택한 리누스 엘리베이터* 같은 단순한 접근 방식은 큐에 충분히 오래된 요청이 있다면 삽입-정렬 기능을 멈춘다. 이 방법은 전체 성능을 희생하여

---

* 그렇다. 이 입출력 스케줄러는 '그' 사람이 만들었다. 입출력 스케줄러를 종종 엘리베이터 알고리즘이라고 부르는 이유는 엘리베이터를 유연하게 운영하기 위한 문제를 해결하는 방법과 유사하기 때문이다.

요청에 대한 공정성을 유지하고 읽기 요청인 경우 레이턴시를 개선한다. 문제는 이 휴리스틱이 너무 단순하다는 점이다. 이 문제점을 인식하고 리눅스 커널 2.6에서는 리누스 엘리베이터를 사용하지 않고 몇 가지 새로운 입출력 스케줄러를 공개했다.

데드라인 입출력 스케줄러

데드라인 입출력 스케줄러는 커널 2.4의 입출력 스케줄러와 전통적인 엘리베이터 알고리즘의 일반적인 문제를 해결하기 위해 도입되었다. 리누스 엘리베이터는 대기 중인 입출력 요청을 정렬된 목록으로 유지한다. 큐의 제일 앞에 위치한 입출력 요청은 다음에 처리할 요청이다. 데드라인 입출력 스케줄러는 이 큐를 유지하고 거기에 읽기 FIFO 큐와 쓰기 FIFO 큐라는 두 가지 추가 큐를 도입하여 문제를 해결한다. 각 큐에 있는 아이템은 큐에 들어온 시간에 따라 정렬된다(먼저 들어온 아이템이 먼저 나간다). 읽기 FIFO 큐는 이름처럼 읽기 요청만 담고 있고 쓰기 FIFO 큐는 쓰기 요청만 가지고 있다. 이 FIFO 큐에 들어 있는 각 요청은 만료기간이 할당되어 있다. 읽기 FIFO 큐는 500밀리 초, 쓰기 FIFO 큐는 5초의 만료기간이 설정되어 있다.

새로운 입출력 요청이 들어오면 표준 큐에 삽입-정렬되고 읽기 혹은 쓰기 FIFO 큐의 끝 부분에 위치한다. 보통 정렬된 표준 큐의 앞부분에 있는 입출력 요청을 하드 디스크로 보낸다. 이 방식은 리누스 엘리베이터와 마찬가지로 표준 큐가 블록 번호로 정렬되어 있으므로 탐색을 최소화하여 전체 처리량을 최대로 높인다.

하지만 FIFO 큐 앞부분에 있는 아이템이 해당 큐의 만료기간보다 오래되면 입출력 스케줄러는 표준 큐에서 입출력 요청을 처리하지 않고 해당 FIFO 큐에서 요청을 처리하기 시작한다. FIFO 큐 앞부분에 있는 요청에 더하여 성능 개선을 위해 몇 가지 추가 작업을 처리한다. 데드라인 입출력 스케줄러는 큐 앞부분에 있는 요청이 가장 오래되었으므로 이 요청만 검사해서 처리하면 된다.

이런 방식을 통해 데드라인 입출력 스케줄러는 입출력 요청에 대한 말랑한 데드라인을 강제한다. 비록 입출력 요청이 만료되기 전에 처리된다는 보장은 할 수 없지만 일반적으로 데드라인 입출력 스케줄러는 거의 요청 만료시간 안에 요청을 처리한다. 따라서 데드라인 입출력 스케줄러는 용납이 안 될 정도로 오랜 시간 동안 요청을 굶겨 죽이지 않은 채로 훌륭하게 전체 처리량을 달성할 수 있다. 읽기 요청의 만료시간이 좀 더 짧기 때문에 쓰기가 읽기를 굶겨 죽이는 문제도 최소화한다.

예측 입출력 스케줄러

데드라인 입출력 스케줄러의 동작 방식은 훌륭하긴 해도 완벽하진 않다. 읽기 의존에 대한 내용을 떠올려보자. 데드라인 입출력 스케줄러는 연속된 읽기 요청 중 첫 번째 요청을 만료시간 내로 처리한 다음, 정렬된 큐에서 입출력 요청을 처리하기 위해 돌아온다. 여기까지는 문제가 없다. 하지만 애플리케이션에서 또 다른 읽기 요청을 몰아서 하면 어떻게 될까? 결국 만료시간이 다가오고 입출력 스케줄러가 디스크에 요청을 보내면 바로 요청을 처리하기 위해 탐색을 수행하고 그런 후에 정렬된 큐의 요청을 계속 처리하기 위해 또 탐색을 하게 된다. 이렇게 왔다 갔다 하면서 탐색 작업을 계속 하는 이유는 많은 애플리케이션이 이렇게 동작하기 때문이다. 레이턴시를 최소로 유지하지만 전체 처리량은 그다지 좋지 못한 이유는 읽기 요청이 계속해서 들어오고 디스크가 이를 처리 하기 위해 앞뒤로 계속 왔다 갔다 하기 때문이다. 만일 디스크가 다른 읽기 요청을 기다리면서 잠시 쉬면서 정렬된 큐를 다시 처리하기 위해 움직이지 않는다면 성능은 개선될 것이다. 하지만 불행하게도 애플리케이션이 스케줄링되고 다음 의존성이 걸린 읽기 요청을 보낸 시점이면 입출력 스케줄러는 이미 변속이 끝난 상태이다.

이 골치 아픈 읽기 의존 문제는 또 발생한다. 새로운 읽기 요청은 앞선 요청이 반환되어야만 처리된다. 하지만 애플리케이션이 읽은 데이터를 받기까지 스케줄러는 계속 동작하고 다음 읽기 요청을 제출하면 입출력 스케줄러는 다른 요청을 처리하기 시작한다. 이렇게 되면 매번 데이터를 읽을 때마다 데이터를 읽어서 서비스 하는 데 한 번, 다시 되돌리는 데 한 번, 총 두 번의 탐색을 낭비하게 된다. 만약 입출력 스케줄러가 디스크의 동일한 위치에 대한 읽기가 곧 제출될 것이라는 사실을 알게 된다면 왔다 갔다 탐색하는 대신 다음 읽기를 예측하고 기다릴 수 있게 된다. 이렇게 낭비가 심한 탐색 비용을 절약할 수 있다면 몇 밀리 초 정도는 충분히 기다릴만한 가치가 있다.

이게 바로 예측 입출력 스케줄러가 동작하는 방식이다. 예측 입출력 스케줄러는 데드라인 입출력 스케줄러로 시작하지만 예측 메커니즘을 추가하여 능력이 강화된다. 읽기 요청이 들어오면 예측 입출력 스케줄러는 평소처럼 만료시간 내에 요청을 처리한다. 하지만 데드라인 입출력 스케줄러와 다르게 예측 입출력 스케줄러는 요청을 처리한 후 아무것도 하지 않고 6밀리 초까지 기다린다. 이 6밀리 초는 애플리케이션이 파일시스템의 동일한 부분에 대한 새로운 읽기를 요청할 충분한 시간이다. 기다리는 동안 새로운 요청이 들어오면 해당 읽기 요청은 즉시 처리되고 예측 입출력 스케줄러는 좀 더 기다린다. 만약에 기다리는 6밀리 초 동안 더 이상의 읽기 요청이 없다면 예측 입출력 스케줄러는 예측이 잘못되었음을 인정하고 표준 정렬 큐를 처리하는 것처럼 이전에 작업한 내용을 반환한다. 적당한 횟수의 요청을 제대로 예측했다면 두 번에 걸친 탐색 과정에서 소요되는 엄청난 시간을 많이 절약할 수 있다. 대부분의 읽기는 의존적이므로 예측을 통해 시간을 많이 아낄 수 있다.

CFQ 입출력 스케줄러

CFQ$^{\text{Complete Fair Queuing}}$ 입출력 스케줄러는 유사한 목적을 달성하기 위해 다른 접근 방식*을 이용한다. CFQ를 사용하면 프로세스마다 독자적인 큐를 할당하고, 각 큐는 시간을 할당받는다. CFQ 입출력 스케줄러는 라운드 로빈 방식으로 각 큐를 순회하면서 그 큐에 허락된 시간이 다 지나거나 요청이 더 이상 남아 있지 않을 때까지 그 큐에 있는 요청을 처리한다. 시간이 남았지만 요청이 더 이상 큐에 남아 있지 않은 경우 CFQ 입출력 스케줄러는 짧은 시간(기본값으로 10밀리 초) 동안 그 큐에 들어오는 새로운 요청을 기다린다. 만약 예측이 맞아떨어지면 입출력 스케줄러는 탐색을 피할 수 있다. 예측이 틀렸다면 기다린 보람도 없이 다음 프로세스의 큐로 이동한다.

각 프로세스의 개별 큐 안에서 동기화된 요청(읽기 같은)은 동기화되지 않은 요청보다 좀 더 높은 우선순위를 갖는다. 이런 식으로 CFQ는 읽기 요청을 배려하여 쓰기 요청이 읽기를 굶겨 죽이는 문제를 회피한다. 프로세스 단위로 큐를 설정하기 때문에 CFQ 입출력 스케줄러는 전체 성능을 좋게 유지하면서도 모든 프로세스에 공정하게 동작한다.

CFQ 입출력 스케줄러는 대부분의 업무 부하에 적합하며 가장 먼저 고려해볼 만하다.

Noop 입출력 스케줄러

Noop 입출력 스케줄러는 사용 가능한 스케줄러 중에서 가장 기본적인 스케줄러다. 이 스케줄러는 정렬을 수행하지 않고 기본적인 병합만 수행한다. Noop 입출력 스케줄러는 요청을 정렬할 필요가 없거나 정렬을 하지 않는 장치에 특화된 스케줄러다.

---

* CFQ 입출력 스케줄러의 현재 구현에 대해서 설명하고 있다. 이전 버전에서는 예측 휴리스틱이나 큐마다 시간을 할당하지는 않았지만 유사한 방식으로 동작했었다.

솔리드 스테이트 드라이브(SSD)

플래시 드라이브 같은 솔리드 스테이트 드라이브SSD, Solid-State Drives는 최근 폭발적인 인기를 끌고 있다. 휴대폰이나 태블릿, 또는 하드 디스크처럼 모터로 구동되는 저장장치를 사용하지 않는 모든 종류의 장치에서 사용되고 있다. SSD는 하드 디스크와 비교하여 엄청나게 빠른 탐색시간이 특징이며 데이터 블록을 찾기 위해서 헤드를 움직이는 수고가 필요 없다. SSD는 RAM과 크게 다르지 않다. 연속된 방대한 데이터를 한 번에 읽을 수 있고, 데이터가 드라이브의 어느 곳에 위치하더라도 접근하는 데 추가적인 시간이 걸리지도 않는다.

그 결과, SSD에 대한 입출력 요청을 정렬해봤자 큰 소득을 얻을 수 없으며 이런 종류의 장치에서는 입출력 스케줄러의 기능이 큰 효과를 발휘하지 못한다. 그래서 SSD를 사용하는 많은 시스템에서는 Noop 입출력 스케줄러를 사용해서 효과를 볼 수 있는 병합은 제공하고 정렬을 하지 않는다. 하지만 어우러진 성능을 최적화하기 위한 시스템에서는 SSD일지라도 CFQ 입출력 스케줄러의 공정함을 선호하기도 한다.

4.6.4 입출력 스케줄러 선택과 설정

기본 입출력 스케줄러는 부팅 시 커널 명령행 인자인 iosched를 통해서 선택할 수 있다. 유효한 값으로는 cfq, deadline, noop이 있다. 또한, 실행 중에도, 각 장치에 대해 /sys/block/[device]/queue/scheduler 값을 변경해서 입출력 스케줄러를 선택할 수 있다. 여기서 [device]는 블록 디바이스다. 이 파일에서 현재 선택된 입출력 스케줄러의 정보를 얻을 수 있으며 이 파일에 유효한 스케줄러를 기록해서 입출력 스케줄러를 설정할 수 있다. 예를 들어 sda 장치에 CFQ 입출력 스케줄러를 설정하고 싶다면 다음과 같이 하면 된다.

```
# echo cfq > /sys/block/sda/queue/scheduler
```

/sys/block/[device]/queue/iosched 디렉터리에는 입출력 스케줄러와 관련된 값을 얻거나 설정할 수 있는 파일을 포함하고 있다. 정확한 옵션은 현재 사용 중인 입출력 스케줄러에 따라 다르다. 이 파일을 고치려면 root 권한이 필요하다.

훌륭한 프로그래머라면 입출력 서브시스템에 중립적인 프로그램을 작성할 것이다. 하지만 이런 서브시스템에 대한 지식이 있다면 최적화된 코드를 작성하는 데 분명 도움이 된다.

4.6.5 입출력 성능 최적화

디스크 입출력은 시스템의 다른 구성 요소에 비해 많이 느리기 때문에 입출력 성능을 극대화하는 것은 최신 컴퓨팅 환경에서도 여전히 중요한 부분이다.

자잘한 연산을 묶어서 큼지막한 덩어리 몇 개로 합치는 방법으로 입출력 연산을 최소화하고, 입출력을 블록 크기에 정렬되도록 수행하거나 3장에서 살펴봤던 사용자 버퍼링을 사용하는 기법은 시스템 프로그래머가 갖춰야 할 중요한 기본기이다. 또한, 벡터 입출력, 위치를 지정한 입출력(2장 참조), 비동기식 입출력과 같은 고급 입출력 기법을 최대한 활용하는 것도 시스템 프로그래밍에서 고려되어야 하는 중요한 패턴이다.

요구사항이 복잡하고 엄청난 입출력을 감당해야 하는 애플리케이션에서는 성능을 극대화하기 위해 추가적인 트릭을 사용할 수도 있다. 앞서 살펴봤듯이 리눅스 커널이 고급 입출력 스케줄러를 활용해서 무시무시한 디스크 탐색을 최소화하고 있긴 하지만, 사용자 영역 애플리케이션 역시 유사한 방식을 활용해서 더 나은 성능을 얻을 수 있도록 같은 노력을 기울여야 한다.

사용자 영역에서 입출력 스케줄링하기

엄청난 입출력을 처리해야 하는 애플리케이션은 리눅스 입출력 스케줄러와 같은 임무를 가지고 입출력 요청을 정렬하고 병합해서 한 방울의 성능이라도 더 뽑아내야 한다.*

입출력 스케줄러가 요청을 블록 단위로 정렬하고, 디스크 헤드가 불필요한 탐색을 하지 않도록 탐색을 최소화한다는 사실을 알고 있으면서 왜 같은 일을 두 번 해야 하는 것일까? 어마어마하게 많은 정렬되지 않은 입출력 요청을 하는 애플리케이션이 있다고 생각해보자. 이 요청은 보통 무작위 순서로 입출력 스케줄러의 큐에 들어간다. 입출력 스케줄러는 이 요청을 정렬하고 병합해서 디스크로 보낸다. 하지만 아직 애플리케이션에서는 입출력 요청을 계속 생성 중인데 입출력 스케줄러가 요청을 디스크로 보내버릴 수 있다. 입출력 스케줄러가 한 번에 정렬할 수 있는 요청은 전체 요청 중 일부이다.

따라서, 만약 애플리케이션이 많은 요청을 생성하고 있고 말하자면 디스크에 있는 전체 데이터에 대한 요청을 생성하고 있다면 이 요청을 제출하기 전에 정렬을 한다면 입출력 스케줄러에 원하는 순서대로 보낼 수 있게 되는 것이다.

----

* 입출력이 많이 일어나는 중요한 애플리케이션에만 이 기법을 적용해야 한다. 입출력이 많지 않은 애플리케이션에서 입출력 요청을 정렬하는 건 불필요하고 어리석은 짓이다.

하지만 사용자 영역 애플리케이션은 커널과 동일한 정보에 접근할 수 없다. 입출력 스케줄러 내부에서 요청은 이미 물리적인 디스크 블록 관점에서 명시된다. 이를 정렬하는 것은 사소한 일이다. 하지만 사용자 영역에서 요청은 파일과 오프셋으로 기술된다. 사용자 영역 애플리케이션은 이런 정보를 조사하고 파일시스템의 배치에 대한 학습을 토대로 추측해야 한다.

특정 파일에 대한 입출력 요청 목록을 탐색이 편리한 순서로 정렬하기 위해 사용자 영역 애플리케이션이 선택할 수 있는 옵션은 다음과 같은 것이 있다.

- 파일의 전체 경로
- inode 번호
- 파일의 물리적인 디스크 블록

각 옵션은 저마다의 장단점이 있다. 하나씩 간략하게 살펴보자.

경로로 정렬하기

파일 경로로 정렬하는 방법은 가장 쉽지만 효과는 적은 방법으로 블록 단위 정렬을 흉내내는 방식이다. 대부분의 파일시스템에서 사용하고 있는 배치 알고리즘에 의해서 어떤 디렉터리 내의 파일과 부모 디렉터리를 공유하는 디렉터리들은 디스크에서 인접하는 경향이 있다. 거의 같은 시간에 같은 디렉터리 내에 생성된 파일의 경우에는 이런 특성을 따를 확률이 높다.

따라서, 파일 경로로 정렬하는 방법은 디스크에 있는 파일의 물리적인 위치를 얼추 비슷하게 맞출 수 있다. 완전히 다른 파일시스템에 존재하는 두 파일보다 같은 디렉터리에 존재하는 두 파일이 디스크에서 인접해 있을 확률이 높다는 사실은 분명하다. 이런 접근 방법의 단점은 파편화를 고려하지 않았다는 것이다. 파편화가 심한 파일시스템일수록 파일 경로로 정렬하는 방법은 덜 유용하다. 파편화로 인한 영향을 무시하더라도 파일 경로 정렬은 실제 블록단위 순서의 근사값일 뿐이다. 장점은 적어도 모든 파일시스템에 적용 가능한 방법이라는 것이다. 파일 배치에 어떤 방법을 사용하더라도 일시적인 지역성 덕분에 중간 정도의 정확도를 기대할 수 있다. 또한, 구현하기 가장 쉬운 방법이기도 하다.

inode로 정렬하기

inode는 개별 파일과 관련된 메타데이터를 담고 있는 유닉스의 구성 요소다. 파일의 데이터가 물리적인 디스크 블록 여러 개를 점유하고 있다 해도 파일은 파일의 크기, 권한, 소유자 같은 정보를 담고 있는 하나의 inode만을 가진다. inode는 8장에서 자세히 살펴보겠지만 지금은 모든 파일은 그 파일과 관계된 하나의 inode를 가지고 있고, inode는 유일한 번호가 할당된다는 사실 두 가지만 알아두면 된다.

inode 번호로 정렬하는 방법은 다음 관계를 가정할 때 파일 경로를 정렬하는 것보다 더 쉽다.

파일 i의 inode 번호 < 파일 j의 inode 번호

이는 일반적으로 다음 의미를 내포하고 있다.

파일 i의 물리 블록 < 파일 j의 물리 블록

이는 ext3이나 ext4 같은 유닉스 파일시스템에서는 명백한 사실이다. 실제 inode를 활용하지 않는 파일시스템에서는 통하지 않겠지만 inode 번호는 그게 어디에 맵핑되어 있든 여전히 훌륭한 정렬 기준이다.

inode 번호는 8장에서 살펴볼 stat( ) 시스템 콜을 통해서 얻을 수 있다. 각 입출력 요청과 관련된 파일의 inode 번호를 가지고 오름차순으로 정렬한다.

주어진 파일의 inode 번호를 출력하는 간단한 프로그램은 다음과 같다.

```c
#include <stdio.h>
#include <stdlib.h>
#include <fcntl.h>
#include <sys/types.h>
#include <sys/stat.h>

/*
 * get_inode - 주어진 파일 디스크립터에 연결된 파일의 inode를 반환한다. 실패 시 -1을 반환한다.
 */

int get_inode (int fd) {
    struct stat buf;
    int ret;

    ret = fstat (fd, &buf);
    if (ret < 0) {
```

```
            perror ("fstat");
            return -1;
    }

    return buf.st_ino;
}

int main (int argc, char *argv[])
{
    int fd, inode;

    if (argc < 2) {
        fprintf (stderr, "usage: %s <file>\n", argv[0]);
        return 1;
    }

    fd = open (argv[1], O_RDONLY);
    if (fd < 0) {
        perror ("open");
        return 1;
    }

    inode = get_inode (fd);
    printf ("%d\n", inode);

    return 0;
}
```

get_inode( ) 함수는 다른 프로그램에도 쉽게 적용할 수 있다.

inode 번호로 정렬하면 몇 가지 장점이 있다. inode 번호는 쉽게 얻을 수 있고 정렬하기도 쉽다. 그리고 물리적인 파일 배치를 추측할 수 있는 좋은 지표다. 주된 단점으로는 파편화에 따라 추측이 틀릴 수 있고 유닉스 파일시스템이 아닌 경우에는 정확도가 떨어진다. 그럼에도 이 방법은 사용자 영역에서 입출력 요청을 스케줄링하기 위해 가장 흔히 사용되는 방법이다.

물리 블록으로 정렬하기

물론 자기만의 엘리베이터 알고리즘을 설계하기 위한 최적의 방법은 바로 물리적인 디스크 블록으로 정렬하는 것이다. 앞서 설명했듯이 각 파일은 파일시스템에서 가장 작은 할당 단위인 논리 블록 단위로 쪼개진다. 논리 블록의 크기는 파일시스템마다 다르다. 각각의 논리 블록은 하나의 물리 블록에 맵핑되어 있다. 파일이 차지하고 있는 논리 블록의 번호를 찾아내서 어떤 물리 블록에 맵핑되어 있는지 확인하고 이를 기반으로 정렬하는 것이다.

커널은 파일의 논리 블록에서 물리 디스크 블록을 알아내는 메서드를 제공한다. 이는 8장에서 살펴볼 ioctl() 시스템 콜의 FIBMAP 명령을 통해 구할 수 있다.

```
ret = ioctl (fd, FIBMAP, &block);
if (ret < 0)
    perror ("ioctl");
```

여기서 fd는 구하고자 하는 파일의 파일 디스크립터이며 block은 찾고 싶은 물리 블록에 대한 논리 블록이다. 호출이 성공하면 block은 물리 블록 번호로 바뀐다. 인자로 전달하는 block 은 0부터 시작하는, 파일에 상대적인 값이다. 즉 파일이 8개의 논리 블록으로 이루어져 있다면 유효한 block 값은 0부터 7이 된다.

논리 블록과 물리 블록의 맵핑을 찾으려면 2단계가 필요하다. 먼저 주어진 파일의 블록 개수를 구한다. 이는 stat() 시스템 콜로 구할 수 있다. 그리고 나서 각 논리 블록을 가지고 ioctl() 요청을 해서 이에 상응하는 물리 블록을 구한다.

다음은 명령행에서 전달한 파일로 지금까지 설명한 작업을 수행하는 프로그램 예제이다.

```c
#include <stdio.h>
#include <stdlib.h>
#include <fcntl.h>
#include <sys/types.h>
#include <sys/stat.h>
#include <sys/ioctl.h>
#include <linux/fs.h>

/*
 * get_block - 파일 디스크립터 fd와 관련된 파일의 논리 블록과 맵핑된 물리 블록을 반환한다.
 */
int get_block (int fd, int logical_block)
{
    int ret;

    ret = ioctl (fd, FIBMAP, &logical_block);
    if (ret < 0) {
        perror ("ioctl");
```

```
            return -1;
    }

    return logical_block;
}

/*
 * get_nr_blocks - 파일 디스크립터 fd와 관련된 파일이 차지하고 있는 논리 블록의 개수를 반환한다.
 */
int get_nr_blocks (int fd)
{
    struct stat buf;
    int ret;

    ret = fstat (fd, &buf);
    if (ret < 0) {
        perror ("fstat");
        return -1;
    }

    return buf.st_blocks;
}

/*
 * print_blocks - fd와 관련된 파일이 차지하고 있는 각 논리 블록과 맵핑된 물리 블록의 정보를
 * (논리 블록, 물리 블록) 튜플로 출력한다.
 */
void print_blocks (int fd)
{
    int nr_blocks, i;

    nr_blocks = get_nr_blocks (fd);
    if (nr_blocks < 0) {
        fprintf (stderr, "get_nr_blocks failed!\n");
        return;
    }

    if (nr_blocks == 0) {
        printf ("no allocated blocks\n");
        return;
    } else if (nr_blocks == 1)
        printf ("1 block\n\n");
    else
        printf ("%d blocks\n\n", nr_blocks);
```

```
        for (i = 0; i < nr_blocks; i++) {
            int phys_block;

            phys_block = get_block (fd, i);
            if (phys_block < 0) {
                fprintf (stderr, "get_block failed!\n");
                return;
            }
                if (!phys_block)
                continue;

            printf ("(%u, %u) ", i, phys_block);
        }

        putchar ('\n');
    }

    int main (int argc, char *argv[])
    {
        int fd;

        if (argc < 2) {
            fprintf (stderr, "usage: %s <file>\n", argv[0]);
            return 1;
        }

        fd = open (argv[1], O_RDONLY);
        if (fd < 0) {
            perror ("open");
            return 1;
        }

        print_blocks (fd);

        return 0;
    }
```

파일은 연속적인 경향이 있으며 입출력 요청을 논리 블록 기준으로 완벽하게 정렬하는 데는
어려움이 있으므로 파일의 첫 번째 논리 블록의 위치를 기준으로 정렬하는 것도 한 방법이다.
따라서 이 경우 get_nr_blocks()는 필요가 없고 다음 반환값을 기준으로 정렬을 수행할
수도 있다.

```
get_block (fd, 0);
```

FIBMAP의 단점은 root 권한이 필요한 CAP_SYS_RAWIO 기능을 요구한다는 점이다. 따라서 root 권한을 얻을 수 없는 애플리케이션은 이 방법을 사용할 수 없다. 더욱이 FIBMAP 명령어 자체는 표준에 명시되어 있지만 그 실제 구현은 파일시스템의 몫이기 때문에, 일반적인 ext2, ext3 같은 파일시스템에서는 FIBMAP을 지원하지만 잘 사용하지 않는 희소 파일시스템에서는 지원하지 않는다. FIBMAP을 지원하지 않는 경우 ioctl( )은 EINVAL을 반환한다.

하지만 이런 접근 방법의 장점은 정확히 정렬하고 싶은 대상인, 파일이 실제 존재하는 물리 디스크 블록을 반환한다는 점이다. 만약 단일 파일에 대한 모든 입출력을 단 하나의 블록 위치에 기반해서 정렬을 한다고 하더라도(커널의 입출력 스케줄러는 개별 요청을 블록 단위로 정렬한다) 이 접근 방법은 가장 이상적인 방법과 크게 다르지 않다. 하지만 root 권한이 필요하다는 사실은 애시당초 대부분의 상황에서 납득하기 어려운 부분이다.

4.7 맺음말

2, 3, 4장에서는 리눅스의 파일 입출력에 관한 모든 측면을 살펴봤다. 2장에서는 리눅스 파일 입출력의 기본이자 유닉스 프로그래밍의 기본이기도 한 read( ), write( ), open( ), close( ) 시스템 콜에 대해서 알아봤다. 3장에서는 사용자 영역 버퍼링과 그에 따른 표준 C 라이브러리의 구현에 대해서 살펴봤다. 4장에서는 강력하지만 단순한 입출력 시스템 콜에서부터 최적화 기법과 성능을 잡아먹는 무시무시한 디스크 탐색을 비롯한 고급 입출력의 다양한 측면에 대해서 알아봤다.

앞으로 이어질 5, 6장에서는 프로세스를 생성하고 종료하고 관리하는 방법에 대해서 알아보겠다. 가자!

CHAPTER **5**

프로세스 관리

1장에서 살펴봤듯이 프로세스는 유닉스 시스템에서 파일 다음으로 중요한 기본 개념이다. 프로세스는 활성화되어 실행 중인 살아있는 코드 객체이며 단순한 어셈블리 언어 이상의 의미가 있다. 또한, 데이터와 리소스, 상태, 가상화된 컴퓨터를 포함한다.

이 장에서는 프로세스의 생성부터 종료까지 프로세스의 기초를 살펴보려 한다. 프로세스의 기본은 유닉스 초기시절과 비교했을 때 변하지 않은 채로 남아 있다. 이렇게 오랜 세월 유지된 프로세스 관리는 앞을 내다본 유닉스의 전통적인 설계 철학이 빛나는 부분이다. 유닉스는 새로운 바이너리 이미지를 메모리에 적재하는 과정에서 새로운 프로세스를 생성하는 부분을 분리했다. 이는 이전까지는 아무도 걷지 않았던, 유닉스가 개척한 새로운 길이다. 비록 이 두 작업이 대부분 동시에 수행되지만, 이렇게 구분함으로써 각 작업을 발전시키고 실험하는 데 상당한 자유를 부여했다. 이 여정의 결과는 현재까지도 남아서 운영체제 대부분이 새로운 프로그램을 시작할 때 시스템 콜을 하나만 사용하는 반면 유닉스는 fork( )와 exec라는 두 개의 시스템 콜을 필요로 한다. 이 시스템 콜에 대해서 알아보기 전에 프로세스, 그 자체에 대해서 먼저 자세히 알아보도록 하자.

5.1 프로그램, 프로세스, 스레드

바이너리는 디스크 같은 저장장치에 기록되어 있는 컴파일된, 실행할 수 있는 코드를 말한다.

바이너리는 흔히 프로그램을 지칭하기도 한다. 때로는 애플리케이션을 뜻하기도 한다. 즉 /bin/ls와 /usr/bin/X11은 모두 바이너리다.

프로세스는 실행 중인 프로그램이다. 프로세스는 메모리에 적재된 바이너리 이미지와 가상화된 메모리의 인스턴스, 열린 파일 같은 커널 리소스, 관련된 사용자 정보와 같은 보안 정보와 하나 이상의 스레드를 포함하고 있다. 스레드는 프로세스 내 실행 단위이다. 각각의 스레드는 저마다의 가상화된 프로세서를 가지고 있으며 여기에는 스택과 레지스터, 명령어 포인터 같은 프로세서의 상태가 포함되어 있다.

싱글스레드 프로세스는 프로세스가 곧 스레드가 된다. 여기에는 가상화된 메모리 인스턴스 하나와 가상 프로세서 하나가 존재한다. 멀티스레드 프로세스에는 당연히 스레드가 여러 개 존재한다. 그 프로세스와 관련된 가상 메모리는 모든 스레드가 같은 주소 공간을 공유하게 된다.

5.2 프로세스 ID

모든 프로세스는 프로세스 ID(줄여서 pid)라고 하는 유일한 식별자로 구분된다. pid는 특정 시점에서 유일한 값임을 보장한다. 즉 t+0 시점에 pid 770을 부여받은 Ⓐ 프로세스가 있다면 t+0 시점에 당연히 다른 프로세스는 pid 770을 부여받을 수 없다. 하지만 t+1 시점에는 꼭 Ⓐ 프로세스가 아닌, Ⓑ 프로세스도 할당받을 수도 있다. 하지만 기본적으로 대부분의 프로그램은 커널이 같은 프로세스 식별자를 선뜻 다시 할당하지 않으리라 가정한다. 곧 살펴보겠지만 이런 가정은 꽤나 안전하며 당연히 프로세스의 입장에서는 pid는 결코 바뀌지 않는다.

동작 중인 다른 프로세스가 없을 때 커널이 '실행'하는 idle 프로세스는 pid가 0이다. 시스템의 부팅이 끝나면 커널이 실행하는 최초 프로세스인 init 프로세스의 pid는 1이다. 보통 리눅스에서 init 프로세스는 init 프로그램이다. 커널이 실행하는 최초 프로세스와 그 프로세스를 위한 프로그램을 모두 'init'이라고 지칭하겠다.

사용자가 커널에 어떤 프로세스를 실행하라고 명시적으로 요청하지 않으면 커널은 독자적으로 적절한 init 프로세스를 확인하는데 이는 커널이 강제적으로 정책을 결정하는 드문 예라고 할 수 있다. 이 경우 리눅스 커널은 다음 순으로 실행할 프로세스를 결정한다.

  1 /sbin/init: 가장 먼저 찾는 init 프로세스

2 /etc/init: 두 번째로 찾는 init 프로세스

3 /bin/init: 우선 탐색에 실패했을 때 찾는 init 프로세스

4 /bin/sh: 커널이 앞의 순서대로 init 프로세스를 찾는 데 실패한 뒤에 실행하는 본셸^{Bourne shell, bsh}의 위치*

이 순서대로 적절한 프로세스를 찾다가 가장 먼저 찾은 프로세스를 init 프로세스로 실행한다. 네 가지 프로세스 실행에 모두 실패하면 커널은 '커널 패닉**'을 일으키며 시스템을 중단한다.

커널로부터 제어권을 넘겨받은 후에 init 프로세스는 나머지 부팅 과정을 계속 진행한다. 보통 이 과정에는 시스템 초기화, 다양한 서비스의 구동, login 프로그램의 실행이 포함된다.

5.2.1 프로세스 ID 할당

보통 커널의 최대 pid 값은 32768이다. 32768이 최댓값인 이유는 pid 값으로 부호형^{signed} 16비트 정수를 사용했던 오래된 유닉스 시스템과의 호환성을 위한 것이다.

시스템 관리자 권한으로 /proc/sys/kernel/pid_max 값을 수정하면 호환성을 일부 포기하는 대신 더 많은 pid 값을 설정할 수 있다.

커널은 pid를 순서대로 엄격하게 할당한다. 현재 할당된 pid 값이 17이라면 다음에 실행되는 프로세스의 pid는 18이며 이 프로세스가 시작되는 시점에 pid가 17인 프로세스가 더 이상 실행되지 않는다고 해도 새로운 프로세스의 pid는 18이 된다. pid 값이 /proc/sys/kernel/pid_max 값에 도달해서 처음부터 다시 할당하기전까지는 앞선 pid 값이 비어 있더라도 재사용되지 않는다. 즉 리눅스는 오랫동안 유일한 pid 값을 보장하지는 않지만 적어도 짧은 기간 동안에는 안정적이고 유일한 pid 값을 제공한다.

5.2.2 프로세스 계층

새로운 프로세스를 생성하는^{spawn} 프로세스를 부모 프로세스라고 하고, 새롭게 생성된 프로세스를 자식 프로세스라고 한다. init 프로세스를 제외한 모든 프로세스는 다른 프로세스로부터

---

* 역자주_ 우리가 흔히 쓰는 bash는 Bourne Again Shell이다.

** 역자주_ 커널 패닉: 복구할 수 없는 치명적인 내부 에러를 감지했을 때 유닉스류 운영체제에서 취하는 행동. 윈도우즈의 블루스크린과 동일한 것으로 간주된다.

생성된다. 그래서 모든 자식 프로세스에는 부모 프로세스가 있다. 이런 관계는 각 프로세스(자식 프로세스)의 부모 프로세스 ID(ppid)를 보면 확인할 수 있다.

모든 프로세스는 사용자와 그룹이 소유하고 있다. 여기서 말하는 소유^{ownership}란, 리소스에 대한 접근 권한을 제어하기 위해 사용된다. 커널 입장에서 사용자와 그룹은 단순한 정수 값이다. 이 정수 값은 /etc/passwd 파일과 /etc/group 파일을 통해 쉽게 읽을 수 있는 root 같은 사용자 이름이나 wheel 같은 그룹 이름으로 맵핑된다. 일반적으로 리눅스 커널은 사용자가 읽을 수 있는 이름이 아니라 맵핑된 정수 값으로 객체를 식별하는 것을 선호한다. 모든 자식 프로세스는 부모 프로세스의 사용자와 그룹 권한을 상속받는다.

또한, 모든 프로세스는 다른 프로세스와의 관계를 표현하고 있는 프로세스 그룹의 일부이며 프로세스 그룹은 앞서 얘기한 사용자/그룹 개념과는 구분해야 한다. 자식 프로세스는 보통 부모 프로세스의 프로세스 그룹에 속하게 된다. 또한, 셸에서 파이프를 사용하면 (예를 들어 ls ¦ less처럼) 파이프로 묶인 모든 명령어는 같은 프로세스 그룹에 속하게 된다. 프로세스 그룹이라는 개념은 파이프라인 전체뿐만 아니라 그 파이프라인에 속한 프로세스의 모든 자식 프로세스에 시그널을 보내거나 정보를 얻기 쉽도록 해준다. 사용자 관점에서 프로세스 그룹은 실제 '일'과 밀접한 관계가 있다.

5.2.3 pid_t

프로그램에서 pid는 pid_t 자료형으로 표현되며 이는 〈sys/types.h〉 헤더 파일에 정의되어 있다. pid_t 자료형의 실제 C 자료형은 아키텍처에서 정의하며 C 표준에는 정의되어 있지 않지만, 리눅스에서 pid_t는 보통 C의 int 자료형에 대한 typedef이다.

5.2.4 프로세스 ID와 부모 프로세스 ID 얻기

getpid() 시스템 콜은 호출한 프로세스의 pid를 반환한다.

```
#include <sys/types.h>
#include <unistd.h>

pid_t getpid (void);
```

getppid( ) 시스템 콜은 호출한 프로세스의 부모 프로세스의 pid를 반환한다.

```
#include <sys/types.h>
#include <unistd.h>

pid_t getppid (void);
```

getpid( )와 getppid( ) 모두 에러를 반환하지 않으며 사용법은 간단하다.

```
printf ("My pid=%jd\n", (intmax_t) getpid ());
printf ("Parent's pid=%jd\n", (intmax_t) getppid ());
```

이 예제에서 반환값을 intmax_t 자료형으로 변환했는데 이는 C/C++ 자료형으로, 시스템에서 지원하는 어떤 signed(부호가 있는) 정수라도 저장할 수 있도록 해준다. 다시 말하면 이 자료형은 시스템의 모든 signed 정수형보다 크거나 같은 정수형 타입이다. printf( )의 (%j) 형식 지정과 함께 사용해서 typedef로 표현되는 정수를 문제없이 출력할 수 있도록 해준다. intmax_t 자료형이 아직 없었을 때는 이렇게 할 수 있는 호환 가능한 방법이 없었다(만일 시스템에서 intmax_t 자료형을 지원하지 않는다면 대부분의 유닉스 시스템에서 pid_t는 int 라고 가정해도 좋다).

5.3 새로운 프로세스 실행하기

유닉스에서 프로그램 이미지를 메모리를 적재하고 실행하는 과정과 새로운 프로세스를 생성하는 과정은 분리되어 있다. 시스템 콜을 이용해서 프로그램 바이너리를 메모리에 적재하고 프로세스의 주소 공간에 있는 이전 내용을 대체한 다음, 새로운 프로그램의 실행을 시작한다. 이런 과정을 새로운 프로그램의 실행executing이라고 하며 이 기능은 exec류 시스템 콜에서 제공한다.

부모 프로세스를 거의 그대로 복제하여 새로운 프로세스를 생성하는 다른 시스템 콜도 있다. 대개 새로운 프로세스는 즉시 새 프로그램을 실행한다. 이렇게 새로운 프로세스를 생성하는 과정을 '포크한다forking'고 하며 이 기능은 fork( ) 시스템 콜에서 제공한다. 새로운 프로세스에서 새로운 프로그램을 실행하려면 이 두 가지 과정, 새로운 프로세스를 포크하고, 이렇게 생성된 프로세스에 새로운 바이너리를 적재하여 실행하는 과정이 필요하다. exec에 대해서 먼저 살펴본 다음 fork( )를 살펴보도록 하자.

5.3.1 exec 함수들

exec류 시스템 콜은 한 가지로 제공되지 않고 여러 형태로 제공된다. 먼저 이 중에서 가장 단순한 형태인 execl( ) 시스템 콜에 대해서 알아보자.

```
#include <unistd.h>
int execl (const char *path,
    const char *arg,
    ...);
```

execl( ) 시스템 콜을 호출하면 현재 프로세스를 path가 가리키는 프로그램으로 대체한다. arg 인자는 path에 명시된 프로그램을 위한 첫 번째 인자다. ...는 가변 인자로, 다른 인자가 여럿 올 수 있음을 나타내며 추가 인자를 하나씩 넘겨줄 수 있다. 이 가변 인자의 목록은 반드시 NULL로 끝나야 한다.

다음 코드는 현재 실행 중인 프로그램은 /bin/vi로 대체하는 예제 코드이다.

```
int ret;

ret = execl ("/bin/vi", "vi", NULL);
if (ret == -1)
    perror ("execl");
```

여기서는 유닉스의 관례에 따라 첫 번째 인자로 'vi'를 전달했다. 셸은 실행 파일의 경로인 path의 마지막 요소, 'vi'를 첫 번째 인자로 두어, 프로세스의 fork( )/exec 과정에서 argv[0]을 검사하여 바이너리 이미지의 이름을 찾을 수 있도록 한다. 몇몇 시스템 유틸리티는 실제로는 하나의 같은 프로그램이지만 하드 링크를 통해 여러 가지 다른 이름으로 사용자에게 제공되기도 한다.

또 다른 예제로 vi 편집기를 사용해서 /home/kidd/hooks.txt 파일을 편집하기를 원한다면 다음 코드를 실행하면 된다.

```
int ret;

ret = execl ("/bin/vi", "vi", "/home/kidd/hooks.txt", NULL);
if (ret == -1)
    perror ("execl");
```

일반적으로 execl( )은 반환값이 없다. 호출이 성공하면 새로운 프로그램의 시작점으로 건너 뛰므로 이전에 실행했던 코드는 그 프로세스의 주소 공간에 더 이상 존재하지 않는다. 하지만 에러가 발생할 경우에는 −1을 반환하고 문제의 원인을 알려주기 위해 errno를 적절한 값으로 설정한다. 여기서 발생할 수 있는 errno의 종류는 잠시 후에 살펴보겠다.

execl( ) 호출이 성공하면 프로세스의 주소 공간과 프로세스 이미지뿐만 아니라, 다음과 같이 프로세스의 다른 속성들도 변경하게 된다.

- 대기 중인 시그널은 사라진다.
- 프로세스가 받은 시그널(10장 참조)은 시그널 핸들러가 더 이상 프로세스의 주소 공간에 존재하지 않으므로 디폴트 방식으로 처리된다.
- 메모리 락이 해제된다(9장 참조).
- 스레드의 속성 대부분이 기본값으로 돌아간다.
- 프로세스의 통계 대부분이 재설정된다.
- 메모리에 맵핑된 파일을 포함하여 그 프로세스의 메모리 주소 공간과 관련된 모든 내용이 사라진다.
- C 라이브러리의 기능인 atexit( )의 내용처럼 사용자 영역에만 존재하는 모든 내용이 사라진다.

하지만 프로세스의 속성 중 pid와 ppid, 우선순위, 소유자와 그룹처럼 변경되지 않는 속성도 있다.

일반적으로 열린 파일은 exec 호출 과정에서 그대로 상속된다. 이는 새롭게 실행되는 프로그 램이 파일 디스크립터 값을 알고만 있다면 원래 프로세스에서 열었던 모든 파일에 접근이 가능 하다는 사실을 의미한다. 하지만, 때로는 이런 방식이 바람직하지 않을 수도 있어서 실제로는 exec를 호출하기 전에 파일을 모두 close( ) 하는 방식을 많이 사용한다. 물론 fcntl( )을 통해서 커널이 이 과정을 자동적으로 수행하도록 지시할 수도 있다.

다른 exec 함수들

execl( )과 함께 exec류 함수에는 다섯 가지 함수가 더 있다.

```
#include <unistd.h>

int execlp (const char *file,
    const char *arg,
    ...);

int execle (const char *path,
    const char *arg,
    ...,
    char * const envp[]);

int execv (const char *path, char *const argv[]);

int execvp (const char *file, char *const argv[]);

int execve (const char *filename,
    char *const argv[],
    char *const envp[]);
```

함수의 이름 구성은 단순한다. exec라는 기본 이름 뒤에 함수의 특징을 나타내는 알파벳이 뒤따른다. l과 v는 인자를 리스트로 제공해야 하는지 아니면 배열(벡터)로 제공해야 하는지를 나타낸다. p는 file 인자 값을 사용자의 실행 경로 환경 변수에서 찾게 됨을 나타낸다. 이 경우에는 전체 실행 경로가 아니라 단순히 파일 이름만 명시해도 사용자의 실행 경로 환경 변수에서 그 파일이 찾을 수만 있다면 사용이 가능하다. 마지막으로 e는 새롭게 생성될 프로세스를 위한 새로운 환경을 제공하도록 한다. 흥미롭게도 기술적으로 특별한 이유가 없음에도 불구하고 exec 함수군에는 실행 경로를 찾아서 새로운 환경 변수로 사용하는 함수가 없다. 아마도 p는 셸에서 사용하기 위해 구현되었기 때문에 셸이 실행하는 프로세스는 보통 셸의 환경을 상속받기 때문이다.

다음 예제는 execvp( ) 함수를 사용해서 앞서 살펴본 예제와 마찬가지로 vi를 실행하는데 사용자의 실행 경로에서 vi 실행 프로그램을 찾는다.

```
int ret;

ret = execvp ("vi", "vi", "/home/kidd/hooks.txt", NULL);
if (ret == -1)
    perror ("execvp");
```

TIP **execlp( )와 execvp( ) 함수의 보안 위험**

실행하는 주체의 사용자나 그룹이 아닌 실행 파일의 사용자나 그룹으로 실행되는 프로세스인 SGID^{Set Group ID}와 SUID^{Set User ID} 프로그램은 절대로 직접 셸을 실행하거나 셸을 실행하는 작업을 해서는 안 된다. 그렇게 하면 그 작업을 실행하는 사용자가 환경 변수를 변경하여 셸의 동작을 조작할 수 있는 보안상의 문제가 생기게 된다. 이런 보안 헛점을 이용한 공격은 경로 가로채기^{path injection}이라고 하는데, 공격자는 execlp( )가 원하는 바이너리를 실행하도록 PATH 변수를 변경하여 해당 바이너리의 SGID 혹은 SUID 권한으로 프로그램을 실행시킬 수 있게 된다.

배열을 인자로 받는 exec 함수군은 실행할 프로그램의 인자를 배열로 받는다는 점을 제외하면 같다. 배열을 사용하면 필요한 인자를 실행 시간에 결정할 수 있다는 장점이 있다. 가변 인자를 받을 경우와 마찬가지로 배열은 NULL로 끝나야 한다.

다음 예제는 execv( )를 사용해서 vi를 실행한다.

```
const char *args[] = { "vi", "/home/kidd/hooks.txt", NULL };
int ret;

ret = execv ("/bin/vi", args);
if (ret == -1)
            perror ("execvp");
```

리눅스에서는 exec 함수군 중에서 하나만 시스템 콜이고 나머지는 그 시스템 콜을 사용하는 래퍼 함수다. 가변 인자를 쓰는 시스템 콜은 구현하기가 쉽지 않고 실행 경로라는 개념은 사용자 공간에서만 존재하는 개념이기 때문에 시스템 콜로 존재하는 함수는 execve( )다. 이 시스템 콜의 형태는 사용자 함수와 동일하다.

에러 코드

호출이 성공하면 exec 시스템 콜은 반환되지 않는다. 실패했을 때는 −1을 반환하고 errno를
다음 중 하나로 설정한다.

E2BIG   인자 목록(arg)이나 환경 변수(envp)에 들어 있는 바이트가 너무 크다.

EACCES   해당 프로세스에서 path를 탐색하기 위한 권한이 부족하다. path가 일반 파
일이 아니거나 실행하려는 파일의 실행 가능 권한이 없거나 path나 file이
noexec로 마운트된 파일시스템상에 존재한다.

EFAULT   주어진 포인터가 유효하지 않다.

EIO   저수준의 입출력 에러가 발생했다(이는 심각한 에러다).

EISDIR   path 인자가 디렉터리를 가리킨다.

ELOOP   path에 너무 많은 심벌릭 링크가 포함되어 있다.

EMFILE   실행 프로세스가 열 수 있는 파일 개수 제한에 도달했다

ENFILE   전체 시스템에서 열 수 있는 파일 개수 제한에 도달했다.

ENOENT   path나 file 인자에 명시된 대상이 존재하지 않거나 필요한 공유 라이브러리
가 존재하지 않는다.

ENOEXEC   path나 file에 명시된 대상이 유효하지 않은 바이너리이거나 다른 기종을 위
한 형식이다.

ENOMEM   새로운 프로그램을 실행하기 위한 커널 메모리가 부족하다.

ENOTDIR   path 인자의 중간 요소가 디렉터리가 아니다.

EPERM   path나 file에 명시된 대상이 존재하는 파일시스템이 nosuid 옵션으로 마운
트되어 있고, 사용자가 root가 아니며 path나 file에 suid 또는 sgid 비트
가 설정되어 있다.

ETXTBSY   path나 file 인자에 명시된 대상을 다른 프로세스가 쓰기 모드로 열은 상태다.

5.3.2 fork( ) 시스템 콜

fork( ) 시스템 콜을 사용해서 현재 실행 중인 프로세스와 동일한 프로세스를 새롭게 실행할
수 있다.

```
#include <sys/types.h>
#include <unistd.h>

pid_t fork (void);
```

fork( ) 호출이 성공하면 fork( )를 실행한 프로세스와 거의 모든 내용이 동일한 새로운 프로세스를 생성한다. 두 프로세스는 계속 실행 상태이며 fork( )로 인해 새로 생성된 프로세스는 아무 일도 없었던 것처럼 계속 실행된다.

새로운 프로세스는 원래 프로세스의 '자식'이라고 불리며 '자식' 프로세스를 생성한 프로세스를 '부모' 프로세스라고 한다. fork( ) 시스템 콜이 성공적으로 실행되면 자식 프로세스에서는 fork( ) 시스템 콜의 반환값은 0이며 부모 프로세스에서는 fork( ) 시스템 콜의 반환값은 자식 프로세스의 pid가 된다. 자식과 부모 프로세스는 다음과 같은 필수적인 항목을 제외하고는 거의 모든 측면에서 동일하다.

- 당연히 자식 프로세스의 pid는 부모 프로세스와 다른 값으로 새롭게 할당된다.
- 자식 프로세스의 ppid는 자식 프로세스의 부모 프로세스의 pid가 된다.
- 자식 프로세스에서 리소스 통계는 0으로 초기화된다.
- 처리되지 않은 시그널은 모두 사라지고 자식 프로세스로 상속되지 않는다(자세한 내용은 10장에서 다룬다).
- 부모 프로세스에서 가지고 있던 파일 락은 자식 프로세스로 상속되지 않는다.

fork( ) 호출이 실패하면 자식 프로세스는 생성되지 않으며 −1을 반환하고 errno를 적절한 값으로 설정한다. 가능한 errno는 두 가지가 있으며 세 가지 문제로 해석될 수 있다.

EAGAIN   커널이 새로운 pid 같은 특정 리소스를 할당하는 데 실패했거나, RLIMIT_
          NPROC 리소스 제한(rlimit) 값에 도달했다(자세한 내용은 6장에서 다룬다).
ENOMEM   요청을 처리하기 위한 커널 메모리가 부족하다.

사용법은 간단하다.

```
pid_t pid;

pid = fork ();
if (pid > 0)
        printf ("I am the parent of pid=%d!\n", pid);
```

```
    else if (!pid)
            printf ("I am the child!\n");
    else if (pid == -1)
            perror ("fork");
```

fork( )를 사용하는 가장 흔한 사례는 새로운 프로세스를 생성하고 그 후에 새 프로세스에 새로운 바이너리 이미지를 올리는 것이다. 셸이 사용자나 헬퍼 프로그램으로부터 새로운 프로그램을 실행하는 방식을 생각하면 된다. 먼저 어떤 프로세스에서 새로운 프로세스를 생성하고 자식 프로세스에서 새로운 바이너리 이미지를 실행한다. 이 같은 fork( ) + exec 조합은 간단하면서도 자주 쓰인다. 다음 예제는 새로운 프로세스를 생성하고 /bin/windlass 바이너리를 실행한다.

```
    pid_t pid;
    pid = fork (); if (pid == -1)
        perror ("fork");

    /* 자식 프로세스 */
    if (!pid) {
        const char *args[] = { "windlass", NULL };
        int ret;

        ret = execv ("/bin/windlass", args);
        if (ret == -1) {
            perror ("execv");
            exit (EXIT_FAILURE);
        }
    }
```

부모 프로세스는 이제 새로운 자식 프로세스가 생겼다는 사실 외에는 아무런 변화없이 계속 실행된다. execv( ) 호출은 자식 프로세스가 /bin/windlass 프로그램을 실행하도록 한다.

copy-on-write

초기의 유닉스 시스템에서 새로운 프로세스를 포크하는 일은 단순하면서도 널널한 작업이었다. fork( )를 호출하면 커널은 모든 내부 데이터 구조의 복사본을 생성하고, 프로세스의 페이지 테이블 항목을 복제한 다음, 페이지 단위로 부모 프로세스의 주소 공간의 복사본을 자식 프로세스의 새로운 주소 공간으로 복사하는 일을 수행했다.

리눅스 같은 최신 유닉스 시스템 좀 더 근사하게 이 작업을 수행하는데 부모 프로세스 주소 공간을 모두 복사하는 게 아니라 페이지에 대한 copy-on-write(COW)를 수행한다.

copy-on-write는 복사에 의한 부하를 완화하기 위한 일종의 지연 최적화lazy optimization 기법이다. copy-on-write는 프로세스 자신이 가지고 있는 리소스에 대한 읽기 요청이 여러 곳에서 발생하더라도 그 리소스에 대한 복사본을 만들 필요가 없으며 단순히 그 리소스에 대한 포인터만 넘겨받으면 충분하다는 전제에서 시작한다. 그 포인터가 가리키는 리소스에 대한 변경을 시도하지 않는 한, 해당 리소스에 대한 배타적인 접근이 보장되므로 리소스 복사에 대한 부하를 피할 수 있다. 만약에 넘겨받은 포인터가 가리키는 리소스에 변경을 시도한다면 그 시점에 해당 리소스는 온전하게 복사되고 그 복사본을 변경을 요청한 측에 전달한다. 다른 곳에서는 여전히 변경되지 않은 원본을 공유하고 있는 동안 변경을 요청한 측에서는 복사본에 대해서 변경을 수행할 수 있게 된다. 그래서 쓰기 작업을 할 경우에만 복사가 일어나기 때문에 이를 copy-on-write라고 한다.

copy-on-write의 가장 큰 장점은 리소스의 복사본에 대한 변경이 필요 없을 때는 복사가 발생하지 않는다는 점이다. 물론, 꼭 필요한 시점까지 비용이 높은 연산을 미루는 일반적인 지연 알고리즘의 장점도 취할 수 있다.

가상 메모리에 대한 예를 한 가지 들어보면 copy-on-write는 페이지 기반으로 구현된다. 따라서 프로세스의 전체 주소 공간에 대한 변경을 수행하지 않는 한 전체 주소 공간이 복사되는 일은 없다. fork()가 완료될 때 부모와 자식 프로세스는 각자 독립된 주소 공간을 가지고 있다고 생각하지만 실제로는 부모 프로세스의 원본 페이지를 공유하고 있으며 공유하고 있는 페이지 역시 다른 부모나 자식 프로세스와 함께 공유하고 있다.

커널 구현은 단순하다. 페이지는 커널의 페이지 관련 자료구조 내에서 읽기 전용과 copy-on-write로 표시된다. 만약에 어떤 프로세스가 페이지를 변경하려고 하면 페이지 폴트page fault가 발생한다. 그러면 커널은 페이지 폴트를 처리하기 위해 그 페이지를 복사하고 그 시점에 해당 페이지의 copy-on-write 속성이 비워지면서 더 이상 공유되지 않는다. 최신 아키텍처는 메모리 관리 유닛에서 하드웨어 수준의 copy-on-write를 지원하기 때문에 이 과정은 단순하면서도 쉽게 구현이 가능하다.

copy-on-write는 프로세스를 fork()할 때 더 큰 이득을 볼 수 있다. 대부분의 fork() 작업은 후속 작업으로 exec가 이어지기 때문에 부모 프로세스의 주소 공간을 자식 프로세스의 주소 공간으로 복사하는 것은 쓸데없이 시간만 낭비하기 때문이다. 만약에 자식 프로세스가 바로 새로운 바이너리 이미지를 실행한다면 이전의 주소 공간은 쓸모없어지는데 copy-on-write는 이런 경우를 최적화한다.

vfork()

copy-on-write 페이지를 도입하기 전 초기 유닉스 설계자는 fork( ) 직후 exec가 이어지면 쓸모없는 주소 공간을 복사한다는 점을 해결하려 노력했다. 그 결과 BSD 개발자들이 3.0BSD에 vfork( ) 시스템 콜을 도입했다.

```
#include <sys/types.h>
#include <unistd.h>

pid_t vfork (void);
```

vfork( )는 fork( )와 같은 동작을 하지만 자식 프로세스는 즉시 exec 계열의 함수를 성공적으로 호출하든가, _exit( ) 함수(다음 절에서 다룬다)를 호출해서 프로세스를 끝내야만 한다. vfork( ) 시스템 콜은 자식 프로세스가 종료되든가 아니면 새로운 바이너리 이미지를 실행할 때까지 부모 프로세스를 잠시 멈춰두는 것으로 프로세스 주소 공간과 페이지 테이블 복사를 회피한다. 그동안 부모 프로세스와 자식 프로세스는 페이지를 copy-on-write로 표시하지 않고 주소 공간과 페이지 테이블 항목을 공유한다. 사실 vfork( )에서 하는 일은 커널 내부 자료 구조를 복사하는 것이다. 따라서 자식 프로세스는 주소 공간 내의 어떤 메모리도 변경하면 안된다.

vfork( ) 시스템 콜은 과거의 유물이며 copy-on-write를 고려하더라도 vfork( )는 페이지 테이블 항목을 복사하지 않기 때문에 fork( )보다 더 빠르긴 하지만 리눅스에서 구현되어서는 안 될 것이었다.* copy-on-write의 등장으로 인해 fork( )의 대안으로써의 vfork( )에 대한 논쟁이 시들해졌고, 실제로 리눅스 커널 2.2.0 이전까지 vfork( )는 그저 fork( )를 감싼 래퍼 함수에 불과했다. vfork( )에 대한 요구사항이 fork( )에 대한 요구사항보다 약해지면서 그런 구현이 가능했던 것이다.

....
* 비록 현재 리눅스 커널의 일부는 아니지만 공유 페이지 테이블 항목에 대한 copy-on-write을 구현한 패치가 리눅스 커널 메일링 리스트(lkml)에 떠돌고 있다. vfork( )는 아무런 장점이 없다.

엄밀히 말하면 vfork( ) 구현은 버그를 수반한다. exec 호출이 실패할 경우를 생각해보자. 자식 프로세스에서 이 문제를 어떻게 처리해야 할지 파악하거나 종료하기 전까지는 계속 멈춰있게 된다. 프로그램을 작성할 때는 vfork( ) 대신에 fork( )를 사용하는 편이 현명하다.

5.4 프로세스 종료하기

POSIX와 C89 표준은 현재 프로세스를 종료하는 표준 함수를 정의하고 있다.

```
#include <stdlib.h>

void exit (int status);
```

exit( )를 호출하면 몇 가지 기본적인 종료 단계를 거쳐 커널이 그 프로세스를 종료한다. 이 함수는 반환값이나 에러 값을 확인할 방법이 없다. 사실, 이 함수는 반환 자체를 하지 않는다. 따라서 exit( ) 호출 이후의 명령은 아무런 의미가 없다.

status 인자는 프로세스의 종료 상태를 나타내기 위한 값으로 셀 같은 다른 프로그램에서 확인할 수 있다. 구체적으로 status & 0377 값이 부모 프로세스로 반환된다. 이 값을 확인하는 방법은 이 장의 마지막 부분에서 알아보도록 한다.

EXIT_SUCCESS와 EXIT_FAILURE는 성공과 실패를 이식 가능한 방법으로 표현한 것이다. 리눅스에서는 일반적으로 0이 성공을 나타내고, 1이나 −1처럼 0이 아닌 값을 실패로 간주한다.

따라서 정상적인 종료는 아래처럼 간단히 한 줄로 표현할 수 있다.

```
exit (EXIT_SUCCESS);
```

프로세스를 종료하려 할 때 C 라이브러리는 다음 순서대로 종료 단계를 거친다.

- atexit( )나 on_exit( )에 등록된 함수가 있다면 등록 순서의 역순으로 호출한다. (이 내용은 이 장의 후반부에서 다시 다루도록 하겠다)
- 열려있는 모든 표준 입출력 스트림의 버퍼를 비운다(3장 참고).
- tmpfile( ) 함수를 통해 생성한 임시 파일을 삭제한다.

이 과정은 프로세스가 사용자 영역에서 해야 하는 모든 작업을 종료시킨다. 그리고 exit( )는 _exit( ) 시스템 콜을 실행해서 프로세스 종료의 나머지 단계를 커널이 처리하게 한다.

```
#include <unistd.h>

void _exit (int status);
```

프로세스가 종료되면 커널은 해당 프로세스가 생성한 더 사용되지 않는 모든 리소스를 정리한다. 여기에는 할당된 메모리, 열린 파일, 시스템 V 세마포어가 포함된다. 이 모든 작업이 끝나면 커널은 프로세스를 종료하고 자식 프로세스가 종료되었음을 부모 프로세스에 알려준다.

애플리케이션에서 _exit( )를 직접 호출할 수 있지만, 그런 경우는 거의 없다. _exit( )를 직접 사용할 경우 대부분의 애플리케이션은 표준 출력 스트림을 비우는 등의 사후 처리를 직접 해야만 한다. 하지만 vfork( )를 사용한다면 exit( )가 아니라 _exit( )를 사용해야 한다는 점을 기억하자.

ISO C99 표준에서는 _exit( )와 동일하게 동작하는 _Exit( ) 함수를 추가했다.

```
#include <stdlib.h>

void _Exit (int status);
```

5.4.1 프로세스를 종료하는 다른 방법

프로그램을 종료하는 고전적인 방법은 명시적인 시스템 콜을 사용하지 않고 그냥 단순히 프로그램을 끝까지 진행시키는 것이다. C나 C++에서 main( ) 함수가 반환되는 경우가 이런 경우다. 하지만 프로그램을 끝까지 진행시키는 방식 역시 컴파일러가 프로그램 종료 코드 이후에 exit( ) 시스템 콜을 묵시적으로 추가한다. 코딩할 때 exit( )를 사용하든가, main( ) 함수에서 반환값을 지정하여 명시적으로 종료 상태를 반환하는 것은 좋은 습관이다. 셸은 그 종료 값을 통해서 명령어 수행이 성공했는지 실패했는지 검사한다. 프로그램이 정상적으로 종료되었다면 exit(0)이나 main( ) 함수에서 0을 반환하도록 하자.

기본 동작이 프로세스를 종료시키는 시그널인 SIGTERM과 SIGKILL을 보내서 프로세스를 종료할 수도 있다(10장 참고).

프로그램을 종료하는 마지막 방법은 커널에 밉보이는 것이다. 커널은 잘못된 연산을 수행한다든가, 세그멘테이션 폴트를 일으키거나, 메모리를 고갈시키거나, 허용된 것보다 더 많은 리소스를 소모할 경우 프로세스를 강제로 죽이기도 한다.

5.4.2 atexit()

POSIX 1003.1−2001에서 정의하고 리눅스에서 구현한 atexit( ) 함수는 프로세스가 종료될 때 실행할 함수를 등록하기 위한 용도로 사용된다.

```
#include <stdlib.h>

int atexit (void (*function)(void));
```

atexit( )는 정상적으로 실행되면 exit( ), 혹은 main( ) 함수에서 return문에 도달해서 프로세스가 정상적으로 종료될 때 호출할 함수를 등록한다. 프로세스가 exec 함수를 호출하면 등록된 함수 목록을 비워서 새로운 프로세스의 주소 공간에는 더 이상 존재하지 않는다. 만약에 시그널에 의해서 프로세스가 종료된다면 등록된 함수는 호출되지 않는다.

등록할 함수는 다음처럼 아무런 인자도 갖지 않고 어떠한 값도 반환하지 않는 함수여야 한다.

```
void my_function (void);
```

atexit( )로 등록된 함수는 등록된 순서의 역순으로 호출된다. 이 함수들은 스택에 저장되며 후입선출LIFO, Last In First Out로 실행된다. 만약 등록된 함수에서 exit( )를 호출한다면 무한반복에 빠지게 되므로 프로세스를 일찍 종료시켜야 한다면 _exit( )를 사용하도록 하자. 하지만 이렇게 프로세스를 먼저 종료하면 중요한 종료 함수가 실행되지 않을 수 있는 잠재적인 문제이 있을 수 있으므로 권장하는 방법은 아니다.

POSIX 표준은 atexit( ) 함수가 최소한 ATEXIT_MAX만큼의 함수를 등록할 수 있도록 정하고 있으며 이 값은 32이상이다. 정확한 값은 sysconf( ) 함수에서 _SC_ATEXIT_MAX 값을 얻어서 구할 수 있다.

```
long atexit_max;

atexit_max = sysconf (_SC_ATEXIT_MAX);
printf ("atexit_max=%ld\n", atexit_max);
```

atexit( ) 함수는 등록이 성공하면 0을 반환하고 에러가 발생했을 경우에는 −1을 반환한다.
다음 예제를 보자.

```
#include <stdio.h>
#include <stdlib.h>

void out (void)
{
    printf ("atexit() succeeded!\n");
}

int main (void)
{
    if (atexit (out))
        fprintf(stderr, "atexit() failed!\n");

    return 0;
}
```

5.4.3 on_exit( )

SunOS 4는 atexit( )와 동일한 자신만의 함수를 정의하고 있으며 리눅스의 glibc에서도 지
원한다.

```
#include <stdlib.h>

int on_exit (void (*function)(int, void *), void *arg);
```

이 함수는 atexit( )와 동일하게 동작하지만, 등록할 수 있는 함수의 프로토타입이 다르다.

```
void my_function (int status, void *arg);
```

status 인자는 exit( )로 전달되거나 main( ) 함수에서 반환되어 exit( )에 전달될 값이다. arg 인자는 on_exit( )로 전달될 두 번째 인자다. arg가 가리키는 메모리는 등록된 함수가 실제로 호출되는 시점에서 유효해야 한다는 점을 유의하자.

최신 솔라리스 버전에서는 이 함수를 더는 지원하지 않으므로 표준을 따르는 atexit( ) 함수를 사용해야 한다.

5.4.4 SIGCHLD

프로세스가 종료될 때 커널은 SIGCHLD 시그널을 부모 프로세스로 보낸다. 기본적으로 부모 프로세스는 이 시그널을 무시하며 아무런 행동도 하지 않는다. 하지만 프로세스는 signal( ) 이나 sigaction( ) 시스템 콜을 사용해서 이 시그널을 처리하도록 할 수 있다. 이 시스템 콜 과 시그널에 대한 자세한 내용은 10장에서 다룬다.

부모 프로세스 관점에서는 자식 프로세스의 종료가 비동기로 일어나므로 SIGCHLD 시그널은 언제든 생성되고 처리가 가능하다. 하지만 종종 부모 프로세스가 자식 프로세스의 종료를 알아야 하거나, 혹은 명시적으로 그 이벤트가 발생하기를 기다려야 할 경우가 있다. 이 경우 다음에 소개하는 시스템 콜을 사용해서 처리가 가능하다.

5.5 자식 프로세스 종료 기다리기

시그널을 통해서 알림을 받는 방법도 훌륭하지만, 많은 부모 프로세스는 자식 프로세스 중 하나가 종료될 때 자식 프로세스의 반환값 같은, 좀 더 많은 정보를 얻고자 한다.

만일 자식 프로세스가 종료될 때 완전히 사라진다면 예상할 수 있듯 부모 프로세스에서 조사할 수 있는 정보마저 없어진다. 따라서 유닉스의 초기 설계자들은 자식 프로세스가 부모 프로세스보다 먼저 죽으면 커널이 자식 프로세스를 특수한 프로세스 상태로 바꾸도록 설계했다. 이 특수한 상태의 프로세스를 좀비 프로세스라고 한다. 좀비 프로세스는 아주 기본적인 최소한의 커널 자료구조만 가지고 있는 프로세스의 뼈대다. 좀비가 된 프로세스는 부모 프로세스가 자신의 상태를 조사하도록 기다리는데, 이런 과정을 좀비 프로세스를 기다린다고 표현한다. 부모 프로세스가 종료된 자식 프로세스로부터 정보를 회수한 다음에야 비로소 자식 프로세스를 공식적으로 종료하고 좀비 상태에서 벗어난다.

리눅스 커널은 종료된 자식 프로세스에 대한 정보를 얻기 위한 몇 가지 인터페이스를 제공하는데 가장 단순한 인터페이스는 POSIX에서 정의하고 있는 wait()다.

```
#include <sys/types.h>
#include <sys/wait.h>

pid_t wait (int *status);
```

wait()를 호출하면 종료된 프로세스의 pid를 반환하며 에러가 발생한 경우 −1을 반환한다. 만약에 자식 프로세스가 종료되지 않았다면 그 자식 프로세스가 종료될 때까지 블록된다(대기 상태다). 만약에 자식 프로세스가 이미 종료된 상태라면 해당 호출은 즉시 반환된다. 따라서 자식 프로세스가 종료되었다는 소식을 접한 뒤에 말하자면 SIGCHLD 시그널을 받은 후에 wait()를 호출한다면 해당 호출은 즉시 반환될 것이다.

에러가 발생한 경우 errno는 다음 두 가지 값 중 하나로 설정된다.

ECHILD   호출한 프로세스는 자식 프로세스가 없다.

EINTR   대기 중에 시그널을 받았으며 호출이 조기에 반환되었다.

만약에 status 포인터가 NULL이 아니라면 자식 프로세스에 대한 추가 정보가 그 포인터에 저장된다. POSIX 표준은 구현부에서 status의 비트를 정의할 수 있도록 허용하고 있기 때문에 이를 해석하기 위한 여러 가지 매크로를 함께 제공한다.

```
#include <sys/wait.h>

int WIFEXITED (status);
int WIFSIGNALED (status);
int WIFSTOPPED (status);
int WIFCONTINUED (status);

int WEXITSTATUS (status);
```

```
int WTERMSIG (status);
int WSTOPSIG (status);
int WCOREDUMP (status);
```

첫 두 매크로는 프로세스가 종료된 이유에 따라 0이 아닌 참을 반환한다. 즉 WIFEXITED 매크로는 프로세스가 _exit()를 호출하여 정상적으로 종료된 경우 참을 반환하며 이 경우 WEXITSTATUS 매크로는 _exit()에 넘긴 값을 하위 8비트에 담아서 제공한다.

WIFSIGNALED는 프로세스가 시그널에 의해서 종료되면 참을 반환한다(시그널에 대한 자세한 설명은 10장을 참고). 이 경우 WTERMSIG는 프로세스를 종료시킨 시그널 번호를 반환하며 WCOREDUMP는 해당 시그널에 의해 코어덤프 파일을 생성했을 때 참을 반환한다. WCOREDUMP는 POSIX에 정의되지 않았지만 리눅스를 포함한 많은 유닉스 시스템에서 이를 지원한다.

WIFSTOPPED와 WIFCONTINUED는 각각 프로세스가 멈추거나 다시 실행이 진행될 경우 참을 반환하며 현재 ptrace() 시스템 콜로 추적 중인 경우를 다룬다. 이런 매크로는 waitpid()와 함께 사용해서 작업 제어를 구현하는 데 쓰이기도 하지만 일반적으로는 디버거를 구현하는 데 사용된다. 보통 wait()는 프로세스 종료에 대한 정보를 얻는 목적으로만 사용된다. WIFSTOPPED가 참이라면 WSTOPSIG는 그 프로세스를 멈추게 한 시그널 번호를 제공한다. WIFCONTINUED는 POSIX에서 정의되지 않았지만 향후 waitpid()를 위해 이 매크로를 정의한다. 리눅스 커널 2.6.10에서도 wait()를 위해 이 매크로를 제공한다.

자식 프로세스에 어떤 일이 발생했는지 파악하기 위해 wait()를 사용하는 예제를 살펴보자.

```
#include <unistd.h>
#include <stdio.h>
#include <sys/types.h>
#include <sys/wait.h>

int main (void)
{
    int status;
    pid_t pid;

    if (!fork ())
        return 1;

    pid = wait (&status);
    if (pid == -1)
```

```
        perror ("wait");

    printf ("pid=%d\n", pid);

    if (WIFEXITED (status))
        printf ("Normal termination with exit status=%d\n",
            WEXITSTATUS (status));

    if (WIFSIGNALED (status))
        printf ("Killed by signal=%d%s\n",
            WTERMSIG (status),
            WCOREDUMP (status) ? " (dumped core)" : "");

    if (WIFSTOPPED (status))
        printf ("Stopped by signal=%d\n",
            WSTOPSIG (status));

    if (WIFCONTINUED (status))
        printf ("Continued\n");

    return 0;
}
```

이 프로그램은 즉시 종료되는 자식 프로세스를 생성한다. 부모 프로세스는 wait( ) 시스템 콜을 호출해서 자식 프로세스의 상태를 확인한다. 부모 프로세스는 자식 프로세스의 pid와 어떻게 종료되었는지를 출력한다. 여기서는 자식 프로세스가 main( ) 함수에서 반환하면서 종료되었기 때문에 다음과 유사한 결과를 얻는다.

```
$ ./wait
pid=8529
Normal termination with exit status=1
```

만약에 자식 프로세스에서 return을 사용하는 대신 자신에게 SIGABRT 시그널을 보내는 abort( )*를 호출했다면 다음과 유사한 결과를 얻게 된다.

```
$ ./wait
pid=8678
Killed by signal=6
```

---

* ⟨stdlib.h⟩에 정의되어 있다.

5.5.1 특정 프로세스 기다리기

자식 프로세스의 행동을 관찰하는 것은 중요하다. 하지만 프로세스는 대부분 자식 프로세스가 여럿이나 모든 자식 프로세스가 아닌 특정 자식 프로세스만 기다린다. 이런 상황에서는 wait()를 여러 번 호출해서 매번 반환값을 확인할 수 있지만, 이런 방법은 번거롭고 종료된 다른 프로세스의 상태를 나중에 확인하려 할 때는 부모 프로세스에서 나중에 필요할 경우를 대비해서 모든 wait() 결과를 저장해야 한다.

만약에 기다리기 원하는 프로세스의 pid를 알고 있다면 waitpid() 시스템 콜을 사용할 수 있다.

```
#include <sys/types.h>
#include <sys/wait.h>

pid_t waitpid (pid_t pid, int *status, int options);
```

waitpid()는 wait()보다 훨씬 강력한 버전이다. waitpid()는 상세한 조율을 할 수 있는 추가 인자를 받는다.

pid 인자는 기다리기 원하는 프로세스를 지정하는 데 쓰인다. 이 값은 다음 네 그룹으로 나뉜다.

< -1	프로세스 gid가 이 값의 절댓값과 동일한 모든 자식 프로세스를 기다린다. 예를 들어, -500을 넘기면 프로세스 gid가 500인 모든 프로세스를 기다린다.
-1	모든 자식 프로세스를 기다린다. 이렇게 하면 wait()와 동일하게 동작한다.
0	호출한 프로세와 동일한 프로세스 그룹에 속한 모든 자식 프로세스를 기다린다.
> 0	인자로 받은 pid와 일치하는 자식 프로세스를 기다린다. 예를 들어 500을 넘기면 pid가 500인 자식 프로세스를 기다린다.

status 인자는 wait()의 status 인자와 동일하게 동작하며 앞서 설명한 매크로를 사용한 연산이 가능하다.

options 인자는 다음 옵션의 OR로 결합한 값이다.

WNOHANG	이미 종료된 (또는 멈췄거나 다시 실행 중인) 자식 프로세스가 없다면 블록되지 않고 바로 반환한다.
WUNTRACED	이 옵션을 설정하면 호출하는 프로세스가 자식 프로세스를 추적하지 않더라도 반환되는 status 인자에 WIFSTOPPED 비트가 설정된다. 이 플래그는 셸에서 좀 더 일반적인 작업 제어 구현을 가능하게 한다.
WCONTINUED	이 옵션을 설정하면 호출하는 프로세스가 자식 프로세스를 추적하지 않더라도 반환되는 status 인자에 WIFCONTINUED 비트가 설정된다. WUNTRACED와 마찬가지로 이 플래그는 셸을 구현할 때 유용하다.

waitpid( )는 상태가 바뀐 프로세스의 pid를 반환한다. 만일 WNOHANG이 설정되고 지정한 자식 프로세스의 상태가 아직 바뀌지 않았다면 0을 반환한다. 에러가 발생하면 −1을 반환하고 errno가 다음 세 가지 값 중 하나로 설정된다.

ECHILD	pid 인자로 지정한 프로세스가 없거나 호출하는 프로세스의 자식 프로세스가 아니다.
EINTR	WNOHANG 옵션을 지정하지 않았고 기다리는 중에 시그널을 받았다.
EINVAL	options 인자가 유효하지 않다.

예를 들어, 프로그램에서 pid가 1742인 특정 자식 프로세스의 반환값을 알려고 하며 자식 프로세스가 아직 종료되지 않았다면 즉시 반환되어야 한다고 가정하자. 이 경우에는 다음과 유사한 코드를 작성할 수 있다.

```
int status;
pid_t pid;

pid = waitpid (1742, &status, WNOHANG);

if (pid == -1)
    perror ("waitpid");
else {
    printf ("pid=%d\n", pid);

    if (WIFEXITED (status))
        printf ("Normal termination with exit status=%d\n",
```

```
            WEXITSTATUS (status));

    if (WIFSIGNALED (status))
        printf ("Killed by signal=%d%s\n",
            WTERMSIG (status),
            WCOREDUMP (status) ? " (dumped core)" : "");
}
```

마지막으로 다음 wait( )의 사용법을 주목하자.

```
wait (&status);
```

이 코드는 다음 waitpid( ) 사용법과 동일하다.

```
waitpid (-1, &status, 0);
```

5.5.2 좀 더 다양한 방법으로 기다리기

자식 프로세스를 기다리는 데 좀 더 다양한 기능이 필요한 애플리케이션에서는 POSIX의 XSI
확장에서 정의하고 리눅스에서 제공하는 waitid( )를 사용한다.

```
#include <sys/wait.h>

int waitid (idtype_t idtype,
    id_t id,
    siginfo_t *infop,
    int options);
```

wait( )나 waitpid( )와 마찬가지로 waitid( )는 자식 프로세스를 기다리고 상태 변화(종
료, 멈춤, 다시 실행)를 얻기 위해서 사용한다. waitid( )는 더 많은 옵션을 제공하는 대신 훨
씬 복잡하다.

waitpid( )와 마찬가지로 waitid( )도 개발자가 프로세스를 지정해서 기다릴 수 있다. 하지
만 waitid( )는 인자가 두 개 있어야 이런 작업을 수행한다. waitpid( )는 pid 인자 하나로 기
다리려는 자식 프로세스를 지정하는 것에 반해 waitid( )는 idtype과 id 인자로 기다리려는

자식 프로세스를 지정한다.

idtype은 다음 값 중 하나로 지정할 수 있다.

P_PID   pid가 id와 일치하는 자식 프로세스를 기다린다.

P_GID   gid가 id와 일치하는 자식 프로세스를 기다린다.

P_ALL   모든 자식 프로세스를 기다린다. id 값은 무시된다.

id 인자는 거의 보기 힘든 id_t 타입인데 일반적인 식별 번호를 나타내는 타입이다. 이 타입을 사용하는 이유는 나중에 새로운 idtype 값이 추가되었을 경우를 대비하며 미리 정의된 타입이 나중에 새롭게 생성된 식별자를 저장할 수 있도록 충분한 여유를 제공하기 위해서다. 이 타입은 pid_t를 저장하고 남을 만큼 충분히 크다. 리눅스 개발자들은 이 값을 pid_t처럼 사용해도 된다. 예를 들어 id 값으로 직접 pid_t 값이나 숫자 상수를 사용해도 된다. 물론 명시적으로 타입 변환을 수행해도 상관없다.

options 인자는 다음 값을 OR로 결합한 값이다.

WEXITED   id와 idtype으로 지정된 자식 프로세스가 종료되기를 기다린다.

WSTOPPED   시그널을 받고 실행을 멈춘 자식 프로세스를 기다린다.

WCONTINUED   시그널을 받고 실행을 다시 실행되는 자식 프로세스를 기다린다.

WNOHANG   이미 종료된 (또는 멈췄거나 다시 실행되는) 자식 프로세스가 없다면 블록되지 않고 바로 반환된다.

WNOWAIT   좀비 상태에 있는 프로세스를 제거하지 않는다. 나중에 다시 이 프로세스를 기다릴 수 있다.

waitid()가 성공적으로 반환하면 유효한 siginfo_t 타입을 가리키는 infop 인자에 값을 채운다. siginfo_t 구조체의 정확한 내용은 구현마다 다른데* waitid() 호출 이후에 몇몇 유용한 필드에 유효한 값이 담기게 된다. 호출이 성공하면 다음 필드가 채워진다.

si_pid   자식 프로세스의 pid

---

* 실제로 리눅스의 siginfo_t 구조체는 매우 복잡하다. 이 구조체는 /usr/include/bits/siginfo.h에 정의되어 있다. siginfo_t 구조체의 자세한 내용은 10장에서 더 살펴볼 것이다.

si_uid	자식 프로세스의 uid
si_code	자식 프로세스가 종료되거나, 시그널에 의해서 종료되거나, 시그널에 의해서 멈추거나, 아니면 시그널을 받아서 실행이 재개되는 경우 각각 CLD_EXITED, CLD_KILLED, CLD_STOPPED, CLD_CONTINUED 중 하나가 설정된다.
si_signo	SIGCHLD를 설정한다.
si_status	si_code가 CLD_EXITED라면 이 필드는 자식 프로세스의 종료 코드가 저장된다. 그렇지 않다면 이 필드는 자식 프로세스의 상태 변화를 초래한 시그널 번호가 저장된다.

waitid()가 성공하면 0을 반환하고 에러가 발생하면 −1을 반환하고 errno를 다음 중 하나로 설정한다.

ECHLD	id와 idtype으로 지정한 프로세스가 존재하지 않는다.
EINTR	WNOHANG 옵션을 지정하지 않았고, 시그널에 의해 실행이 중단되었다.
EINVAL	options 인자가 유효하지 않거나 id와 idtype 인자의 조합이 유효하지 않다.

waitid() 함수는 wait()와 waitpid()에는 없는 유용한 추가 기능을 제공한다. 특히 siginfo_t 구조체에서 얻을 수 있는 정보는 꽤나 유용하다. 하지만 만약에 그런 정보가 필요하지 않다면 더 다양한 시스템에서 지원되는 단순한 함수를 사용하는 게 리눅스가 아닌 시스템까지도 지원하여 이식성을 높일 수 있으므로 더 바람직할 것이다.

5.5.3 BSD 방식으로 기다리기: wait3()과 wait4()

waitpid()가 AT&T 시스템 V 릴리즈 4**에서 유래한 반면 BSD는 자식 프로세스의 상태 변화를 기다리기 위한 두 가지 독자적인 함수를 제공한다.

....
** 역자주_ 줄여서 SVR4라고 많이 쓴다. 여기서 V는 알파벳 V가 아니라 숫자 5의 로마 표기법이다.

```
#include <sys/types.h>
#include <sys/time.h>
#include <sys/resource.h>
#include <sys/wait.h>

pid_t wait3 (int *status,
    int options,
    struct rusage *rusage);

pid_t wait4 (pid_t pid,
    int *status,
    int options,
    struct rusage *rusage);
```

이 두 함수의 이름 뒤에 붙어 있는 숫자 3과 4는 각각 인자가 3개, 4개인 wait( ) 함수의 변종이라는 의미다. 아마도 버클리는 창의력을 이름짓는 데 쓰지 않고 다른 데 쓰는 것 같다.

rusage 인자만 예외로 하면 두 함수는 waitpid( )와 흡사하다. 다음 wait3( ) 예제를 보자.

```
pid = wait3 (status, options, NULL);
```

이 코드는 waitpid( )를 사용한 다음 코드와 동일하다.

```
pid = waitpid (-1, status, options);
```

또한, 다음은 wait4( ) 코드다.

```
pid = wait4 (pid, status, options, NULL);
```

이 코드는 waitpid( )를 사용한 다음 코드와 동일하다.

```
pid = waitpid (pid, status, options);
```

다시 말해, wait3( )는 모든 자식 프로세스의 상태 변화를 기다리며 wait4( )는 pid 인자로 지정한 특정 자식 프로세스의 상태 변화만 기다린다. options 인자는 waitpid( )의 그것과 동일하다.

앞서 언급한 바와 같이 waitpid( )와 BSD 함수의 가장 큰 차이점은 rusage 인자다. rusage 포인터가 NULL이 아니면 자식 프로세스에 관한 정보를 채워넣는다. 이 구조체는 자식 프로세스의 리소스 사용과 관련된 정보를 제공한다.

```
#include <sys/resource.h>

struct rusage {
    struct timeval ru_utime;     /* 소비한 사용자 시간 */
    struct timeval ru_stime;     /* 소비한 시스템 시간 */
    long ru_maxrss;              /* 최대 RSS(resident set size)*/
    long ru_ixrss;               /* 공유 메모리 크기 */
    long ru_idrss;               /* 비공유 데이터 크기 */
    long ru_isrss;               /* 비공유 스택 크기 */
    long ru_minflt;      /* 페이지 재생(reclaims) */
    long ru_majflt;      /* 페이지 폴트 */
    long ru_nswap;       /* 스왑 연산 */
    long ru_inblock;     /* 블록 입력 연산 */
    long ru_oublock;     /* 블록 출력 연산 */
    long ru_msgsnd;      /* 송신 메시지 */
    long ru_msgrcv;      /* 수신 메시지 */
    long ru_nsignals;    /* 수신 시그널 */
    long ru_nvcsw;       /* 자발적인 컨텍스트 스위칭 */
    long ru_nivcsw;      /* 비자발적인 컨텍스트 스위칭 */
}
```

리소스 사용과 관련한 세부 내용은 다음 장에서 설명할 것이다.

두 함수는 성공할 경우 상태가 변경된 프로세스의 pid를 반환한다. 실패하면 −1을 반환하고 waitpid( )에서 설명한 것과 같은 errno를 설정한다.

wait3( )와 wait4( )는 POSIX에서 정의한 함수가 아니므로* 리소스 사용 정보가 매우 중요한 경우에만 사용하도록 한다. POSIX 표준에서는 빠져있지만 거의 모든 유닉스 시스템은 이 두 함수를 지원한다.

---

* wait3( )는 처음 단일 유닉스 명세(SUS, Single UNIX Specification)에 포함되어 있었으나 그 후에 빠졌다.

5.5.4 새로운 프로세스를 띄운 다음에 기다리기

ANSI C와 POSIX는 새로운 프로세스를 생성하고 종료를 기다리는 동작을 하나로 묶은, 말하자면 동기식 프로세스 생성 인터페이스를 정의하고 있다. 프로세스가 자식 프로세스를 생성한 다음 바로 종료를 기다린다면 이 인터페이스를 사용하는 것이 합리적이다.

```
#define _XOPEN_SOURCE /* WEXITSTATUS 등을 사용할 경우 */
#include <stdlib.h>

int system (const char *command);
```

함수 이름이 system( )인 이유는 동기식 프로세스 생성이 시스템 외부로 셸 띄우기라고 불리기 때문이다. 흔히 간단한 유틸리티나 셸 스크립트를 실행할 목적으로 system( )을 사용하는데 종종 실행 결과의 반환값을 얻기 위한 명시적인 목적으로 사용하기도 한다.

system( ) 호출은 추가 인자와 더불어 command 인자로 주어진 명령을 실행한다. command 인자는 /bin/sh −c 뒤에 따라붙는다. 즉 command 인자는 셸에 그대로 전달되는 것이다.

호출이 성공하면 wait( )와 마찬가지로 그 명령의 상태를 반환한다. 실행한 명령의 종료 코드는 WEXITSTATUS로 얻을 수 있다. 만일 /bin/sh을 실행하는데 실패했다면 WEXITSTATUS로 얻은 값은 exit(127)의 반환값과 동일하다. 실행한 명령어가 127을 반환하는 경우도 가능하기 때문에 셸이 그 에러 값을 반환했는지 확인할 수 있는 메서드는 없다. 에러가 발생하면 호출은 −1을 반환한다.

만약에 command가 NULL이면 system( )은 /bin/sh이 유효한 경우 0이 아닌 값을, 그렇지 않다면 0을 반환한다.

그 명령을 실행하는 동안 SIGCHLD는 블록되고 SIGINT와 SIGQUIT은 무시된다. SIGINT와 SIGQUIT을 무시함으로써 발생하는 몇 가지 주의점이 있는데 그중에서도 system( )이 반복문 안에서 실행될 때 문제가 발생할 수 있다. 따라서 system( )을 반복문 안에서 호출한다면 프로그램이 자식 프로세스의 종료 상태를 적절하게 검사할 수 있도록 해야 한다. 다음 예제를 보자.

```
do {
    int ret;

    ret = system ("pidof rudderd");
```

```
        if (WIFSIGNALED (ret) &&
            (WTERMSIG (ret) == SIGINT ||
            WTERMSIG (ret) == SIGQUIT))
            break; /* 또는 다르게 처리한다.*/
    } while (1);
```

fork( ), exec 함수군, 그리고 waitpid( )를 사용해서 system( )을 구현해보는 연습이 필요
하다. 이 장에서 설명한 다양한 개념을 하나로 녹여서 직접 구현해보기 바란다. 하지만 독자를
위해 구현 예제를 소개한다.

```
/*
 * my_system - 동기식으로 명령을 실행하고 기다린다.
 * "/bin/sh -c <cmd>".
 *
 * 어떤 종류의 에러라도 발생할 경우 -1을 반환하며 그렇지 않을 경우
 * 새로 실행된 프로세스의 종료 코드를 반환한다. 블록되거나 시그널을 무시하지 않는다.
 */
int my_system (const char *cmd)
{
    int status;
    pid_t pid;

    pid = fork ();
    if (pid == -1)
        return -1;
    else if (pid == 0) {
        const char *argv[4];

        argv[0] = "sh";
        argv[1] = "-c";
        argv[2] = cmd;
        argv[3] = NULL;
        execv ("/bin/sh", argv);

        exit (-1);
    }

    if (waitpid (pid, &status, 0) == -1)
        return -1;
    else if (WIFEXITED (status))
        return WEXITSTATUS (status);

    return -1;
}
```

이 예제는 공식 system( ) 함수와는 다르게 블록되거나 시그널을 무시하지 않는다는 점을 주목하자. 이는 상황에 따라 더 좋거나 나쁠 수 있는데 적어도 SIGINT는 무시하지 않는 것이 더 현명하다. 왜냐하면 이는 사용자가 명령을 취소하던 방식대로 실행한 명령을 취소할 수 있도록 허용하기 때문이다. 또는 포인터 인자를 추가해서 그 포인터가 NULL이 아닐 때 fork_failed, shell_failed처럼 에러를 구별할 수 있는 기능을 구현할 수도 있을 것이다.

> **TIP** **system( )의 보안상의 위험**
>
> system( ) 시스템 콜은 execlp( )와 execvp( )와 동일한 보안 이슈에 시달리고 있다(4장 참조). SGID 혹은 SUID 프로그램을 system( )을 통해 실행할 경우 공격자가 환경 변수(대부분 PATH)를 조작하여 권한을 획득할 수 있는 위험이 있으므로 절대 이런 프로그램을 system( )으로 실행하면 안 된다. 여기서 우리가 직접 구현한 my_system( ) 역시 셸을 사용하므로 동일한 위험을 내재하고 있다.
>
> 이런 보안상의 위험을 회피하기 위해 SGID와 SUID 프로그램은 셸을 사용하지 않는 fork( )와 execl( )을 통해 수동으로 실행하는 방법을 사용한다. 하지만 외부 프로그램을 전혀 실행하지 않는 것이 가장 최선책이다.

5.5.5 좀비 프로세스

앞서 잠깐 살펴본대로 실행을 마쳤지만 부모 프로세스에서 종료 코드를 읽어가지 않은, 즉 부모 프로세스에서 wait( ) 시스템 콜을 호출하지 않은 프로세스를 '좀비 프로세스$^{Zombie\ or\ Defunct}$'라고 한다. 좀비 프로세스는 최소한의 기본 뼈대만 유지할만큼 적은 리소스를 차지하지만, 어쨌든 시스템 리소스를 계속 소비하고 있다. 이 리소스는 부모 프로세스가 자식 프로세스의 상태를 확인하려 할 때 알려줄 정보를 담고 있다. 부모 프로세스가 자식 프로세스의 상태를 확인하고 나면 커널은 프로세스를 정리하고 좀비 프로세스는 사라진다.

하지만 유닉스를 오래 사용해본 사람들은 좀비 프로세스가 여전히 돌아다니는 상황을 목격했을 것이다. 종종 유령이라고 불리는 이런 프로세스는 응답하지 않는 부모 프로세스를 가지고 있다. 애플리케이션에서 자식 프로세스를 포크했다면(잠시 후 설명하겠지만 일찍 종료하지 않을 경우) 수집한 정보를 버릴지라도 자식 프로세스의 종료를 기다려야 할 책임이 있다. 그렇지 않으면 프로세스의 모든 자식 프로세스가 유령이 되어 시스템의 프로세스 목록을 어지럽히고 허접한 애플리케이션이라고 온 동네에 자랑하고 다니게 될 것이다.

하지만 부모 프로세스가 자식 프로세스보다 먼저 죽거나 좀비 상태인 자식 프로세스를 기다릴 기회를 얻기도 전에 죽어버리면 어떻게 될까? 프로세스가 종료될 때마다 리눅스 커널은 그 프로세스의 자식 프로세스 목록을 뒤져서 모두 init 프로세스(pid가 1인 프로세스)의 자식으로 입양시킨다. 이렇게 해서 부모가 없는 프로세스가 생기지 않도록 보장한다. init 프로세스는 차례대로 주기적으로 자식 프로세스를 기다리며 너무 오랫동안 좀비 상태로 남아 있지 않도록 한다. 따라서, 만약 부모 프로세스가 자식 프로세스보다 먼저 죽거나, 종료되기 전까지 자식 프로세스를 기다리지 않을 경우, 자식 프로세스는 결국 init 프로세스로 입양되고 init 프로세스는 해당 자식 프로세스가 온전히 종료할 수 있도록 기다려준다. 부모 프로세스가 자식 프로세스를 기다리는 게 가장 좋은 방법이지만, 이런 안전장치를 통해 수명이 짧은 프로세스가 모든 자식 프로세스를 기다려야 하는 과도한 걱정을 덜 수 있다.

5.6 사용자와 그룹

이 장 초반에서 언급하고 1장에서도 살펴봤듯이 프로세스는 사용자와 그룹과 연관이 있다. 사용자와 그룹은 C 타입인 uid_t와 gid_t로 표현되는 숫자 값이다. 이 숫자 값과 사람이 읽기에 편한 이름은 uid가 0인 사용자는 root인 것처럼, 사용자 영역에서 /etc/passwd와 /etc/group 파일을 사용해서 맵핑된다. 커널은 숫자 값만 다룬다.

리눅스 시스템에서 프로세스의 사용자와 그룹 ID는 프로세스가 수행할 수 있는 연산을 결정한다. 따라서 프로세스는 적절한 사용자와 그룹 권한으로 동작해야 한다. 많은 프로세스가 root 사용자 권한으로 동작하지만, 소프트웨어 개발에 있어서 가장 최선은 가능한 한 최소한의 권한만으로 동작하는 것이다. 이런 요구사항은 때론 동적이다. 만약에 어떤 프로세스가 처음엔 root 권한을 필요로 하지만 나중에는 이런 광범위한 권한을 필요로 하지 않는다면 가능한 한 빨리 root 권한을 버려야 한다. 이 때문에, 많은 프로세스, 특히 특정 연산을 처리하기 위해 root 권한을 필요로 하는 프로세스는 종종 자신의 uid나 gid를 조작한다.

이런 권한 변경 작업을 어떻게 수행하는지 알아보기 전에 uid와 gid의 복잡성부터 알아볼 필요가 있다.

5.6.1 실제, 유효, 저장된 사용자 ID와 그룹 ID

NOTE_ 다음 설명은 사용자 ID에 초점을 맞추고 있지만 그룹 ID에도 동일하게 적용된다.

프로세스에 연관된 사용자 ID는 사실 하나가 아니라 네 종류로, 실제 사용자 ID, 유효 사용자 ID, 저장된 사용자 ID, 파일시스템 사용자 ID가 있다. 실제 사용자 ID는 그 프로세스를 최초 실행한 사용자의 uid이다. uid는 그 프로세스의 부모 프로세스의 실제 uid로 설정되고 exec 호출 도중에 바뀌지 않는다. 일반적으로 로그인 프로세스는 사용자의 로그인 셸의 실제 uid를 해당 사용자의 uid로 설정하고 그 사용자의 모든 프로세스는 계속 그 uid로 동작한다. 수퍼유저, 즉 root는 실제 uid를 어떤 값으로도 바꿀 수 있지만 다른 사용자는 이 값을 바꿀 수 없다.

유효 사용자 ID는 그 프로세스가 현재 영향을 미치고 있는 사용자 ID이다. 접근 권한은 일반적으로 이 값을 기준으로 점검한다. 초기에 이 ID는 실제 사용자 ID와 동일하다. 왜냐하면 프로세스가 포크될 때 부모 프로세스의 유효 사용자 ID가 자식 프로세스로 상속되기 때문이다. 그리고 프로세스에서 exec 함수를 호출해도 유효 사용자는 보통 변경되지 않는다. 하지만 실제 ID와 유효 ID의 결정적인 차이는 exec 호출 도중에 드러난다. suid[setuid] 바이너리를 실행하면 프로세스는 유효 사용자 ID를 변경한다. 정확히 말하면 유효 사용자 ID는 프로그램 파일을 소유한 사용자 ID로 설정된다. 예를 들어 /usr/bin/passwd 파일은 setuid 파일이고 소유자는 root이므로 일반 사용자 셸에서 이 파일을 exec하기 위해 프로세스를 생성할 때 이 프로세스는 실행하는 사용자에 상관없이 유효 사용자 ID를 root로 지정한다.

잠시 후에 살펴보겠지만 권한이 없는 사용자는 유효 사용자 ID를 실제 사용자 ID 또는 저장된 사용자 ID로 설정할 수 있다. 수퍼유저는 유효 사용자 ID를 어떤 값으로든 설정할 수 있다.

저장된 사용자 ID는 프로세스의 최초 유효 사용자 ID이다. 프로세스가 포크되면 자식 프로세스는 부모의 저장된 사용자 ID를 상속받는다. 하지만 exec 호출을 통해 커널은 저장된 사용자 ID를 유효 사용자 ID로 설정하고 그렇게 함으로써, exec 시점에 유효 사용자 ID를 기록한다. 권한이 없는 사용자는 저장된 사용자 ID를 변경할 수 없고 수퍼유저는 저장된 사용자 ID를 실제 사용자 ID와 같은 값으로 변경할 수 있다.

이 모든 값의 핵심은 무엇일까? 유효한 사용자 ID가 가장 중요한 값이다. 이 값은 프로세스의 자격을 확인하는 과정에서 점검하는 사용자 ID이다. 실제 사용자 ID와 저장된 사용자 ID는 대리인처럼 동작하거나 혹은 root 권한이 아닌 프로세스가 전환할 수 있는 잠재적인 사용자 ID

이다. 실제 사용자 ID는 프로그램을 실제로 실행하는 사용자에게 속한 유효 사용자 ID이며 저장된 사용자 ID는 exec 과정에서 suid 바이너리로 변경되기 전까지 유효한 사용자 ID이다.

5.6.2 실제, 저장된 사용자, 그룹 ID 변경하기

사용자와 그룹 ID는 다음 두 시스템 콜을 통해 설정할 수 있다.

```
#include <sys/types.h>
#include <unistd.h>

int setuid (uid_t uid);
int setgid (gid_t gid);
```

setuid( )를 호출하면 현재 프로세스의 유효 사용자 ID를 설정한다. 만일 그 프로세스의 현재 유효 사용자 ID가 0(root)이면 실제 사용자와 저장된 사용자 ID 역시 설정된다. root 사용자는 uid로 어떤 값이든 사용 가능하다. 그래서 세 가지 사용자 ID 값은 모두 uid로 설정된다. root 사용자가 아닌 경우 실제 사용자와 저장된 사용자 ID만 유효 사용자 ID로 설정할 수 있다.

setuid( )는 성공할 경우 0을 반환한다. 실패할 경우 −1을 반환하고 errno를 다음 값 중 하나로 설정한다.

EAGAIN   uid가 실제 사용자 ID와 다르며 실제 사용자 ID를 uid 값으로 설정하는 작업이 RLIM_NPROC(사용자가 소유할 수 있는 최대 프로세스 개수)를 초과했다.

EPERM   사용자가 root가 아니며 uid 값이 유효 사용자 ID도 저장된 사용자 ID도 아니다.

앞서 설명한 내용은 그룹 ID에도 적용할 수 있다. 단순히 setuid( )를 setgid( )로 바꾸고 uid를 gid로 바꿔서 이해하면 된다.

5.6.3 유효 사용자 ID나 유효 그룹 ID 변경하기

리눅스는 현재 실행 중인 프로세스의 유효 사용자 ID와 유효 그룹 ID를 변경할 수 있는 두 가지 POSIX 함수를 제공한다.

```
#include <sys/types.h>
#include <unistd.h>

int seteuid (uid_t euid);
int setegid (gid_t egid);
```

seteuid()를 호출하면 유효 사용자 ID를 euid로 설정한다. root 사용자는 euid 값으로 어떤 값이든 사용할 수 있으며 비 root 사용자의 경우에는 유효 사용자 ID로 실제 사용자 ID나 저장된 사용자 ID만 설정할 수 있다. 호출이 성공하면 0을 반환하고 실패하면 −1을 반환하고 errno를 EPERM으로 설정하여 현재 프로세스가 root 소유가 아니며 euid가 실제 사용자 ID도 저장된 사용자 ID도 아님 알려준다.

비 root 사용자의 경우 seteuid()와 setuid()는 동일하게 동작한다는 점을 주목하자. 따라서 항상 seteuid()를 사용하는 편이 표준에 맞는 바람직한 방법이다. 하지만 프로세스가 root로 실행된다면 setuid()를 사용하는 편이 더 합리적이다.

앞서 설명한 내용은 그룹에도 똑같이 적용할 수 있다. seteuid()를 setegid()로 바꾸고, euid를 egid로 바꿔서 읽으면 된다.

5.6.4 BSD 방식으로 사용자, 그룹 ID 변경하기

BSD는 사용자 ID와 그룹 ID를 설정할 수 있는 독자적인 인터페이스를 제공한다. 리눅스는 호환성을 위해 이 인터페이스를 제공한다.

```
#include <sys/types.h>
#include <unistd.h>

int setreuid (uid_t ruid, uid_t euid);
int setregid (gid_t rgid, gid_t egid);
```

setreuid()를 호출하면 프로세스의 실제 사용자 ID와 유효 사용자 ID를 각각 ruid와 euid로 설정한다. 두 인자 값을 −1로 지정하면 관련된 사용자 ID를 변경하지 않은 채로 놔둔다. root가 아닌 프로세스는 유효 사용자 ID를 실제 사용자 ID나 저장된 사용자 ID로 설정할 수 있고, 실제 사용자 ID를 유효 사용자 ID로만 설정할 수 있다. 만약에 실제 사용자 ID가 변경되거나, 혹은 유효 사용자 ID가 이전의 실제 사용자 ID와 다른 값으로 바뀌게 되면 저장된 사용자 ID는 새로운 유효 사용자 ID로 변경된다. 이는 리눅스와 대다수 다른 유닉스 시스템이 ID 변경을 처리하는 방식인데 POSIX에서는 정의되지 않은 상태로 남아 있다.

setreuid() 호출이 성공하면 0을 반환하고 실패하면 −1을 반환하고 errno를 EPERM으로 설정하여 현재 프로세스가 root 소유가 아니며 euid가 실제 사용자 ID도 저장된 사용자 ID도 아님을 알려주거나 아니면 ruid가 유효 사용자 ID와 동일하지 않음을 알려준다.

앞서 설명한 내용은 그룹에도 똑같이 적용할 수 있다. setreuid()를 setregid()로 바꾸고 ruid를 rgid로, euid를 egid로 바꿔서 읽으면 된다.

5.6.5 HP-UX 방식으로 사용자, 그룹 ID 변경하기

계속 비슷한 내용만 반복하고 있다고 느낄지도 모르겠다. 과거 휴렛팩커드에서 만든 유닉스 시스템인 HP-UX도 프로세스의 사용자 ID와 그룹 ID를 설정하기 위한 독자적인 인터페이스를 제공한다. 역시 호환성을 위해 리눅스에서도 이 인터페이스를 제공하고 있다.

```
#define _GNU_SOURCE
#include <unistd.h>

int setresuid (uid_t ruid, uid_t euid, uid_t suid);
int setresgid (gid_t rgid, gid_t egid, gid_t sgid);
```

setresuid()를 호출하면 실제, 유효 그리고 저장된 사용자 ID를 각각 ruid, euid, suid로 설정한다. 각 인자에 −1을 지정하면 해당 ID는 변경하지 않은채로 놔둔다.

root 사용자는 사용자 ID를 어떤 값으로든 설정할 수 있다. 비 root 사용자는 사용자 ID를 현재 실제, 유효 그리고 저장된 사용자 ID로 설정할 수 있다. setresuid() 호출이 성공하면 0을 반환하고 실패하면 −1을 반환하고 errno를 다음 값 중 하나로 설정한다.

EAGAIN   주어진 uid가 실제 사용자 ID가 아니며 실제 사용자 ID를 uid 값으로 설정하는 작업이 RLIM_NPROC(사용자가 소유할 수 있는 최대 프로세스 개수)를 초과했다.

EPERM 사용자가 root가 아니며 현재 실제, 유효, 저장된 사용자 ID와 일치하지 않는 실제, 유효, 저장된 사용자 ID로 설정하려고 한다.

앞서 설명한 내용은 그룹에도 똑같이 적용할 수 있다. setresuid( )를 setresgid( )로 바꾸고, ruid를 rgid로, euid를 egid로, suid를 sgid로 바꿔서 읽으면 된다.

5.6.6 바람직한 사용자/그룹 ID 조작법

비 root 프로세스는 seteuid( )를 사용해서 유효 사용자 ID를 바꿔야 한다. root 프로세스는 세 가지 사용자 ID를 모두 바꾸려고 한다면 setuid( )를, 유효 사용자 ID만 임시로 바꾸려고 한다면 seteuid( )를 사용해야 한다. 이 함수들은 단순하며 POSIX 규칙을 따라서 저장된 사용자 ID를 적절하게 고려한다.

BSD와 HP-UX 방식의 함수는 추가 기능을 제공함에도 불구하고 setuid( ), seteuid( )와 마찬가지로 유용한 변경을 허용하지 않는다.

5.6.7 저장된 사용자 ID 지원

저장된 사용자 ID와 그룹 ID는 IEEE Std 1003.1-2001 (POSIX 2001)에서 명세하고 있으며 리눅스는 초기 커널 버전인 1.1.38부터 지원해왔다. 리눅스 전용 프로그램은 저장된 사용자 ID가 존재한다고 확신해도 된다. 오래된 유닉스 시스템에서 작성된 프로그램의 경우 저장된 사용자 ID나 저장된 그룹 ID를 참조하기 전에 _POSIX_SAVED_IDS 매크로를 확인해야 한다.

저장된 사용자 ID나 저장된 그룹 ID가 없는 경우에도 앞의 설명은 유효하다. 저장된 사용자 ID나 그룹 ID를 언급한 규칙만 무시하면 된다.

5.6.8 사용자 ID와 그룹 ID 얻어오기

다음 소개하는 두 시스템 콜은 각각 실제 사용자 ID와 실제 그룹 ID를 반환한다.

```
#include <unistd.h>
#include <sys/types.h>

uid_t getuid (void);
gid_t getgid (void);
```

이 함수는 실패하지 않으며 다음 두 시스템 콜은 각각 유효 사용자 ID와 유효 그룹 ID를 반환한다.

```
#include <unistd.h>
#include <sys/types.h>

uid_t geteuid (void);
gid_t getegid (void);
```

이 시스템 콜 역시 실패하지 않는다.

5.7 세션과 프로세스 그룹

각 프로세스는 작업 제어 목적으로 관련된 하나 이상의 프로세스를 모아놓은 집합인 프로세스 그룹의 일원이다. 프로세스 그룹은 주된 속성은 그룹 내 모든 프로세스에게 시그널을 보낼 수 있다는 점이다. 하나의 시그널로 같은 프로세스 그룹에 속한 모든 프로세스를 종료하고, 멈추거나 다시 실행을 계속하게 할 수 있다.

각 프로세스 그룹은 프로세스 그룹 ID(pgid)로 구분하며 프로세스 그룹마다 그룹 리더가 있다. 프로세스 그룹 ID는 프로세스 그룹 리더의 pid와 동일하다. 구성원이 하나라도 남아 있는 동안에는 프로세스 그룹이 사라지지 않는다. 심지어 프로세스 그룹 리더가 종료되더라도 프로세스 그룹은 남는다.

새로운 사용자가 처음으로 시스템에 로그인하면 로그인 프로세스는 사용자 로그인 셸 프로세스 하나로 이루어진 새로운 세션을 생성한다. 로그인 셸은 세션 리더로 동작한다. 세션 리더의 pid는 세션 ID로 사용된다. 세션은 하나 이상의 프로세스 그룹이 들어 있는 집합이다. 세션은 로그인한 사용자 활동을 처리하며 사용자의 터미널 입출력을 다루는 tty 장치로 명시되는 제어 터미널과 사용자 사이를 연결한다. 따라서 세션은 대부분 셸과 관련을 맺고 있다. 실제로 셸을 제외하고 제어 터미널을 신경 쓰는 프로그램은 없다.

프로세스 그룹이 작업 제어와 다른 셸 기능을 쉽게 하도록 모든 구성원에게 시그널을 보내는 메커니즘을 제공한다면 세션은 제어 터미널을 둘러싼 로그인을 통합하는 기능을 제공한다. 세션에 속한 프로세스 그룹은 하나의 포어그라운드^{foreground} 프로세스 그룹과 0개 이상의 백그라운드 프로세스 그룹으로 나뉜다. 사용자가 터미널을 종료하게 되면 포어그라운드 프로세스 그룹 내 모든 프로세스에 `SIGQUIT` 시그널이 전달된다. 터미널에서 네트워크 단절이 포착되면 포어그라운드 프로세스 그룹 내 모든 프로세스에 `SIGHUP` 시그널이 전달된다. 사용자가 터미널에서 Ctrl+C 같은 취소 명령을 입력한 경우 포어그라운드 프로세스 그룹 내 모든 프로세스에 `SIGINT` 시그널이 전달된다. 이렇게 세션은 셸에서 터미널과 로그인 관리를 쉽게 할 수 있도록 도와준다.

예를 들어 사용자가 시스템에 로그인을 했고, 로그인 셸인 bash의 pid가 1700이라고 하자. 이제 그 bash 인스턴스는 gid가 1700인 새로운 프로세스 그룹의 유일한 멤버이자 리더가 된다. 사용자가 그 셸에서 실행하는 명령어는 세션 1700에 속하는 새로운 프로세스 그룹에서 동작한다. 사용자에게 직접 연결되어 있고 터미널 제어가 가능한 이런 프로세스 그룹 중 하나가 포어그라운드 프로세스 그룹이다. 다른 프로세스 그룹은 백그라운드 프로세스 그룹이라고 불린다.

시스템에는 많은 세션이 존재한다. 개발 사용자의 로그인 세션도 있고 어떤 세션은 데몬처럼 사용자의 로그인 세션과 연결되지 않은 프로세스를 위한 세션도 있다. 데몬은 종료되었을지도 모를 다른 세션과 관계된 문제를 피하기 위해 독자적인 세션을 만드는 경향이 있다.

이 모든 세션은 하나 이상의 프로세스 그룹으로 구성되며 각 프로세스 그룹은 적어도 하나의 프로세스를 포함한다. 둘 이상의 프로세스로 구성된 프로세스 그룹은 일반적으로 작업 제어를 구현하고 있다.

다음과 같은 셸 명령어를 생각해보자.

```
$ cat ship-inventory.txt | grep booty | sort
```

이 명령은 세 개의 프로세스를 가지는 하나의 프로세스 그룹을 생성한다. 이 말은, 셸에서 한 번에 세 프로세스 모두에 시그널을 보낼 수 있다는 뜻이다. 사용자가 명령어 뒤에 &를 붙이지 않고 입력했기 때문에 이 프로세스 그룹은 포어그라운드에서 동작한다고 할 수 있다. [그림

5-1]은 세션, 프로세스 그룹, 프로세스 그리고 제어 터미널의 관계를 보여주고 있다.

그림 5-1 세션, 프로세스 그룹, 프로세스 그리고 제어 터미널의 관계

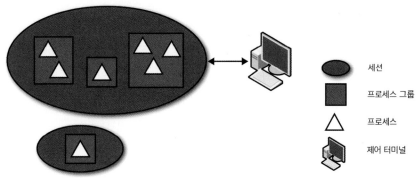

리눅스는 특정 프로세스와 관계된 세션 및 프로세스 그룹을 설정하고 조회할 수 있는 여러 인터페이스를 제공한다. 이는 주로 셸에서 사용되지만 세션과 프로세스 그룹과 연관되고 싶지 않은 데몬 같은 프로세스에서도 유용하게 사용할 수 있다.

5.7.1 세션 시스템 콜

시스템에 로그인을 하는 시점에 셸은 새로운 세션을 생성한다. 이 작업은 새로운 세션을 쉽게 만들 수 있는 특수한 시스템 콜을 통해서 이루어진다.

```
#include <unistd.h>

pid_t setsid (void);
```

setsid( )를 호출하면 그 프로세스가 프로세스 그룹의 리더가 아니라고 가정하고 새로운 세션을 생성한다. 호출한 프로세스는 새롭게 만들어진 세션의 유일한 멤버이자 리더가 되며 제어 tty를 가지지 않는다. 또한, 그 세션 내에 새로운 프로세스 그룹을 만들어 호출한 프로세스를 그 프로세스 그룹의 유일한 멤버이자 리더로 한다. 이렇게 만들어진 새로운 세션과 프로세스 그룹의 ID는 호출한 프로세스의 pid가 된다.

다시 말해, setsid( )는 새로운 세션 내부에 새로운 프로세스 그룹을 생성하며 호출한 프로

세스를 그 세션과 프로세스 그룹 모두의 리더로 한다. 이는 기존의 세션에 속하고 싶지 않거나 제어 터미널을 원치 않는 데몬, 각 사용자가 로그인할 때마다 새로운 세션을 생성해야 하는 셸에서 유용하다.

setsid( ) 호출이 성공하면 새롭게 생성한 세션의 ID를 반환한다. 실패하면 −1을 반환하며 이때 가능한 errno는 그 프로세스가 현재 프로세스 그룹의 리더임을 알려주는 EPERM뿐이다. 어떤 프로세스가 프로세스 그룹 리더가 되지 않게 하는 가장 손쉬운 방법은 프로세스를 포크하고 부모 프로세스를 종료한 다음 자식 프로세스에서 setsid( )를 호출하는 것이다. 예를 들면 다음과 같다.

```
pid_t pid;

pid = fork ();
if (pid == -1) {
    perror ("fork");
    return -1;
} else if (pid != 0)
    exit (EXIT_SUCCESS);

if (setsid () == -1) {
    perror ("setsid");
    return -1;
}
```

조금 덜 유용하긴 하지만, 다음 방법으로도 현재 세션 ID를 얻을 수 있다.

```
#define _XOPEN_SOURCE 500
#include <unistd.h>

pid_t getsid (pid_t pid);
```

getsid( ) 호출이 성공하면 pid가 가리키는 프로세스의 세션 ID를 반환한다. 만약에 pid 값이 0이면 getsid( )를 호출한 프로세스의 세션 ID를 반환한다. 호출이 실패하면 −1을 반환한다. 이 경우 errno는 pid가 유효한 프로세스가 아님을 알려주는 ESRCH로 설정된다. 리눅스가 아닌 다른 유닉스 시스템에서는 pid가 가리키는 프로세스와 호출하는 프로세스가 같은 세션에 속해 있지 않음을 나타내는 EPERM을 errno 값으로 설정하는 경우도 있지만, 리눅스에서는 이 에러를 반환하지 않으며 어떤 프로세스라도 세션 ID를 반환해준다.

getsid( )는 드물지만 주로 진단 목적으로 사용된다.

```
pid_t sid;

sid = getsid (0);
if (sid == -1)
    perror ("getsid"); /* 가능하지 않은 경우다 */
else
    printf ("My session id=%d\n", sid);
```

5.7.2 프로세스 그룹 시스템 콜

setpgid( )는 pid 인자로 지정한 프로세스의 프로세스 그룹 ID를 pgid로 설정한다.

```
#define _XOPEN_SOURCE 500
#include <unistd.h>

int setpgid (pid_t pid, pid_t pgid);
```

pid 인자가 0인 경우 현재 프로세스의 프로세스 그룹 ID를 변경하며 pgid 인자가 0인 경우 pid 인자로 지정한 프로세스의 ID를 프로세스 그룹 ID로 설정한다.

setpgid( ) 호출이 성공하면 0을 반환한다. 성공 여부는 다음 몇 가지 조건에 달려있다.

- pid로 지정한 프로세스가 해당 시스템 콜을 호출하는 프로세스이거나 호출하는 프로세스의 자식 프로세스이 며 아직 exec 호출을 하지 않았고 부모 프로세스와 동일한 세션에 속해 있어야 한다.
- pid로 지정한 프로세스가 세션의 리더가 아니어야 한다.
- pgid가 이미 있으면 호출하는 프로세스와 동일한 세션에 속해 있어야 한다.
- pgid 값이 양수여야 한다.

에러가 발생하면 −1을 반환하고 errno를 다음 중 하나로 설정한다.

EACCES   pid로 지정한 프로세스가 호출한 프로세스의 자식 프로세스이고 이미 exec를 호출했다.

EINVAL   pgid 값이 음수이다.

EPERM   pid로 지정한 프로세스가 세션 리더이거나 호출한 프로세스와 다른 세션에 속
          해 있다. 또는, 이 시도가 프로세스를 다른 세션에 속한 프로세스 그룹으로 옮기
          려 한다.

ESRCH   pid가 현재 프로세스가 아니거나, 0 혹은 현재 프로세스의 자식 프로세스도 아
          니다.

세션과 마찬가지로 프로세스의 프로세스 그룹 ID를 얻는 것도 가능하지만 유용하지는 않다.

```
#define _XOPEN_SOURCE 500
#include <unistd.h>

pid_t getpgid (pid_t pid);
```

getpgid( )를 호출하면 pid로 지정한 프로세스의 프로세스 그룹 ID를 반환한다. pid 인자가
0이면 현재 프로세스의 프로세스 그룹 ID를 반환한다. 에러가 발생하면 −1을 반환하고 errno
를 pid 인자가 유효한 프로세스 ID가 아님을 나타내는 ESRCH로 설정한다.

getsid( )와 마찬가지로 주로 진단 목적으로 사용된다.

```
pid_t pgid;

pgid = getpgid (0);
if (pgid == -1)
    perror ("getpgid"); /* should not be possible */
else
    printf ("My process group id=%d\n", pgid);
```

5.7.3 사용되지 않는 프로세스 그룹 관련 함수들

리눅스는 프로세스 그룹 ID를 가져오거나 설정하는 두 가지 오래된 BSD 인터페이스를 지원한
다. 이 함수들은 앞서 소개한 시스템 콜보다 유용하지 않으므로 새로 작성하는 프로그램에 사
용하려면 호환성이 매우 중요하게 요구되는 경우에만 사용해야 한다. setpgrp( ) 함수는 프로

세스 그룹 ID를 설정할 때 사용한다.

```
#include <unistd.h>

int setpgrp (void);
```

다음은 setpgrp( ) 코드다.

```
if (setpgrp () == -1)
    perror ("setpgrp");
```

이는 다음 setpgid( ) 코드와 동일하다.

```
if (setpgid (0,0) == -1)
    perror ("setpgid");
```

둘 다 현재 프로세스를 현재 프로세스의 pid와 같은 프로세스 그룹으로 설정하며 성공했을 경우 0을 반환하고 실패했을 경우 −1을 반환한다. errno 값은 ESRCH를 제외한 setpgid( )의 errno 값과 같다.

마찬가지로 getpgrp( ) 함수는 프로세스의 그룹 ID를 알아내기 위해 사용한다.

```
#include <unistd.h>

pid_t getpgrp (void);
```

다음은 getpgrp( ) 코드다.

```
pid_t pgid = getpgrp ();
```

이는 다음 getpgid( ) 코드와 동일하다.

```
pid_t pgid = getpgid (0);
```

둘 다 해당 함수를 호출하는 프로세스의 그룹 ID를 반환하다. getpgid( ) 함수는 실패하는 경우가 없다.

5.8 데몬

데몬daemon은 백그라운드에서 수행되며 제어 터미널이 없는 프로세스다. 데몬은 일반적으로 부팅 시에 시작되며 root 혹은 다른 특수한 사용자 계정(apache나 postfix 같은) 권한으로 실행되어 시스템 수준의 작업을 처리한다. crond, sshd처럼 편의를 위해 데몬의 이름은 d로 끝나는 경우가 많은데 이는 필수 조건도 아니며 보편적인 것도 아니다.

> **NOTE_** 데몬이라는 이름은 물리학자 제임스 클러크 맥스웰James Clerk Maxwell의 사고실험인 맥스웰의 도깨비 Maxwell demon★에서 차용한 것이다. 다이몬daemon은 그리스 신화에 등장하는 인간계와 신계 사이에 존재하는 힘과 신성한 지식을 가진 초자연적인 존재이기도 하다. 유대교와 크리스트교의 마귀demon와 다르게 그리스 신화의 다이몬은 사악한 존재가 아니다. 오히려 신을 도와 올림푸스 산에 살고 있는 인간들이 스스로 하기 싫어하는 일을 도맡아 처리하는 역할로 묘사된다. 유닉스 데몬 역시, 사용자가 포어그라운드에서 처리하기를 꺼리는 작업을 수행한다.

데몬은 두 가지 일반적인 요구사항이 있는데 반드시 init 프로세스의 자식 프로세스여야 하며 터미널과 연결되어 있으면 안된다.

일반적으로 다음 과정을 통해 데몬이 될 수 있다.

1 fork()를 호출해서 데몬이 될 새로운 프로세스를 생성한다.

2 부모 프로세스에서 exit()를 호출해서 데몬 프로세스의 부모 프로세스를 종료한다. 이렇게 해서 데몬 프로세스가 프로세스 그룹의 리더가 되지 않도록 한다. 특히 마지막 조건은 다음 단계를 완수하기 위한 필수 조건이다.

3 setsid()를 호출하여 데몬이 새로운 프로세스 그룹과 세션의 리더가 되도록 한다. 이렇게 해서 데몬 프로세스가 제어 터미널에 연관되지 않도록 한다(프로세스가 막 새로운 세션을 생성했으며 제어 터미널을 할당하지 않았기 때문이다).

4 chdir()를 사용하여 작업 디렉터리를 루트 디렉터리로 변경한다. 이렇게 하는 이유는 부모로부터 상속받는 작업 디렉터리가 파일시스템상에 어떤 위치든 가능하기 때문이다. 데몬은 시스템이 켜져 있는 동안 계속 실행되는 경향이 있으므로 임의의 디렉터리가 계속 열린 상태로 방치되어 관리자가 그 디렉터리를 포함하는 파일시스템을 마운트 해제할 수 없게 되는 상황을 회피하기 위함이다.

5 모든 파일 디스크립터를 닫는다. 열린 파일 디스크립터를 상속받아서 의식하지도 못하고 열린 채로 두기를 원하지 않을 것이다.

6 0, 1, 2번 파일 디스크립터(각각 표준 입력, 출력, 에러)를 열고 /dev/null로 리다이렉트한다.

★ 역자주_ 맥스웰의 도깨비 사고 실험(http://ko.wikipedia.org/wiki/맥스웰의_도깨비)에서 분자를 운동량에 따라 분류하는 보이지 않는 존재에서 영감을 얻은 것으로, 뒤에서 보이지 않게 일을 처리해주는 유닉스 데몬의 역할과 비슷하다.

다음은 이 규칙에 따라 스스로 데몬이 되는^{daemonize} 예제 코드다.

```c
#include <sys/types.h>
#include <sys/stat.h>
#include <stdlib.h>
#include <stdio.h>
#include <fcntl.h>
#include <unistd.h>
#include <linux/fs.h>

int main (void)
{
    pid_t pid;
    int i;

    /* 새로운 프로세스를 생성한다 */
    pid = fork ();
    if (pid == -1)
        return -1;
    else if (pid != 0)
        exit (EXIT_SUCCESS);

    /* 새로운 세션과 프로세스 그룹을 생성한다 */
    if (setsid () == -1)
        return -1;

    /* 작업 디렉터리를 루트 디렉터리로 변경한다 */
    if (chdir ("/") == -1)
        return -1;

    /* 모든 파일 디스크립터를 닫는다.
        --NR_OPEN 값은 실제 필요한 값보다 크지만 어쨌든 동작은 한다 */
    for (i = 0; i < NR_OPEN; i++)
        close (i);

    /* 파일 디스크립터 0, 1, 2를 /dev/null로 리다이렉트한다 */
    open ("/dev/null", O_RDWR);   /* 표준 입력 */
    dup (0);                      /* 표준 출력 */
    dup (0);                      /* 표준 에러 */

    /* 데몬에서 수행할 작업... */

    return 0; }
}
```

대부분의 유닉스 시스템은 C 라이브러리에서 daemon( ) 함수를 제공하여 이 과정을 자동화하여 간단하게 쓸 수 있도록 하고 있다.

```
#include <unistd.h>

int daemon (int nochdir, int noclose);
```

nochdir 인자가 0이 아니면 현재 작업 디렉터리를 루트 디렉터리로 변경하지 않는다. noclose 인자가 0이 아니면 열려있는 모든 파일 디스크립터를 닫지 않는다. 이 옵션들은 부모 프로세스가 이미 이런 데몬 과정에 필요한 작업을 해두었을 경우에 유용하지만 일반적으로 모두 인자로 0을 넘긴다.

성공하면 0을 반환하며 실패할 경우 −1을 반환하고 errno를 fork( )나 setsid( )에서 설정하는 값으로 설정한다.

5.9 맺음말

이 장에서는 프로세스의 생성부터 종료까지 유닉스의 프로세스 관리에 대한 기본 내용을 살펴봤다. 다음 장에서는 프로세스의 스케줄링 방법을 바꾸는 인터페이스를 포함한 고급 프로세스 관리 기법에 대해서 살펴보도록 하겠다.

## CHAPTER 6

고급 프로세스 관리

5장에서는 프로세스가 무엇인지 그리고 프로세스 생성, 제어, 종료에 관한 시스템 콜과 관련된 시스템에 대해서 설명했다. 이 장에서는 앞서 배운 개념을 토대로 리눅스 프로세스 스케줄러와 스케줄링 알고리즘을 알아보고 고급 프로세스 관리 인터페이스에 대해서 살펴볼 것이다. 이제 살펴볼 시스템 콜은 프로세스의 스케줄링 동작 방식을 조작하고 애플리케이션이나 사용자의 목적에 맞게 스케줄러의 동작 방식에 영향을 끼친다.

6.1 프로세스 스케줄링

프로세스 스케줄러는 커널의 서브시스템으로써 유한한 리소스인 프로세서의 시간을 시스템 내의 프로세스에 나눠준다. 다시 말해 프로세스 스케줄러는 다음에 실행할 프로세스를 선택하기 위한 커널의 구성 요소다. 어떤 프로세스가 언제 실행되어야 하는지 결정하는 과정에서 스케줄러는 여러 프로세스가 동시에 매끄럽게 동작하고 있다는 착각을 심어줌과 동시에 프로세서를 최대한으로 활용해야 하는 책임을 지고 있다.

이 장에서는 실행 가능한 프로세스에 대해서 심도 있게 살펴볼 것이다. 실행 가능한 프로세스는 블록되지 않은 프로세스로, 블록된 프로세스는 자고 있거나 커널로부터 입출력을 기다리고 있는 프로세스다. 어떤 프로세스가 사용자와 상호 작용을 하거나, 파일을 자주 읽고 쓴다거나, 혹은 요청한 리소스가 사용 가능할 때까지 오랫동안 기다려야 하는 네트워크 이벤트를 처리한다면 그 기간 동안에는 실행 가능한 상태가 아니다. 실행 가능한 프로세스가 하나만 주어진다면 그냥 그 프로세스를 실행하기만 하면 되므로 스케줄러의 임무는 그리 중요하지 않을 것이다. 하지만 프로세서의 개수보다 실행 가능한 프로세스가 더 많이 존재할 때는 스케줄러가 필요하다. 이 경우, 다른 프로세스가 차례를 기다리는 동안 몇몇 프로세스만 실행될 것이다. 어떤 프로세스가 언제 실행되고, 또 얼마나 오랫동안 실행될지를 결정하는 것은 스케줄러의 기본 책임이다.

단일 프로세서에서 동작하는 운영체제는 여러 프로세스를 번갈아 실행해서 동시에 하나 이상의 프로세스가 실행 중이라는 착각을 불러 일으켜 멀티태스킹을 구현한다. 멀티프로세서 시스템에서는 각각 다른 프로세서에서 실제로 병렬적으로 수행되도록 한다. DOS처럼 멀티태스킹을 지원하지 않는 운영체제에서는 한 번에 하나의 애플리케이션만 실행할 수 있다.

멀티태스킹 운영체제는 선점형과 비선점형, 이렇게 두 가지로 나눌 수 있다. 리눅스는 특정 프로세스가 언제 실행을 멈추고 다른 프로세스가 실행을 재개할지를 스케줄러가 결정하는 선점형 멀티태스킹을 구현한다. 다른 프로세스를 위해 실행 중인 프로세스를 멈추는 행위를 선점이라고 한다. 스케줄러가 선점하기 전까지 프로세스에 허락된 실행 시간을 프로세스 타임 슬라이스라고 하는데 스케줄러가 프로세서의 시간의 '조각'을 할당하기 때문이다.

반대로, 비선점형 멀티태스킹에서는 프로세스가 스스로 실행을 멈추기 전까지 계속 실행된다. 이때 프로세스가 자발적으로 실행을 잠시 쉬는 것을 양보yield라고 한다. 이상적으로는 프로세스가 자주 양보하면 좋겠지만 운영체제에서 이를 강제할 수는 없다. 프로그램이 욕심이 많거나 문제가 생긴 채로 너무 오랫동안 실행되고 있으면 멀티태스킹이 유지되지 못하거나 심지어는 무기한으로 계속 실행되면 전체 시스템을 다운시킬 수도 있다. 비선점형 멀티태스킹 방식의 이런 단점 때문에 최신 운영체제는 거의 선점형 멀티태스킹 방식을 사용하고 있으며 리눅스도 예외는 아니다.

리눅스의 프로세스 스케줄러는 수년간에 걸쳐 바뀌고 있다. 현재 스케줄러는 리눅스 커널 2.6.23 버전부터 등장한 스케줄러로, CFS$^{Completely\ Fair\ Scheduler}$ 스케줄러라고 한다. 이 스케줄러의 이름은 리소스에 대한 동등한 접근을 강제하는 스케줄러의 알고리즘에서 따온 것이다. CFS 스케줄러는 이전에 사용되는 O(1) 스케줄러를 비롯, 다른 유닉스의 스케줄러와는 철저하게 다르다. CFS 스케줄러에 대한 자세한 내용은 249쪽 'CFS 스케줄러'에서 자세히 살펴보겠다.

6.1.1 타임 슬라이스

스케줄러가 각 프로세스에 할당하는 타임 슬라이스는 시스템 전반의 동작 방식과 성능에 관한 중요한 변수다. 만일 시간을 너무 크게 쪼개면(타임 슬라이스가 너무 크다면) 프로세스는 다음 실행 시간까지 오래 기다려야 하며 동시 수행 능력을 떨어트린다. 어쩌면 알아챌 수 있을만한 지연으로 인해 불만이 생길 수 있다. 반대로 시간을 너무 잘게 쪼개면(타임 슬라이스가 너무 작으면) 잦은 프로세스 전환으로 인해 일시적인 지역성과 같은 장점을 잃게 된다.

그렇기에 이상적인 타임 슬라이스를 결정하기란 쉽지 않다. 어떤 운영체제는 시스템이 처리할 수 있는 용량을 극대화하여 성능 향상을 꾀할 목적으로 큰 타임 슬라이스를 사용한다. 또 어떤 운영체제는 빠른 응답속도를 확보하기 위해 아주 작은 타임 슬라이스를 사용한다. 앞으로 살펴보겠지만 CFS는 타임 슬라이스를 사용하지 않는 매우 특이한 방법으로 적정 타임 슬라이스의 크기는 얼마인가에 대한 질문에 답한다.

6.1.2 입출력 위주 프로세스와 CPU 위주 프로세스

사용 가능한 타임 슬라이스를 끊임없이 계속 사용하는 프로세스를 CPU 위주 프로세스라고 한다. 이런 프로세스는 CPU 시간에 매우 굶주려 있으며 스케줄러에서 허락하는 시간을 모두 사용한다. 가장 쉬운 예로 무한 루프가 있다.

```
// 100% processor-bound
while (1)
    ;
```

다른 예로는 과학계산이나 수학연산, 이미지 처리 등을 하는 프로세스가 CPU 위주 프로세스에 속한다.

한편, 어떤 프로세스는 실행 시간보다 리소스를 사용하기 위해 기다리는 데 시간을 더 많이 사용하는데 이를 입출력 위주 프로세스라고 한다. 입출력 위주 프로세스는 주로 파일이나 네트워크 입출력을 기다리거나, 키보드 입력을 기다리거나 혹은 사용자가 마우스를 움직이기를 기다린다. 입출력 위주 애플리케이션으로는 커널에 입출력 수행을 요청하기 위한 몇 가지 시스템 콜을 제외하고는 하는 게 별로 없는 cp, mv 같은 파일 유틸리티와 사용자의 입력을 계속 기다리는 여러 가지 GUI 애플리케이션이 있다.

두 가지 애플리케이션은 최적의 이득을 볼 수 있는 스케줄러의 유형이 다르다. CPU 위주 애플리케이션은 일시적인 지역성을 통해 캐시 적중률을 최대화하고 작업을 최대한 빨리 끝낼 수 있도록 큰 타임 슬라이스를 갈망한다. 이와 반대로, 입출력 위주 프로세스는 큰 타임 슬라이스를 필요로 하지 않는데 입출력 요청을 보내기까지는 아주 짧은 시간이면 충분하며 대부분의 시간을 커널 리소스를 얻기 위해 블록되기 때문이다. 하지만 입출력 위주 프로세스는 스케줄러가 우선순위에 기반해서 신경을 쓴다면 이득을 볼 수 있다. 블록된 후에 애플리케이션이 좀 더 빨리 재시작해서 좀 더 많은 입출력 요청을 처리하면 시스템의 하드웨어를 더 잘 활용할 수 있다. 또한, 애플리케이션이 사용자 입력을 기다릴 경우에는 스케줄링이 빨라질수록 사용자의 체감 성능이 향상된다.

CPU 위주 프로세스와 입출력 위주 프로세스를 함께 번갈아가며 수행하기란 쉽지 않다. 현실에서 대부분의 애플리케이션은 CPU와 입출력을 같이 사용한다. 오디오/비디오의 인코딩/디코딩이 이런 분류 기준을 적용하기 힘든 좋은 예다. 게임 역시 이 같은 복합적인 프로세스다. 이런 애플리케이션의 성향을 항상 파악하기란 불가능하며 특정 시점에서 입출력 위주로 동작하다가 또 갑자기 CPU 위주로 동작하기도 한다.

6.1.3 선점형 스케줄링

전통적인 유닉스 프로세스 스케줄링에서 모든 실행 가능한 프로세스는 타임 슬라이스를 할당받는다. 주어진 타임 슬라이스를 다 소진하면 커널은 그 프로세스를 잠시 멈추고 다른 프로세스를 실행한다. 만약 실행 가능한 프로세스가 더 없다면 커널은 타임 슬라이스를 다 소진한 프로세스에 다시 타임 슬라이스를 보충해주고 실행을 재개한다. 이런 식으로 프로세스의 생성과 종료, 입출력에 의한 블록, 또는 잠들었다가 다시 깨어남에 따라 실행 가능한 프로세스 목록에 들어왔다 나가기를 반복한다. 이렇게 하면 모든 프로세스는 자기보다 우선순위가 높은 프로세스가 있을지라도 그 프로세스가 타임 슬라이스를 모두 소진하거나 블록된다면 결국 실행될 기회를 얻게 된다. 이런 방식은 중요하지만 드러나지는 않는 유닉스 스케줄링의 규칙인, 모든 프로세스는 반드시 계속 진행되어야 한다는 규칙을 만들어낸다.

6.2 CFS 스케줄러

CFS 스케줄러는 전통적인 유닉스의 스케줄러와는 많이 동떨어져 있다. CFS가 나오기 전의 리눅스를 포함하여 대부분의 유닉스 시스템은 스케줄링과 관련된 두 가지 변수, 우선순위와 타임 슬라이스를 이용해서 스케줄링을 구현했다. 앞서 살펴본 것처럼 전통적인 스케줄러에서는 CPU 시간인 타임 슬라이스가 프로세스별로 할당된다. 이와 유사하게 프로세스별로 우선순위가 매겨진다. 스케줄러는 우선순위가 높은 프로세스를 우선순위가 낮은 프로세스보다 먼저 실행한다. 이 알고리즘은 매우 단순하며 초창기 시분할 유닉스 시스템에서는 아주 잘 동작했다. 하지만 높은 응답 성능과 공정성을 요구하는 최신 데스크톱과 모바일 장치에서는 조금 부족한 면이 있었다.

CFS 스케줄러는 프로세서를 사용할 수 있는 시간 단위인 타임 슬라이스를 사용하지 않는 공정한 스케줄링 알고리즘을 사용하여 이전 방식과는 매우 다른 방식으로 접근한다. CFS는 타임 슬라이스 대신 CPU 시간의 일부를 각 프로세스에 할당한다. 이 알고리즘은 매우 단순한데 CFS는 N개의 프로세스에 각각 1/N 만큼의 CPU 시간을 할당한다. 그리고 이를 각 프로세스의 nice 값에 따라 가중치를 준다. nice 값이 기본값인 0을 그대로 사용하는 프로세스의 가중치는 1이며 따라서 할당받는 CPU 시간에는 변화가 없다. 기본값보다 적은 nice 값을 사용하는, 즉 우선순위가 높은 프로세스는 가중치가 좀 더 높아 더 많은 CPU 시간을 사용하며 nice 값이 큰, 즉 우선수위가 낮은 프로세스는 가중치가 낮아 더 적은 CPU 시간을 사용한다.

이제 CFS 스케줄러는 각 프로세스별로 가중치가 적용된 값을 가지게 된다. 실제 각 프로세스가 수행될 시간을 결정하기 위해 CFS 스케줄러는 어떤 한정된 시간을 이 값으로 나눈다. 이 한정된 시간을 타깃 레이턴시^{Target Latency}라고 하는데, 이 값은 시스템의 스케줄링 레이턴시를 나타낸다. 타깃 레이턴시의 이해를 돕기 위해 이 값이 20밀리 초고 우선순위가 같은 두 프로세스가 실행 가능하다고 가정해보자. 이때 각 프로세스는 가중치가 같으므로 각각 10밀리 초씩 CPU 시간을 할당받는다. 그리하여 CFS 스케줄러는 한 프로세스를 10밀리 초 동안 실행하고 그다음에 다른 프로세스를 또 10밀리 초간 실행하고 이를 계속 반복한다. 만약에 우선순위가 같은 프로세스가 5개가 있다면 각 프로세스는 4밀리 초씩 실행될 것이다.

여기까지는 계산할만했지만 200개의 프로세스가 있다고 가정해보자. 타깃 레이턴시가 20밀리 초라면 프로세스마다 실행 시간은 겨우 100마이크로 초다. 컨텍스트 스위칭 오버헤드 때문에 일시적인 지역성의 효과는 줄어들고 시스템의 전체 처리 성능은 심각할 만큼 지장받을 것이다. 이런 상황을 피하기 위해 CFS 스케줄러는 두 번째 핵심 변수인 최소 단위^{minimum} ^{granularity}를 사용한다.

최소 단위는 프로세스가 실행되는 최저 시간 단위다. 모든 프로세스는 할당된 CPU 시간과 관계없이 적어도 최소 단위만큼은 (혹은 블록되기 전까지) 실행된다. 이는 타깃 레이턴시에서 컨텍스트 스위칭으로 낭비되는 시간이 말도 안되게 길어지지 않도록 보장한다. 그런데 이 말은 최소 단위가 효과를 내기 시작하면 공정성이 무너진다는 뜻이다. 보통 최소 단위와 타깃 레이턴시 값으로 납득할 수 있는 만큼의 실행 프로세스가 있는 평범한 상황에서는 최소 단위가 적용되지 않고 타깃 레이턴시만으로 공정성을 유지할 수 있다.

고정된 타임 슬라이스가 아니라 CPU 시간을 할당한 덕에 CFS 스케줄러는 공정성을 강제할 수 있게 된다. 각 프로세스는 공평하게 CPU를 공유할 수 있다. 게다가 타깃 레이턴시는 사용자가 설정할 수 있으므로 스케줄링 레이턴시를 설정할 수 있다. 전통적인 유닉스 스케줄러에서는 프로세스가 priori로 알려진 고정된 타임 슬라이스 동안 실행되지만 스케줄링 레이턴시(얼마나 자주 실행이 되는지)는 알 수 없었다. CFS에서는 프로세스가 특정 시간 동안 실행되고 priori로 알려진 레이턴시가 있지만, 타임 슬라이스는 동적이며, 시스템에서 실행 가능한 프로세스의 개수에 대한 함수이다. CFS는 프로세스 스케줄링을 처리하는 현저하게 다른 방식으로, 기존의 스케줄러를 괴롭히던 CPU 위주의 프로세스와 입출력 위주의 프로세스를 함께 스케줄링하는 데서 발생하는 많은 문제를 해결한다.

6.3 프로세서 양보하기

리눅스는 선점형 멀티태스킹 운영체제지만, 프로세스가 명시적으로 실행을 양보해서 스케줄러가 새로운 프로세스를 실행하도록 하는 시스템 콜을 제공한다.

```
#include <sched.h>

int sched_yield (void);
```

sched_yield( )를 호출하면 현재 실행 중인 프로세스를 잠시 멈춘 다음 스케줄러가 다음에 실행할 새로운 프로세스를 선택하도록 한다. 이는 마치 커널이 새로운 프로세스를 수행하기 위해서 현재 실행 중인 프로세스를 선점한 것과 비슷하다. 종종 발생하는 일이지만 다른 실행 가능한 프로세스가 없으면 sched_yield( )를 호출한 프로세스의 실행이 즉시 재개된다는 점을 기억하자. 이런 불확실성과 일반적으로 좀 더 나은 대안이 있으리라는 믿음 때문에 이 시스템 콜을 잘 사용하지 않는다.

호출이 성공하면 0을 반환하고 실패하면 -1을 반환하고 errno를 적절한 에러 코드로 설정한다. 대다수의 유닉스 시스템과 마찬가지로 리눅스에서도 sched_yield( ) 호출은 실패하지 않기 때문에 항상 0을 반환한다. 하지만 그렇더라도 빈틈없는 개발자라면 반환값을 검사할 수도 있다.

```
if (sched_yield ())
    perror ("sched_yield");
```

6.3.1 적당한 사용법

실제로는 리눅스같이 제대로 된 선점형 멀티태스킹 시스템에서 sched_yield( )를 적당하게 사용하는 경우는 드물다. 리눅스 커널은 가장 효율적이고 최적의 스케줄링 결정을 내리기에 부족함이 없으며 일개 애플리케이션이 무엇을 언제 선점해야 할지 결정하는 것보다 커널이 훨씬 더 나은 결정을 할 수 있다. 이것이 운영체제가 비선점 멀티태스킹을 버리고 선점형 멀티태스킹을 선택하는 이유다.

그렇다면 왜 POSIX는 '나를 다시 스케줄링해주세요' 같은 시스템 콜을 지원할까? 해답은 사용자, 하드웨어 구성 요소, 또는 다른 프로세스에 의해서 발생할 수 있는 외부 이벤트를 기다려야만 하는 애플리케이션에 있다. 예를 들어 한 프로세스가 다른 프로세스를 기다려야 한다면 '다른 프로세스 작업이 끝날 때까지 양보한다'는 해법이 첫 번째 해법이 될 것이다. 소비자/생산자 쌍에서 순진한 소비자 쪽 구현이 다음과 같다고 생각해보자.

```
/* 소비자 */
do {
    while (producer_not_ready ())
        sched_yield ();
    process_data ();
} while (!time_to_quit ());
```

다행히도 유닉스 개발자는 이런 식으로 코드를 작성하지 않는다. 유닉스 프로그램은 보통 이벤트 드리븐이며 sched_yield( )를 대신해서 소비자와 생산자 사이에서 파이프 같은 블록이 가능한 메커니즘을 활용한다. 이 경우 소비자가 파이프에서 읽으면 데이터가 준비될 때까지 블록된다. 반대로 생산자는 새로운 데이터가 생기면 파이프에 쓴다. 이런 방식은 조율의 책임을 단순히 루프만 돌고 있는 사용자 영역 프로세스에서 프로세스를 잠재우고 필요할 때만 깨워서 최적 상황으로 관리할 수 있는 커널로 넘긴다. 일반적으로 유닉스 프로그램은 블록이 가능한 파일 디스크립터에 의존하는 이벤트 드리븐 해법을 목표로 한다.

최근까지 사용자 영역 스레드 락이라는 귀찮은 상황에서 sched_yield( )가 필요했다. 다른 스레드에서 이미 락을 걸고 있다면 락을 걸고자 하는 새로운 스레드는 락이 해제될 때까지 계속 양보해야 한다. 커널에서 사용자 영역 락을 지원하지 않으면 이 방법이 가장 단순하고 효과적인 방법이었다. 하지만 다행히도 최신 리눅스 스레드 구현(NPTL[Native POSIX, Threading Library])은 커널에서 효율적인 사용자 영역 락을 지원하는 퓨텍스를 사용한 최적 해법을 도입했다.

sched_yield( )를 사용하는 또 다른 예는 '착하게 굴기'다. CPU를 많이 쓰는 프로그램에서 주기적으로 sched_yield( )를 호출하여 시스템에 끼치는 영향을 최소화하려는 시도이다. 추구하는 바는 고상하지만 이 방식에는 두 가지 문제가 있다. 먼저, 커널은 개별 프로세스보다 전체 스케줄링 결정을 훨씬 더 제대로 내릴 수 있으며 이 때문에 매끄러운 시스템 운영에 대한 책임은 프로세스가 아니라 프로세스 스케줄러가 맡아야 한다. 다음으로, 다른 프로세스를 배려하기 위해 CPU를 많이 쓰는 애플리케이션의 오버헤드를 줄이는 책임은 개별 애플리케이션이 아니라 사용자에게 있다. 사용자는 뒤에 살펴볼 nice 셸 명령어를 사용해서 애플리케이션의 성능을 위한 상대적인 선호도를 커널에 알릴 수 있다.

6.4 프로세스 우선순위

> **NOTE**_ 여기서 설명하는 내용은 일반적인 비 실시간 프로세스에 적용된다. 실시간 프로세스는 다른 스케줄링 기준과 분리된 우선순위 시스템을 필요로 한다. 실시간 관련 내용은 이 장 뒷부분에서 다루겠다.

리눅스는 스케줄링을 제멋대로 하지 않는다. 그 대신 프로세스에는 실행되는 시간에 영향을 미치는 우선순위가 할당된다. 프로세스에 할당되는 CPU 시간은 nice 값에 의해서 가중치가 적용된다. 유닉스는 전통적으로 이런 우선순위를 nice 값이라고 불렀는데, 프로세스의 우선순위를 낮춰 다른 프로세스가 CPU 시간을 좀 더 사용할 수 있도록 '친절하게 대한다[be nice]'라는 의미가 있다.

nice 값은 경계 값을 포함해서 −20부터 19까지 쓸 수 있고 기본값은 0이다. 약간 혼란스러울 수 있는데, nice 값이 적을수록 우선순위가 높아지며 타임 슬라이스도 커진다. 반대로, nice 값이 클수록 프로세스의 우선순위는 낮아지고 타임 슬라이스도 더 작아진다. 따라서 nice 값을 키울수록 나머지 시스템에 친절한 프로세스가 된다. 거꾸로 된 숫자가 더 헷갈린다. 프로세스의 '우선순위가 높다'라고 할 때는 우선순위가 낮은 프로세스보다 더 오래 실행될 수 있다는 의미지만, nice 값은 더 작다.

6.4.1 nice()

리눅스는 프로세스의 nice 값을 조회하고 설정할 수 있는 몇 가지 시스템 콜을 제공한다. 가장 단순한 형태는 nice()다.

```
#include <unistd.h>

int nice (int inc);
```

nice() 호출이 성공하면 inc만큼 프로세스의 nice 값을 증가시키고 새롭고 갱신된 값을 반환한다. (사실상 root가 소유한 프로세스인) CAP_SYS_NICE 기능이 있는 프로세스만 inc에 음수을 넘겨서 nice 값을 감소시켜 우선순위를 높일 수 있다. 따라서 root가 아닌 프로세스는 nice 값을 증가시켜 우선순위를 낮추는 작업만 가능하다.

에러가 발생하면 −1을 반환한다. 하지만 nice()는 새로운 nice 값을 반환하므로 −1은 성공했을 때의 정상적인 반환값이기도 하다. 이 둘의 차이를 구분하기 위해 nice()를 호출하기 전에 다음 예제처럼 errno를 0으로 초기화한 다음에 이 값을 검사하자.

```
int ret;

errno = 0;
ret = nice (10); /* nice 값을 10만큼 증가 */
if (ret == -1 && errno != 0)
    perror ("nice");
else
    printf ("nice value is now %d\n", ret);
```

리눅스는 반환하는 에러는 EPERM 하나뿐인데, 이 에러 코드는 호출한 프로세스가 inc 값으로 음수를 넘겨서 우선순위를 높이려 했지만 CAP_SYS_NICE 기능을 사용할 수 없음을 나타낸다. 어떤 시스템은 유효한 nice 값의 범위를 벗어나게 만드는 inc 값을 넘길 경우 EINVAL을 반환하기도 하지만 리눅스는 그렇지 않다. 대신 리눅스는 필요한 경우 조용히 초과된 값을 허용 가능한 범위로 맞춘다.

inc에 0을 넘겨서 쉽게 현재 nice 값을 얻을 수 있다.

```
printf ("nice value is currently %d\n", nice (0));
```

종종 상대적인 증가 값을 이용하지 않고 직접 nice 값을 설정하고 싶은 경우도 있다. 이럴 때는 다음 예제 코드처럼 작성할 수 있다.

```
int ret, val;

/* 현재 nice 값을 얻어온다 */
val = nice (0);

/* nice 값을 10으로 설정하고 싶다면 */
val = 10 - val;
errno = 0;
ret = nice (val);
if (ret == -1 && errno != 0)
    perror ("nice");
else
    printf ("nice value is now %d\n", ret);
```

6.4.2 getpriority()와 setpriority()

우선순위 설정에서 선호되는 방법은 제어를 더 많이 할 수 있는 대신에 좀 더 복잡한 getpriority()와 setpriority() 시스템 콜을 사용하는 것이다.

```
#include <sys/time.h>
#include <sys/resource.h>

int getpriority (int which, int who);
int setpriority (int which, int who, int prio);
```

두 시스템 콜은 which와 who 인자로 지정한 프로세스, 프로세스 그룹 혹은 사용자를 대상으로 동작한다. which 인자의 값은 PRIO_PROCESS, PRIO_PGRP 또는 PRIO_USER 중 하나여야 하며 각각 who 인자의 값은 프로세스 ID, 프로세스 그룹 ID 또는 사용자 ID로 해석한다. 만약 who가 0이라면 각각 현재 프로세스 ID, 프로세스 그룹 ID, 사용자 ID로 해석된다.

getpriority()를 호출하면 지정한 프로세스 중에서 가장 높은 우선순위(가장 낮은 nice 값)를 반환한다. setpriority()를 호출하면 지정한 모든 프로세스의 우선순위를 prio 값으로 지정한다. nice()와 마찬가지로 CAP_SYS_NICE 기능을 사용할 수 있는 프로세스만이 우선순위를 올릴 수 있다. 또한, 오직 이 프로세스만이 호출한 사용자가 소유하지 않은 프로세스의 우선순위를 높이거나 낮출 수 있다.

nice()와 마찬가지로 getpriority()는 실패 시 −1을 반환한다. 역시 호출이 성공했을 때도 −1이 반환될 수 있으므로 호출하기 직전에 errno를 초기화하고 에러를 검사하도록 한다. setpriority()는 호출이 성공하면 항상 0을, 실패하면 −1을 반환하므로 그런 문제가 없다.

다음 코드는 현재 프로세스의 우선순위를 반환한다.

```
int ret;

ret = getpriority (PRIO_PROCESS, 0);
printf ("nice value is %d\n", ret);
```

다음 코드는 현재 프로세스 그룹 내 모든 프로세스의 우선순위를 10으로 설정한다.

```
int ret;

ret = setpriority (PRIO_PGRP, 0, 10);
if (ret == -1)
    perror ("setpriority");
```

두 함수 모두 에러가 발생하면 errno를 다음 중 하나로 설정한다.

EACCES   CAP_SYS_NICE 기능을 사용할 수 없는 프로세스에 대해서 우선순위를 높이
          려고 시도한다(setpriority( )에만 해당).

EINVAL   which 인자의 값이 PRIO_PROCESS, PRIO_PGRP, PRIO_USER 중 하나가
          아니다.

EPERM   일치하는 프로세스의 유효 사용자 ID가 실행 중인 프로세스의 유효 사용자 ID
          와 일치하지 않으며 실행 중인 프로세스가 CAP_SYS_NICE를 지원하지 않는다
          (setpriority( )에만 해당).

ESRCH   which와 who로 지정한 프로세스가 존재하지 않는다.

6.4.3 입출력 우선순위

스케줄링 우선순위 외에도 리눅스는 프로세스가 입출력 우선순위를 지정할 수 있도록 허용한
다. 이 값은 프로세스의 입출력 요청의 상대적인 우선순위에 영향을 끼친다. 커널의 입출력 스
케줄러(4장에서 살펴본)는 높은 입출력 우선순위를 가지는 프로세스의 요청을 낮은 입출력 우
선순위를 가지는 프로세스의 요청에 앞서 서비스한다.

기본적으로 입출력 스케줄러는 입출력 우선순위를 결정하기 위해 프로세스의 nice 값을 사용
한다. 그러므로 nice 값을 설정하면 자동적으로 입출력 우선순위도 변경된다. 하지만 리눅스
커널은 nice 값에 독립적으로 입출력 우선순위를 명시적으로 설정하고 가져올 수 있는 추가적
인 시스템 콜을 두 개 제공한다.

```
int ioprio_get (int which, int who)
int ioprio_set (int which, int who, int ioprio)
```

불행히도 glibc는 이 시스템 콜에 대한 사용자 영역 인터페이스를 제공하지 않는다. glibc의 지원 없이는 사용하기가 무척이나 번거롭다. 게다가 glibc가 지원을 하더라도 제공하는 인터페이스가 시스템 콜과 다를 수도 있다. 해당 지원이 가능할 때까지 프로세스의 입출력 우선순위를 제어할 수 있는 호환 가능한 두 가지 방법이 있는데, nice 값을 이용하거나 util-linux 패키지*에 포함된 ionice 같은 유틸리티를 사용하는 것이다.

모든 입출력 스케줄러가 입출력 우선순위를 지원하는 것은 아니다. 구체적으로는 CFQ 입출력 스케줄러가 이를 지원하며 현재 다른 표준 스케줄러는 입출력 우선순위를 지원하지 않는다. 현재 입출력 스케줄러가 입출력 우선순위를 지원하지 않는다면 이 시스템 콜은 조용히 무시된다.

6.5 프로세서 친화

리눅스는 단일 시스템 내에서 멀티프로세서를 지원한다. 부팅 과정을 제외하고 멀티프로세서를 지원하는 대부분의 작업은 프로세스 스케줄러에서 이루어진다. 멀티프로세서를 사용하는 시스템의 프로세스 스케줄러는 반드시 프로세스가 어떤 CPU에서 실행될지를 결정해야 한다.

이를 위해서 두 가지 도전 과제가 있는데, 한 CPU가 놀고 있는데 어떤 프로세스가 실행 대기 중이라면 비효율적이므로 스케줄러는 반드시 시스템의 모든 프로세서를 활용해야 한다. 하지만 어떤 프로세스가 한 CPU에 스케줄되면 스케줄러는 앞으로도 그 프로세스를 가급적 같은 CPU에서 실행되도록 신경 써야 한다. 이는 프로세스를 다른 CPU로 이전하는 데 손실이 발생하기 때문이다.

가장 큰 손실은 이전에 따른 캐시 효과와 관련이 있다. 최신 SMP$^{Symetric\ Multiprocessing}$ 시스템의 설계에 의하면 각 CPU에 딸린 캐시는 서로 분리되어 있기 때문이다. 이 때문에 한 CPU의 캐시 안에 있는 내용은 당연히 다른 CPU의 캐시에는 존재하지 않는다. 그래서 프로세스가 다른 CPU로 옮겨지고 메모리에 새로운 데이터를 쓴다면 이전 CPU의 캐시에 있는 데이터는 쓸모가 없어진다. 이 상황에서 이전 캐시에 의존하면 데이터 손상을 초래한다. 이런 문제를 예방하기 위해 메모리의 새로운 내용을 캐시할 때마다 다른 쪽 캐시를 무효로 만든다. 그 결과 (캐시가 발생할 경우) 특정 데이터는 매 순간 어느 한 CPU의 캐시에만 들어 있다. 프로세스가 다른

---

* util-linux 패키지는 kernel.org에서 받을 수 있으며 GNU GPLv2 라이선스 하에 배포되고 있다.

CPU로 옮겨지면 이와 관련된 두 가지 부대 비용이 발생한다. 첫째는 이동한 프로세스의 캐시에 있는 데이터는 더 이상 접근할 수 없으며 둘째는 이전 CPU의 캐시에 있던 내용을 무효로 해야 된다는 점이다. 이런 손실 때문에 스케줄러는 최대한 프로세스를 특정 CPU에 유지하려고 한다.

물론 프로세스 스케줄러의 두 가지 목표는 잠재적으로 충돌을 일으킨다. 만일 한 CPU가 다른 CPU보다 상대적으로 많은 프로세스 부하가 발생한다면 또는 더 나쁘게 한 CPU는 바쁘지만 다른 CPU는 놀고 있다면 덜 바쁜 CPU쪽으로 프로세스를 옮기는 게 합리적이다. 이런 불균형을 개선하기 위해 언제 프로세스를 옮길지를 결정하는 작업을 로드 밸런싱이라고 하며 SMP 머신의 성능에서 매우 중요한 역할을 한다.

프로세서 친화도Processor affinity는 프로세스를 꾸준히 같은 CPU에 스케줄링할 가능성을 가리킨다. 느슨한 친화도는 프로세스를 같은 CPU에 계속 스케줄링하려는 스케줄러의 자연스러운 경향을 말한다. 앞서 살펴봤듯 이는 바람직한 특성이다. 리눅스 스케줄러는 최대한 오랫동안 같은 CPU에서 같은 프로세스를 스케줄링하려고 한다. 프로세스를 다른 CPU로 옮기는 것은 해당 CPU에 심각하게 부하가 걸려 불균형을 초래할 정도의 상태에만 수행한다. 이렇게 함으로써 스케줄러가 프로세스 이전에 따른 캐시 효과를 최소화하면서 시스템의 모든 CPU의 부하가 비슷하게 유지될 수 있다.

하지만 때때로, 사용자나 애플리케이션이 특정 CPU에 특정 프로세스를 강제로 연결하려고 할 때도 있다. 이는 프로세스가 캐시와 아주 민감하게 연결되어 계속 같은 CPU에서 실행되기를 원하는 경우다. 어떤 프로세스를 특정 CPU에 연결해서 커널이 이 관계를 강제하도록 설정하는 것을 엄격한 친화도라고 한다.

6.5.1 sched_getaffinity()와 sched_setaffinity()

프로세스는 부모 프로세스의 CPU 친화도를 상속받는데 기본적으로 프로세스는 어떤 CPU에서도 실행될 수 있다. 리눅스는 프로세스의 엄격한 친화도를 조회하고 설정하기 위한 두 가지 시스템 콜을 제공한다.

```
#define _GNU_SOURCE
```

```
#include <sched.h>

typedef struct cpu_set_t;

size_t CPU_SETSIZE;

void CPU_SET (unsigned long cpu, cpu_set_t *set);
void CPU_CLR (unsigned long cpu, cpu_set_t *set);
int CPU_ISSET (unsigned long cpu, cpu_set_t *set);
void CPU_ZERO (cpu_set_t *set);
int sched_setaffinity (pid_t pid, size_t setsize, const cpu_set_t *set);
int sched_getaffinity (pid_t pid, size_t setsize, cpu_set_t *set);
```

sched_getaffinity()를 호출하면 프로세스 pid의 CPU 친화도를 조회하여 이 값을 특수한 타입인 cpu_set_t 타입 변수에 저장한다. pid가 0이면 현재 프로세스의 친화도를 조회한다. setsize 인자는 cpu_set_t 타입의 크기를 나타내는데 나중에 타입의 크기가 바뀌면 호환성을 유지하기 위해 glibc에서 사용할 수 있다. 호출이 성공하면 sched_getaffinity()는 0을 반환하고 실패하면 −1을 반환하고 errno를 설정한다. 예제는 다음과 같다.

```
cpu_set_t set;
int ret, i;

CPU_ZERO (&set);
ret = sched_getaffinity (0, sizeof (cpu_set_t), &set);
if (ret == -1)
    perror ("sched_getaffinity");

for (i = 0; i < CPU_SETSIZE; i++) {
    int cpu;

    cpu = CPU_ISSET (i, &set);
    printf ("cpu=%i is %s\n", i,
        cpu ? "set" : "unset");
}
```

호출하기 전에 CPU_ZERO를 사용해서 cpu_set_t 타입의 모든 비트를 0으로 채운다. 그리고 0부터 CPU_SETSIZE까지 순회한다. 혼란스럽게도 CPU_SETSIZE는 set의 크기가 아니므로 이 값을 setsize 인자로 넘기면 안된다는 사실을 기억하자. CPU_SETSIZE는 set으로 표현할 수 있는 프로세서의 개수일 뿐이다. 현재 구현은 각 프로세서를 단일 비트로 표현하기 때문에 CPU_SETSIZE는 sizeof(cpu_set_t) 값보다 훨씬 크다. CPU_ISSET을 사용해서 시스템에서 i번째 CPU가 이 프로세스와 연결된 상태인지 검사한다. 그 CPU와 프로세스가 결합되어 있지 않다면 0을 반환하고 결합된 상태라면 0이 아닌 값을 반환한다.

시스템에 물리적으로 장착된 CPU만 설정되므로 프로세서가 두 개 장착된 시스템에서 이 코드를 실행하면 다음과 같은 결과를 얻을 수 있다.

```
cpu=0 is set
cpu=1 is set
cpu=2 is unset
cpu=3 is unset
...
cpu=1023 is unset
```

출력 결과에서 확인할 수 있듯이 CPU_SETSIZE의 값(0부터 시작하므로)은 현재 1024다.

이 시스템에는 오직 두 개의 실제 프로세서만 존재하므로 여기서 CPU #0과 #1만 신경쓰자. 프로세스가 CPU #0에서만 실행되고 #1에서는 실행되지 않게 하고 싶다면 다음과 같이 작성한다.

```c
cpu_set_t set;
int ret, i;

CPU_ZERO (&set);      /* 모든 CPU 비트를 0으로 채운다 */
CPU_SET (0, &set);    /* CPU #0은 허용한다 */
CPU_CLR (1, &set);    /* CPU #1은 허용하지 않는다 */
ret = sched_setaffinity (0, sizeof (cpu_set_t), &set);
if (ret == -1)
    perror ("sched_setaffinity");

for (i = 0; i < CPU_SETSIZE; i++) {
    int cpu;

    cpu = CPU_ISSET (i, &set);
    printf ("cpu=%i is %s\n", i, cpu ? "set" : "unset");
}
```

늘 하듯이 CPU_ZERO를 통해 모든 비트를 0으로 초기화하고 시작한다. 그리고 CPU_SET을 사용하여 CPU #0 비트를 켜고, CPU_CLR을 사용하여 CPU #1 비트는 설정하지 않는다. 앞서 set 전체를 0으로 초기화했기 때문에 여기서 CPU_CLR 연산은 중복 코드지만 이해를 돕기 위해 제공되었다.

프로세서가 둘인 시스템에서 이 코드를 실행하면 이전 결과와는 조금 다른 결과를 얻을 수 있다.

```
cpu=0 is set
cpu=1 is unset
cpu=2 is unset
...
cpu=1023 is unset
```

이제 CPU #1은 해제되었다. 이 프로세스는 CPU #0에서만 동작한다.

다음은 일어날 수 있는 errno다.

EFAULT   제공된 포인터가 프로세스 주소 영역을 벗어나거나 유효한 값이 아니다.

EINVAL   set에서 활성화된 물리적인 프로세서가 시스템에 존재하지 않거나 (sched_setaffinity()만 해당) setsize가 프로세서 집합을 나타내는 커널 내부의 자료구조보다 작다.

EPERM   호출한 프로세스의 현재 유효 사용자 ID가 pid 프로세스를 소유하고 있지 않거나 프로세스가 CAP_SYS_NICE를 지원하지 않는다.

ESRCH   pid 프로세스를 찾을 수 없다.

6.6 실시간 시스템

IT 분야에서 종종 '실시간'이라는 용어를 오해하는데 '실시간' 시스템은 운영 시 지켜야 할 최소한의 응답속도가 보장되어야 한다. 거의 모든 자동차에서 쓰고 있는 제동장치인 ABS^Anti-lock Braking System가 실시간 시스템의 좋은 예라 할 수 있다. ABS는 운전자가 브레이크를 밟았을 때 브레이크의 압력을 조절해서 아주 짧은 시간 동안 브레이크를 수차례 강하게 밟은 것처럼 동작한다. 이렇게 하면 자동차 바퀴가 '잠겨서' 제동 효과를 떨어트리거나 제어력을 잃고 미끄러지는 사태를 방지한다. 자동차 바퀴가 잠긴 상태에 얼마나 빨리 반응하는지, 브레이크 압력을 얼마나 빨리 적용하는지 여부가 이런 시스템에서 지켜져야 할 최소한의 응답속도라고 할 수 있다.

리눅스를 포함한 대부분의 최신 운영체제는 실시간성을 몇 단계로 나눠 지원한다.

6.6.1 실시간 시스템의 종류

실시간 시스템은 하드 실시간과 소프트 실시간 두 가지로 나뉜다 하드 실시간 시스템은 최소 응답시간을 고수한다. 최소 응답시간을 넘기면 실패로 간주하며 이는 심각한 버그다. 반면 소프트 실시간 시스템은 최소 응답시간을 넘기더라도 치명적인 실패로 간주하지 않는다.

하드 실시간 애플리케이션은 구분하기 쉽다. ABS나 군사 무기 시스템, 의료 장비, 신호처리가 그 예다. 소프트 실시간 애플리케이션은 구분하기 쉽지 않다. 소프트 실시간 애플리케이션의 예로 영상처리 애플리케이션을 들 수 있다. 최소 응답시간을 넘기면 프레임 저하를 초래하지만 재생은 계속 된다.

다른 많은 애플리케이션은 시간 제약이 있으며 이를 초과할 경우 사용자 경험에 악영향을 미친다. 멀티미디어 애플리케이션, 게임, 네트워크 프로그램 등이 그렇다. 텍스트 편집기는 사용자의 키 입력을 바로 처리하지 못한다면 최악의 사용자 경험을 제공할 것이다. 텍스트 편집기는 소프트 실시간 시스템일까? 분명히 텍스트 편집기 개발자는 키 입력을 제때 처리해야 한다는 사실을 알고 있다. 하지만 제때 처리하지 못한다고 이를 심각한 버그로 받아들여야 할까? 소프트 실시간과 하드 실시간을 구분하는 기준은 꽤나 모호하다.

의외라 생각할 텐데 실시간 시스템이 반드시 빠를 필요는 없다. 사실 같은 하드웨어에서 비교해보면 실시간 시스템은 실시간 프로세스를 지원하는 데 따른 부하로 인해 십중팔구는 비 실시간 시스템보다 더 느리다. 마찬가지로 최소 응답시간의 길이가 하드 실시간 시스템과 소프트 실시간 시스템을 구분짓지 않는다. 원자로 내에서 과도한 중성자 선속이 감지되었을 때 SCRAM 시스템이 제어봉을 수초 안에 원자로 안으로 밀어 넣지 않으면 원자로가 과열된다. 이는 다소 긴 최소 응답시간(컴퓨터에서 다루는 시간에 비교해볼 때)을 가지는 하드 실시간 시스템이라고 볼 수 있다. 반대로 비디오 플레이어는 애플리케이션에서 재생 버퍼를 100ms 안에 채우지 못하면 프레임을 건너뛰거나 소리가 끊어지기도 한다. 이는 짧은 최소 응답시간을 가지는 소프트 실시간 시스템이다.

6.6.2 레이턴시, 지터, 최소 응답시간

레이턴시Latency는 명령이 내려졌을 때 실행을 시작하기까지의 시간을 뜻한다. 레이턴시가 최소 응답시간보다 짧거나 같다면 시스템은 제대로 동작할 것이다. 대부분의 하드 실시간 시스템은 최소 응답시간과 레이턴시가 같다. 고정 주기 내 정확한 시점에 주어진 명령을 처리한다. 소프트 실시간 시스템의 요구사항은 이보다 완화되며 레이턴시는 다소 가변적이다. 단순히 주어진 최소 응답시간 안에 응답하는 것이 목표다.

레이턴시는 측정하기 까다로운데 명령이 언제 내려졌는지를 정확히 알아야 하기 때문이다. 하지만 이 시점을 기록하려면 그 명령에 응답해야만 한다. 따라서 레이턴시를 측정하려는 시도는 무위로 돌아가고 그 대신 응답 간의 시간 차이를 측정한다. 연속적인 이벤트 간의 시간 편차는 레이턴시가 아니라 지터Jitter라고 부른다.

예를 들어, 10밀리 초마다 발생하는 명령을 생각해보자. 시스템의 성능을 측정하기 위해서 응답이 10밀리 초마다 발생하는지 확인한다. 하지만 여기서 측정한 편차는 레이턴시가 아니라 지터다. 우리가 측정하려는 것은 연속적인 응답에서 나타나는 편차. 명령이 언제 주어졌는지 알지 못하면 명령이 내려진 시점과 응답 사이의 실제 시간 차이를 알 수 없다. 명령이 10밀리 초마다 내려진다는 사실을 알고 있지만 첫 번째 명령이 정확히 언제 내려졌는지 알 수 없다. 놀랍게도 레이턴시를 측정하려는 시도는 대부분 레이턴시가 아니라 지터를 측정하는 실수를 한다. 물론 지터는 유용한 단위이며 지터 측정 기법은 꽤 유용하다. 하지만 정확한 차이는 알고 있어야 한다.

하드 실시간 시스템에서 매우 짧은 지터를 드물지 않게 목격할 수 있는 이유는 명령이 내려진 시점에서 얼마간의 시간이 지난 다음에 응답하기 때문이다. 이런 종류의 시스템은 지터가 0이고 레이턴시가 최소 응답시간과 같도록 설계한다. 만약 레이턴시가 최소 응답시간을 넘기면 동작이 실패한다.

소프트 실시간 시스템은 지터에 더 민감하다. 이상적인 소프트 실시간 시스템은 대부분 응답시간이 최소 응답시간보다 아주 짧거나 초과하지 않는다. 이런 이유로 지터는 성능측정 지표로써 레이턴시 대신 쓸 수 있는 훌륭한 대안이다.

6.6.3 리눅스의 실시간 지원

리눅스는 IEEE 표준 1003.1b-1993(줄여서 POSIX 1993 또는 POSIX.1b라고 하는)에 정의된 시스템 콜 함수군을 통해 소프트 실시간을 지원한다.

엄밀히 말해서, POSIX 표준은 실시간 지원 방식이 소프트 방식인지 하드 방식인지 강제하지 않는다. 사실 모든 POSIX 표준이 실제로 하는 일은 우선순위를 고려하는 몇 가지 스케줄링 정책을 설명하고 있다. 운영체제에서 이런 정책을 위해 어떤 종류의 타이밍 제약을 사용할지는 그 OS의 설계자에게 달린 문제다.

수년 동안, 리눅스 커널의 실시간 지원은 시스템의 성능과 타협하지 않고도 더 짧은 레이턴시와 일관적인 지터를 제공할 수 있도록 계속 개선되었다. 이는 실시간 애플리케이션뿐만 아니라 데스크톱과 입출력 위주의 프로세스 등 많은 종류의 애플리케이션도 레이턴시 개선을 통해 더 잘 지원할 수 있기 때문이다. 또한, 실시간 시스템과 임베디드 환경에서 리눅스가 많이 사용된 점도 개선이 더 많이 이루어질 수 있던 이유다.

하지만 안타깝게도, 리눅스 커널에 적용된 임베디드 시스템과 실시간 시스템을 위한 변경은 공식 메인스트림 커널이 아닌 전용 리눅스에만 존재했다. 이 중 일부는 레이턴시를 더 줄였으며 심지어는 하드 실시간 방식까지 지원한다. 이 책에서는 공식 커널 인터페이스와 동작 방식에 대해서만 다룬다. 하지만 다행스럽게도 대부분의 실시간을 위한 변경은 POSIX 인터페이스를 활용하고 있으므로 다음에 설명할 내용은 변경된 시스템에서도 여전히 유효하다.

6.6.4 리눅스 스케줄링 정책과 우선순위

프로세스와 관련된 리눅스 스케줄러의 동작 방식은 스케줄링 클래스라고도 불리는 프로세스의 스케줄링 정책에 의존한다. 기본 정책 외에 리눅스는 두 가지 실시간 스케줄링 정책을 제공한다. 〈sched.h〉 헤더 파일에 포함된 선행처리기 매크로를 보면 SCHED_FIFO, SCHED_RR, SCHED_OTHER를 제공하고 있다.

모든 프로세스는 nice 값과 무관한 고유의 우선순위를 가지고 있다. 일반 애플리케이션에서 이 우선순위는 항상 0이다. 실시간 프로세스의 값은 1부터 99까지다. 리눅스 스케줄러는 항상 가장 높은 우선순위(고유의 우선순위 값이 큰)의 프로세스를 실행한다. 만약에 고유 우선순위가 50인 프로세스가 실행 중인데 고유 우선순위가 51인 프로세스가 실행 가능한 상태가 되었다면 스케줄러는 현재 실행 중인 프로세스 대신 고유 우선순위가 51인 프로세스를 선택한다. 반대로, 고유 우선순위가 50인 프로세스가 실행 중에 있고 고유 우선순위가 49인 프로세스가 실행 가능한 상태가 되었더라도, 우선순위가 50인 프로세스가 블록되거나 실행을 계속할 수 없는 상태가 되지 않는 한 우선순위가 49인 프로세스를 실행하지 않는다. 일반 프로세스는 우선순위가 0이므로 실행 가능한 실시간 프로세스가 항상 일반 프로세스보다 먼저 실행된다.

FIFO 정책

FIFO^{First In, First Out} 스케줄링 정책은 타임 슬라이스를 필요로 하지 않는 매우 단순한 실시간 스케줄 정책이다. FIFO 스케줄링 정책을 따르는 프로세스는 더 높은 우선순위의 프로세스가 실행 가능한 상태가 되지 않는 한 계속 실행된다. FIFO 스케줄링 정책은 SCHED_FIFO 매크로로 지정한다. 이 정책에는 타임 슬라이스가 없기 때문에 동작 규칙은 꽤 간단하다.

- FIFO 정책을 따르는 실행 가능한 프로세스가 시스템에서 가장 우선순위가 높다면 항상 실행된다. 일단 FIFO 정책을 따르는 프로세스가 실행 가능한 상태가 되면 일반 프로세스보다 우선 실행된다.
- FIFO 정책을 따르는 프로세스는 블록되거나 sched_yield( )를 호출하거나 아니면 더 높은 우선순위의 프로세스가 실행 가능한 상태가 되기 전까지 계속 실행된다.
- FIFO 정책을 따르는 프로세스가 블록되면 스케줄러는 이 프로세스를 실행 가능한 프로세스 목록에서 제거한다. 다시 실행 가능한 상태가 되면 같은 우선순위를 가지는 프로세스 목록의 끝에 들어간다. 이렇게 해서 우선순위가 높거나 같은 다른 프로세스의 실행이 중단되기 전까지는 실행되지 않는다.
- FIFO 정책을 따르는 프로세스에서 sched_yield( )를 호출하면 스케줄러는 이 프로세스를 같은 우선순위의 프로세스 목록 끝으로 옮겨서 우선순위 같은 다른 프로세스의 실행이 중단되기 전까지는 실행되지 않도록 한다. 만일 sched_yield( )를 호출한 프로세스와 같은 우선순위를 가지는 프로세스가 없다면 sched_yield( ) 호출은 아무런 의미가 없다.
- 높은 우선순위를 가지는 프로세스가 FIFO 정책을 따르는 프로세스를 선점하면 FIFO 프로세스는 원래 우선순위 목록에서 같은 위치에 그대로 유지된다. 그리하여 높은 우선순위의 프로세스가 실행을 중단하면 선점되었던 FIFO 프로세스가 실행을 재개하게 된다.
- 어떤 프로세스가 FIFO 정책을 따르게 되거나, 고유의 우선순위가 바뀌게 되면 같은 우선순위의 프로세스 목록의 제일 앞에 위치하게 된다. 그 결과 새로운 우선순위가 매겨진 FIFO 프로세스는 기존의 실행 중이던 같은 우선순위의 프로세스를 선점해서 실행된다.

기본적으로 FIFO 프로세스는 시스템 내에서 가장 높은 우선순위를 가진다면 원하는 만큼 계속 실행될 수 있다. 이 흥미로운 규칙은 같은 우선순위를 가지는 FIFO 프로세스 사이에서 일어나는 일과 관련이 있다.

라운드 로빈 스케줄링 정책

라운드 로빈RR 스케줄링 정책은 같은 우선순위를 가지는 프로세스에 대한 규칙을 제외하면 FIFO 정책과 동일하다. 이 정책은 SCHED_RR 매크로로 표현된다.

스케줄러는 각 라운드 로빈 프로세스에 타임 슬라이스를 배분한다. 라운드 로빈 프로세스가 주어진 타임 슬라이스를 다 소진하면 스케줄러는 같은 우선순위의 프로세스 목록에서 다음 프로세스를 실행한다. 라운드 로빈 프로세스는 같은 우선순위끼리 이렇게 스케줄된다. 해당 우선순위를 가지는 프로세스가 하나뿐이라면 라운드 로빈 스케줄링 정책은 FIFO 정책과 동일하다. 타임 슬라이스를 소진한 뒤에 다시 실행을 재개하기 때문이다.

라운드 로빈 스케줄링 정책은 타임 슬라이스를 다 소진하면 실행을 중단하고 같은 우선순위를 가지는 프로세스 목록의 끝으로 이동한다는 점을 제외하면 FIFO 정책과 동일하다.

SCHED_FIFO와 SCHED_RR 중 어떤 스케줄링 정책을 사용할 것인지는 전적으로 내부 우선순위 동작 방식에 따라 결정된다. 라운드 로빈 스케줄링 정책에서 타임 슬라이스는 우선순위가 같은 프로세스 사이에서만 관련이 있다. FIFO 프로세스는 방해받지 않고 계속 실행이 된다. RR 프로세스는 같은 우선순위를 가지는 프로세스끼리 스케줄된다. 두 가지 방식 모두 우선순위가 높은 프로세스가 종료를 해야만 우선순위가 낮은 프로세스가 실행될 수 있다.

표준 스케줄링 정책

SCHED_OTHER 매크로는 비실시간 프로세스의 기본 스케줄링 정책인 표준 스케줄링 정책을 나타낸다. 모든 일반 프로세스는 고유의 우선순위로 0을 가진다. 따라서 FIFO나 RR 프로세스는 실행 중인 일반 프로세스를 선점할 수 있다.

스케줄러는 앞서 살펴본 nice 값을 사용하여 일반 프로세스 간의 우선순위를 적용한다. nice 값은 고유의 우선순위(값이 0인)에 영향을 미치지 않는다.

배치 스케줄링 정책

SCHED_BATCH는 일괄 또는 유휴 스케줄링 정책이다. 이 정책은 실시간 정책과 약간 반대되는 동작을 하는데, 이 정책을 따르는 프로세스는 다른 프로세스가 타임 슬라이스를 모두 소진했더라도 시스템에 실행 가능한 프로세스가 없을 때만 실행된다. 이는 가장 큰 nice 값을 가지는,

즉 우선순위가 가장 낮은 프로세스의 동작 방식과는 다른데, 우선순위가 더 높은 프로세스가 타임 슬라이스를 다 소진하면 결국에는 우선순위가 가장 낮은 프로세스도 실행될 수 있기 때문이다.

리눅스 스케줄링 정책 설정하기

sched_getscheduler( )와 sched_setscheduler( ) 함수를 통해서 프로세스에서 리눅스 스케줄링 정책을 조작할 수 있다.

```
#include <sched.h>

struct sched_param {
    /* ... */
    int sched_priority;
    /* ... */
};

int sched_getscheduler (pid_t pid);

int sched_setscheduler (pid_t pid,
            int policy,
            const struct sched_param *sp);
```

sched_getscheduler( ) 호출이 성공하면 pid로 지정한 프로세스의 스케줄링 정책을 반환한다. 만일 pid가 0이라면 호출한 프로세스의 스케줄링 정책을 반환한다. <sched.h>에 정수로 정의되어 있는 스케줄링 정책을 나타낸다. FIFO 방식은 SCHED_FIFO, 라운드 로빈 방식은 SCHED_RR 그리고 표준 정책은 SCHED_OTHER로 표현한다. 호출이 실패하면 −1(이 값은 유효한 스케줄링 정책이 아니다)을 반환하고 errno를 적절한 값으로 설정한다.

사용법은 간단하다.

```
int policy;

/* 현재 프로세스의 스케줄링 정책을 얻어온다 */
policy = sched_getscheduler (0);

switch (policy) {
```

```
    case SCHED_OTHER:
        printf ("Policy is normal\n");
        break;
    case SCHED_RR:
        printf ("Policy is round-robin\n");
        break;
    case SCHED_FIFO:
        printf ("Policy is first-in, first-out\n");
        break;
    case -1:
        perror ("sched_getscheduler");
        break;
    default:
        fprintf (stderr, "Unknown policy!\n");
    }
```

sched_setscheduler( )를 호출하면 pid로 지정한 프로세스의 스케줄링 정책을 설정한다. 스케줄링 정책은 sp 인자를 통해 설정한다. pid가 0이면 호출한 프로세스의 스케줄링 정책을 설정한다. 호출이 성공하면 0을 반환하고 실패하면 −1을 반환하고 errno를 적절한 값으로 설정한다.

sched_param 구조체에서 유효한 필드는 운영체제에서 지원하는 스케줄링 정책에 따라 다르다. SCHED_RR과 SCHED_FIFO 정책은 고유 우선순위를 나타내는 sched_priority 필드 하나만 사용한다. SCHED_OTHER는 아무런 필드도 사용하지 않으며 미래에 필요한 경우 새로운 필드를 사용하게 될 것이다. 따라서 이식성을 고려하려면 sched_param 구조체에 대한 어떠한 가정도 하지 않는 것이 좋다.

프로세스의 스케줄링 정책과 관련 인자를 설정하는 방법은 단순하다.

```
struct sched_param sp = { .sched_priority = 1 };
int ret;

ret = sched_setscheduler (0, SCHED_RR, &sp);
if (ret == -1) {
    perror ("sched_setscheduler");
    return 1;
}
```

앞의 코드는 호출한 프로세스의 스케줄링 정책을 라운드 로빈 방식으로 설정하고 고유 우선순위를 1로 설정한다. 기술적으로는 꼭 그럴 필요는 없지만 여기서는 1이 유효한 우선순위라고 가정하자. 스케줄링 정책에 따른 유효한 우선순위 범위를 찾는 방법에 대해서는 잠시 뒤에 살펴보기로 하자.

SCHED_OTHER를 제외한 다른 스케줄링 정책을 적용하려면 CAP_SYS_NICE 기능이 필요하다. 따라서 실시간 프로세스는 일반적으로 root 사용자가 실행한다. 2.6.12 커널부터는 RLIMIT_RTPRIO 리소스 제한을 통해 일반 사용자도 특정 우선순위 값까지 실시간 정책을 올릴 수 있다.

에러가 발생하면 errno는 다음 네 가지 중 하나가 된다.

EFAULT   sp 포인터가 유효하지 않거나 접근이 불가능한 메모리 영역을 가리킨다.

EINVAL   policy 인자로 지정한 스케줄링 정책이 유효하지 않거나 sp로 설정한 값이 지정한 스케줄링 정책과 어울리지 않는다(sched_setscheduler()인 경우).

EPERM   호출한 프로세스가 필요한 기능을 지원하지 않는다.

ESRCH   pid로 지정한 프로세스가 실행 중인 프로세스가 아니다.

6.6.5 스케줄링 인자 설정하기

POSIX 표준에는 이미 설정된 스케줄링 정책과 관련된 인자를 설정하거나 설정값을 읽기 위한 sched_getparam()과 sched_setparam() 인터페이스를 정의했다.

```
#include <sched.h>

struct sched_param {
    /* ... */
    int sched_priority;
    /* ... */
};

int sched_getparam (pid_t pid, struct sched_param *sp);

int sched_setparam (pid_t pid, const struct sched_param *sp);
```

sched_getscheduler( ) 인터페이스는 스케줄링 정책을 반환하며 관련 설정값은 반환하지 않는다. sched_getparam( )을 호출하면 sp 인자를 통해 pid로 지정한 프로세스의 스케줄링 설정값을 반환한다.

```
struct sched_param sp;
int ret;

ret = sched_getparam (0, &sp);
if (ret == -1) {
    perror ("sched_getparam");
    return 1;
}
printf ("Our priority is %d\n", sp.sched_priority);
```

pid가 0이면 sched_getparam( ) 함수를 호출한 프로세스의 스케줄링 설정값을 반환한다. 호출이 성공하면 0을 반환하고 실패하면 −1을 반환하고 errno를 적절한 값으로 설정한다.

sched_setscheduler( ) 함수에서 관련된 스케줄링 인자를 모두 설정할 수 있기 때문에 sched_setparam( ) 함수는 나중에 스케줄링 인자를 변경할 때 유용하다.

```
struct sched_param sp;
int ret;

sp.sched_priority = 1;
ret = sched_setparam (0, &sp);
if (ret == -1) {
    perror ("sched_setparam");
    return 1;
}
```

호출이 성공하면 pid로 지정한 프로세스의 스케줄링 인자는 sp에 지정한 내용으로 설정되고 0을 반환한다. 호출이 실패하면 −1을 반환하고 errno를 적절한 값으로 설정한다.

앞서 살펴본 두 종류의 예제 코드를 역순으로 실행시키면 다음과 같은 결과를 얻는다.

```
Our priority is 1
```

이 예제는 1이 유효한 우선순위라는 가정하에 작성되었다. 1은 유효한 우선순위 값이긴 하지만, 이식성을 중요시하는 애플리케이션에서는 우선순위 값을 잘 확인해야 한다. 유효한 우선순위 범위를 확인하는 방법은 나중에 잠깐 살펴보도록 하겠다.

에러 코드

에러가 발생하면 다음 네 가지 errno 중 하나가 설정된다.

EFAULT	sp 포인터가 유효하지 않거나 접근이 불가능한 메모리 영역을 가리킨다.
EINVAL	sp 인자에 설정된 값이 주어진 스케줄링 정책과 맞지 않는다(sched_getparam( )에서만 유효).
EPERM	호출하는 프로세스에 필요한 기능이 없다.
ESRCH	pid로 명시된 프로세스를 찾을 수 없다.

유효한 우선순위 범위 확인하기

앞의 예제 코드에서 스케줄링 시스템 콜을 호출할 때 우선순위 값을 하드 코딩했다. POSIX는 시스템에 어떤 스케줄링 우선순위 값이 존재하는지 보장해주지 않는다. 다만 최소 우선순위와 최대 우선순위 사이에는 적어도 32개의 우선순위가 존재해야 한다는 것만 명시하고 있다. '리눅스 스케줄링 정책과 우선순위(264쪽)'에서 언급한대로 리눅스는 두 가지 실시간 스케줄링 정책을 위해 1부터 99까지 범위의 우선순위를 구현한다. 명료하고도 이식성을 고려한 프로그램은 보통 자체 우선순위 값을 두고 이를 운영체제에서 제공하는 우선순위 범위에 맵핑한다. 예를 들어, 네 종류의 실시간 우선순위 단계에서 프로세스를 실행하고 싶다면 동적으로 우선순위 범위를 결정해서 값을 네 개 선택한다.

리눅스는 유효한 우선순위 값의 범위를 확인할 수 있는 두 가지 시스템 콜을 제공한다. 하나는 최소 우선순위 값을 반환하고, 다른 하나는 최대 우선순위 값을 반환한다.

```
#include <sched.h>

int sched_get_priority_min (int policy);
int sched_get_priority_max (int policy);
```

호출이 성공하면 sched_get_priority_min()과 sched_get_priority_max() 시스템 콜은 각각 policy 인자에서 명시한 스케줄링 정책과 관련된 최소 우선순위 값과 최대 우선순위 값을 반환한다. 호출이 실패하면 둘 다 −1을 반환한다. 에러는 policy가 유효하지 않을 때만 발생하며 errno를 EINVAL로 설정한다.

사용법은 간단하다.

```
int min, max;

min = sched_get_priority_min (SCHED_RR);
if (min == -1) {
    perror ("sched_get_priority_min");
    return 1;
}

max = sched_get_priority_max (SCHED_RR);
if (max == -1) {
    perror ("sched_get_priority_max");
    return 1;
}
printf ("SCHED_RR priority range is %d - %d\n", min, max);
```

표준 리눅스 시스템에서 이 코드를 실행하면 결과는 다음과 같다.

```
SCHED_RR priority range is 1 - 99
```

앞서 설명한대로 우선순위 값이 클수록 높은 우선순위를 의미한다. 프로세스를 해당 스케줄링 정책에서 가장 높은 우선순위로 실행하려면 다음과 같이 한다.

```
/*
 * set_highest_priority - pid로 지정한 프로세스의 우선순위를
 * 해당 스케줄링 정책에서 지원하는 가장 높은 우선순위로 설정한다.
 * pid가 0이면 현재 프로세스의 우선순위를 변경한다.
 */
int set_highest_priority (pid_t pid) {
    struct sched_param sp;
    int policy, max, ret;

    policy = sched_getscheduler (pid);
```

```
    if (policy == -1)
        return -1;
    max = sched_get_priority_max (policy);
    if (max == -1)
        return -1;

    memset (&sp, 0, sizeof (struct sched_param));
    sp.sched_priority = max;
    ret = sched_setparam (pid, &sp);

    return ret;
}
```

보통 원하는 우선순위를 설정하려면 시스템의 최소 혹은 최대 우선순위 값을 가져온 다음에 상대적인 값(max-1, max-2)을 사용한다. 이 방법이 가장 일반적이다.

6.6.6 sched_rr_get_interval()

앞서 살펴봤듯이 SCHED_RR 프로세스는 스케줄러가 타임 슬라이스를 할당한다는 사실만 제외하면 SCHED_FIFO와 동일하게 동작한다. SCHED_RR 프로세스가 주어진 타임 슬라이스를 다 사용하면 스케줄러는 그 프로세스를 현재 우선순위 목록에서 가장 마지막으로 옮긴다. 이런 식으로 우선순위가 같은 모든 SCHED_RR 프로세스는 라운드 로빈 방식으로 실행된다. 우선순위가 높은 프로세스(그리고 같거나 높은 우선순위를 가지는 SCHED_FIFO 프로세스)는 우선순위가 낮은 프로세스의 타임 슬라이스가 남아 있는지 여부와 관계없이 항상 실행 중인 SCHED_RR 프로세스를 선점한다.

POSIX는 어떤 프로세스의 타임 슬라이스가 얼마나 남아 있는지 확인할 수 있는 인터페이스를 제공한다.

```
#include <sched.h>
struct timespec {
    time_t tv_sec; /* 초 */
    long tv_nsec; /* 나노 초 */
};

int sched_rr_get_interval (pid_t pid, struct timespec *tp);
```

sched_rr_get_interval()은 이름만으로도 하는 일을 유추할 수 있다. 이 함수는 호출이 성공하면 pid 프로세스에 할당된 타임 슬라이스의 길이를 tp 포인터가 가리키고 있는 timespec 구조체에 저장하고 0을 반환한다. 호출이 실패하면 −1을 반환하고 errno를 적절한 값으로 설정한다.

POSIX 표준에 따르면 이 함수는 SCHED_RR 프로세스에 대해서만 사용해야 한다. 하지만 리눅스에서는 어떤 프로세스의 타임 슬라이스 길이라도 반환한다. 이식성을 고려한 애플리케이션을 만든다면 이 함수가 라운드 로빈 방식의 프로세스에서만 동작한다고 가정하고 사용해야 한다. 리눅스 전용 프로그램이라면 필요한 만큼 사용해도 된다. 다음 예제를 살펴보자.

```
struct timespec tp;
int ret;

/* 현재 태스크의 타임 슬라이스 길이를 가져온다 */
ret = sched_rr_get_interval (0, &tp);
if (ret == -1) {
    perror ("sched_rr_get_interval");
    return 1;
}

/* 초와 나노 초를 밀리 초로 변환한다 */
printf ("Our time quantum is %.2lf milliseconds\n",
    (tp.tv_sec * 1000.0f) + (tp.tv_nsec / 1000000.0f));
```

SCHED_FIFO 프로세스의 경우 tv_sec와 tv_nsec은 모두 0이며 이는 무한을 뜻한다.

에러 코드

가능한 errno는 다음 세 가지 값이다.

EFAULT   tp 포인터가 가리키는 메모리가 유효하지 않거나 접근이 불가능하다.

EINVAL   pid 값이 유효하지 않다(예: 음수).

ESRCH   pid 값은 유효하지만 해당 pid의 프로세스가 존재하지 않는다.

6.6.7 실시간 프로세스의 주의점

실시간 프로세스의 성격 때문에 이런 프로그램을 개발하거나 디버깅할 때 주의를 기울여야 한다. 만일 실시간 프로그램이 무한 루프에 빠지면 시스템이 반응을 하지 않는다. 실시간 프로그램 내에 블록되지 않고 계속해서 CPU를 사용하는 루프가 있다면 우선순위가 더 높은 실시간 프로세스가 실행 가능한 상태가 될 때까지 무한정 실행될 것이다.

따라서 실시간 프로그램을 설계하는 것은 주의가 많이 필요하다. 실시간 프로그램은 시스템을 장악하고 쉽게 전체 시스템을 멈추게 할 수 있다. 다음은 실시간 프로그램을 작성할 때 주의해야 할 사항이다.

- CPU를 계속 사용하는 루프가 인터럽트나 더 높은 우선순위의 실시간 프로세스가 없어도 무한히 실행되지 않도록 신경쓰자. 만일 루프가 무한히 반복된다면 시스템은 더는 반응하지 않을 것이다.
- 실시간 프로세스는 시스템에서 가장 비싼 비용으로 실행되고 있으므로 설계에 각별한 신경을 써야 한다. 시스템의 다른 부분이 CPU 시간을 얻지 못하는 일이 없도록 신경을 쓰자.
- 상태가 바뀌기만을 기다리는 바쁜 대기busy waiting를 사용할 때는 주의를 기울이자. 만일 우선순위가 낮은 프로세스가 잡고 있는 리소스에 대해서 실시간 프로세스가 바쁜 대기를 하면 그 프로세스는 영원히 그 리소스를 기다릴 것이다.
- 실시간 프로세스를 개발할 때는 그 실시간 프로세스보다 우선순위가 높은 터미널을 하나 열어놓자. 이렇게 하면 비상 사태가 발생해도 그 터미널은 사용자 입력에 반응하고 거기서 문제가 된 실시간 프로세스를 종료시킬 수 있다. (그 터미널은 유효상태로 키보드 입력을 기다리며 필요로 하기 전까지는 다른 실시간 프로세스를 방해하지 않는다.)
- util-linux 패키지에 포함된 chrt 유틸리티는 쉽게 다른 프로세스의 실시간 속성을 가져오거나 설정할 수 있다. 이 유틸리티는 앞에서 설명한 터미널처럼 실시간 스케줄링에 속하는 프로그램을 쉽게 실행하거나 이미 실행 중인 애플리케이션의 실시간 우선순위를 변경할 수 있다.

6.6.8 결정론

실시간 프로세스는 결정론에 크게 의존한다. 실시간 컴퓨팅 환경에서 '결정론적'이라함은 주어진 입력이 같다면 항상 같은 결과를 같은 시간 안에 도출한다는 의미다. 최신 컴퓨터는 결정론적이지 않은데, 여러 계층에 걸친 캐시(캐시가 적중할지 아닐지는 예측할 수 없다)와 여러 개의 프로세서, 페이징, 스와핑, 그리고 멀티태스킹은 주어진 명령이 얼마나 걸릴지 예측할 수 없게 만든다. 물론 모든 명령(하드 드라이브에 접근하는 것을 제외하고)이 믿을 수 없을 정도로 빠른 시대이긴 하지만 이와 동시에 최신 시스템은 특정 명령을 수행하는 데 시간이 얼마나 걸릴지 정확하게 집어내기 힘들다.

실시간 애플리케이션은 예측할 수 없는 부분과 최악의 지연을 제한하려고 시도한다. 지금부터는 이를 위해 사용하는 두 가지 방법에 대해서 살펴보도록 하겠다.

선행 폴트 데이터와 메모리 락

대륙 간 탄도 미사일^{ICBM} 탐지 시스템에서 하드웨어 인터럽트가 발생해서 디바이스 드라이버가 재빨리 데이터를 하드웨어에서 커널로 복사하는 상황을 생각해보자. 드라이버는 프로세스가 데이터를 기다리느라 하드웨어의 디바이스 노드가 블록되어 잠들어 있는 상황임을 인지한다. 드라이버는 커널에 프로세스를 깨우라고 요청하고 커널은 이 프로세스가 높은 우선순위의 실시간 스케줄링 정책으로 실행 중임을 알아채고 재빠르게 현재 실행 중인 프로세스를 선점하여 즉시 실시간 프로세스가 실행될 수 있도록 스케줄링한다. 스케줄러는 실행할 실시간 프로세스로 전환하고 주소 공간에도 컨텍스트 스위칭이 일어난다. 이제 프로세스가 실행 중이고 여기까지 0.3ms가 소요되었다. 이는 허용 가능한 최악의 경우인 1ms의 지연시간 이내에 들어간다.

이제 사용자 영역을 살펴보자. 실시간 프로세스는 날아오는 ICBM을 파악하고 궤도를 계산하기 시작한다. 궤도 계산이 끝나면 실시간 프로세스는 탄도탄 요격 미사일^{ABM}을 발사할 준비를 시작한다. 여기까지 0.1ms가 더 경과했다. ABM을 준비해서 피해를 막을 수 있을 만큼 충분히 재빠른 대응이다. 앗! 하지만 ABM 코드가 디스크에 스왑되어 있었다. 페이지 폴트가 발생하고 프로세서는 다시 커널 모드로 돌아가서 커널이 하드 디스크에 스왑되어 있는 데이터를 가져오기 위한 입출력을 시도한다. 스케줄러는 페이지 폴트가 다시 서비스되기까지 프로세스를 잠재운다. 여기에 수 초를 허비하고 결국 대응 시점을 놓쳤다.

분명히 페이징과 스와핑은 실시간 프로세스를 망가뜨릴 수 있는 비결정적인 동작을 야기한다. 이런 재앙을 예방하려면 실시간 애플리케이션이 종종 선행 폴트를 일으켜서 스왑된 데이터를 메모리에 올린 다음, 주소 공간 내 모든 페이지를 실제 물리 메모리에 '락을 걸거나', '고정 배선' 해버린다. 페이지가 담겨 있는 메모리를 락 걸고 나면 커널은 절대로 이 페이지를 디스크로 스왑하지 않는다. 이 페이지에 대한 접근은 페이지 폴트를 발생하지 않는다. 대부분의 실시간 애플리케이션은 페이지의 일부 혹은 전체를 물리 메모리에 락을 건다.

리눅스는 데이터 선행 폴트와 메모리 락을 위한 인터페이스를 제공한다. 4장에서 데이터를 메모리에 선행 폴트하는 인터페이스에 대해서 설명했고, 9장에서는 물리 메모리에 있는 데이터를 락 거는 방법에 대해서 설명한다.

CPU 친화도와 실시간 프로세스

실시간 애플리케이션에서 두 번째로 고려해야 하는 사항은 멀티태스킹이다. 비록 리눅스 커널이 선점형이긴 하지만 스케줄러는 항상 특정 프로세스를 위해 다른 프로세스를 즉시 스케줄링할 수 없다. 때로는 현재 실행 중인 프로세스가 커널의 크리티컬 섹션 내부에서 수행되므로 스케줄러가 해당 영역을 벗어나기 전까지 프로세스를 선점하지 못하는 경우가 발생한다. 만일 실행을 기다리는 프로세스가 실시간 프로세스라면 이런 지연을 허용할 수 없으며 동작해야 하는 데드라인을 금방 넘기게 된다.

따라서 멀티태스킹은 페이징에 관련된 예측 불가능성에 따른 비결정성을 유발한다. 멀티태스킹과 관련한 이 문제의 해법은 동일하다. 비결정성을 제거하는 것이다. 물론 다른 모든 프로세스를 간단히 없애버릴 수는 없다. 그게 가능한 환경이라면 리눅스를 선택할 필요가 없을지도 모른다. 그냥 전용 운영체제를 사용하는 것만으로 충분할지도 모른다. 하지만 만약 시스템에 프로세서가 여러 개 있다면 그중 하나 이상의 프로세서를 실시간 프로세스에 할당할 수 있다. 실제로 이런 방법을 통해서 실시간 프로세스를 멀티태스킹으로부터 보호할 수 있다.

앞서 프로세스의 CPU 친화도를 조작할 수 있는 시스템 콜에 대해서 살펴봤었다. 실시간 애플리케이션에서 가능한 최적화 방안 중 하나는 각 실시간 프로세스를 위해 프로세서 하나를 예약해두고 나머지 프로세스는 남은 프로세서상에서 시분할 방식으로 동작하게 하는 것이다.

가장 간단하게 이를 구현하는 방법은 리눅스의 `init` 프로그램을 수정하는 것인데 SysVinit*은 부트 프로세스를 시작하기 전에 다음 코드와 유사한 작업을 한다.

```
cpu_set_t set;
int ret;

CPU_ZERO (&set); /* 모든 CPU 비트를 초기화한다 */
ret = sched_getaffinity (0, sizeof (cpu_set_t), &set);
if (ret == -1) {
    perror ("sched_getaffinity");
```

---

* SysVinit의 소스 코드는 http://freecode.com/projects/sysvinit에서 확인할 수 있다. 이 코드는 GNU GPLv2 라이선스를 따른다.

```
        return 1;
    }

    CPU_CLR (1, &set);    /* CPU #1을 금지한다 */
    ret = sched_setaffinity (0, sizeof (cpu_set_t), &set);
    if (ret == -1) {
        perror ("sched_setaffinity");
        return 1;
    }
```

이 코드는 현재 init이 실행될 수 있는 프로세서의 집합을 가져온다. 여기서는 모든 프로세서가 그 집합에 포함된다고 예상할 수 있다. 그리고 CPU #1을 그 집합에서 제거한 다음 실행이 허용된 프로세서의 목록을 갱신한다.

실행 가능한 프로세서 집합은 부모 프로세스로부터 상속받게 되므로 모든 프로세서의 부모인 init 프로세스에서 설정한 내용은 자식 프로세스로 상속되며 따라서 CPU #1는 어떤 프로세스도 실행하지 않는다.

다음으로 작성하려는 실시간 프로세스가 CPU #1에서만 실행되도록 변경해보자.

```
    cpu_set_t set;
    int ret;

    CPU_ZERO (&set);        /* 모든 CPU 비트를 초기화한다 */
    CPU_SET (1, &set);      /* CPU #1을 허용한다 */
    ret = sched_setaffinity (0, sizeof (cpu_set_t), &set);
    if (ret == -1) {
        perror ("sched_setaffinity");
        return 1;
    }
```

이렇게 해서 지금 작성한 실시간 프로세스는 CPU #1에서만 실행되고 다른 모든 프로세스는 다른 프로세서상에서 실행된다.

6.7 리소스 제한

리눅스 커널은 프로세스에 대한 몇 가지 리소스 제한^{RLIMIT}을 도입하고 있다. 이 리소스 제한은 프로세스가 소비하는 열 수 있는 파일 개수, 메모리 페이지, 대기 중인 시그널 등과 같은 커널 리소스을 제한한다. 이 제한은 엄격하게 강제된다. 커널은 이 제한을 초과하는 프로세스의 리소스 소비를 허용하지 않는다. 예를 들어, open( ) 호출이 리소스 제한에서 허용하는 수치를 초과한다면 해당 호출이 실패한다.*

리눅스는 리소스 제한을 설정할 수 있는 두 가지 시스템 콜을 제공한다. 둘 다 POSIX 표준에 포함되어 있지만 리눅스는 표준에서 지정한 것 외에 추가적인 리소스 제한을 지원한다. 현재 설정된 리소스 제한에 대한 내용은 getrlimit( ) 시스템 콜을 통해 확인할 수 있으며 setrlimit( ) 시스템 콜을 통해 설정할 수 있다.

```
#include <sys/time.h>
#include <sys/resource.h>

struct rlimit {
    rlim_t rlim_cur; /* 소프트 제한 */
    rlim_t rlim_max; /* 하드 제한 */
};

int getrlimit (int resource, struct rlimit *rlim);
int setrlimit (int resource, const struct rlimit *rlim);
```

RLIMIT_CPU 같은 정수형 상수는 리소스의 종료를 나타낸다. rlimit 구조체는 실제 제한을 나타낸다. 이 구조체는 소프트 제한과 하드 제한, 두 가지를 포함한다. 커널은 프로세스에 소프트 제한을 강제한다. 하지만 프로세스는 이 소프트 제한값을 0부터 하드 제한값까지 자유롭게 변경이 가능하다. CAP_SYS_RESOURCE 기능에 제한된 프로세스(root 권한이 없는 프로세스)는 하드 제한보다 낮은 값만을 설정할 수 있다. 권한이 없는 프로세스는 하드 제한값을 올릴 수 없으며 이전에 설정된 값보다 높은 값으로 변경하는 것도 금지된다. 하드 제한값보다 낮은 값으로 설정하면 이를 되돌릴 수 없다. 권한이 있는 프로세스는 하드 제한값을 유효한 어떤 값으로든 설정할 수 있다.

----

* errno 값이 EMFILE로 설정되었다면 이는 열 수 있는 최대 파일 개수를 초과했다는 의미다. open() 시스템 콜은 2장에서 설명했다.

실제 제한하는 값은 그 리소스가 무엇이냐에 따라 달라진다. 예를 들어 그 리소스가 RLIMIT_FSIZE라면 이는 프로세스가 생성할 수 있는 파일의 최대 크기를 나타낸다. 이 경우 rlim_cur 값이 1024라면 프로세스는 1킬로바이트를 초과하는 파일을 생성하거나 기존 파일을 1킬로바이트를 초과하는 크기로 확장할 수 없다.

모든 리소스 제한은 두 가지 특수한 값이 있는데 0과 무한값이다. 0은 그 리소스의 사용을 허용하지 않는다는 의미다. 예를 들어 RLIMIT_CORE 값이 0이라면 커널은 코어 파일을 생성하지 않을 것이다. 반대로 무한값은 그 리소스에 대한 제한을 제거한다. 무한값은 실제 값이 −1인 RLIM_INFINITY라는 상수로 정의하고 있다. −1은 오류를 의미하는 반환값이라서 혼란을 유발할 수 있다. 만일 RLIMIT_CORE 값이 무한이라면 커널은 파일 크기를 신경쓰지 않고 코어 파일을 생성한다.

getrlimit( ) 함수는 resource 인자가 나타내는 리소스의 하드 제한과 소프트 제한을 rlim 포인터가 가리키고 있는 구조체에 저장한다. 호출이 성공하면 0을 반환하고 실패하면 −1을 반환하고 적절한 errno 값을 설정한다.

마찬가지로 setrlimit( )은 resource 인자로 지정한 리소스의 제한을 rlim 포인터가 가리키는 값으로 설정한다. 호출이 성공하면 0을 반환하고 커널은 요청에 대한 리소스 제한값을 갱신한다. 호출이 실패하면 −1을 반환하고 errno를 적절한 값으로 설정한다.

6.7.1 제한

현재 리눅스에는 16가지의 리소스 제한이 존재한다.

RLIMIT_AS   프로세스 주소 공간의 최대 바이트 크기 제한이다. 주소 공간을 이 값을 넘어서는 값으로 설정하려 하면(mmap( )이나 brk( ) 등을 통해서) 호출은 실패하고 ENOMEM을 반환한다. 필요에 의해 자동적으로 커지는 프로세스의 스택이 이 제한을 넘어서면 커널은 프로세스에 SIGSEGV 시그널을 보낸다. 이 제한은 보통 RLIM_INFINITY이다.

RLIMIT_CORE	최대 코어 파일의 바이트 크기를 나타낸다. 이 값이 0이 아니라면 코어 파일은 이 크기에 맞춰서 잘린다. 0이라면 코어 파일은 생성되지 않는다.
RLIMIT_CPU	프로세스 하나가 소모할 수 있는 최대 CPU 시간(초)을 나타낸다. 프로세스가 이 시간보다 더 오래 실행되면 커널은 프로세스에서 처리할 수 있는 SIGXCPU 시그널을 보낸다. POSIX에서는 커널이 이 시그널을 보낸 이후에 어떻게 동작할 것인지에 대해 구체적으로 명시하고 있지 않으므로 이식성을 고려한 프로그램은 이 시그널을 받으면 종료되도록 처리해야 한다. 어떤 시스템은 프로세스가 이 시그널을 받은 이후에도 계속 실행하려 한다면 강제로 종료시키지만 리눅스는 계속 실행하도록 허용하며 1초 간격으로 계속 SIGXCPU 시그널을 보낸다. 프로세스가 하드 제한값에 도달하면 커널은 SIGKILL 시그널을 보내고 프로세스를 종료한다.
RLIMIT_DATA	프로세스의 데이터 세그먼트와 힙의 최대 크기를 바이트로 나타낸다. brk( )를 통해서 데이터 세그먼트를 이 값 이상으로 키우려고 하면 호출은 실패하고 ENOMEM을 반환한다.
RLIMIT_FSIZE	프로세스가 생성할 수 있는 최대 파일 크기를 바이트로 나타낸다. 프로세스가 한 파일을 이 크기 이상으로 키우려고 하면 커널은 SIGXFSZ 시그널을 프로세스로 보낸다. 기본적으로 이 시그널은 프로세스를 종료시킨다. 하지만 프로세스가 이 동작을 회피하려 이 시그널을 잡아서 처리하려 하면 해당 시스템 콜은 실패하고 EFBIG을 반환한다.
RLIMIT_LOCKS	프로세스가 걸 수 있는 최대 파일 락의 개수를 조절한다(파일 락은 8장에서 살펴보도록 하겠다). 이 제한에 도달하면 추가적인 파일 락을 얻으려는 시도는 실패하고 ENOLCK을 반환한다. 하지만 리눅스 커널 2.4.25부터는 이 기능이 삭제되었다. 현재 커널에서는 이 값이 설정 가능하지만 아무런 효과도 없다.

RLIMIT_MEMLOCK CAP_SYS_IPC 기능이 없는 (실질적으로 root가 아닌) 프로세스
가 mlock(), mlockall(), 또는 shmctl() 등을 통해서 락을
걸 수 있는 최대 바이트 수를 지정한다. 이 제한값을 초과하면 해
당 호출은 실패하고 EPERM을 반환한다. 실제로는 유효한 페이지
크기의 곱만큼으로 제한된다. CAP_SYS_IPC 기능을 가진 프로세
스는 원하는 만큼 페이지의 곱 크기를 락을 걸 수 있으며 이 제한
값은 아무런 영향을 끼치지 않는다. 커널 버전 2.6.9 이전에 이 값
은 CAP_SYS_IPC 기능을 가진 프로세스에 대한 제한값이었으며
권한이 없는 프로세스는 메모리에 락을 걸 수조차 없었다. 이 값은
POSIX에 포함되지 않으며 BSD에서 처음 소개되었다.

RLIMIT_MSGQUEUE POSIX 메시지 큐를 위해 사용자가 할당할 수 있는 최대 바이트
를 지정한다. 새로 생성된 메시지 큐가 이 값을 초과한다면 mq_
open() 호출은 실패하고 ENOMEM을 반환한다. 이 값은 리눅스 커
널 2.6.8에서 추가되었으며 리눅스 전용이다. 당연히 POSIX에
포함되지 않는다.

RLIMIT_NICE 프로세스가 우선순위를 높이기 위해 낮출 수 있는 nice 값의 최댓
값을 지정한다. 앞서 설명했듯이 일반적으로 프로세스는 nice 값
을 올릴 수만(우선순위를 낮추는) 있다. 이 제한값은 프로세스가
합법적으로 우선순위를 높일 수 있도록 관리자가 최댓값을 지정할
수 있게 한다. nice 값은 음수일 수도 있어서 커널은 그 값을 20
- rlim_cur처럼 해석한다. 따라서 이 값이 40이라면 프로세스는
nice 값을 −20(가장 높은 우선순위)까지 낮출 수 있다. 이는 커
널 2.6.12 버전에서 처음 등장했다.

RLIMIT_NOFILE 프로세스가 열 수 있는 최대 파일 디스크립터 개수보다 하나 더 큰
값을 명시한다. 결과적으로 이 값을 넘게 되는 시도는 실패하며 해
당 시스템 콜은 EMFILE을 반환한다. BSD에서는 RLIMIT_OFILE
이라는 이름으로 지정할 수 있다.

RLIMIT_NPROC	특정 시점에 실행될 수 있는 최대 프로세스의 개수를 명시한다. 결과적으로 이 값을 넘기게 되는 시도는 실패하며 fork( )는 EAGAIN을 반환한다. 이는 POSIX에 포함되지 않으며 BSD에서 처음 등장했다.
RLIMIT_RSS	프로세스가 메모리상에 머물 수 있는(RSS^Resident Set Size) 페이지의 최대 개수를 명시한다. 리눅스 커널 2.4 이전 버전에만 강제하고 있다. 현재 커널에서는 이 제한값을 설정할 수는 있지만 강제하지는 않는다. 이는 POSIX에 포함되지 않으며 BSD에서 처음 등장했다.
RLIMIT_RTTIME	실시간 프로세스가 시스템 콜을 블록하지 않고 소비할 수 있는 CPU 시간을 마이크로 초 단위로 명시한다. 프로세스에서 시스템 콜을 블록하면 사용할 수 있는 CPU 시간이 0으로 초기화된다. 이는 실시간 프로세스가 폭주해서 시스템을 다운시키지 않도록 예방한다. 이 제한은 리눅스 커널 2.6.25에서 추가되었으며 리눅스 전용이다.
RLIMIT_RTPRIO	프로세스가 CAP_SYS_NICE 기능 없이(결과적으로 root가 아닌 프로세스) 요청할 수 있는 실시간 우선순위 레벨의 최댓값을 명시한다. 일반적으로 권한이 없는 프로세스는 실시간 스케줄링 클래스를 요청하지 않는다. 이는 리눅스 커널 2.6.12에서 추가되었으며 리눅스 전용이다.
RLIMIT_SIGPENDING	큐에 입력될 수 있는 시그널(표준과 실시간)의 최대 개수를 명시한다. 큐에 이를 초과하는 개수의 시그널을 추가하려고 하면 해당 호출은 실패하며 sigqueue( ) 같은 시스템 콜은 실패하고 EAGAIN을 반환한다. 이 제한과 무관하게 아직 큐에 들어가지 않은 시그널 인스턴스 하나를 큐에 추가하는 것은 항상 가능하다. 따라서 SIGKILL이나 SIGTERM 같은 시그널을 프로세스로 보내는 것은 항상 가능하다. 이 제한은 POSIX에 포함되지 않으며 리눅스 전용이다.
RLIMIT_STACK	프로세스 스택의 최대 크기를 바이트 단위로 지정한다. 이 제한을 넘길 경우 SIGSEGV 시그널이 전달된다.

커널은 이런 리소스 제한을 프로세스 단위로 관리한다. 자식 프로세스는 포크될 때 부모 프로세스의 제한값을 상속받으며 이는 exec 호출 뒤에도 유지된다.

기본 제한

프로세스에 적용 가능한 기본 제한은 최초의 소프트 제한과 최초의 하드 제한, 그리고 시스템 관리자라는 세 가지 변수에 의존적이다. 커널은 [표 6-1]에 나열한 초기 하드 제한과 소프트 제한을 지정한다. 커널은 이 제한을 init 프로세스에서 설정하고 자식 프로세스는 부모 프로세스로부터 이 값을 상속받기 때문에 모든 프로세스는 init 프로세스의 소프트 제한과 하드 제한을 상속받는다.

표 6-1 소프트 제한과 하드 제한 기본값

Resource Limit	소프트 제한	하드 제한
RLIMIT_AS	RLIM_INFINITY	RLIM_INFINITY
RLIMIT_CORE	0	RLIM_INFINITY
RLIMIT_CPU	RLIM_INFINITY	RLIM_INFINITY
RLIMIT_DATA	RLIM_INFINITY	RLIM_INFINITY
RLIMIT_FSIZE	RLIM_INFINITY	RLIM_INFINITY
RLIMIT_LOCKS	RLIM_INFINITY	RLIM_INFINITY
RLIMIT_MEMLOCK	8 pages	8 pages
RLIMIT_MSGQUEUE	800 KB	800 KB
RLIMIT_NICE	0	0
RLIMIT_NOFILE	1024	1024
RLIMIT_NPROC	0 (제한 없음)	0 (제한 없음)
RLIMIT_RSS	RLIM_INFINITY	RLIM_INFINITY
RLIMIT_RTPRIO	0	0
RLIMIT_SIGPENDING	0	0
RLIMIT_STACK	8 MB	RLIM_INFINITY

다음 두 가지 요인이 기본 제한값을 변경할 수 있다.

- 어떤 프로세스라도 자유롭게 소프트 제약을 0부터 하드 제한까지 값으로 늘리거나 아니면 하드 제한값을 줄일 수 있다. 포크하면 자식 프로세스는 이 갱신된 제한값을 상속받는다.
- 권한이 있는 프로세스는 하드 제한을 원하는 값으로 설정할 수 있다. 포크하면 자식 프로세스는 이 갱신된 제한값을 상속받는다.

일반 프로세스에서 포크된 root 프로세스가 하드 제한을 변경하는 일은 드물다. 따라서 리소스 제한을 변경하는 경우는 두 번째 요인보다 첫 번째 요인일 가능성이 더 높다. 사실 프로세스의 실제 제한은 일반적으로 시스템 관리자가 여러 가지 제한을 설정해둔 사용자의 셸에 의해서 결정된다. 예를 들어 bash에서는 관리자가 ulimit 명령을 사용해서 이 값을 설정할 수 있다. 관리자는 이 값을 낮출 필요가 없다는 점을 주목하자. 관리자는 소프트 제한을 하드 제한까지 끌어올려 사용자에게 좀 더 합당한 기본값을 제공할 수도 있다. RLIMIT_STACK이 대표적인 예로 많은 시스템에서 이 값은 RLIM_INFINITY로 설정하고 있다.

6.7.2 제한 설정과 조회

다양한 리소스 제한에 대한 설명을 마쳤으니 이 제한값을 조회하고 설정하는 방법을 알아보자. 리소스 제한을 조회하는 법은 간단하다.

```
struct rlimit rlim;
int ret;

/* 코어 파일 크기 제한을 가져온다 */
ret = getrlimit (RLIMIT_CORE, &rlim);
if (ret == -1) {
    perror ("getrlimit");
    return 1;
}
printf ("RLIMIT_CORE limits: soft=%ld hard=%ld\n",
    rlim.rlim_cur, rlim.rlim_max);
```

이 코드를 포함하는 온전한 프로그램을 컴파일하고 실행하면 다음과 같은 결과를 얻을 수 있다.

```
RLIMIT_CORE limits: soft=0 hard=-1
```

RLIMIT_CORE의 소프트 제한은 0이고 하드 제한은 무한(-1은 RLIM_INFINITY를 뜻한다)임을 알 수 있다. 따라서 소프트 제한은 어떤 값으로든 설정할 수 있다. 다음 예제는 코어 파일의 크기를 32MB로 설정한다.

```
struct rlimit rlim;
int ret;

rlim.rlim_cur = 32 * 1024 * 1024;    /* 32 MB */
rlim.rlim_max = RLIM_INFINITY;       /* 그대로 두자 */
ret = setrlimit (RLIMIT_CORE, &rlim);
if (ret == -1) {
    perror ("setrlimit");
    return 1;
}
```

에러 코드

에러가 발생할 경우 가능한 errno는 다음과 같다.

EFAULT   rlim 포인터가 가리키는 주소가 유효하지 않거나 접근이 불가능하다.

EINVAL   resource에 명시한 값이 유효하지 않거나 rlim.rlim_cur 값이 rlim.
            rlim_max보다 크다(setrlimit( )에만 해당).

EPERM   하드 제한을 올리려고 하지만 호출한 프로세스에 CAP_SYS_RESOURCE 기능
            이 없다.

## CHAPTER 7

스레딩

스레딩은 단일 프로세스 내에서 실행 유닛을 여러 개 생성하고 관리하는 작업을 뜻한다. 스레
딩은 데이터 경쟁$^{data-race}$ 상태와 데드락을 통해 어마어마한 프로그래밍 에러를 발생시키는 원
인이다. 스레딩만으로도 책 한 권을 채울 수 있을 정도다. 이런 책은 주로 스레딩 라이브러리의
여러 가지 인터페이스에 대한 내용에 초점을 맞추고 있다. 이 책에서는 리눅스 스레딩 API의
기본 내용에 대해서 살펴보겠다. 이 장의 목표는 약간 추상적인데 시스템 프로그래머의 도구로
써 스레딩이 얼마나 적절한지, 왜 스레드를 사용해야 하는지, 그리고 더욱 중요하게 왜 사용하
면 안 되는지, 스레드를 사용하는 애플리케이션을 개발하고 개념화하는 데 도움이 되는 디자인
패턴은 무엇인지, 그리고 마지막으로 데이터 경쟁 상태는 무엇이고 어떻게 예방할 수 있는지에
대해서 알아보자.

7.1 바이너리, 프로세스, 스레드

바이너리는 저장장치에 기록되어 있는 프로그램으로, 특정 운영체제와 머신 아키텍처에서 접
근할 수 있는 형식으로 컴파일되어 실행할 준비가 된, 하지만 아직 실행되지는 않은 프로그램
이다. 프로세스는 실행된 바이너리를 표현하기 위한 운영체제의 추상 개념으로, 메모리에 적재
되고 가상화된 메모리와 열린 파일 디스크립터, 연관된 사용자와 같은 커널 리소스 등을 포함
한다. 스레드는 프로세스 내의 실행 단위로 가상화된 프로세서, 스택, 프로그램 상태 등을 포함

한다. 다르게 얘기하면 프로세스는 실행 중인 바이너리이며 스레드는 운영체제의 프로세스 스케줄러에 의해 스케줄링될 수 있는 최소한의 실행 단위를 뜻한다.

하나의 프로세스는 스레드를 하나 이상 포함한다. 어떤 프로세스의 스레드가 하나라면 그 프로세스는 단일 실행 단위를 가지며 한 번에 하나만 실행한다는 뜻이다. 이런 프로세스를 싱글 스레드라고 부르며 과거의 유닉스 프로세스를 예로 들 수 있다. 만일 하나의 프로세스가 하나 이상의 스레드를 포함한다면 한 번에 여러 개의 스레드가 실행된다. 이런 프로세스를 멀티스레드라고 한다.

최신 운영체제는 가상 메모리와 가상 프로세서라는 두 가지 추상 개념을 제공한다. 이 둘은 실행 중인 각 프로세스가 머신의 리소스를 독점하고 있다고 착각하도록 만든다. 가상 메모리는 프로세스가 실제 물리적인 RAM이나 디스크 저장장치(페이징을 통해)에 맵핑된 메모리의 고유한 뷰를 사용할 수 있도록 한다. 시스템의 RAM은 실제로는 100여 개의 실행 중인 다른 프로세스의 데이터를 담고 있을 수 있으나 각 프로세스는 가상 메모리를 통해 메모리 전체를 소유했다고 착각한다. 가상 프로세서는 (아마도) 여러 프로세서상에서 많은 프로세스가 멀티태스킹 중이라는 사실을 숨김으로써 프로세스가 시스템에서 혼자 실행되고 있다고 착각하게 만든다.

가상 메모리는 스레드가 아니라 프로세스와 관련이 있다. 즉 각 프로세스는 메모리에 대한 하나의 유일한 뷰를 갖지만 한 프로세스 내의 모든 스레드는 메모리를 서로 공유한다. 반대로 가상 프로세서는 스레드와 관련이 있으며 프로세스와는 무관하다. 각각의 스레드는 스케줄이 가능한 독립적인 요소이며 단일 프로세스가 한번에 여러 가지 일을 할 수 있게 해준다. 많은 개발자는 가상 메모리와 가상 프로세서라는 두 가지 환상을 합쳐서 생각하지만 스레드는 이 둘을 분리하기를 요구한다. 스레드는 프로세스와 마찬가지로 시스템의 프로세서를 모두 소유했다는 환상을 가지지만, 가상 메모리의 모든 메모리를 소유했다는 환상을 가지고 있지 않다. 또 한 프로세스 내의 모든 스레드는 메모리 주소 공간 전체를 공유한다. 이 점이 바로 스레드와 프로세스의 차이점이다.

7.2 멀티스레딩

스레드의 요점은 무엇일까? 프로세스는 실행 중인 프로그램의 추상화이므로 명백히 필요하다. 하지만 왜 실행 단위를 쪼개서 스레드라고 구분했을까? 멀티스레딩이 가져다주는 중요한 여섯 가지 장점을 살펴보자.

프로그래밍 추상화

작업을 나누고 각각 실행 단위(스레드)로 할당하는 것은 대부분의 문제를 해결하는 자연스러운 접근 방법이다. 이런 접근 방식을 활용한 디자인 패턴에는 연결별 스레드thread-per-connection와 스레드 풀thread pool이 있고 이런 디자인 패턴이 유용하고 직관적이다. 하지만 스레드를 피해야 할 안티패턴anti-pattern으로 보는 시각도 있다. 이를 잘 요약한 앨런 콕스Alan Cox의 유명한 말을 인용해보면 '스레드는 상태 머신state machine을 개발할 줄 모르는 사람을 위한 것이다'. 이 말은 이론적으로 상태 머신으로 해결할 수 없는 문제는 스레드를 이용해서도 해결할 수 없다는 의미다.

병렬성

스레드를 사용하면 프로세서가 여러 개인 머신에서 효과적으로 병렬성Parallelism을 구현할 수 있다. 개별 스레드는 각각 자신만의 가상 프로세서를 가짐으로써 독립적으로 스케줄링될 수 있고, 여러 스레드는 동시에 여러 개의 프로세서상에서 수행되어 시스템의 전반적인 처리 능력을 향상시킨다. 스레드가 병렬성을 달성할 정도까지, 그러니까 스레드 개수가 프로세서 개수보다 많지 않다면 '스레드는 상태 머신을 개발할 줄 모르는 사람을 위한 것'이라는 얘기는 통하지 않는다.

응답속도 향상

단일 프로세서 머신일지라도 멀티스레딩은 프로세서의 응답 속도를 향상시킬 수 있다. 싱글스레드 프로세스에서 오랫동안 실행되는 작업은 애플리케이션이 사용자의 입력에 반응할 수 없도록 해서 애플리케이션이 뻗어버린 것처럼 보이게 만든다. 멀티스레딩을 이용하면 오래 실행되는 작업을 워커worker 스레드에 맡기고 최소한 하나의 스레드는 사용자의 입력에 대응해서 UI 작업을 수행할 수 있도록 남겨두면 된다.

입출력 블록

방금 살펴본 내용과 관련이 있는데 스레드를 사용하지 않으면 입출력을 블록하면서 전체 프로세스를 멈추게 만든다. 이는 처리량과 응답시간이라는 두 측면에서 유익하지 않다. 멀티스레드 프로세스라면 개별 스레드가 블록되어 입출력을 기다리더라도 다른 스레드가 계속해서 진행할 수 있다. 이와 관련해서는 비동기식과 논블록 입출력이 이 문제를 해결하는 대안이 될 수 있다.

컨텍스트 스위칭

같은 프로세스 내에서 한 스레드에서 다른 스레드로 전환되는 비용은 프로세스 단위의 컨텍스트 스위칭보다 훨씬 더 저렴하다.

메모리 절약

스레드는 여러 개의 실행 단위를 활용하면서도 메모리를 공유하는 효과적인 방법을 제공한다. 이 때문에 스레드는 멀티 프로세스의 대안이기도 하다.

이런 이유로 인해, 스레딩은 운영체제와 애플리케이션의 비교적 흔한 기능이다. 안드로이드 같은 시스템에서는 시스템 내 거의 모든 프로세스가 멀티스레드로 동작한다. 1,20년 전에는 스레드의 장점 대부분은 논블록킹 입출력과 상태 머신을 통해 확인되었기 때문에 '스레드는 상태 머신을 개발할 줄 모르는 사람을 위한 것'이라는 얘기가 통하는 경우가 많았다. 최근에는 휴대폰 같은 조그만 장치에 사용되는 프로세서조차도 처리 능력을 최대화하고자 시스템 프로그래밍 도구로 스레드를 채택하여 멀티코어와 동시 멀티스레딩(SMT^Simultaneous MultiThreading) 같은 기술을 활용하고 있다. 오늘날은 여러 개의 스레드와 멀티코어 시스템상에서 운영되지 않는 고성능 웹 서비스를 찾는 일이 오히려 어렵다.

컨텍스트 스위칭: 프로세스 vs 스레드

성능면에서 스레드가 더 나은 이유는 같은 프로세스 내의 스레드 간 컨텍스트 스위칭^intraprocess switching 비용이 높지 않다는 점이다. 어떤 시스템에서는 프로세스 내 컨텍스트 스위칭은 항상 프로세스 간 컨텍스트 스위칭의 서브셋이므로 프로세스 간의 컨텍스트 스위칭 비용보다 더 낮다. 이런 비용의 격차는 프로세스의 추상화 비용이 더 높은 리눅스가 아닌 다른 시스템에서 더 벌어진다. 이런 이유로 많은 시스템에서 스레드를 '경량 프로세스'라고 부르기도 한다.

리눅스에서 프로세스 간 컨텍스트 스위칭 비용은 높지 않으나, 프로세스 내 스레드 간의 컨텍스트 스위칭 비용은 커널 내부로 진입했다가 다시 빠져나오는 정도로 거의 0에 가깝다. 프로세스 비용이 비싼 게 아니라 스레드 비용이 더 싸다.

프로세스 스위칭은 하나의 가상 주소 공간을 다른 것으로 바꾸는 과정이므로 스레드가 감당할 수 없는 비용을 부과한다. 예를 들어, x86에서 가상 메모리 주소와 실제 메모리 주소 맵핑에 대한 캐시인 TLB^{Transaction Lookaside Buffer}(변환 색인 버퍼)는 가상 주소 공간을 바꿀 때 반드시 비워져야 한다. 어떤 때는 TLB가 누락되면 시스템 성능에 심각한 장애를 초래하기도 한다. 극단적인 예를 들어 일부 ARM 머신에서는 CPU 캐시 전체를 비워야 하는 일이 생길 수도 있다. 스레드는 이 정도의 비용을 감당할 수 없으며 스레드 간 컨텍스트 스위칭은 가상 주소 공간을 바꾸지 않는다.

7.2.1 멀티스레딩 비용

이런 장점이 있지만 멀티스레딩에 비용이 전혀 들지 않는 것은 아니다. 사실 프로그래밍 역사상 가장 끔찍하고 사악한 버그는 스레딩에 의한 버그였다. 멀티스레딩 프로그램을 설계하고, 작성하고 이해하고, 그리고 무엇보다도! 디버깅하는 것은 싱글스레드 프로세스에 비해 상당히 어렵다.

가상화된 프로세서는 복수인데 반해 가상 메모리는 하나라는 점이 스레드의 존재 이유인 동시에 스레드의 단점이기도 하다. 다르게 말하면 멀티스레드 프로세스는 한번에(동시에) 여러 가지 일을 할 수 있지만 이 모든 것은 같은 메모리에 공유해야 한다. 필연적으로 하나의 프로세스에 속한 스레드는 리소스를 공유하는데 말하자면 같은 데이터를 읽거나 쓰는 것이다. 따라서 프로그램이 어떻게 동작하는지 이해하려면 단순히 일련의 명령이 순차적으로 실행되는 것을 이해하는 차원을 넘어서 멀티스레드 개념으로, 예측할 수 없는 시점과 순서로 각 스레드가 독립적으로 실행되면서도 올바르게 동작하는지를 이해해야 한다. 스레드 동기화에 실패하면 결과가 뒤죽박죽이 되거나 실행이 잘못되거나 프로그램이 죽어버릴 수도 있다. 멀티스레드 프로그램을 이해하고 디버깅하기는 무척 어려우니 시스템 설계 시작부터 반드시 스레딩 모델과 동기화 전략을 고려해야 한다.

7.2.2 멀티스레딩 대안

멀티스레딩을 사용하려는 목적이 무엇인지에 따라 몇 가지 대안이 존재한다. 예를 들어 지연시간과 입출력상의 장점이 스레드를 사용하려는 이유라면 다중 입출력(94쪽 '다중 입출력')과 논블록 입출력(73쪽 '논블록 읽기'), 그리고 비동기식 입출력(181쪽 '비동기식 입출력')을 조합해서 사용할 수 있다. 이 기법은 입출력 작업이 프로세스를 블록하지 않도록 한다. 제대로 된 병렬화가 목표라면 N개의 프로세스를 N개의 스레드처럼 프로세서를 이용하도록 하고 약간의 리소스 사용과 컨텍스트 스위칭 비용의 오버헤드를 감수해서 해결할 수 있다. 반대로 메모리 절약이 목표라면 리눅스는 스레드보다 더 제한된 방식으로 메모리를 공유할 수 있는 도구를 제공한다.

요즘의 시스템 프로그래머들은 이런 대안에 주목하지 않으려는 경향이 있다. 예를 들어, 비동기식 입출력은 종종 짜증나게 한다. 그리고 공유 메모리와 다른 공유 리소스를 통해서 멀티 프로세스에 들어가는 비용을 줄인다고 하더라도 컨텍스트 스위칭 비용은 여전히 남아 있다. 이 때문에 스레드는 시스템 프로그래밍뿐만 아니라 커널에서부터 GUI 애플리케이션까지 전반에 걸쳐 흔히 사용된다. 멀티코어가 점점 유행하면서 스레드 사용 역시 점점 늘고 있다.

7.3 스레딩 모델

시스템에서 커널과 사용자 영역에서 다양하게 제공되는 기능을 사용하여 스레드를 구현할 수 있는 방법이 몇 가지 있다. 가장 단순한 모델은 커널에서 다른 외부 도움 없이 스레드에 대한 네이티브 지원native support을 제공함으로써 실현할 수 있는데, 이런 커널 스레드는 사용자 영역의 스레드 개념으로 직접 해석된다. 이런 모델은 커널이 제공하는 것과 사용자가 사용하는 것이 1:1의 관계를 가지므로 1:1 스레딩이라고 한다. 이 모델은 커널이 시스템 스레딩 모델의 핵심이므로 커널 레벨 스레딩이라고도 한다.

306쪽 '리눅스 스레딩 구현'에서 살펴보겠지만 리눅스에서의 스레딩은 1:1이다. 리눅스 커널은 단순히 리소스를 공유하는 프로세스의 형태로 스레드를 구현한다. 스레딩 라이브러리는 clone( ) 시스템 콜을 사용해서 새로운 스레드를 생성하고 반환된 '프로세스'는 사용자 영역의 개념적인 스레드로써 직접 관리된다. 즉 리눅스에서는 사용자 영역에서 스레드라고 부르는 것은 커널에서 스레드라고 부르는 것과 거의 동일하다.

7.3.1 사용자 레벨 스레딩

1:1 스레딩과 완전히 반대되는 모델은 N:1 스레딩으로 사용자 레벨 스레딩이라고도 한다. 커널 레벨 스레딩과는 대조적으로 이 모델에서는 사용자 영역에서 스레드 개념을 구현하므로 사용자 영역이 시스템의 스레딩 지원의 핵심이다. 스레드가 N개인 프로세스 하나는 단일 커널 프로세스로 맵핑되므로 N:1이라고 한다. 이 모델은 커널 지원을 거의 필요로 하지 않거나 아예 커널 지원 없이 스레드를 관리하는 사용자 영역 스케줄러와 논블록킹 방식으로 입출력을 처리하는 메커니즘 등 상당한 부분을 사용자 영역 코드로 구현한다. 사용자 레벨 스레딩은 애플리케이션이 커널의 관여 없이 스스로 어떤 스레드를 언제 실행할지 결정할 수 있으므로 컨텍스트 스위칭 비용이 거의 들지 않는 이점이 있다. 단점은 실제로는 하나의 커널 요소가 N개의 스레드를 떠받치고 있기 때문에 여러 개의 프로세서를 활용할 수 없고 따라서 제대로 된 병렬성을 제공할 수 없다는 점이다. 최신 하드웨어에서, 특히 리눅스에서는 컨텍스트 스위칭 비용이 많이 높지 않기 때문에 사용자 레벨 스레딩으로 절약한 컨텍스트 스위칭 비용이 미미하다는 점도 큰 단점이다.

리눅스용 사용자 레벨 스레딩 라이브러리는 대부분 1:1 스레딩도 제공하며 이 책에서는 이런 라이브러리를 중점으로 다루겠다.

7.3.2 하이브리드 스레딩

커널 레벨 스레딩과 사용자 레벨 스레딩을 합쳐보면 어떨까? 그러면 1:1 모델의 제대로 된 병렬성과 N:1 모델의 저렴한 컨텍스트 스위칭 비용이라는 두 마리 토끼를 잡을 수 있지 않을까? 조금 복잡한 방법이지만, 실제로 할 수 있는 방법이 있다! 하이브리드 스레딩이라고 하는 N:M 스레딩은 두 마리 토끼를 다 잡을 수 있는 방법으로, 커널은 네이티브 스레드 개념을 제공하고 사용자 영역에서도 역시 사용자 스레드를 구현한다. 사용자 영역은 아마도 커널과 결합하여 N>=M일때, N개의 사용자 스레드를 M개의 커널 스레드와 어떻게 맵핑할지를 결정한다.

구현마다 접근방식은 다르지만 일반적인 전략은 대부분의 사용자 스레드를 커널 스레드로 받쳐주지 않는 것이다. 하나의 프로세스에는 사용자 스레드가 수백 개 있지만, 커널 스레드는 적은 수만 있다. 이렇게 적은 수의 커널 스레드로 각 프로세서에 최소한 하나의 커널 스레드를 사용하여 시스템 활용을 극대화하고 블록킹 입출력을 사용한다. 당연히 이 모델은 구현하기 꽤 복잡하다. 게다가 리눅스의 컨텍스트 스위칭 비용이 비싸지 않으므로 대부분의 시스템 개발자는 이런 접근 방식에 매력을 느끼지 못하기에 1:1 모델이 리눅스에서는 가장 인기가 높다.

> **NOTE_** 스케줄러 활성화Scheduler Activation는 사용자 레벨 스레딩을 위한 커널 지원을 통해 N:M 스레딩의 성능을 개선하는 솔루션이다. 스케줄러 활성화는 워싱턴 대학에서 발표된 학술 논문에서 시작되었으며 후에 FreeBSD와 NetBSD에 채용되어 스레딩 구현의 핵심이 되었다. 스케줄러 활성화는 사용자 영역에서 커널의 프로세스 스케줄링에 대해서 파악하고 제어할 수 있도록 하여 하이브리드 모델을 좀 더 효율적으로 만들고 커널의 도움을 받지 않는 구현에서 발생하는 몇 가지 문제를 해결했다.
>
> 하지만 더 단순한 1:1 스레딩이 등장하자 곧 FreeBSD와 NetBSD 모두 스케줄러 활성화를 버렸다. 이는 N:M 모델의 복잡함에 대한 거부감과 상대적으로 효율적인 컨텍스트 스위칭이 가능한 x86 아키텍처가 흔해짐에 따른 대응이라고 봐도 무방하다.

7.3.3 코루틴과 파이버

코루틴coroutine과 파이버fiber는 스레드보다 더 작은 실행 단위를 제공한다. 코루틴은 프로그래밍 언어에서 사용되는 용어이며 파이버는 시스템에서 사용되는 용어다. 둘 모두, 사용자 레벨 스레딩처럼 사용자 영역에 속하지만 사용자 레벨 스레딩과는 달리 스케줄링이나 실행을 위한 사용자 영역의 지원을 거의, 또는 전혀 필요로 하지 않는다. 그 대신, 서로 협력하여 스케줄되며 다른 코루틴이나 파이버로 이동하기 위해서는 명시적인 양보를 필요로 한다. 코루틴과 파이버는 서브루틴(일반적인 C/C++ 함수)과 아주 살짝 다르다. 사실 서브루틴을 특별한 코루틴이라고 생각해도 된다.* 코루틴과 파이버는 동시성보다는 프로그램 흐름 제어에 관한 개념이다.

리눅스는 이미 빠른 컨텍스트 스위칭 속도로 인해 커널 스레드의 성능을 극한까지 다듬어야 할 필요가 없기 때문에 코루틴이나 파이버에 대한 네이티브 지원이 없다. 새로운 시스템 프로그래밍 언어인 Go 언어는 언어 수준에서 코루틴과 유사한 고루틴Go-routine을 제공하므로 시스템 프로그래밍에서 이를 경험해보려면 Go 프로그래밍 언어를 추천한다. 이 책에서 다루는 내용을 벗어나기는 하지만 코루틴으로 인한 프로그래밍 패러다임과 입출력 모델의 변화는 따로 공부해볼 만하다.

---

* 역자주_ 도널드 커누스 교수가 『The Art of Computer Programming 1』(한빛미디어, 2006)에서 한 말이다.

7.4 스레딩 패턴

스레드를 사용하는 애플리케이션을 작성할 때 가장 중요하면서도 제일 먼저 시작해야 할 일은 애플리케이션의 처리 과정과 입출력 모델을 결정짓는 스레딩 패턴을 결정하는 일이다. 여기에는 무수히 많은 추상적인 개념과 구현에 대한 상세한 내용이 있지만 두 가지 핵심 패턴을 소개하자면 연결별 스레드와 이벤트 드리븐 패턴이다.

7.4.1 연결별 스레드

연결별 스레드는 하나의 작업 단위가 스레드 하나에 할당되는 프로그래밍 패턴으로 작업 단위가 실행되는 동안 많아 봐야 하나의 작업이 스레드 하나에 할당된다. 이 작업 단위는 애플리케이션에서 수행하는 작업을 쪼개놓은 것으로 요청이나 연결 등이다. 여기서는 '연결'이라는 용어를 이 패턴을 설명하기 위한 일반적인 용어로 사용하겠다.

이 패턴을 다르게 설명하면 '작업이 완료될 때까지 실행'하는 패턴이라고 할 수 있다. 스레드는 연결이나 요청을 받아서 완료될 때까지 처리하고, 그 스레드가 작업을 완료하면 다른 요청을 받아서 다시 처리할 수 있게 되는 모델이다. 여기에는 입출력에 관한 흥미로운 숨은 사실이 있는데 실제로 이 특징이 이벤트 드리븐 모델과 구별되는 가장 큰 차이점이다. 연결별 스레드 모델에서는 연결(혹은 요청)이 스레드를 소유하기 때문에 입출력(실제로는 모든 입출력) 블록킹이 허용된다. 스레드가 블록되면 해당 블록킹을 유발한 연결만 멈추게 된다. 이런 식으로 연결별 스레드 패턴은 작업 스케줄링과 입출력 관리에 커널을 사용한다.

이 패턴에서 구현의 상세 내용은 스레드 개수다. 지금까지는 연결별 스레드 패턴에서 모든 작업당 하나의 스레드가 항상 할당되는 것처럼 설명했는데 맞는 말이기도 하지만 대부분의 구현에서는 생성할 스레드의 개수를 제한한다. 요청이 계속 들어오고 그에 맞춰 스레드가 계속 생성되어 이 생성 상한값에 도달하면 해당 요청은 큐에 입력되거나 요청을 처리할 스레드가 생길 때까지 거부된다.

이 패턴에는 스레딩에 관한 요구사항이 없다는 점을 주목하자. 실제로 스레드 대신 프로세스로 바꿔 읽으면 예전 유닉스 서버에서 쓰이는 패턴이다. 예를 들어, 아파치의 표준 'fork' 모델이 이 패턴을 따른다. 또한, 이 패턴은 선호도가 바뀌긴 하지만 자바에서 입출력을 다루는 일반적인 패턴이기도 하다.

7.4.2 이벤트 드리븐 스레딩

이벤트 드리븐 패턴은 연결별 스레드 패턴에 대한 응수라고 할 수 있다. 웹 서버를 생각해보자. 컴퓨팅 성능 관점에서 보면 최신 하드웨어는 엄청난 양의 요청을 한 번에 처리할 수 있는 능력이 있다. 연결별 스레드 패턴에서는 그 능력이란 엄청난 수의 스레드를 뜻한다. 스레드의 비용은 고정되어 있고, 특히 커널과 사용자 영역 스택을 필요로 한다. 이런 고정 비용은 특히 32비트 시스템에서는 확장성의 발목을 잡는다. (64비트 시스템에서 연결별 스레드 패턴은 적절치 못하다는 데에는 논쟁이 있지만 64비트 시스템에서도 이벤트 드리븐 패턴이 최선의 선택이라는 사실은 충분히 유효하다.) 수천 개의 연결을 처리할 수 있는 리소스를 가지고 있다해도 여전히 많은 스레드를 동시에 실행하는 데는 제한된 확장성을 지닌다.

대안을 찾으면서 시스템 설계자는 대부분의 스레드가 파일을 읽거나, 데이터베이스에서 결과가 반환되기를 기다리거나, 아니면 원격 프로시저 호출을 시도하는 등 많은 시간을 그저 대기 중이라는 사실을 깨닫는다. 실제로 289쪽 '멀티스레딩'에서 살펴봤던 내용을 돌이켜보면 시스템에 존재하는 프로세서보다 많은 수의 스레드를 사용하면 병렬성의 이점을 얻을 수 없다. 대신 이렇게 스레드를 사용함으로써 추상화를 통해 프로그래밍을 용이하게 하고 제어 모델을 좀더 형식적으로 만들 수 있다.

이런 연유로 이벤트 드리븐 스레딩이 탄생했다. 연결별 스레드 패턴에서 대부분의 부하는 단순히 대기하는 것뿐이므로 스레드에서 대기하는 부분을 분리해보자. 그 대신 모든 입출력은 비동기식(181쪽 '비동기식 입출력')으로 처리하고 다중 입출력(94쪽 '다중 입출력')을 사용해서 서버 내 제어 흐름을 관리한다. 이 모델에서는 요청을 처리하는 과정이 일련의 비동기식 입출력 요청으로 변환되어 관련된 콜백과 연결된다. 이 콜백은 다중 입출력 과정에서 대기하기도 하는데, 이런 과정을 이벤트 루프라고 한다. 입출력 요청이 반환되면 이벤트 루프는 해당 콜백을 대기 중인 스레드로 넘긴다.

연결별 스레드 패턴과 마찬가지로 이벤트 드리븐 패턴도 반드시 스레드로 구현되어야 하는 건 아니다. 실제로, 이벤트 루프는 단순히 싱글스레드 프로세스에서 콜백 실행을 마무리했을 때 되돌아오는 루프가 될 수도 있다. 스레드는 제대로 된 병렬화가 필요할 때 추가하면 된다. 이 모델에서는 프로세서보다 더 많은 스레드를 사용할 이유가 없다.

패턴의 인기는 유행에 따라 변하지만 이벤트 드리븐 패턴은 현재 멀티스레드 서버를 설계하는 데 선호되는 방식이다. 예를 들어 최근 몇 년동안 개발된 아파치 웹서버의 대안 구현 몇 가지를 보면 모두 이벤트 드리븐 패턴을 사용하고 있다. 스레드를 사용하는 시스템 소프트웨어를 설계

해야 한다면 가장 먼저 이벤트 드리븐 패턴으로 비동기식 입출력, 콜백, 이벤트 루프, 그리고 프로세스 개수만큼 스레드를 사용하는 작은 스레드 풀을 고려해볼 것을 추천한다.

7.5 동시성, 병렬성, 경쟁 상태

스레드는 동시성과 병렬성이라는 서로 구별되지만 관련있는 특징을 가진다. 두 가지 모두 저마다의 장점과 비용면에서 양면의 칼날과도 같은 것이다. 동시성은 둘 이상의 스레드가 특정 시간에 함께 실행되는 것을 의미한다. 병렬성은 둘 이상의 스레드가 동시에 실행되는 것을 의미한다. 동시성은 병렬성 없이 이루어질 수도 있는데 예를 들면 단일 프로세서를 가진 시스템에서의 멀티태스킹을 생각하면 된다. 병렬성은 (콕 집어서 진짜 병렬성이라고 강조하기도 한다) 다중 프로세서(혹은 GPU 같은 별도의 독립적인 실행 유닛을 가지는 단일 프로세서)를 필요로 하는 동시성의 특수한 예라고 볼 수 있다. 동시성이란 여러 개의 스레드가 함께 일을 처리하지만 반드시 동시에 해야 하는건 아니다. 병렬성이란 여러 개의 프로세서를 모두 활용하기 위해 여러 개의 스레드가 말 그대로 동시에 실행되는 것을 뜻한다.

동시성은 프로그래밍 패턴의 하나로, 문제를 해결하기 위한 접근법이며 병렬성은 동시성을 전제로 하는 하드웨어의 특성이다. 두 가지 모두 매우 유용하다.

7.5.1 경쟁 상태

경쟁 상태는 스레딩에서 겪게 되는 가장 큰 수난이다. 스레드는 순차적으로 실행되지 않고 실행이 겹치기도 하므로 각 스레드의 실행 순서를 예측할 수 없다. 가끔은 괜찮기도 하지만 스레드가 서로 리소스를 공유한다면 문제가 된다. 단순한 메모리 접근조차도 어떤 스레드가 그 메모리에 먼저 접근하느냐에 따라서 경쟁 상태를 유발한다.

일반적으로 경쟁 상태란 공유 리소스에 동기화되지 않은 둘 이상의 스레드가 접근하여 프로그램의 오동작*을 유발하는 상황을 뜻한다. 시스템의 하드웨어나, 커널 리소스, 메모리에 있는

---

* 리소스 접근에 대한 동기화를 하지 않으면 프로그램이 큰 문제를 일으킬 정도는 아니지만 예상치 못한 동작을 할 수 있는데 이 정도의 경쟁 상태는 애교다. 성능을 위해 접속 카운터처럼 크게 중요하지 않은 공유 데이터는 동기화하지 않는 경우가 있다. 하지만 공유되는 데이터는 항상 동기화할 것을 권장한다.

데이터 등 무엇이든 공유 리소스가 될 수 있다. 메모리 내 데이터는 데이터 경쟁 상태를 유발하는 가장 일반적인 리소스다. 경쟁 상태가 발생할 수 있기 때문에 반드시 동기화가 되어야 하는 영역을 크리티컬 섹션critical section이라고 한다. 크리티컬 섹션에 접근하는 스레드를 동기화하여 경쟁 상태를 제거할 수 있다. 동기화 기법에 대해서 살펴보기 전에 먼저 경쟁 상태에 대한 예제를 알아보자.

경쟁 상태의 실제 사례

현금자동입출금기ATM의 경우를 생각해보자. 사용 방법을 보면 간단한데, ATM 기기 앞에서 카드를 긁고 비밀번호를 입력한 다음 출금할 금액을 입력한다. 그러면 계좌에서 현금이 출금된다. 이 과정에서 은행 측은 계좌의 잔고가 충분한지 확인하고 계좌에서 출금한 금액만큼 제한다. 알고리즘은 아래와 같다.

1 계좌에 잔고가 최소한 X 이상 남아 있는가?

2 그렇다면 잔고에서 X만큼 제하고 사용자에게 X만큼의 현금을 지출한다.

3 잔고가 부족하다면 에러를 반환한다.

이를 C 코드로 나타내면 다음과 같다.

```
int withdraw (struct account *account, int amount)
{
    const int balance = account->balance;
    if (balance < amount)
        return -1;
    account->balance = balance - amount;

    disburse_money (amount);

    return 0;
}
```

만일 이 코드를 여러 곳에서 동시에 실행한다면 심각한 경쟁 상태가 발생할 수 있다. 은행에서 이 코드를 동시에 두 스레드에서 실행한다고 생각해보자. 고객이 예금을 출금하면 동시에 은행에서는 온라인 지급 처리를 하거나 터무니없는 수수료를 과금한다. 잔고가 갱신되고 현금이 출금되기 전에 예금 확인이 동시에 일어난다면 어떻게 될까? 출금이 두 번 이루어질 수 있다. 통장 잔고가 50만원인 상태에서 이 코드가 동시에 실행되면 20만원과 40만원의 인출 요청이 동시에 들어와서 출금이 모두 정상적으로 처리되고 잔고는 10만원이 될 수도 있다.

여기에는 또 다른 경쟁 상태가 발생할 수 있는데, account 구조체에 balance를 갱신할 때 발생한다. 두 번의 출금 요청은 잔고를 갱신할 때도 마찬가지로 경쟁 상태에 빠진다. 앞선 예제의 경우 잔고가 10만원 또는 30만원이 될 수도 있다. 이 운 좋은 고객은 최대 40만원의 이익을 보게 되겠지만, 당연히 은행에서 출금을 이런 식으로 처리해서는 안 된다.

withdraw() 함수의 거의 모든 줄이 크리티컬 섹션이다. 이 은행이 망하지 않고 영업을 계속하려면 withdraw() 함수를 동기화해서 여러 스레드에서 동시에 호출하더라도 잔고를 조회하고 인출하는 과정이 단일 트랜잭션 안에서 이루어져야 한다.

은행에서 추가로 작업해야 할 내용을 알아보기 전에 기본적인 경쟁 상태에 대한 예제를 생각해보자. 지금 살펴본 현금 인출 예제는 상대적으로 상위 레벨의 코드이며 사실은 코드를 살펴볼 필요도 없었다. 은행의 고위층은 고객이 입출금을 동시에 할 수 있게 허용한다면 계산이 뒤죽박죽 될 가능성이 있다는 사실을 알 수 있다. 하지만 경쟁 상태는 아주 원초적인 수준에서도 존재한다.

다음 C 코드를 살펴보자.

```
x++; // x는 정수다.
```

이 코드는 모두가 알고 있는 후위 증가연산자로, 현재 x의 값을 가져온 다음 1을 증가시키고 그 값을 다시 x에 집어넣는다. 이 연산자가 어떻게 기계 코드로 해석되는지는 아키텍처에 의존적이지만 다음과 비슷할 것이라고 유추할 수 있다.

```
x값을 레지스터로 복사한다.
레지스터 값에 1을 더한다
x에 레지스터의 값을 저장한다
```

눈치가 빠른 독자들은 알아차렸겠지만 x++ 과정 역시 경쟁 상태를 유발할 수 있다. x 값이 5일 때 두 스레드가 동시에 x++ 연산을 수행하는 다음 예제를 살펴보자.

시간순서	Thread 1	Thread 2
1	x 값을 레지스터로 복사한다 (5)	
2	레지스터 값에 1을 더한다 (6)	
3	x에 레지스터 값을 저장한다 (6)	
4		x 값을 레지스터로 복사한다 (6)
5		레지스터 값에 1을 더한다 (7)
6		x에 레지스터 값을 저장한다 (7)

또는 다음처럼 수행되어도 상관없다.

시간순서	Thread 1	Thread 2
1		x 값을 레지스터로 복사한다 (5)
2		레지스터 값에 1을 더한다 (6)
3		x에 레지스터 값을 저장한다 (6)
4	x 값을 레지스터로 복사한다 (6)	
5	레지스터 값에 1을 더한다 (7)	
6	x에 레지스터 값을 저장한다 (7)	

이 순서대로 실행된다면 괜찮지만 다음의 경우는 문제가 있다.

시간순서	Thread 1	Thread 2
1	x 값을 레지스터로 복사한다 (5)	
2	레지스터 값에 1을 더한다 (6)	
3		x 값을 레지스터로 복사한다 (5)
4	x에 레지스터 값을 저장한다 (6)	
5		레지스터 값에 1을 더한다 (6)
6		x에 레지스터 값을 저장한다 (6)

이외에도 잘못된 결과를 초래할 수 있는 경우의 수는 많다. 이 예제는 동시성을 설명하는 예제이지만 병렬성을 설명하지는 못한다. 병렬성이란 여러 스레드가 동시에 실행되는 것을 의미하며 다음과 같은 경우도 포함된다.

시간순서	Thread 1	Thread 2
1	x 값을 레지스터로 복사한다 (5)	x 값을 레지스터로 복사한다 (5)
2	레지스터 값에 1을 더한다 (6)	레지스터 값에 1을 더한다 (6)
3	x에 레지스터 값을 저장한다 (6)	x에 레지스터 값을 저장한다 (6)

지금까지 살펴본 대로 변수에 1을 더하는 한 줄짜리 C/C++ 코드조차 여러 스레드에서 동시에 수행된다면 경쟁 상태를 초래할 수 있다. 병렬성까지 생각할 필요 없이 단일 프로세서에서도 경쟁 상태에 빠질 수 있다. 프로그래머를 좌절시키는 버그 대부분의 원천이다. 이제 어떻게 경쟁 상태를 피할 수 있는지 알아보자.

7.6 동기화

기본적으로 경쟁 상태는 정상적인 프로그램의 동작을 위해 스레드가 실행 중 끼어들지 않아야 하는 영역인 크리티컬 섹션에서 발생한다. 경쟁 상태를 예방하려면 이 크리티컬 섹션 접근을 상호 배제Mutual Exclusion하는 방식으로 접근을 동기화해야 한다.

컴퓨터 과학 용어로 다른 연산(혹은 연산의 집합)에 끼어들 여지가 없다면 원자적Atomic이라고 한다. 시스템에서 원자적인 연산은 즉각적으로 실행된다. 크리티컬 섹션과 관련된 문제는 그 영역이 분리가 가능하며 즉각적으로 실행되지 않는, 즉 원자적이지 않기 때문에 발생한다.

7.6.1 뮤텍스

단일 명령에서부터 커다란 코드 블록에 이르기까지 크리티컬 섹션을 원자적으로 만들기 위한 다양한 기법이 존재한다. 가장 평범한 기법은 크리티컬 섹션 안에서 상호 배제를 구현해서 원자적으로 만들어 주는 락lock이다. 락이 있어서 상호 배제를 구현할 수 있으며 Pthread 및 여러 곳에서 뮤텍스*라고 불린다.

락은 실생활에서의 쓰임과 유사하게 사용되는데 어떤 방이 크리티컬 섹션이라고 가정해보자. 문

---

* mutex. 바이너리 세마포어(binary semaphore)라고도 한다.

에 잠금(락) 장치가 없다면 아무나(스레드) 마음대로 방(크리티컬 섹션) 안으로 들어오거나 나갈 수 있다. 동시에 여러 사람이 방 안에 있을 수 있으므로 문을 두고 그 문을 잠근다. 그 문을 열 수 있는 열쇠를 하나만 만들고 한 사람(스레드)이 방 안으로 들어가기 위해 문 앞으로 오면 밖에서 그 문을 열 수 있는 열쇠를 찾아야 한다. 열쇠를 사용해서 문을 열고 안으로 들어간다. 그리고 안에서 방문을 잠근다. 그러면 이제 아무도 방 안에 들어올 수 없다. 방 안에서는 이제 아무런 방해 없이 필요한 일을 할 수 있다. 동시에 여러 명이 방에 들어올 수 없으며 여기서 상호 배제가 구현된다. 방 안에서 필요한 작업을 마치면 문을 열고 밖으로 나와서 열쇠를 밖에 둔다. 그러면 다음 사람이 방 안으로 들어갈 수 있고 안에서 문을 잠그고 계속 이런 식으로 반복된다.

스레드에서도 같은 방식이다. 락을 정의하고 크리티컬 섹션으로 들어가기 전에 락을 얻는다 (락을 건다고도 한다). 락 구현은 한 번에 하나의 스레드만 락을 걸 수 있도록 되어 있다. 다른 스레드가 락을 가지고 있다면 새로운 스레드는 작업을 계속하기 위해 락을 기다려야 한다. 크리티컬 섹션 안에서 실행을 마치고 나면 락을 반환(해제)하고, 기다리던 스레드가 있다면 반환된 락을 얻고 실행을 계속한다.

298쪽에서 봤던 ATM 예제의 경쟁 상태를 떠올려보자. 뮤텍스를 사용해서 은행 입장에서는 끔찍한 경쟁 상태를 어떻게 예방할 수 있는지 살펴보자. 실제 Pthread에서 제공하는 뮤텍스를 사용하는 방법은 잠시 뒤에 살펴보기로 하고 지금은 lock( ), unlock( ) 함수를 이용해서 락을 얻고 해제할 수 있다고 가정하자.

```
int withdraw (struct account *account, int amount)
{
    lock ();
    const int balance = account->balance;
    if (balance < amount) {
        unlock ();
        return -1;
    }

    account->balance = balance - amount;
    unlock ();

    disburse_money (amount);

    return 0;
}
```

계좌의 잔고가 충분한지 확인하고 계좌를 갱신하는, 경쟁 상태가 발생할 수 있는 부분만 락을 사용했다. 유효한 금융 거래인 경우에만 계좌를 갱신하고 락을 해제하여 인출하는 부분은 상호 배제를 강제하지 않는다. 락은 동시성이라는 스레딩의 장점을 포기하기 때문에 크리티컬 섹션은 가능한 한 최소한으로 잡는 편이 좋다.

락은 무슨 대단한 마법이 아니다. 상호 배제가 물리적으로 일어나지도 않는다. 락은 그저 신사의 약속과 같은 것이다. 모든 스레드는 올바른 곳에서 제대로 된 락을 얻어야 한다. 제대로 된 락을 얻고 해제하는 방법은 세심한 주의를 기울이는 것뿐이다.

> **NOTE_ 코드 락이 아닌 데이터 락**
>
> 멀티스레드 프로그래밍에서 가장 중요한 패턴은 코드가 아니라 데이터에 락을 걸어야 한다는 점이다. 지금까지 크리티컬 섹션에서 발생하는 경쟁 상태에 대해서 얘기했지만 훌륭한 프로그래머는 코드를 락을 걸 대상으로 보지 않는다. "이 함수에 락을 걸면 괜찮을거야"라고 생각하면 절대 안 된다. 훌륭한 프로그래머는 데이터와 관련해서 락을 생각한다. 공유 데이터에 관련된 락을 두고 이 데이터에 접근할 때는 항상 관련 락을 얻은 후에 접근해야 한다.
>
> 락을 코드와 연관지어 생각하면 락을 얻고 해제하는 이유를 이해하기 어렵다. 시간이 지나면 락과 데이터의 관계는 점점 희미해지고 적절한 락을 사용하지 않고 데이터에 접근하는 새로운 코드를 작성하게 될지도 모른다. 락을 데이터와 연관지으면 관계를 명확히 이해할 수 있다.

7.6.2 데드락

스레드를 배우는 과정은 산 넘어 산이다. 스레드를 사용하는 이유는 동시성 때문인데, 동시성이 경쟁 상태를 유발한다. 그래서 뮤텍스를 사용하는데 뮤텍스는 또 다른 프로그래밍 버그인 데드락*을 유발한다.

데드락이란 두 스레드가 서로 상대방이 끝나기를 기다리고 있어서 결국엔 둘 다 끝나지 못하는 상태를 말한다. 두 스레드가 서로 상대 스레드가 가지고 있는 뮤텍스를 해제하기를 기다리고 있을 때 발생한다. 더 웃긴 상황은 블록된 싱글스레드가 이미 가지고 있는 락을 기다리는 경우다. 프로그램은 죽지 않고, 영원히 오지 않을 날을 하염없이 기다리기만 하므로 데드락을 해결하는 과정은 꽤 까다롭다.

----
* 역자주_ deadlock. 교착 상태라고도 한다.

화성에서 발생한 멀티스레딩 버그

스레딩 관련 문제야 이야기하자면 많지만, 그중 무려 우주에서 있었던 실화를 소개하고자 한다. 바로 1997년, 화성의 대기와 지형 분석 임무를 가지고 화성에 성공적으로 착륙했던 화성탐사선 패스파인더의 잦은 시스템 리셋 문제다.

화성탐사선 패스파인더는 실시간 시스템이었으며 스레드를 많이 사용했고, 임베디드 커널*이 탑재되어 있었다. 당시 커널은 선점형 스케줄링을 지원했는데 리눅스처럼 실시간 스레드는 우선순위를 가지고 있었으며 항상 우선순위가 높은 스레드가 낮은 스레드보다 먼저 실행됐다. 시스템에서 실행 중이던 많은 스레드 중에 스레드 세 개가 이 문제와 관련이 있었는데, 기상정보를 수집하는 스레드(낮은 우선순위), 지구와 통신하는 스레드(중간 우선순위), 그리고 마지막으로 탐사선 전체의 저장장치를 관리하는 스토리지 스레드(가장 높은 우선순위)였다. 이 장 초반에 살펴봤지만 데이터 경쟁 상태를 예방하기 위해서는 동기화가 매우 중요하고 따라서 뮤텍스를 통해서 스레드의 동시성을 관리해야 한다. 특히, 낮은 우선순위의 기상정보 스레드(데이터를 생성하는 스레드)와 높은 우선순위의 스토리지 스레드(데이터를 관리한다)는 뮤텍스로 동기화되고 있었다.

기상정보 스레드는 우주선의 다양한 센서를 폴링하면서 드물게 실행되었다. 과정을 살펴보면 먼저 뮤텍스를 얻은 후에 스토리지 서브시스템으로 기상 데이터를 기록하고 뮤텍스를 해제한다. 스토리지 스레드는 이보다 좀 더 자주 실행되는데 시스템 이벤트에 응답한다. 스토리지 스레드 역시 스토리지 서브시스템을 관리하기 전에 뮤텍스를 얻어야 한다. 뮤텍스를 얻지 못하면 기상정보 스레드가 뮤텍스를 해제할 때까지 대기한다.

여기까지는 문제가 없어 보인다. 그런데 기상정보 스레드가 뮤텍스를 잡고 있고 스토리지 스레드가 뮤텍스를 기다리는 중에 통신 스레드가 가끔씩 깨어난다. 통신 스레드가 기상정보 스레드보다 우선순위가 높기 때문에 기상정보 스레드를 버리고 통신 스레드가 실행된다. 안타깝게도 화성은 너무나 멀리 있기 때문에 통신 스레드는 꽤 오랫동안 실행된다. 따라서 통신 스레드가 동작하는 동안 기상정보 스레드는 멈춰있게 된다. 이는 설계와 주어진 우선순위에 따른 올바른 실행이다. 하지만 기상정보 스레드는 스토리지 스레드가 필요로 하는 뮤텍스를 가지고 있었다. 그리고 우선순위가 낮은 통신 스레드가 간접적으로 우선순위가 높은 스토리지 스레드 대신 실행되었다. 결국 시스템은 스토리지 스레드가 더는 진행을 못하고 있음을 확인하고 문제가 있다고 판단, 시스템을 리셋한다. 이 문제는 우선순위 역전으로 알려진 유명한 문제다.

---

* 역자주_ 윈드리버 사의 VxWorks였다. http://www.cs.indiana.edu/classes/p415/read/MarsPathfinder.htm

이 문제는 리소스를 쥐고 있는 프로세스의 우선순위가 해당 리소스를 기다리고 있는 프로세스 중 가장 높은 우선순위를 상속받도록 하는 우선순위 상속이라는 기법을 통해 해결했다. 이 사례에서 낮은 우선순위의 기상정보 스레드는 뮤텍스를 잡고 있는 동안은 가장 높은 우선순위를 가지는 스토리지 스레드의 우선순위를 상속받는다. 이렇게 해서 통신 스레드가 기상정보 스레드를 선점하는 것을 방지하고 뮤텍스를 빨리 해제하여 스토리지 스레드가 실행될 수 있도록 한다. 이 이야기의 교훈이 무엇인지 이해하지 못했다면 멀티스레드 프로그래밍은 건드리지 않는 게 좋겠다.

데드락 피하기

데드락을 피하는 일은 중요한데 이를 위해서는 멀티스레딩을 처음 배울 때부터 락을 설계하는 것이 안전하고 유일한 방법이다. 뮤텍스는 코드가 아니라 데이터와 연관지어 생각해야 하며 데이터의 계층 구조를 명확히 해서 뮤텍스 또한, 확실한 계층 구조를 갖도록 하는 것이 중요하다. 단순한 데드락의 형태는 ABBA 데드락, 또는 헤어지는 연인 데드락**이라고 하는데, 이는 한 스레드가 A뮤텍스를 잡고 있는 상태에서 B뮤텍스를 기다리고 있고, 다른 스레드는 B뮤텍스를 잡고 A뮤텍스를 기다리고 있는 (그래서 ABBA) 데드락을 뜻한다. 두 스레드는 적당한 때에 첫 번째 뮤텍스를 잡는다. 스레드1은 A뮤텍스를 잡고 스레드2는 B뮤텍스를 잡는다. 그리고 두 번째 뮤텍스를 잡으려 할 때 다른 스레드에서 그 뮤텍스를 잡고 있으므로 블록되고 그 뮤텍스가 해제되기를 기다린다. 하지만 서로 상대방이 가지고 있는 뮤텍스를 기다리고 있으므로 뮤텍스는 해제되지 않고 스레드는 데드락에 빠진다.

이 문제를 해결하는 데는 분명한 규칙이 있다. A뮤텍스는 반드시 B뮤텍스보다 먼저 얻어야 한다. 그런데 프로그램의 복잡도와 동기화 방법이 점점 거대해지면 이 규칙을 지키기가 점점 어려워진다. 따라서 시작부터 고민하고 설계를 명료하게 하는 수밖에 없다.

7.7 Pthread

리눅스 커널의 스레딩 지원은 clone() 시스템 콜 같은 원시적인 수준뿐이다. 대신 사용자 영역에서 스레딩 라이브러리를 많이 제공한다. 특히 안드로이드, 아파치, GNOME, 모질라 같은

** 역자주_ 혹자의 표현을 빌리자면 여자친구네 집 앞에서 헤어지는 연인도 종종 데드락 같은 장면을 연출한다. 남자가 '들어가, 갈게'라고 말한다. 그러면 여자는 '먼저 가, 가는 거 보고 들어갈게'라고 한다. 그러면 또 남자가 '아니야 들어가는 거 보고 돌아갈게'라고 한다.

대규모 소프트웨어 프로젝트는 자신들만의 스레딩 라이브러리를 정의해서 사용하고 있다. 예를 들어 C++11이나 자바 같은 언어는 표준 라이브러리에서 스레드를 지원한다. 그런데도 POSIX 는 POSIX 1995 또는 POSIX.1c라고 알려진 IEEE Std 1003.1c-1995에서 스레딩 라이브러리에 대한 표준을 정의해두었다. 이 표준을 POSIX 스레드 또는 줄여서 Pthread(피-스레드) 라고 부른다. Pthread는 유닉스 시스템에서 C와 C++에서 가장 많이 사용되는 스레딩 솔루션 이다.

7.7.1 리눅스 스레딩 구현

표준으로써 Pthread는 한 페이지로 설명할 수 있다. 리눅스에서 표준 스레드의 구현은 리눅스 C 라이브러리인 glibc에서 제공한다. 시간이 흘러 glibc는 Pthread의 두 가지 구현을 제공하게 되는데 바로 LinuxThreads와 NPTL이다.

LinuxThreads는 원래 리눅스의 Pthread 구현으로 1:1 스레딩을 제공한다. 그 전부터 외부 라이브러리 형태로 사용할 수 있었지만 glibc에 포함된 건 2.0 버전부터다. 커널에서 사용하기 에 LinuxThreads는 스레딩 지원이 부족했는데 새로운 스레드를 생성하기 위해 clone( ) 시스템 콜을 사용하는 게 아니라 기존 유닉스 인터페이스를 사용해서 POSIX 스레딩을 구현했다. 예를 들어 LinuxThreads는 시그널(10장 참조)을 사용해서 스레드 간 통신을 처리했다. Pthread를 위한 커널 지원의 부족으로 인해 LinuxThreads는 활동 상태를 조정하기 위한 '매니저' 스레드가 필요했고 많은 수의 스레드를 힘겹게 처리했으며 POSIX 표준을 완벽히 따르지 않았다.

NPTL[Native POSIX Thread Library] 구현은 LinuxThreads를 대체하여 표준 리눅스 Pthread 구현으로 자리잡았다. NPTL은 리눅스 커널 2.6과 glibc 2.3에서 처음 등장했다. LinuxThreads와 마찬가지로 NPTL은 clone( ) 시스템 콜과 리소스 공유를 제외하고는 스레드를 다른 프로세스처럼 다루는 커널의 모델을 바탕으로 1:1 스레딩을 제공한다. 하지만 LinuxThreads와는 다르게 NPTL은 2.6 커널에 새롭게 추가된 스레드 동기화를 위한 futex( ) 시스템 콜, 프로세스 내의 모든 스레드를 종료하는 exit_group( ) 시스템 콜, 그리고 커널의 스레드 로컬 스토리지(TLS[Thread Local Storage]) 지원 등을 활용한다. NPTL은 LinuxThreads의 표준 비호환성을 해결하고 하나의 프로세스 내에서 수천 개의 스레드를 무리없이 생성할 수 있도록 스레딩 확장성을 극적으로 향상시켰다.

LinuxThreads 기반의 시스템은 꽤 오래되었음에도 종종 곳곳에서 보인다. 지금은 NPTL이 LinuxThreads에 비해 엄청나게 좋아졌으니 이를 오래된 시스템에서 탈출할 핑계로 삼아 NPTL로 업그레이드하기를 적극 추천한다. 그렇게 할 수 없다면 싱글스레드 프로그래밍으로 버티자.

7.7.2 Pthread API

Pthread API는 비록 저수준이긴 하지만 멀티스레드 프로그램을 위해 필요한 모든 것을 정의하고 있다. Pthread에서 제공하는 인터페이스는 100개가 넘는다. 규모와 다듬어지지 않은 모양새 때문에 Pthread를 폄하하는 사람도 있지만, 유닉스 시스템의 핵심 스레딩 라이브러리이며 다른 스레딩 솔루션을 사용한다고 할지라도 그 역시 Pthread 기반으로 작성되었기 때문에 배워둘 가치는 충분하다.

Pthread API는 〈pthread.h〉 파일에 정의되어 있다. API의 모든 함수는 pthread_로 시작한다. 예를 들어 새로운 스레드를 생성하는 함수는 pthread_create()이다(308쪽 '스레드 생성하기'에서 알아볼 것이다). Pthread 함수는 두 가지 큰 그룹으로 나눌 수 있다.

스레드 관리

스레드 생성, 종료, 조인^{join}, 디태치^{detach} 함수. 이 장에서 모두 살펴볼 것이다.

동기화

뮤텍스와 조건 변수, 배리어^{barrier}를 포함하는 스레드 동기화 함수. 이 장에서는 뮤텍스에 대해서 살펴볼 것이다.

7.7.3 Pthread 링크하기

glibc에서 Pthread를 제공하지만 libpthread 라이브러리는 분리되어 있으므로 링크를 해줄
필요가 있다. gcc로 컴파일할 때는 -pthread 플래그로 링크하면 된다.

```
gcc -Wall -Werror -pthread beard.c -o beard
```

실행 파일을 생성하기 위해서 여러 파일을 gcc를 사용해서 컴파일해야 한다면 매번 -pthread
를 명시해줘야 한다. 이 플래그는 스레드 세이프를 제어하는 특정 선행처리기 구문을 정의해서
선행처리기에도 영향을 미친다.

7.7.4 스레드 생성하기

프로그램을 처음 실행해서 main() 함수를 실행하는 시점에는 싱글스레드다. 컴파일러가 스레
드 세이프 옵션을 활성화하고 링커가 Pthread 라이브러리를 링크한 것만 제외하면 다른 프로
세서와 다를 바 없다. 마스터 스레드, 혹은 기본 스레드라고 불리는 이 최초 스레드에서 추가적
인 스레드를 생성해야 멀티스레드 프로그램이 된다.

Pthread는 새로운 스레드를 생성하는 함수인 pthread_create()를 제공한다.

```
#include <pthread.h>

int pthread_create (pthread_t *thread,
    const pthread_attr_t *attr,
    void *(*start_routine) (void *),
    void *arg);
```

호출이 성공하면 새로운 스레드가 생성되고 start_routine 인자로 명시한 함수에 arg로 명
시한 인자를 넘겨서 실행을 시작한다. 그리고 pthread_t 포인터인 thread가 NULL이 아니라
면 여기에 새로 만든 스레드를 나타내기 위해 사용하는 스레드 ID를 저장한다(자세한 내용은
310쪽 '스레드 ID'에서 살펴본다).

pthread_attr_t 포인터인 attr에는 새로 생성된 스레드의 기본 속성을 변경하기 위한 값
을 넘긴다. 대부분 pthread_create()를 호출할 때 attr 값으로 NULL을 넘기는데 이 경

우 기본 속성을 따른다. 스레드 속성은 스택 크기, 스케줄링 인자, 최초 디태치 상태 등 스레드의 여러 가지 특성을 결정한다. 스레드의 모든 속성을 다루는 것은 이 장의 범위를 벗어나므로 Pthread의 맨 페이지를 참고하자.

start_routine은 반드시 다음과 같은 형태를 갖춰야 한다.

```
void * start_thread (void *arg);
```

따라서 스레드는 void 포인터를 유일한 인자로 갖고 void 포인터를 반환하는 함수를 호출하는 형태로 그 삶을 시작한다. fork( )와 유사하게 새로 생성된 스레드는 부모 스레드로부터 대부분의 속성과 기능 그리고 상태를 상속받는다. 하지만 부모 프로세스 리소스의 복사본을 가지는 fork( )와는 다르게 스레드는 부모 스레드의 리소스를 공유한다. 가장 두드러지는 공유 리소스는 당연히 프로세스의 주소 공간이다. 스레드 역시 시그널 핸들러와 열린 파일을 공유한다.

이 함수를 사용한 코드는 gcc로 컴파일할 때 -pthread 플래그를 넘겨야 한다. 이는 모든 Pthread 함수를 사용할 때 공통적으로 기억해야 하는 점이며 앞으로는 이 내용은 생략하겠다.

에러가 발생하면 pthread_create( )는 0이 아닌 에러 코드를 직접(errno를 사용하지 않고) 반환하며 이 경우 thread의 내용은 정의되지 않았다. 에러는 다음을 포함한다.

EAGAIN   새로운 스레드를 만들기 위한 리소스가 충분하지 않다. 보통 이 에러는 사용자별 혹은 시스템의 스레드 개수 제한에 도달했을 경우 발생한다.

EINVAL   pthread_attr_t 포인터인 attr에 유효하지 않은 속성이 들어 있다.

EPERM   pthread_attr_t 포인터인 attr에 호출하는 프로세스에서 사용할 권한이 없는 속성이 명시되어 있다.

사용법을 살펴보자.

```
pthread_t tread;
int ret;

ret = pthread_create (&thread, NULL, start_routine, NULL);
if (!ret) {
    errno = ret;
    perror("pthread_create");
```

```
        return -1;
    }

    /* 새로운 스레드가 생성되고 동시에 start_routine을 실행한다 */
```

몇 가지 기법을 더 익힌 후에 완전한 프로그램 예제를 살펴보도록 하자.

7.7.5 스레드 ID

스레드 ID(TID)는 프로세스 ID(PID)와 유사하다. PID를 리눅스 커널에서 할당한다면 TID
는 Pthread 라이브러리에서 할당한다.* 이 값은 pthread_t로 표현되는, 읽을 수 없는 타입
이며 POSIX에서 이 타입이 산술 타입이어야 한다고 정의하고 있지 않다. 방금 살펴본대로 새
로운 스레드의 TID는 pthread_create() 호출이 성공하면 thread 인자에 저장된다. 스레
드에서 실행 중에 pthread_self() 함수를 이용해서 자신의 TID를 얻어올 수 있다.

```
#include <pthread.h>

pthread_t pthread_self (void);
```

사용법은 간단하며 이 함수는 실패하지 않는다.

```
const pthread_t me = pthread_self ();
```


스레드 ID 비교하기

Pthread 표준은 pthread_t가 산술 타입이기를 강제하지 않으므로 == 연산자가 동작하리라
보장할 수 없다. 따라서 스레드 ID를 비교하려면 Pthread 라이브러리에서 제공하는 특수한
인터페이스를 사용해야 한다.

----
* 리눅스 커널 입장에서 스레드는 리소스를 공유하는 프로세스일 뿐이기 때문에 커널은 각 스레드를 유일한 PID 값을 통해 일반 프로세스
처럼 구분한다. 사용자 영역 프로그램에서는 gettid() 시스템 콜을 통해 이 PID 값을 얻을 수 있다. 하지만 이 값이 유용한 경우는 드물다.
프로그래머는 Pthread의 ID 개념을 사용해서 스레드를 구분해야 한다.

```
#include <pthread.h>

int pthread_equal (pthread_t t1, pthread_t t2);
```

두 스레드 ID가 동일하면 pthread_equal( ) 함수는 0이 아닌 값을 반환한다. 두 스레드 ID
가 다르면 0을 반환한다. 이 함수는 실패하지 않는다. 다음은 사용 예제다.

```
int ret;

ret = pthread_equal(thing1, thing2);
if (ret != 0)
    printf("The TIDs are equal!\n");
else
    printf("The TIDs are unequal!\n");
```

7.7.6 스레드 종료하기

스레드 생성이 있다면 종료도 있다. 스레드 종료는 한 스레드가 종료되도 그 프로세스 내의 다
른 스레드는 계속 실행된다는 점만 제외하면 프로세스 종료와 비슷하다. 연결별 스레드(295쪽
'연결별 스레드') 같은 일부 스레딩 패턴에서는 스레드의 생성과 종료가 빈번하다.

스레드가 종료되는 상황은 몇 가지 있는데 모두 프로세스 종료 상황과 유사하다.

- start_routine 함수가 반환한 경우. 이는 main( ) 함수가 끝까지 실행된 상황과 비슷하다.
- pthread_exit( ) 함수(바로 뒤에 살펴보겠다)를 호출한 경우에 종료된다. 이는 exit( )를 호출한 경우와
  비슷하다.
- pthread_cancel( ) 함수를 통해 다른 스레드에서 중지시킨 경우에 종료된다. 이는 kill( )을 통해
  SIGKILL 시그널을 보낸 경우와 비슷하다.

이 세 가지 경우는 관계된 스레드 하나만 종료된다. 다음 상황에서는 프로세스 내 모든 스레드
가 종료되어 그 프로세스도 종료된다.

- 프로세스의 main( ) 함수가 반환한 경우
- 프로세스가 exit( ) 호출로 종료된 경우
- 프로세스가 execve( ) 호출로 새로운 바이너리를 실행한 경우

시그널을 어떻게 발생시켰냐에 따라 시그널을 통해 프로세스나 개별 스레드를 종료시킬 수 있다. Pthread는 시그널 처리를 복잡하게 만드는 터라 멀티스레드로 프로그래밍할 때 시그널 사용을 최소화하는 것이 최선의 방법이다. 시그널을 다루는 방법에 대해서는 10장에서 자세히 알아보자.

스스로 종료하기

start_routine을 끝까지 실행하면 보통 스레드를 스스로 종료하게 만들 수 있다. start_routine에서 몇 번의 호출을 타고 들어간 콜 스택^{call stack} 깊숙한 곳에서 스레드를 종료시켜야 하는 경우도 종종 있다. 그럴 때는 프로세스의 exit() 시스템 콜과 같은 pthread_exit()를 사용한다.

```
#include <pthread.h>

void pthread_exit (void *retval);
```

이 함수를 호출하면 호출한 스레드가 종료된다. retval은 그 프로세스가 종료되기를 기다리는(315쪽 '스레드 조인과 디태치') 다른 스레드에 전달할 값이다. exit()와 마찬가지로 이 함수로 실패하지 않는다.

사용법은 다음과 같다.

```
/* 난 이 곳을 빠져나가야겠어! */
pthread_exit (NULL);
```

다른 스레드 종료하기

pthread_cancel() 함수를 통해 다른 스레드를 취소시켜 종료할 수 있다.

```
#include <pthread.h>

int pthread_cancel (pthread_t thread);
```

pthread_cancel() 호출이 성공하면 thread로 명시한 스레드 ID를 가진 스레드에 취소 요청을 보낼 수 있다. 스레드가 취소 가능한지, 그리고 언제 취소되는지는 그 스레드의 취소 상태와 타입에 따라 결정된다. 호출이 성공하면 pthread_cancel()은 0을 반환한다. 여기서 성공이란 취소 요청을 보내는 데 성공했다는 의미다. 실제 종료는 비동기적으로 일어난다. 호출이 실패하면 thread가 유효하지 않음을 나타내는 ESRCH를 반환한다.

스레드가 취소될지, 또 언제 실행될지는 조금 복잡하다. 스레드의 취소 상태는 가능일 수도 있고 불가능일 수도 있다. 기본값은 취소 가능이다. 만일 스레드 취소 상태가 불가능이라면 해당 요청은 취소 상태가 가능으로 바뀔 때까지 큐에 대기한다. 그렇지 않다면 스레드가 취소되는 시점은 취소 타입에 따라 결정된다. 스레드의 취소 상태는 pthread_setcancelstate()를 통해 변경할 수 있다.

```
#include <pthread.h>

int pthread_setcancelstate (int state, int *oldstate);
```

호출이 성공하면 호출한 스레드의 취소 상태가 state 값으로 설정되고 이전 상태는 oldstate에 저장된다.* state 값은 PTHREAD_CANCEL_ENABLE이나 PTHREAD_CANCEL_DISABLE이며 각각 취소 가능, 취소 불가능을 나타낸다.

에러가 발생하면 pthread_setcancelstate()는 state 값이 유효하지 않음을 나타내는 EINVAL을 반환한다.

스레드의 취소 타입은 비동기 혹은 유예인데 취소 유예가 기본값이다. 비동기 취소는 취소 요청이 들어온 이후에 언제든지 스레드를 종료시킬 수 있다. 취소 유예는 Pthread나 C 라이브러리 함수 내에서 외부의 취소 요청에 대해 안전한 특정 시점에서만 종료시킬 수 있다. 비동기적인 취소는 특정한 상황에서만 유용한데 그 이유는 프로세스를 정의되지 않은 상태로 남겨두기 때문이다. 예를 들어, 취소된 스레드가 크리티컬 섹션 안에 있다면 어떻게 될까? 비동기적인 취소는 스레드가 공유 리소스를 사용하지 않고 시그널 세이프(448쪽 '재진입이 가능한 함수')한 함수를 호출한 경우에만 사용해야 한다. 취소 타입은 pthread_setcanceltype() 함수로 변경할 수 있다.

---

* 리눅스에서는 oldstate 값으로 NULL을 사용할 수 있지만 POSIX에서는 허용하지 않는다. 이식 가능한 프로그램은 항상 유효한 포인터를 전달해야 한다. 값은 그냥 무시한다.

```
#include <pthread.h>

int pthread_setcanceltype (int type, int *oldtype);
```

호출이 성공하면 호출한 스레드의 취소 타입은 type 인자에 명시한 타입으로 설정되고 이
전 타입은 oldtype에 기록된다.* type 값은 PTHREAD_CANCEL_ASYNCHRONOUS 또는
PTHREAD_CANCEL_DEFERRED을 쓸 수 있으며 각각 비동기 취소, 취소 유예 타입을 뜻한다.

에러가 발생하면 pthread_setcanceltype( ) 함수는 EINVAL을 반환하며 이는 type 값이
유효하지 않음을 의미한다.

다른 스레드를 종료시키는 예제를 살펴보자. 먼저 종료될 스레드에서 취소 상태를 가능으로 바
꾸고 취소 타입은 취소 유예로 설정한다(이 설정은 기본값이지만 예제에서는 명시적으로 호출
했다).

```
int unused;
int ret;

ret = pthread_setcancelstate (PTHREAD_CANCEL_ENABLE, &unused);
if (ret) {
    errno = ret;
    perror ("pthread_setcancelstate");
    return -1;
}

ret = pthread_setcanceltype (PTHREAD_CANCEL_DEFERRED, &unused);
if (ret) {
    errno = ret;
    perror ("pthread_setcanceltype");
    return -1;
}
```

그리고 다른 스레드에서 취소 요청을 보낸다.

---

* pthread_setcancelstate( )와 마찬가지로 리눅스에서는 oldtype 값으로 NULL을 사용할 수 있지만 POSIX에서는 유효한 포인
터를 전달해야 한다. 이식 가능한 프로그램은 항상 유효한 포인터를 전달해야 한다.

```
int ret;

/* 'thread'는 종료시킬 스레드의 ID이다 */
ret = pthread_cancel (thread);
if (ret) {
    errno = ret;
    perror ("pthread_cancel");
    return -1;
}
```

7.7.7 스레드 조인과 디태치

스레드 생성과 종료는 쉽게 할 수 있지만 프로세스에서 wait( ) 함수와 마찬가지로 어떤 식으로든 스레드의 종료를 동기화해야 한다. 이를 스레드 조인이라고 한다.

스레드 조인

조인은 스레드가 다른 스레드가 종료될 때까지 블록되도록 한다.

```
#include <pthread.h>

int pthread_join (pthread_t thread, void **retval);
```

호출이 성공하면 호출한 스레드는 thread로 명시한 스레드가 종료될 때까지 블록된다(해당 스레드가 이미 종료되었다면 pthread_join( )은 즉시 반환된다). 스레드가 종료되면 호출한 스레드가 깨어나고 retval이 NULL이 아니라면 그 값은 종료된 스레드가 pthread_exit( )에 넘긴 값이거나 start_routine에서 반환한 값이다. 이렇게 되면 스레드가 조인된 것이다. 스레드 조인은 다른 스레드의 라이프 사이클에 맞춰 스레드의 실행을 동기화하는 것이다. Pthread의 모든 스레드는 서로 동등하므로 어떤 스레드도 조인이 가능하다. 하나의 스레드는 여러 스레드를 조인(앞으로 살펴보겠지만 메인 스레드에서 생성한 다른 여러 스레드를 대기할 때 이런 방식을 사용한다)할 수 있지만, 하지만 하나의 스레드만 다른 스레드에 조인을 시도해야 한다. 동시에 여러 스레드가 같은 스레드에 조인을 시도하면 안 된다.

에러가 발생하면 pthread_join( )은 0이 아닌 다음 에러 코드 중 하나를 반환한다.

EDEADLK	데드락이 감지되었다. thread가 이미 호출한 스레드를 기다리고 있거나, thread가 호출한 스레드다.
EINVAL	thread로 지정한 스레드는 조인이 불가능하다(다음 절에서 알아보자).
ESRCH	thread로 지정한 스레드가 유효하지 않다.

예제를 살펴보자.

```
int ret;

/* thread로 명시된 스레드와 조인한다. 반환값은 무시한다 */
ret = pthread_join (thread, NULL);
if (ret) {
    errno = ret;
    perror ("pthread_join");
    return -1;
}
```

스레드 디태치

기본적으로 스레드는 조인이 가능하도록 생성된다. 하지만 조인이 가능하지 않도록 디태치하는 것도 가능하다. 부모 프로세스에서 wait()를 호출하기까지 자식 프로세스가 시스템 리소스를 잡아먹는 것과 마찬가지로 스레드도 조인이 되기 전까지 시스템 리소스를 잡아먹고 있으므로 조인을 할 생각이 없는 스레드는 디태치해두어야 한다.

```
#include <pthread.h>

int pthread_detach (pthread_t thread);
```

호출이 성공하면 pthread_detach()는 thread로 명시한 스레드를 디태치하고 0을 반환한다. 이미 디태치된 스레드에 대해서 pthread_detach()를 호출한 결과는 정의되어 있지 않다. 에러가 발생하면 이 함수는 thread 인자가 유효하지 않다는 의미로 ESRCH를 반환한다.

pthread_join()이나 pthread_detach()는 한 프로세스 내의 스레드에 대해서 호출해야 그 스레드가 종료되었을 때 시스템 리소스를 해제할 수 있다. 물론 전체 프로세스가 종료되면 모든 스레드 리소스가 해제되지만 명시적으로 조인 또는 디태치하는 습관을 들이는 편이 좋다.

7.7.8 스레딩 예제

다음 예제는 지금까지 설명한 모든 인터페이스를 사용하는 완전한 예제 프로그램이다. 여기서 스레드 둘을 생성(전체로 따져보면 3개)하고 각 스레드는 같은 시작 루틴인 start_thread()를 실행한다. 둘의 차이점은 시작 루틴으로 넘기는 인자 값이다. 그리고 두 스레드를 기다리고 조인이 실패하면 주 스레드는 다른 스레드보다 먼저 종료해서 전체 프로세스를 끝낸다.

```c
#include <stdlib.h>
#include <stdio.h>
#include <pthread.h>

void * start_thread (void *message)
{
    printf ("%s\n", (const char *) message);
    return message;
}

int main (void)
{
    pthread_t thing1, thing2;
    const char *message1 = "Thing 1";
    const char *message2 = "Thing 2";
    /* 각각 다른 message를 받는 스레드 두 개를 만든다 */
    pthread_create (&thing1, NULL, start_thread, (void *) message1);
    pthread_create (&thing2, NULL, start_thread, (void *) message2);

    /*
     * 스레드가 종료되기를 기다린다. 여기서 조인하지 않으면 다른 두 스레드가
     * 끝나기 전에 메인 스레드가 종료될 위험이 있다.
     */
    pthread_join (thing1, NULL);
    pthread_join (thing2, NULL);

    return 0;
}
```

이 예제는 온전히 동작하는 프로그램이니 example.c라는 이름으로 파일을 생성해보자. 그리고 다음 명령으로 컴파일하자.

```
gcc -Wall -O2 -pthread example.c -o example
```

컴파일한 다음 ./example이라고 명령을 실행하면 결과는 다음과 같다.

```
Thing 1
Thing 2
```

또는 다음과 같을 수도 있다.

```
Thing 2
Thing 1
```

순서만 다르지 출력된 문장이 뒤죽박죽 섞이지는 않았다. 그 이유는 printf() 함수가 스레드 세이프하기 때문이다.

7.7.9 Pthread 뮤텍스

301쪽에서 설명했던 뮤텍스를 떠올려보자. 뮤텍스는 상호 배제를 위한 가장 기본이 되는 기법이다. 그 강력함과 중요성에 비해 뮤텍스는 사용하기 매우 쉽다.

뮤텍스 초기화하기

뮤텍스는 pthread_mutex_t 객체로 표현된다. Pthread API의 다른 대부분의 객체와 마찬가지로 다양한 뮤텍스 인터페이스를 지원하는 불투명한 구조체이다. 뮤텍스를 동적으로 생성할 수도 있지만 대부분은 정적으로 생성한다.

```
/* 'mutex'라는 이름의 뮤텍스를 선언하고 초기화한다 */
pthread_mutex_t mutex = PTHREAD_MUTEX_INITIALIZER;
```

이 예제는 mutex라는 이름의 뮤텍스를 선언하고 초기화한다. 뮤텍스를 사용하기 전에 해야 할 일은 이것뿐이다.

뮤텍스 락 걸기

Pthread에서 pthread_mutex_lock() 함수를 사용하면 락을 걸(얻을) 수 있다.

```
#include <pthread.h>

int pthread_mutex_lock (pthread_mutex_t *mutex);
```

호출이 성공하면 mutex로 지정한 뮤텍스의 사용이 가능해질 때까지 호출한 스레드를 블록한다. 해당 뮤텍스가 사용 가능한 상태가 되면 호출한 스레드가 깨어나고 이 함수는 0을 반환한다. 호출하는 시점에 해당 뮤텍스가 사용 가능한 상태라면 이 함수는 즉시 반환된다.

에러가 발생하면 0이 아닌 다음 에러 코드 중 하나를 반환한다.

EDEADLK   호출한 스레드가 이미 요청한 뮤텍스를 가지고 있다. 이 에러 코드는 검증되지 않았다. 이미 가지고 있는 mutex를 다시 요청할 경우 데드락(303쪽 '데드락')에 빠질 수도 있다.

EINVAL   mutex로 명시한 뮤텍스가 유효하지 않다.

잘 작성된 코드는 실행 중에 에러를 반환하지 않으므로 이 함수를 호출하고 반환값을 검사하지 않는 경향이 있다. 사용법은 다음과 같다.

```
pthread_mutex_lock (&mutex);
```

뮤텍스 해제하기

락을 거는 방법을 배웠으니 이제 해제하는 방법을 알아보자.

```
#include <pthread.h>
int pthread_mutex_unlock (pthread_mutex_t *mutex);
```

pthread_mutex_unlock() 호출이 성공하면 mutex로 지정한 뮤텍스를 해제하고 0을 반환한다. 이 함수는 블록되지 않고 즉각 mutex를 해제한다.

에러가 발생하면 0이 아닌 다음 에러 중 하나를 반환한다.

EINVAL   mutex로 지정한 뮤텍스가 유효하지 않다.

EPERM   호출한 프로세스가 mutex로 지정한 뮤텍스를 소유하고 있지 않다. 이 에러 코드
          는 검증되지 않았다. 소유하고 있지 않은 뮤텍스를 해제하려는 시도는 버그다.

락을 걸 때와 마찬가지로 반환값을 잘 검사하지 않는다.

```
pthread_mutex_unlock (&mutex);
```

스코프드 락

RAII^{Resource Acquisition Is Initialization}는 아주 강력한 C++의 프로그래밍 패턴 중 하나다. RAII는 리소스의 수명과 스코프드^{Scoped} 객체를 서로 엮어서 리소스 할당과 해제를 효과적으로 처리한다. RAII는 예외가 발생한 후 리소스를 정리하기 위해 만들어졌는데 리소스를 관리하는 아주 강력한 방법이다. 예를 들어 RAII는 어떤 객체가 생성되면 파일을 열고 객체의 스코프 밖으로 벗어나면 자동으로 파일이 닫히는 스코프드 파일을 생성할 수 있도록 해준다. 이와 유사하게 객체가 생성되면 자동으로 락을 얻고 스코프를 벗어날 때 자동으로 락을 해제하는 스코프드 락을 만들 수도 있다.

```
class ScopedMutex {
    public:
        ScopedMutex (pthread_mutex_t& mutex)
            :mutex_ (mutex)
        {
            pthread_mutex_lock (&mutex_);
        }

        ~ScopedMutex ()
        {
            pthread_mutex_unlock (&mutex_);
        }

    private:
        pthread_mutex_t& mutex_;
};
```

이것을 사용하려면 ScopedMutex m(mutex)를 호출하면 된다. m이 스코프를 벗어나게 되면 락을 자동적으로 해제된다. 이를 이용하면 함수 간의 관계를 느슨하게 할 수 있고 편리한 에러 처리와 goto문을 자유롭게 쓸 수 있다.

뮤텍스 예제

동기화를 위해 뮤텍스를 활용하는 간단한 코드 예제를 살펴보자. 298쪽에서 봤던 현금자동입출금기 사례를 떠올려보자. 그 은행은 의도치 않은 결과를 초래한 심각한 경쟁 상태 때문에 곤란해했다. Pthread의 뮤텍스로 withdraw() 함수를 어떻게 개선했는지 살펴보자.

```
static pthread_mutex_t the_mutex = PTHREAD_MUTEX_INITIALIZER;

int withdraw (struct account *account, int amount)
{
    pthread_mutex_lock (&the_mutex);
    const int balance = account->balance;
    if (balance < amount) {
        pthread_mutex_unlock (&the_mutex);
        return -1;
    }
    account->balance = balance - amount;
    pthread_mutex_unlock (&the_mutex);

    disburse_money (amount);

    return 0;
}
```

이 예제는 뮤텍스를 얻기 위해 pthread_mutex_lock()을 사용했고 해제는 pthread_mutex_unlock()을 사용했다. 이것으로 경쟁 상태를 제거할 수 있지만, 한 번에 한 사람의 고객만이 출금을 할 수 있는 문제를 은행 측에 안겼다! 이는 심각한 병목현상을 초래하여 결국은 제아무리 큰 은행이라도 납득할 수 없는 문제다.

따라서 락을 사용할 때는 대부분 글로벌 락을 피하고 데이터 구조의 특정 인스턴스와 관련된 락을 사용한다.

이 예제에서는 글로벌 락인 the_mutex를 사용하는 대신, account 구조체 안에 mutex를 정의해서 개별 계좌마다 고유의 락을 가지도록 한다. 크리티컬 섹션 내 데이터는 account 구조체뿐이므로 문제없이 동작한다. 인출하려는 계좌만 락을 걸도록 했기 때문에 이제 withdraw 함수를 병렬적으로 호출해서 사용할 수 있다.

```
int withdraw (struct account *account, int amount) {
    pthread_mutex_lock (&account->mutex);
    const int balance = account->balance;
    if (balance < amount) {
        pthread_mutex_unlock (&account->mutex);
        return -1;
    }
    account->balance = balance - amount;
    pthread_mutex_unlock (&account->mutex);

    disburse_money (amount);

    return 0;
}
```

7.8 더 알아보기

이 장에서 설명한 내용만으로는 POSIX 스레딩 API의 강력하고 많은 기능을 제공하는 다양한 인터페이스를 모두 설명할 수 없다. 많은 대규모 시스템 애플리케이션은 POSIX에서 제공하는 것보다 더 적절한 수준의 추상화인 스레드 풀과 작업 큐 같은 메커니즘을 위해 자신만의 스레딩 인터페이스를 정의하고 있다. 이런 경우에 이 장에서 살펴본 스레딩에 대한 배경 지식은 시작하는 데 충분한 도움이 될 것이다.

Pthread에 대해서 더 깊이 알고 싶다면 부록 B를 읽어보기를 권한다. 물론 맨 페이지도 많은 도움이 될 것이다.

## CHAPTER 8

파일과 디렉터리 관리

2, 3, 4장에서는 파일 입출력에 대한 다양한 접근법을 살펴봤다. 이번 장에서는 파일 읽기/쓰기 가 아니라 파일과 메타데이터를 관리하고 다루는 방법에 초점을 맞춰서 다시 살펴보기로 한다.

8.1 파일과 메타데이터

1장에서 설명했지만, inode 번호는 파일시스템에서 유일한 숫자 값인데 파일은 inode를 참조한다. inode는 유닉스 계열 파일시스템에서 디스크에 위치한 물리적인 객체이자 리눅스 커널 내부의 자료구조로 표현되는 개념적인 객체이기도 하다. inode는 파일의 접근 권한, 마지막 접근 시간, 소유자, 그룹, 크기, 그리고 그 파일의 데이터 위치와 같은 메타데이터를 저장한다.*

ls 명령어에 -i 플래그를 넘겨서 inode 번호를 확인할 수 있다.

```
$ ls -i
1689459 Kconfig    1689461 main.c
1680137 Makefile   1680141 pm.c
1680138 console.c  1689462 power.h
1689460 disk.c     1680143 poweroff.c 1680147 swap.c
1680144 process.c  1689464 swsusp.c
```

---

* 흥미롭게도 inode에는 파일 이름이 없다! 파일 이름은 디렉터리 엔트리에 저장된다.

```
1680145 smp.c        1680149 user.c
1689463 snapshot.c
```

출력 결과를 보면 disk.c 파일은 inode 번호가 1689460이다. 이 파일시스템에 있는 그 어떤 파일도 이 번호와 같은 inode 번호를 가지지 않는다. 하지만 다른 파일시스템에도 같은 inode 번호가 없으리라는 보장은 할 수 없다.

8.1.1 stat 함수

유닉스는 파일의 메타데이터를 얻을 수 있는 함수군을 제공한다.

```
#include <sys/types.h>
#include <sys/stat.h>
#include <unistd.h>

int stat (const char *path, struct stat *buf);
int fstat (int fd, struct stat *buf);
int lstat (const char *path, struct stat *buf);
```

각 함수는 파일 관련 정보를 반환한다. stat( ) 함수는 path로 지정한 파일의 정보를 반환하고 fstat( )은 fd로 지정한 파일의 정보를 반환한다. lstat( )은 stat( )과 동일한데 심벌릭 링크일 경우에 링크가 가리키고 있는 파일이 아닌 링크 그 자체의 정보를 반환한다는 점만 다르다.

각 함수는 사용자가 제공한 stat 구조체에 그 정보를 저장한다. stat 구조체는 〈sys/stat.h〉 파일에서 인클루드^{include}하는 〈bits/stat.h〉 헤더 파일에 정의되어 있다.

```
struct stat {
    dev_t    st_dev;      /* 파일을 포함하는 디바이스 ID */
    ino_t    st_ino;      /* inode 번호*/
    mode_t   st_mode;     /* 권한 */
    nlink_t  st_nlink;    /* 하드 링크 개수*/
    uid_t    st_uid;      /* 파일 소유자 ID */
    gid_t    st_gid;      /* 파일 소유그룹 ID */
    dev_t    st_rdev;     /* (특수 파일인 경우) 디바이스 ID */
    off_t    st_size;     /* 파일 전체 바이트 */
    blksize_t st_blksize; /* 파일시스템 입출력을 위한 블록 크기*/
```

```
    blkcnt_t st_blocks;        /* 할당된 블록 개수 */
    time_t st_atime;           /* 최종 접근 시간 */
    time_t st_mtime;           /* 최종 변경 시간 */
    time_t st_ctime;           /* 최종 상태 변경 시간 */
};
```

각 필드의 자세한 의미는 다음과 같다.

- st_dev 필드는 파일이 위치하는 디바이스 노드를 나타낸다(디바이스 노드에 대해서는 뒤에 다시 설명한다). 만일 그 파일이 NFS 볼륨에 위치해서 실제 디바이스에 존재하지 않으면 이 값은 0이다.
- st_ino 필드는 파일의 inode 번호를 제공한다.
- st_mode 필드는 파일의 타입(일반 파일인지 디렉터리인지 등)과 접근 권한(전체 접근이 가능한지 등)을 나타내는 모드 바이트다. 모드 바이트와 권한은 1장과 2장에서 설명했다.
- st_nlink 필드는 해당 파일을 가리키고 있는 하드 링크 개수를 제공한다. 파일시스템 내 모든 파일은 최소한 하나의 하드 링크를 가지고 있다.
- st_uid 필드는 파일 소유자의 ID를 제공한다.
- st_gid 필드는 파일을 소유한 그룹의 ID를 제공한다.
- 만약 파일이 디바이스 노드라면 st_rdev 필드는 이 파일이 표현하는 디바이스를 나타낸다.
- st_size 필드는 바이트 단위로 파일 크기를 제공한다.
- st_blksize 필드는 효율적인 파일 입출력을 위해 적절한 블록 크기를 나타낸다. 이 값(또는 이 값의 정수 배)은 사용자 버퍼 입출력(3장 참고)를 위한 최적의 블록 크기다.
- st_blocks 필드는 파일에 할당된 파일시스템 블록 수를 제공한다. 만약에 파일에 드문드문 구멍이 있는 경우, 이 값에 블록 크기를 곱한 값은 st_size로 나타낸 값보다 작을 수 있다.
- st_atime 필드는 마지막으로 파일에 접근이 일어난 시간을 담고 있다. 이 값은 (read( )나 execle( ) 등으로) 파일에 접근한 가장 최근 시간이다.
- st_mtime 필드는 마지막으로 파일을 변경한 시간, 즉 파일에 마지막으로 기록한 시간을 담고 있다.
- st_ctime 필드는 마지막으로 파일의 메타데이터를 변경한 시간을 담고 있다. 이 값을 파일 생성 시간이라고 잘못 이해하는 경우가 있는데 리눅스와 다른 유닉스 계열 시스템에서 파일 생성 시간을 저장하지 않는다.

호출이 성공하면 세 함수 모두 0을 반환하고 stat 구조체에 파일의 메타데이터를 저장한다. 에러가 발생하면 −1을 반환하고 errno를 다음 값 중 하나로 설정한다.

EACCES   호출한 프로세스가 path를 찾아볼 수 있는 권한이 없다(stat( )과 lstat( )만 해당).

EBADF   fd가 유효하지 않다(fstat( )만 해당).

EFAULT	path 또는 buf가 유효하지 않은 포인터다.
ELOOP	path에 너무 많은 심벌릭 링크가 포함되어 있다(stat( )과 lstat( ) 만 해당).
ENAMETOOLONG	path가 너무 길다(stat( )과 lstat( )만 해당).
ENOENT	path가 존재하지 않는다(stat( )과 lstat( )만 해당).
ENOMEM	요청을 처리하는 데 필요한 메모리가 부족하다.
ENOTDIR	path가 디렉터리가 아니다(stat( )과 lstat( )만 해당).

다음 프로그램은 stat( )을 이용해서 명령행에서 넘긴 파일의 크기를 구한다.

```
#include <sys/types.h>
#include <sys/stat.h>
#include <unistd.h>
#include <stdio.h>
int main (int argc, char *argv[])
{
    struct stat sb;
    int ret;

    if (argc < 2) {
        fprintf (stderr,
            "usage: %s <file>\n", argv[0]); return 1;
    }

    ret = stat (argv[1], &sb);
    if (ret) {
        perror ("stat");
        return 1;
    }

    printf ("%s is %ld bytes\n", argv[1], sb.st_size);

    return 0;
}
```

이 코드를 컴파일한 뒤 실행하면 다음 결과를 얻을 수 있다.

```
$ ./stat stat.c
stat.c is 392 bytes
```

다음 프로그램은 명령행에서 주어진 파일의 타입(심벌릭 링크나 블록 디바이스 노드 같은)을
알려준다.

```c
#include <sys/types.h>
#include <sys/stat.h>
#include <unistd.h>
#include <stdio.h>

int main (int argc, char *argv[])
{
    struct stat sb;
    int ret;

    if (argc < 2) {
        fprintf (stderr, "usage: %s <file>\n", argv[0]);
        return 1;
    }

    ret = stat (argv[1], &sb);
    if (ret) {
        perror ("stat");
        return 1;
    }

    printf ("File type: ");
    switch (sb.st_mode & S_IFMT) {
    case S_IFBLK:
        printf("block device node\n");
        break;
    case S_IFCHR:
        printf("character device node\n");
        break;
    case S_IFDIR:
        printf("directory\n");
        break;
    case S_IFIFO:
        printf("FIFO\n");
        break;
```

```
        case S_IFLNK:
            printf("symbolic link\n");
            break;
        case S_IFREG:
            printf("regular file\n");
            break;
        case S_IFSOCK:
            printf("socket\n");
            break;
        default:
            printf("unknown\n");
            break;
        }
        return 0;
    }
```

마지막으로, 다음 코드는 fstat( )을 사용해서 이미 열린 파일이 물리적인(네트워크가 아닌) 디바이스에 존재하는지 검사한다.

```
/*
 * is_on_physical_device -
 * 'fd'가 물리 디바이스에 존재한다면 양수를 반환하고
 * NFS 마운트 같은 물리적이지 않거나 가상 장치에 위치한다면 0을 반환한다.
 * 에러가 발생하면 -1을 반환한다.
 */
int is_on_physical_device (int fd)
{
    struct stat sb;
    int ret;

    ret = fstat (fd, &sb);
    if (ret) {
        perror ("fstat");
        return -1;
    }
    return gnu_dev_major (sb.st_dev);
}
```

8.1.2 권한

stat 호출은 파일의 권한을 조회하기만 하는데 다음 두 시스템 콜은 주어진 파일의 권한 값을 변경한다.

```
#include <sys/types.h>
#include <sys/stat.h>

int chmod (const char *path, mode_t mode);
int fchmod (int fd, mode_t mode);
```

chmod( )와 fchmod( )는 모두 파일의 권한은 mode 값으로 설정한다. chmod( )는 권한을 변경할 파일의 절대 경로나 상대 경로를 path 인자로 받는다. fchmod( )는 변경할 파일의 파일 디스크립터를 fd 인자로 받는다.

불투명한 mode_t 정수 타입으로 표현되는 mode의 유효한 값은 stat 구조체의 st_mode 필드에서 반환하는 값과 동일하다. 이 값은 그냥 단순한 정수지만 유닉스 종류에 따라 의미가 다르다. 따라서 POSIX는 다양한 권한을 표현할 수 있는 상수를 정의해두었다(66쪽 '새로운 파일의 권한'). 이 상수를 OR 연산으로 결합해서 유효한 mode 값을 만들 수 있다. 예를 들어 (S_IRUSR | S_IRGRP)는 소유자와 그룹의 읽기 권한을 나타낸다.

파일의 권한을 변경하려면 chmod( )나 fchmod( )를 호출하는 프로세스의 유효 ID가 파일의 소유자와 일치하거나 해당 프로세스에 CAP_FOWNER 기능을 사용할 수 있어야 한다.

호출이 성공하면 두 함수 모두 0을 반환하며 실패할 경우 두 함수 모두 −1을 반환하고 errno를 다음 에러 값 중 하나로 설정한다.

EACCES	호출한 프로세스가 path 파일을 탐색할 수 있는 권한이 없다 (chmod( )만 해당).
EBADF	파일 디스크립터 fd가 유효하지 않다(fchmod( )만 해당).
EFAULT	path가 유효하지 않는 포인터다(chmod( )만 해당).
EIO	파일시스템 내부 입출력 에러가 발생했다. 이 에러는 심각한 에러로, 파일시스템이나 디스크가 망가졌을 가능성이 있다.
ELOOP	path에 너무 많은 심벌릭 링크가 포함되었다(chmod( )만 해당).

ENAMETOOLONG	path가 너무 길다(chmod( )만 해당).
ENOENT	path가 존재하지 않는다(chmod( )만 해당).
ENOMEM	요청을 마무리하는 데 필요한 메모리가 부족하다.
ENOTDIR	path가 디렉터리가 아니다(chmod( )만 해당).
EPERM	호출한 프로세스의 유효 ID가 파일 소유자와 일치하지 않거나 해당 프로세스가 CAP_FOWNER 기능을 사용할 수 없다.
EROFS	파일이 읽기 전용 파일시스템에 존재한다.

다음 코드는 map.png 파일의 소유자가 읽고 쓸 수 있도록 권한을 설정한다.

```
int ret;

/*
 * 현재 디렉터리에서 'map.png' 파일의 권한을 소유자가 읽고 쓸 수 있도록 변경한다.
 * 이는 'chmod 600 ./map.png'와 동일하다.
 */
ret = chmod ("./map.png", S_IRUSR | S_IWUSR);
if (ret)
    perror ("chmod");
```

다음 코드는 앞서 살펴본 코드와 동일한 작업을 한다. 여기서 fd는 map.png 파일에 대한 파일 디스크립터라고 가정한다.

```
int ret;

/*
 * 'fd'가 가리키는 파일의 권한을 소유자가 읽고 쓸 수 있도록 변경한다.
 */
ret = fchmod (fd, S_IRUSR | S_IWUSR);
if (ret)
    perror ("fchmod");
```

chmod( )와 fchmod( ) 모두 모든 최신 유닉스 시스템에서 사용이 가능하다. POSIX는 chmod( )를 필수로 요구하며 fchmod( )는 옵션이다.

8.1.3 소유권

stat 구조체의 st_uid와 st_gid 필드는 각각 파일 소유자와 그룹을 나타낸다. 이 두 값은 다음 세 가지 시스템 콜을 이용해서 변경할 수 있다.

```
#include <sys/types.h>
#include <unistd.h>

int chown (const char *path, uid_t owner, gid_t group);
int lchown (const char *path, uid_t owner, gid_t group);
int fchown (int fd, uid_t owner, gid_t group);
```

chown( )과 lchown( )은 path로 지정한 파일의 소유권을 변경한다. 이 둘은 심벌릭 링크를 다루는 방법만 제외하고 동일한데, chown( )은 링크가 가리키는 파일의 소유권을 변경하고 lchown( )은 심벌릭 링크를 따라가지 않고 심벌릭 링크 그 자체의 소유권을 변경한다. fchown( )은 파일 디스크립터 fd로 지정한 파일의 소유권을 변경한다.

호출이 성공하면 세 함수 모두 파일 소유자를 owner로, 그룹을 group으로 변경한 다음 0을 반환한다. owner나 group이 −1이면 그 값은 설정되지 않는다. CAP_CHOWN 기능이 있는 프로세스(보통은 root 프로세스다)만이 파일의 소유자를 변경할 수 있다. 파일 소유자는 파일의 그룹을 자신이 속한 그룹으로 변경할 수 있으며 CAP_CHOWN 기능이 있는 프로세스라면 파일의 그룹도 임의로 변경할 수 있다.

호출이 실패하면 −1을 반환하고 errno를 다음 값 중 하나로 설정한다.

EACCES	호출한 프로세스가 path를 탐색할 수 있는 권한이 없다(chown( )과 lchown( )만 해당).
EBADF	fd가 유효하지 않다(fchown( )만 해당).
EFAULT	path가 유효하지 않다(chown( )과 lchown( )만 해당).
EIO	내부 입출력 에러가 발생했다(심각한 에러다).
ELOOP	path에 너무 많은 심벌릭 링크가 포함되어 있다(chown( )과 lchown( )만 해당).
ENAMETOOLONG	path가 너무 길다(chown( )과 lchown( )만 해당).
ENOENT	파일이 존재하지 않는다.

ENOMEM	요청을 처리하는 데 필요한 메모리가 부족하다.
ENOTDIR	path가 디렉터리가 아니다(chown()과 lchown()만 해당).
EPERM	호출한 프로세스가 파일을 요청한 소유자나 그룹으로 변경하기 위한 충분한 권한이 없다.
EROFS	파일시스템이 읽기 전용이다.

다음 코드는 현재 작업 디렉터리에 있는 manifest.txt 파일의 그룹을 crew에서 officers로 변경한다. 이렇게 하려면 실행하는 사용자에게 CAP_CHOWN 기능이 있거나, 사용자가 kidd이고 officers 그룹의 멤버여야 한다.

```
struct group *gr; int ret;
/*
 * getgrnam()은 주어진 그룹의 정보를 반환한다.
 */
gr = getgrnam ("officers");
if (!gr) {
    /* 유효하지 않은 그룹 */
    perror ("getgrnam");
    return 1;
}

/* manifest.txt의 그룹을 officers로 설정한다 */
ret = chown("manifest.txt", -1, gr->gr_gid);
if (ret)
    perror ("chown");
```

먼저 실행 전에 파일의 그룹은 crew였다.

```
$ ls -l
-rw-r--r-- 1 kidd  crew  13274 May 23 09:20 manifest.txt
```

실행 후에 이 파일의 그룹은 officers로 바뀌게 된다.

```
$ ls -l
-rw-r--r-- 1 kidd  officers 13274 May 23 09:20 manifest.txt
```

파일 소유자인 kidd가 바뀌지 않은 이유는 uid 값으로 −1을 넘겼기 때문이다.

이 함수는 fd가 가리키는 파일의 소유자와 그룹을 root로 변경한다.

```
/*
 * make_root_owner -
 * 'fd'가 가리키는 파일의 소유자와 그룹을 root로 변경한다.
 * 성공하면 0을 반환하고 실패하면 -1을 반환한다.
 */
int make_root_owner (int fd)
{
    int ret;

    /* uid와 gid가 모두 0이면 root를 뜻한다 */
    ret = fchown (fd, 0, 0);
    if (ret)
        perror ("fchown");

    return ret;
}
```

호출하는 프로세스에 반드시 `CAP_CHOWN` 기능이 있어야 한다. 당연하지만 이 기능은 일반적으로 프로세스가 root 권한으로 실행되어야 함을 뜻한다.

8.1.4 확장 속성

xattrs라고 불리기도 하는 확장 속성은 파일과 관련한 키/값을 연관짓는 메커니즘을 제공한다. 이 장에서 이미 파일의 크기, 소유자, 최종 변경 시간 등과 같은 파일 관련 키/값 메타데이터를 모두 살펴보았다. 확장 속성은 보안을 위한 필수 접근 제어처럼 원래 설계에는 포함되지 않은 새로운 기능을 지원한다. 확장 속성의 흥미로운 점은 사용자 영역 애플리케이션이 임의로 키/값을 생성하고 읽고 쓸 수 있다는 점이다.

확장 속성은 파일시스템에 상관없이 사용할 수 있다. 애플리케이션은 확장 속성을 다루기 위한 표준 인터페이스를 사용하고 이 인터페이스는 특정 파일시스템에 국한되지 않는다. 따라서 애플리케이션에서는 파일시스템의 종류와 파일시스템이 채택한 키/값 내부 저장 방식에 무관하게 확장 속성을 이용할 수 있다. 하지만 확장 속성의 구현 자체는 파일시스템마다 다르다. 파일시스템은 저마다의 방식으로 확장 속성을 저장하지만, 커널은 확장 속성 인터페이스 이면에서 이런 차이를 추상화하는 방식으로 이런 차이점을 감춘다.

예를 들어 ext4 파일시스템은 inode의 빈 공간에 이런 확장 속성을 저장한다.* 이 특징은 확장 속성을 아주 빠르게 읽을 수 있도록 한다. 파일시스템의 블록이 가지고 있는 inode는 애플리케이션이 파일에 접근할 때마다 디스크에서 메모리로 읽어 들이기 때문에 확장 속성은 자동으로 메모리에 올라오고 추가적인 부하없이 바로 접근이 가능하다.

FAT와 minixfs 같은 다른 파일시스템에서는 확장 속성을 아예 지원하지 않는다. 이런 파일시스템에 있는 파일에 대해서 확장 속성 연산이 실행되면 ENOTSUP 에러를 반환한다.

키와 값

확장 속성은 유일한 키로 구분된다. 키는 유효한 UTF-8 문자열이어야 한다. 키는 '네임스페이스.속성' 형태를 취한다. 모든 키는 반드시 유효한 네임스페이스와 마침표(.)로 시작해야 한다. user.mime_type은 유효한 키 이름이다. 이 키는 user라는 네임스페이스에 mime_type이라는 이름의 속성이다.

파일시스템에서 MIME 타입을 저장하는 옛 방법과 새로운 방법

GNOME의 노틸러스 같은 GUI 파일 매니저는 파일의 타입별로 동작도 다르다. 파일 타입에 따라 다른 아이콘을 보여주며 클릭 시 동작하는 방식이며 종류도 다양하다. 이렇게 할 수 있는 이유는 파일 매니저가 각 파일의 포맷을 알고 있기 때문이다. 파일의 포맷을 알아내려면 윈도우즈 같은 시스템에서는 간단하게 파일의 확장자를 살펴본다. 하지만 전통과 보안 때문에 유닉스 시스템은 파일을 검사해서 타입을 해석한다. 이런 과정을 MIME 타입 스니핑이라고 한다.

어떤 파일 매니저는 이런 정보를 동적으로 생성하는데, 다른 파일 매니저는 정보를 한 번 생성한 다음 캐시하기도 한다. 정보를 캐시하는 파일 매니저는 자체 데이터베이스에 이를 저장하는 방식을 사용하는 경향이 있다. 이런 파일 매니저는 해당 파일이 파일 매니저가 모르는 상태에서 변경될 수 있으므로 파일과 동기화된 전용 데이터베이스를 유지하도록 노력해야 한다. 더 나은 접근 방법으로 전용 데이터베이스를 사용하지 않고 이런 메타데이터를 확장 속성에 저장하면 관리도 용이하고 더 빠르게 접근할 수 있으며 어떤 애플리케이션에서도 접근이 가능하다.

---

* 당연히 inode 공간이 남아 있을 때까지만 이 방법이 가능하다. inode 공간이 꽉 차면 ext4 파일시스템은 확장 속성을 추가 블록에 저장한다.

키는 정의되어 있을 수도 있고 아닐 수도 있다. 또 키가 정의되어 있다면 그 값이 비어 있거나 비어 있지 않을 수 있다. 즉 정의되지 않은 키와 값이 할당되지 않은 키는 다르다. 나중에 살펴보겠지만 이런 차이는 키에 빈 값을 채워넣는 것으로는 부족하며 키를 삭제하기 위해 별도의 인터페이스가 필요하다는 사실을 의미한다.

키와 관련된 값이 비어 있지 않다면 임의의 바이트 배열일 수도 있다. 이 값은 반드시 문자열일 필요가 없기 때문에 키 값으로 C 문자열을 저장하려고 한다면 null 문자로 끝내는 게 바람직하겠지만 반드시 null 문자로 끝나지 않아도 상관없다. 값이 null 문자로 끝난다는 보장이 없으므로 확장 속성을 다룰 때는 그 값의 크기가 필요하다. 속성을 읽을 때는 커널에서 크기를 제공한다. 확장 속성을 쓸 때는 반드시 사용자가 크기를 제공해야 한다.

리눅스는 키 개수, 키 길이, 값 크기 또는 파일과 관련된 확장 속성이 차지하는 전체 크기를 제약하지 않는다. 하지만 파일시스템은 실용적인 제한을 두고 있다. 이런 제한은 보통 한 파일에 연관된 키와 값을 포함한 전체 확장 속성의 크기를 제한한다.

예를 들어 ext3 파일시스템에서 특정 파일에 대한 모든 확장 속성은 inode의 남은 공간 안에 들어가야 하며 하나의 추가 파일시스템 블록만큼만 커질 수 있다. (구 버전의 ext3 파일시스템은 inode 내 남은 공간은 쓸 수 없고 추가 블록 하나만 쓸 수 있었다.) 이는 파일시스템 블록 크기에 따라 파일당 약 1KB에서 8KB의 제한을 뜻한다. 이와 대조적으로 XFS 파일시스템에는 이런 제한이 없다. ext3조차도 이런 제한이 문제가 되는 경우는 잘 없었는데 대부분의 키와 값이 짧은 문자열이었기 때문이다. 그렇지만 너무 많은 정보(프로젝트의 리비전 히스토리 같은)를 저장하기 전에 다시 한 번 생각을 해보는 게 좋다.

확장 속성 네임스페이스

확장 속성과 연관된 네임스페이스는 관리도구 이상의 의미를 지닌다. 커널은 네임스페이스에 따라 접근 정책을 다르게 적용한다.

리눅스는 현재 네 가지 확장 속성 네임스페이스를 정의하고 있는데 앞으로 더 추가될 수도 있다. 현재 사용 중인 네 가지는 다음과 같다.

system

system 네임스페이스는 ACL[Access Control List]과 같은 확장 속성을 활용하는 커널 기능을 구현하기 위해 사용된다. system 네임스페이스에 포함된 확장 속성으로는 system.posix_acl_access가 있다. 사용자가 이 속성을 읽거나 쓸 수 있는지는 설정한 보안 모듈에 달려 있다. 최악의 경우 (root 사용자까지 포함해서) 아무도 이 속성은 읽지 못한다고 가정하자.

security

security 네임스페이스는 SELinux와 같은 보안 모듈을 구현하기 위해 사용한다. 앞에서 설명한 system과 마찬가지로 사용자 영역 애플리케이션이 이 속성에 접근할 수 있는지는 보안 모듈에 달려있다. 기본적으로 모든 프로세스는 이 속성을 읽을 수 있지만 CAP_SYS_ADMIN 기능을 가진 프로세스만이 이 값을 쓸 수 있다.

trusted

trusted 네임스페이스는 제한된 정보를 사용자 영역에 저장한다. CAP_SYS_ADMIN 기능이 있는 프로세스만이 이 속성을 읽거나 쓸 수 있다.

user

user 네임스페이스는 일반적인 프로세스가 사용하는 표준 네임스페이스다. 커널은 일반 파일 퍼미션 비트를 통해서 이 네임스페이스에 대한 접근을 제어한다. 이미 존재하는 키의 값을 읽으려면 프로세스는 해당 파일에 대한 읽기 권한이 있어야 한다. 새로운 키를 만들거나 기존 키에 값을 쓰려면 해당 파일에 대한 쓰기 권한이 있어야 한다. 심벌릭 링크나 디바이스 파일이 아닌 일반 파일에 대해서만 user 네임스페이스의 확장 속성에 값을 쓸 수 있다. 확장 속성을 사용하는 사용자 영역 애플리케이션을 설계할 때 쓰게 될 네임스페이스가 user 네임스페이스다.

8.1.5 확장 속성 연산

POSIX는 애플리케이션에서 파일의 확장 속성을 다룰 수 있는 네 가지 연산을 정의하고 있다.

- 주어진 파일에 대한 모든 확장 속성 키 목록을 반환한다
- 주어진 파일과 키에 해당하는 값을 반환한다.
- 주어진 파일과 키, 값을 받아서 그 값을 해당 키에 저장한다.
- 주어진 파일과 키에 해당하는 확장 속성을 제거한다.

POSIX는 각 연산을 위한 세 가지 시스템 콜을 제공한다.

- 주어진 파일 경로로 동작하는 버전. 경로가 심벌릭 링크면 링크가 가리키는 대상으로 동작한다(일반적인 방식).
- 주어진 파일 경로로 동작하는 버전. 경로가 심벌릭 링크면 링크 그 자체를 대상으로 동작한다(l로 시작하는 시스템 콜의 표준 변종).
- 주어진 파일 디스크립터로 동작하는 버전(f로 시작하는 표준 변종)

지금부터 이 12가지 조합을 모두 살펴보도록 하자.

확장 속성 읽어오기

주어진 파일과 키에 대한 확장 속성의 값을 읽어오는 연산이 가장 단순하다.

```
#include <sys/types.h>
#include <attr/xattr.h>

ssize_t getxattr (const char *path, const char *key,
    void *value, size_t size);
ssize_t lgetxattr (const char *path, const char *key,
    void *value, size_t size);
ssize_t fgetxattr (int fd, const char *key,
    void *value, size_t size);
```

getxattr( ) 호출이 성공하면 path 파일에서 이름이 key인 확장 속성을 읽어 크기가 size 바이트인 value 버퍼에 저장한다. 이 함수는 실제 읽어온 값의 크기를 반환한다.

size가 0이면 value에 확장 속성을 저장하지 않고 값의 크기만 반환한다. 따라서 size에 0을 넘기면 키 값을 저장하는 데 필요한 버퍼의 크기를 얻을 수 있다. 이 크기를 이용해서 버퍼를 필요한 크기로 할당하거나 크기를 조절할 수 있다.

lgetxattr( )은 getxattr( )과 동일하지만, path 파일이 심벌릭 링크인 경우 링크가 가리키는 파일이 아니라 심벌릭 링크 그 자체의 확장 속성을 반환한다. 앞에서 user 네임스페이스에 있는 속성은 심벌릭 링크에는 적용할 수 없다고 했던 내용을 기억하자. 따라서 이 함수는 잘 쓰이지 않는다.

fgetxattr( )은 파일 디스크립터 fd를 대상으로 동작하며 나머지는 getxattr( )과 동일하다.

에러가 발생하면 세 가지 시스템 콜 모두 −1을 반환하고 errno를 다음 값 중 하나로 설정한다.

EACCES	호출한 프로세스가 path를 탐색할 수 있는 권한이 없다(getxattr( ) 과 lgetxattr( )만 해당).
EBADF	fd가 유효하지 않다(fgetxattr( )만 해당).
EFAULT	path ,key, 또는 value 포인터가 유효하지 않다.
ELOOP	path에 너무 많은 심벌릭 링크가 포함되어 있다(getxattr( )과 lgetxattr( )만 해당).
ENAMETOOLONG	path가 너무 길다(getxattr( )과 lgetxattr( )만 해당).
ENOATTR	key 속성이 존재하지 않거나 프로세스가 해당 속성에 접근할 수 없다.
ENOENT	path가 존재하지 않는다(getxattr( )과 lgetxattr( )만 해당).
ENOMEM	요청을 처리하는 데 필요한 메모리가 부족하다.
ENOTDIR	path가 디렉터리가 아니다(getxattr( )과 lgetxattr( )만 해당).
ENOTSUP	path나 fd가 가리키는 파일이 있는 파일시스템이 확장 속성을 지원 하지 않는다.
ERANGE	key 값을 저장하기에 size가 너무 작다. 앞서 설명했듯이 size를 0 으로 넘겨서 필요한 버퍼 크기를 얻은 후에 value를 적절히 조정하면 된다.

확장 속성 쓰기

다음 세 가지 시스템 콜은 확장 속성을 설정하는 데 사용한다.

```
#include <sys/types.h>
#include <attr/xattr.h>

int setxattr (const char *path, const char *key,
    const void *value, size_t size, int flags);
int lsetxattr (const char *path, const char *key,
    const void *value, size_t size, int flags);
int fsetxattr (int fd, const char *key,
    const void *value, size_t size, int flags);
```

setxattr( ) 호출이 성공하면 path에서 확장 속성 key를 크기가 size 바이트인 value로 설정한다. flags 필드는 호출 동작 방식을 변경한다. flags가 XATTR_CREATE면 확장 속성 이 이미 존재할 경우 호출이 실패한다. flags가 XATTR_REPLACE라면 확장 속성이 존재하지 않을 경우 호출이 실패한다. flags가 0이면 이는 기본 동작으로 생성과 대체 모두를 허용한다. flags의 값에 상관없이 key 이외의 다른 키는 영향을 받지 않는다.

lsetxattr( )은 path가 심벌릭 링크인 경우 링크가 가리키는 파일이 아니라 심벌릭 링크 그 자체의 확장 속성을 설정하는 것만 제외하면 setxattr( )과 동일하다. user 네임스페이스에 있는 속성은 심벌릭 링크에는 적용할 수 없다고 했던 내용을 기억하자. 따라서 이 함수는 잘 쓰 이지 않는다.

fsetxattr( )은 파일 디스크립터 fd에 대해서 동작한다. 이것만 제외하면 setxattr( )과 동일하다.

호출이 성공하면 세 가지 시스템 콜 모두 0을 반환한다. 호출이 실패하면 -1을 반환하고 errno를 다음 값 중 하나로 설정한다.

EACCES	호출한 프로세스가 path를 탐색할 수 있는 권한이 없다(setxattr( ) 과 lsetxattr( )만 해당).
EBADF	fd가 유효하지 않다(fsetxattr( )만 해당).
EDQUOT	쿼터 제한으로 요청한 연산을 수행하는데 필요한 공간을 확보할 수 없다.
EEXIST	flags에 XATTR_CREATE이 들어 있지만 key 속성이 이미 파일에 존재한다.
EFAULT	path, key, 또는 value가 유효하지 않은 포인터다.
EINVAL	flags가 유효하지 않다.
ELOOP	path에 너무 많은 심벌릭 링크가 포함되었다(setxattr( )과 lsetxattr( )만 해당).
ENAMETOOLONG	path가 너무 길다(setxattr( )과 lsetxattr( )만 해당).
ENOATTR	flags에 XATTR_REPLACE가 들어 있지만 key 속성이 파일에 존재 하지 않는다.

ENOENT	path가 존재하지 않는다(setxattr( )과 lsetxattr( )만 해당).
ENOMEM	요청을 완료하는 데 필요한 메모리가 부족하다.
ENOSPC	파일시스템에 확장 속성을 담을 만한 공간이 부족하다.
ENOTDIR	path가 디렉터리가 아니다(setxattr( )과 lsetxattr( )만 해당).
ENOTSUP	path나 fd가 가리키는 파일이 있는 파일시스템이 확장 속성을 지원하지 않는다.

파일의 확장 속성 목록 구하기

다음 세 가지 시스템 콜은 주어진 파일의 확장 속성 키 목록을 나열한다.

```
#include <sys/types.h>
#include <attr/xattr.h>

ssize_t listxattr (const char *path,
    char *list, size_t size);
ssize_t llistxattr (const char *path,
    char *list, size_t size);
ssize_t flistxattr (int fd,
    char *list, size_t size);
```

listxattr( ) 호출이 성공하면 path로 지정한 파일에 관련된 확장 속성 키 목록을 반환한다. 이 목록은 길이가 size 바이트인 list 버퍼에 저장되며 실제 list의 크기를 바이트 단위로 반환한다.

list에 반환된 확장 속성 키는 각각 null 문자로 끝나므로 목록은 list의 내용은 다음과 같다.

```
"user.md5_sum\0user.mime_type\0system.posix_acl_default\0"
```

비록 각 키가 null 문자로 끝나는 전통적인 C 문자열이긴 하지만 목록에는 여러 개의 키가 담겨 있으므로 전체 목록의 길이가 필요하다. 필요한 버퍼 크기를 알려면 size에 0을 넘긴다. 이렇게 하면 함수 호출 결과로 전체 키 목록의 길이가 반환된다. getxattr( )과 마찬가지로 value를 위해 전달할 버퍼의 크기를 구하기 위해 이 기능을 사용할 수 있다.

llistxattr( )은 path가 심벌릭 링크가 아닌 경우 링크가 가리키는 파일이 아닌 심벌릭 링크 그 자체에 대한 확장 속성 목록을 반환한다는 점만 제외하면 listxattr( )과 동일하다. user 네임스페이스에 있는 속성은 심벌릭 링크에는 적용할 수 없다고 했던 내용을 기억하자. 따라서 이 함수는 잘 쓰이지 않는다.

flistxattr( )은 파일 디스크립터 fd에 대해서 동작한다는 점 외에는 listxattr( )과 동일하다.

호출이 실패하면 세 가지 시스템 콜 모두 −1을 반환하고 errno를 다음 값 중 하나로 설정한다.

EACCES   호출한 프로세스에서 path를 탐색할 수 있는 권한이 없다 (listxattr( )과 llistxattr( )만 해당).

EBADF   fd가 유효하지 않다(flistxttar( )만 해당).

EFAULT   path또는 list가 유효한 포인터가 아니다.

ELOOP   path에 너무 많은 심벌릭 링크가 포함되어 있다(listxattr( )과 llistxattr( )만 해당).

ENAMETOOLONG   path가 너무 길다(listxattr( )과 llistxattr( )만 해당).

ENOENT   path가 존재하지 않는다(listxattr( )과 llistxattr( )만 해당).

ENOMEM   요청을 처리하기 위한 메모리가 부족하다.

ENOTDIR   path가 디렉터리가 아니다(listxattr( )과 llistxattr( )만 해당).

ENOTSUP   path나 fd가 있는 파일시스템이 확장 속성을 지원하지 않는다.

ERANGE   size가 0이 아니고 전체 키 목록을 담기에는 부족하다. size에 0을 넘겨서 필요한 크기를 구한 다음 value 크기를 조정하고 이 시스템 콜을 다시 호출할 수 있다.

확장 속성 삭제하기

마지막으로, 다음 세 가지 시스템 콜은 주어진 파일에서 특정 key 속성을 삭제한다.

```
#include <sys/types.h>
#include <attr/xattr.h>

int removexattr (const char *path, const char *key);
```

```
int lremovexattr (const char *path, const char *key);
int fremovexattr (int fd, const char *key);
```

removexattr( ) 호출이 성공하면 path 파일에서 확장 속성 key를 삭제한다. 정의되지 않은 키와 정의되어 있지만 값이 비어 있는(길이가 0인) 키는 다르다는 점을 떠올려보자.

lremovexattr( )은 path가 심벌릭 링크일 경우 링크가 가리키는 파일이 아니라 심벌릭 링크 그 자체의 확장 속성을 제거한다는 점만 제외하면 removexattr( )과 동일하다. user 네임스페이스에 있는 속성은 심벌릭 링크에는 적용할 수 없다고 했던 내용을 기억하자. 따라서 이 함수는 잘 쓰이지 않는다.

fremovexattr( )은 파일 디스크립터 fd에 대해서 동작하는 점 외에는 removexattr( )과 동일하다.

호출이 성공하면 세 가지 시스템 콜 모두 0을 반환한다. 호출이 실패하면 −1을 반환하고 errno를 다음 값 중 하나로 설정한다.

EACCES	호출한 프로세스가 path를 탐색할 수 있는 권한이 없다 (removexattr( )과 lremovexattr( )만 해당).
EBADF	fd가 유효하지 않다(fremovexattr( )만 해당).
EFAULT	path 또는 key가 유효한 포인터가 아니다.
ELOOP	path에 너무 많은 심벌릭 링크가 포함되어 있다(removexattr( )과 lremovexattr( )만 해당).
ENAMETOOLONG	path가 너무 길다(removexattr( )과 lremovexattr( )만 해당).
ENOATTR	파일에 key가 존재하지 않는다.
ENOENT	path가 존재하지 않는다(removexattr( )과 lremovexattr( )만 해당).
ENOMEM	요청을 완료하는 데 필요한 메모리가 부족하다.
ENOTDIR	path가 디렉터리가 아니다(removexattr( )과 lremovexattr( )만 해당).
ENOTSUP	path 또는 fd가 있는 파일시스템이 확장 속성을 지원하지 않는다.

8.2 디렉터리

유닉스에서 디렉터리는 각각 inode 번호에 맵핑된 파일 이름 목록을 가지고 있는 단순한 개념이다. 각 파일은 디렉터리 엔트리directory entry(줄여서 dirent라고도 한다)라고 하고 각 이름과 inode 맵핑은 링크라고 한다. 사용자가 ls 명령의 결과로 확인할 수 있는 디렉터리의 내용은 그 디렉터리에 존재하는 모든 파일 이름 목록이다. 사용자가 어떤 디렉터리에서 파일을 열면 커널은 그 디렉터리의 목록에서 파일 이름을 찾아서 이에 대응하는 inode 번호를 찾는다. 커널은 이렇게 얻은 파일시스템의 inode 번호로 디바이스에서 파일의 물리적인 위치를 찾아낸다.

디렉터리는 다른 디렉터리를 포함할 수 있다. 하위 디렉터리는 다른 디렉터리 안에 존재하는 디렉터리다. 이 정의에 의하면 모든 디렉터리는 어떤 부모 디렉터리의 하위 디렉터리가 된다. 다만 파일시스템의 최상위 디렉터리인 / 디렉터리만 예외다. 놀랄 것도 없이 이 디렉터리를 루트root 디렉터리라고 부른다(root 사용자의 홈 디렉터리인 /root와 혼동하지 말자).

경로 이름은 파일 이름과 하나 이상의 부모 디렉터리로 이루어진다. 절대 경로는 /usr/bin/sextant처럼 루트 디렉터리에서부터 시작하는 경로 이름이다. 상대 경로는 bin/sextant처럼 루트 디렉터리로 시작하지 않는 경로 이름이다. 이런 상대 경로는 운영체제가 어느 디렉터리를 기준으로 삼아야 할지 알고 있어야 유용하게 쓸 수 있다. 바로 현재 작업 디렉터리(곧 살펴보도록 하자)가 상대 경로의 시작 지점으로 사용된다.

파일과 디렉터리 이름은 경로 이름에서 디렉터리를 구분하는 /와 경로 이름 끝을 나타내는 null 문자를 제외한 아무 문자나 사용할 수 있다. 그렇긴 하지만 현재 사용 중인 로케일에서 제대로 출력이 가능한 문자로 제한하거나 아니면 아예 ASCII 문자만 사용하는 것이 일반적인 관례다. 커널이나 C 라이브러리 어느 쪽도 이런 관례를 강제하진 않지만 애플리케이션은 출력이 가능한 유효한 문자만을 사용해야 할 책임이 있다.

과거 유닉스 시스템은 파일 이름을 14자로 제한했다. 현재 모든 최신 유닉스 파일시스템은 파일 이름으로 최소한 255바이트까지 지원한다.* 리눅스에서 지원하는 많은 파일시스템은 이보다 더 긴 파일 이름도 지원한다.**

---

* 255자가 아니라 255바이트라는 점을 기억하자. 멀티바이트 문자는 한 글자에 여러 바이트를 사용한다.

** 물론 리눅스가 하위 호환을 위해 제공하는 FAT 같은 오래된 파일시스템은 여전히 고유의 제한을 가지고 있다. FAT의 경우에는 여덟 글자 다음에 .이 따라오며 세 글자로 끝나는 이름 제약을 가지고 있다. 파일시스템 내에서 .을 특수 문자로 취급하는 발상은 썩 훌륭하지 못한 생각이다.

모든 디렉터리는 .과 ..이라는 두 가지 특수 디렉터리를 포함한다. . 디렉터리는 디렉터리 자신을 참조하며 .. 디렉터리는 현재 디렉터리의 상위 디렉터리를 참조한다. 예를 들어 /home/kidd/gold/..은 /home/kidd 디렉터리와 같다. 루트 디렉터리의 .과 .. 디렉터리는 루트 디렉터리 그 자신이므로 /와 /.와 /..은 모두 같은 디렉터리다. 따라서 기술적으로 보면 루트 디렉터리 역시 자기 자신의 하위 디렉터리라고 할 수 있다.

8.2.1 현재 작업 디렉터리

모든 프로세스는 최초에 부모 프로세스로부터 상속받는 현재 디렉터리를 가지고 있다. 이 디렉터리는 프로세스의 현재 작업 디렉터리(줄여서 cwd라고 부른다)라고 한다. 현재 작업 디렉터리는 커널이 상대 경로를 결정하는 기준점이다. 예를 들어 프로세스의 현재 작업 디렉터리가 /home/blackbeard일 때 프로세스가 parrot.jpg 파일을 열려고 하면 커널은 /home/blackbeard/parrot.jpg 파일을 열려고 시도한다. 반대로 프로세스가 /usr/bin/mast 파일을 열려고 하면 커널은 /usr/bin/mast 파일을 그대로 열려고 시도한다. 현재 작업 디렉터리는 /로 시작하는 절대 경로에는 영향을 미치지 않는다.

프로세스는 현재 작업 디렉터리를 알아내고 변경할 수 있다.

현재 작업 디렉터리 알아내기

현재 작업 디렉터리는 POSIX 표준인 getcwd() 시스템 콜을 이용해서 알아낼 수 있다.

```
#include <unistd.h>

char * getcwd (char *buf, size_t size);
```

getcwd() 호출이 성공하면 크기가 size 바이트이고 buf 포인터가 가리키는 버퍼에 현재 작업 디렉터리를 절대 경로로 복사한 다음 buf 포인터를 반환한다. 호출이 실패하면 NULL을 반환하고 errno를 다음 값 중 하나로 설정한다.

EFAULT   buf가 유효한 포인터가 아니다.

EINVAL   size가 0이지만 buf가 NULL이 아니다.

ENOENT	현재 작업 디렉터리가 더 이상 유효하지 않다. 현재 작업 디렉터리를 삭제한 경우에 이런 상황이 발생한다.
ERANGE	buf에 현재 디렉터리를 저장하기에 size가 너무 작다. 애플리케이션에서 버퍼를 좀 더 키운 다음에 다시 시도할 필요가 있다.

getcwd( )를 사용하는 예제를 보자.

```
char cwd[BUF_LEN];

if (!getcwd (cwd, BUF_LEN)) {
    perror ("getcwd");
    exit (EXIT_FAILURE);
}
printf ("cwd = %s\n", cwd);
```

POSIX에서는 buf가 NULL인 경우 getcwd( )의 동작 방식을 정의하지 않았다. 이 경우 리눅스 C 라이브러리는 size 바이트만큼을 버퍼에 할당한 다음 현재 작업 디렉터리를 저장한다. 만일 size가 0이면 C 라이브러리는 현재 작업 디렉터리를 저장할 만큼 충분한 버퍼를 할당한 다음 현재 작업 디렉터리를 저장한다. 그러면 작업이 끝나고 난 뒤 해당 버퍼를 free( )를 통해 해제할 책임은 애플리케이션의 몫이다. 이는 리눅스에 국한된 동작 방식으로 호환성을 중요한 가치로 여기거나 POSIX를 엄격히 지켜야 하는 애플리케이션은 이 기능에 의존해서는 안된다. 하지만 이런 기능을 통해 프로그램을 아주 단순하게 작성할 수 있다. 다음 예제를 보자.

```
char *cwd;
cwd = getcwd (NULL, 0);
if (!cwd) {
    perror ("getcwd");
    exit (EXIT_FAILURE);
}
printf ("cwd = %s\n", cwd); free (cwd);
```

리눅스 C 라이브러리는 getcwd( )에 NULL인 buf와 size에 0을 전달했을 때와 동일한 동작을 하는 get_current_dir_name( ) 함수를 제공한다.

```
#define _GNU_SOURCE
#include <unistd.h>

char * get_current_dir_name (void);
```

따라서 다음 코드는 앞에서 살펴본 코드와 똑같이 동작한다.

```
char *cwd;

cwd = get_current_dir_name ();
if (!cwd) {
    perror ("get_current_dir_name");
    exit (EXIT_FAILURE);
}
printf ("cwd = %s\n", cwd);

free (cwd);
```

오래된 BSD 시스템은 getwd() 호출을 더 자주 사용하는데 리눅스도 하위 호환성을 위해 이
함수를 지원한다.

```
#define _XOPEN_SOURCE_EXTENDED  /* 또는 _BSD_SOURCE*/
#include <unistd.h>

char * getwd (char *buf);
```

getwd()를 호출하면 길이가 최소한 PATH_MAX 바이트는 되어야 하는 buf에 현재 작업 디렉
터리를 복사한다. 호출이 성공하면 buf를 반환하고 실패하면 NULL을 반환한다. 예제를 보자.

```
char cwd[PATH_MAX];
if (!getwd (cwd)) {
    perror ("getwd");
    exit (EXIT_FAILURE);
}

printf ("cwd = %s\n", cwd);
```

호환성과 보안 때문에 애플리케이션에서는 getwd( ) 대신 getcwd( )를 사용해야 한다.

현재 작업 디렉터리 바꾸기

사용자가 시스템에 처음 로그인을 하면 login 프로세스는 사용자의 현재 작업 디렉터리를 /etc/passwd 파일에 명시된 홈 디렉터리로 설정한다. 하지만 때때로 프로세스가 현재 작업 디렉터리를 변경해야 하는 경우가 생긴다. 예를 들어 셸에서 사용자가 cd 명령을 사용하면 현재 작업 디렉터리를 변경한다.

리눅스는 두 가지 시스템 콜을 사용해서 현재 작업 디렉터리를 변경할 수 있다. 하나는 디렉터리 경로를 인자로 받고 다른 하나는 열려 있는 디렉터리를 나타내는 파일 디스크립터를 인자로 받는다.

```
#include <unistd.h>

int chdir (const char *path);
int fchdir (int fd);
```

chdir( )을 호출하면 현재 작업 디렉터리를 path가 가리키는 경로로 변경한다. path는 절대 경로나 상대 경로 모두 가능하다. fchdir( )은 파일 디스크립터 fd가 나타내는 디렉터리로 현재 작업 디렉터로리를 변경한다. fd는 반드시 디렉터리를 연 파일 디스크립터여야 한다. 호출이 성공하면 둘 다 0을 반환하고 실패하면 −1을 반환한다.

chdir( ) 호출이 실패하면 errno를 다음 값 중 하나로 설정한다.

EACCES	호출한 프로세스는 path를 탐색할 수 있는 권한이 없다.
EFAULT	path가 유효한 포인터가 아니다.
EIO	내부 입출력 에러가 발생했다.
ELOOP	path에 너무 많은 심벌릭 링크가 포함되어 있다.
ENAMETOOLONG	path가 너무 길다.
ENOENT	path가 존재하지 않는다.
ENOMEM	요청을 완료하는 데 필요한 메모리가 부족하다.

ENOTDIR	path가 디렉터리가 아니다.

fchdir( )은 errno를 다음 값 중 하나로 설정한다.

EACCES	호출한 프로세스는 path를 탐색할 수 있는 권한이 없다(예를 들면 실행 가능 비트가 설정되어 있지 않다). 이는 상위 디렉터리에 읽기 권한은 있지만 실행 권한은 없을 경우에 발생한다. open( )은 성공하지만 fchdir( )은 실패한다.
EBADF	fd가 열린 파일 디스크립터가 아니다.

파일시스템에 따라서 다른 에러가 등장할 가능성도 있다.

이런 시스템 콜을 현재 실행 중인 프로세스에만 영향을 미친다. 유닉스에서 다른 프로세스의 현재 작업 디렉터리를 변경하는 방법은 없다. 그러므로 셸의 cd 명령은 (대부분의 다른 명령과 마찬가지로) 분리된 프로세스가 될 수 없고 단순히 디렉터리를 첫 번째 인자로 받아서 chdir( )을 호출한다. 실제로 cd는 셸 내부에서 chdir( )을 호출하여 자신의 현재 작업 디렉터리를 변경하는 특수한 빌트인 명령어다.

getcwd( )는 현재 작업 디렉터리를 저장하고 나중에서 다시 그 디렉터리로 다시 돌아가야 할 때 주로 사용된다. 다음 예제를 보자.

```
char *swd;
int ret;

/* 현재 작업 디렉터리를 저장한다 */
swd = getcwd (NULL, 0);
if (!swd) {
    perror ("getcwd");
    exit (EXIT_FAILURE);
}

/* 다른 디렉터리로 변경한다 */
ret = chdir (some_other_dir);
if (ret) {
    perror ("chdir");
    exit (EXIT_FAILURE);
}
```

```
/* 새로운 디렉터리에서 다른 작업을 수행한다 */

/* 저장해둔 디렉터리로 돌아간다 */
ret = chdir (swd);
if (ret) {
    perror ("chdir");
    exit (EXIT_FAILURE);
}
free (swd);
```

하지만 open( )으로 현재 디렉터리를 열고 fchdir( )로 나중에 작업 디렉터리를 변경하는 방법이 더 낫다. 이 방법은 커널이 현재 작업 디렉터리의 경로를 메모리에 저장하지 않고 inode만 저장하므로 좀 더 빠르다. 사용자가 getcwd( )를 호출할 때마다 커널은 디렉터리 구조를 살펴보며 경로 이름을 생성해야 한다. 반대로 현재 작업 디렉터리를 열면 커널은 이미 사용 가능한 inode를 알고 있어서 파일을 여는 데 사람이 읽을 수 있는 경로 이름이 필요하지 않다. 다음 예제가 이런 접근 방법을 보여준다.

```
int swd_fd;

swd_fd = open (".", O_RDONLY);
if (swd_fd == -1) {
    perror ("open");
    exit (EXIT_FAILURE);
}

/* 다른 디렉터리로 변경한다 */
ret = chdir (some_other_dir);
if (ret) {
    perror ("chdir");
    exit (EXIT_FAILURE);
}

/* 새로운 디렉터리에서 다른 작업을 수행한다 */

/* 저장해둔 디렉터리로 돌아간다 */
ret = fchdir (swd_fd);
if (ret) {
    perror ("fchdir");
    exit (EXIT_FAILURE);
}
```

```
/* swf_fd 파일 디스크립터를 닫는다 */
ret = close (swd_fd);
if (ret) {
    perror ("close");
    exit (EXIT_FAILURE);
}
```

이 예제는 셸이 이전 디렉터리를 캐싱하는 구현이다(bash에서 cd - 같은 명령이다).

데몬처럼 현재 작업 디렉터리를 신경 쓰지 않는 프로세스는 일반적으로 chdir("/")를 호출해서 현재 작업 디렉터리를 /로 설정한다. 워드프로세서처럼 사용자와 상호 작용하는 애플리케이션은 일반적으로 현재 작업 디렉터리를 사용자의 홈 디렉터리로 설정하거나 문서 저장을 위해 준비된 디렉터리로 설정한다. 현재 작업 디렉터리는 상대 경로를 사용할 때만 유효하므로 대부분 사용자가 셸에서 실행하는 명령행 유틸리티에서 주로 활용한다.

8.2.2 디렉터리 생성하기

리눅스는 POSIX에서 정의한 디렉터리를 생성하는 시스템 콜을 제공한다.

```
#include <sys/stat.h>
#include <sys/types.h>

int mkdir (const char *path, mode_t mode);
```

mkdir() 호출이 성공하면 상대 경로나 절대 경로인 path 디렉터리를 생성하고 권한 비트를 mode로 설정한 다음(현재 umask를 적용한다) 0을 반환한다.

현재 설정된 umask는 일반적인 방법으로 mode 인자를 변경하고 운영체제에 특화된 모드 비트를 더한다. 리눅스에서는 새로 생성하는 디렉터리의 권한 비트는 (mode & ~umask & 01777)로 설정된다. 다르게 말하면 실제로 프로세스에 설정된 umask를 mkdir()을 호출해서 덮어쓰지 못하도록 한다. 만일 새로운 디렉터리의 부모 디렉터리에 sgid^set group ID가 설정되어 있거나 파일시스템이 bsdgroups로 마운트되었다면 새로운 디렉터리는 부모로부터 그룹을 상속받는다. 그렇지 않다면 프로세스의 유효 그룹 ID가 새로운 디렉터리에 적용된다.

mkdir()이 실패하면 -1을 반환하고 errno를 다음 값 중 하나로 설정한다.

EACCES	부모 디렉터리가 현재 프로세스에서 쓰기 권한이 없거나 path를 탐색할 수 있는 권한이 없다.
EEXIST	path가 이미 존재한다(디렉터리가 아니더라도).
EFAULT	path가 유효한 포인터가 아니다.
ELOOP	path에 심벌릭 링크가 너무 많이 포함되어 있다.
ENAMETOOLONG	path가 너무 길다.
ENOENT	path가 존재하지 않거나 존재하지 않는 대상을 가리키는 심벌릭 링크다.
ENOMEM	요청을 완료하는 데 필요한 메모리가 부족하다.
ENOSPC	path가 있는 장치에 남은 공간이 없거나 사용자의 디스크 용량 쿼터를 초과했다.
ENOTDIR	path가 디렉터리가 아니다.
EPERM	path가 있는 파일시스템은 디렉터리 생성을 지원하지 않는다.
EROFS	path가 있는 파일시스템이 읽기 전용으로 마운트되었다.

8.2.3 디렉터리 삭제하기

mkdir()의 반대로, POSIX에서 정의한 rmdir()은 파일시스템 구조에서 디렉터리를 삭제한다.

```
#include <unistd.h>

int rmdir (const char *path);
```

rmdir() 호출이 성공하면 파일시스템에서 path를 삭제하고 0을 반환한다. path로 명시한 디렉터리는 반드시 비어 있어야 하며 .이나 ..은 제외한다. rm -r처럼 재귀적으로 삭제할 수 있는 시스템 콜은 없다. 이를 구현하려면 수동으로 파일시스템에서 깊이 우선 탐색(DFS^{depth-first})을 수행한 다음 제일 말단부터 모든 파일과 디렉터리를 삭제하면서 올라와야 한다. 디렉터리에 있는 파일부터 모두 삭제한 다음에 디렉터리를 삭제하는 단계에서 rmdir()을 사용한다.

rmdir( )이 실패하면 −1을 반환하고 errno를 다음 값 중 하나로 설정한다

EACCES	path의 부모 디렉터리에 쓰기 권한이 없거나 path를 탐색할 수 있는 권한이 없다.
EBUSY	시스템에서 현재 path를 사용 중이며 삭제할 수 없다. 리눅스에서는 path가 마운트 포인트이거나 루트 디렉터리(chroot( ) 때문에 루트 디렉터리가 반드시 마운트 포인트일 필요는 없다)인 경우에만 이런 상황이 발생한다.
EFAULT	path가 유효한 포인터가 아니다
EINVAL	path에서 마지막 구성 요소가 . 디렉터리다.
ELOOP	path에 너무 많은 심벌릭 링크가 포함되어 있다.
ENAMETOOLONG	path가 너무 길다
ENOENT	path가 존재하지 않거나 존재하지 않는 대상을 가리키는 심벌릭 링크다.
ENOMEM	요청을 완료하는데 필요한 메모리가 부족하다
ENOTDIR	path가 디렉터리가 아니다
ENOTEMPTY	path에 .과 .. 외 다른 엔트리가 포함되어 있다(디렉터리가 비어있지 않다).
EPERM	path의 부모 디렉터리에 스티키 비트(S_ISVTX)가 켜져 있지만, 프로세스의 유효 사용자 ID가 부모 디렉터리의 사용자 ID나 path 자신의 사용자 ID가 아니며 프로세스에 CAP_FOWNER 기능이 없다. 아니면 path가 있는 파일시스템이 디렉터리 삭제를 허용하지 않는다.
EROFS	path가 있는 파일시스템이 읽기 전용으로 마운트되었다.

사용법은 간단하다.

```
int ret;

/* /home/barbary/maps 디렉터리를 삭제한다 */
ret = rmdir ("/home/barbary/maps");
if (ret)
    perror ("rmdir");
```

8.2.4 디렉터리 내용 읽기

POSIX는 디렉터리의 내용을 읽는, 즉 디렉터리에 담긴 파일 목록을 얻을 수 있는 함수들을 정의하고 있다. 이 함수들은 ls나 파일 저장 대화상자 등을 구현하거나 주어진 디렉터리 내의 모든 파일을 다뤄야 하거나 또는 주어진 패턴에 일치하는 파일을 찾아야 할 때 유용하다.

디렉터리의 내용을 읽기 전에 DIR 객체로 표현되는 디렉터리 스트림을 생성해야 한다.

```
#include <sys/types.h>
#include <dirent.h>

DIR * opendir (const char *name);
```

opendir( ) 호출이 성공하면 주어진 디렉터리를 나타내는 디렉터리 스트림이 만들어진다.

디렉터리 스트림은 디렉터리를 연 파일 디스크립터, 몇 가지 메타데이터 그리고 디렉터리의 내용을 저장할 버퍼 등을 담고 있다. 그래서 주어진 디렉터리 스트림에서 파일 디스크립터를 얻어오는 것도 가능하다.

```
#define _BSD_SOURCE /* 또는 _SVID_SOURCE */
#include <sys/types.h>
#include <dirent.h>

int dirfd (DIR *dir);
```

디렉터리 스트림에서 읽어오기

opendir( )로 디렉터리 스트림을 만들고 나면 readdir( )을 사용해서 디렉터리의 엔트리를 읽어올 수 있다. readdir( )은 주어진 DIR 객체에서 엔트리를 하나씩 읽어서 반환한다.

```
#include <sys/types.h>
#include <dirent.h>

struct dirent * readdir (DIR *dir);
```

readdir( ) 호출이 성공하면 dir이 가리키는 디렉터리에서 다음 엔트리를 하나 읽어온다. dirent 구조체는 하나의 디렉터리 엔트리를 가리킨다. dirent는 ⟨dirent.h⟩파일에 정의되어 있으며 리눅스에서의 정의는 다음과 같다.

```
struct dirent {
    ino_t d_ino;                /* inode 번호 */
    off_t d_off;                /* 다음 디렉터리 엔트리의 오프셋 */
    unsigned short d_reclen;    /* 이 항목의 길이 */
    unsigned char d_type;       /* 파일 타입*/
    char d_name[256];           /* f파일 이름 */
};
```

POSIX는 디렉터리 내부에 존재하는 파일 하나의 이름인 d_name 필드만 요구한다. 다른 필드는 옵션이거나 리눅스에서 정의한 필드다. 다른 시스템에서도 동작해야 하는 애플리케이션이거나 POSIX 표준을 엄격하게 지켜야 하는 프로그램에서는 d_name 필드만 사용해야 한다.

애플리케이션에서 readdir( )을 연속해서 호출하는 방식으로 원하는 파일을 찾을 때까지 디렉터리 내 개별 파일을 얻어오거나 아니면 readdir( )이 NULL을 반환할 때까지 전체 디렉터리를 모두 읽으면서 개별 파일을 얻어올 수 있다.

readdir( ) 호출이 실패하면 NULL을 반환한다. 디렉터리의 모든 엔트리를 읽어도 NULL을 반환하기 때문에 readdir( )을 호출하기 전에 errno를 0으로 설정한 다음 반환값과 errno를 같이 살펴야 한다. readdir( )에서 설정하는 errno는 dir이 유효하지 않음을 알려주는 EBADF가 유일하다. 따라서 많은 애플리케이션에서 에러를 검사하지 않으며 NULL이 반환되면 그냥 더 이상 읽을 파일이 없는 것으로 간주한다.

디렉터리 스트림 닫기

opendir( )로 연 디렉터리 스트림은 closedir( )로 닫는다.

```
#include <sys/types.h>
#include <dirent.h>

int closedir (DIR *dir);
```

closedir() 호출이 성공하면 dir이 가리키는 디렉터리 스트림과 여기 포함된 파일 디스크립터를 닫고 0을 반환한다. 호출이 실패하면 −1을 반환하고 errno를 dir이 열린 디렉터리 스트림이 아님을 나타내는 EBADF로 설정한다.

다음 예제는 디렉터리 이름과 파일 이름을 받아서 readdir()을 사용하여 주어진 디렉터리 안에서 파일을 찾는 find_file_in_dir() 함수 예제이다. 그 파일이 디렉터리 내에 존재하면 0을 반환하고 그렇지 않으면 0이 아닌 값을 반환한다.

```c
/*
 * find_file_in_dir -
 * 'path' 디렉터리에서 'file' 파일을 찾는다.
 *
 * 'file'이 'path' 안에 존재하면 0을 반환하고 그렇지 않으면 0이 아닌 값을 반환한다.
 */
int find_file_in_dir (const char *path, const char *file)
{
    struct dirent *entry;
    int ret = 1;
    DIR *dir;

    dir = opendir (path);

    errno = 0;
    while ((entry = readdir (dir)) != NULL) {
        if (strcmp(entry->d_name, file) == 0) {
            ret = 0;
            break;
        }
    }

    if (errno && !entry)
        perror ("readdir");

    closedir (dir);
    return ret;
}
```

디렉터리 내용을 읽기 위한 시스템 콜

앞서 살펴본 함수는 POSIX에서 정의하고 C 라이브러리에서 제공하는 디렉터리 내용을 읽어오는 함수다. 이 함수들은 내부적으로 readdir()과 getdents()라는 두 가지 시스템 콜을 사용한다. 설명을 위해 아래에 간략히 소개한다.

```
#include <unistd.h>
#include <linux/types.h>
#include <linux/dirent.h>
#include <linux/unistd.h>
#include <errno.h>

/*
 * 이 함수는 사용자 영역에 정의되어 있지 않으며
 *  _syscall3() 매크로를 통해서 접근해야 한다.
 */
int readdir (unsigned int fd,
        struct dirent *dirp,
        unsigned int count);

int getdents (unsigned int fd,
        struct dirent *dirp,
        unsigned int count);
```

군이 이 함수를 사용하고 싶진 않을 것이다! 이 함수들은 이식성도 없을뿐더러 잘 다듬어지지도 않았다. 사용자 영역 애플리케이션은 반드시 C 라이브러리의 opendir(), readdir(), closedir() 시스템 콜을 사용해야 한다.

8.3 링크

디렉터리에서 이름과 inode를 맵핑하는 개념을 링크라고 설명했던 부분을 떠올려보자. 링크는 본질적으로 inode를 가리키는 목록(디렉터리)에 있는 이름일 뿐이라는 간단한 정의에 의하면 동일한 inode에 링크를 여러 개 걸지 못할 이유는 없어 보인다. 이 말은 단일 inode(즉 단일 파일)는 /etc/customs과 /var/run/ledger 양쪽에서 참조될 수 있다.

실제로 이 경우, 링크는 inode와 맵핑되고 inode 번호는 특정 파일시스템에 연관되어 있으므로 /etc/customs와 /var/run/ledger는 반드시 같은 파일시스템에 존재해야 한다. 같은 파일시스템 내부에서만 특정 파일에 여러 링크를 걸 수 있다. 링크의 개수를 저장하기 위해 사용하는 정수형 데이터 타입의 크기만이 유일한 제약이다. 같은 파일을 가리키는 모든 링크는 동등한 지위를 가지고 있으며 '원본' 링크 또는 '주' 링크는 없다.

이런 링크를 하드 링크라고 한다. 파일은 0, 1 또는 여러 개의 링크를 가질 수 있다. 대부분의 파일은 하나의 링크를 가지고 있는데 이 말은 하나의 디렉터리 엔트리에 의해 지칭된다는 의미다. 하지만 어떤 파일은 2개 이상의 링크를 가지고 있기도 하다. 링크를 하나도 가지지 않는 파일은 파일시스템에서 대응하는 디렉터리 엔트리가 존재하지 않는다. 파일의 링크 카운터가 0이 되면 그 파일은 특별한 표시가 붙고 사용하고 있던 디스크 블록은 재사용이 가능해진다.* 하지만 이런 파일은 프로세스가 파일을 열고 있는 동안은 파일시스템에 계속 남아 있는데, 이 파일을 열고 있는 프로세스가 없어지면 파일도 삭제된다.

리눅스 커널은 링크 카운터와 사용 카운터를 이용해서 이를 구현한다. 사용 카운터는 파일을 열고 있는 인스턴스의 개수를 센다. 링크 카운터와 사용 카운터 모두 0이 되지 않는 한 파일시스템에서 삭제되지 않는다.

또 다른 링크 타입은 심벌릭 링크로, 파일시스템 맵핑이 아니라 실행 중에 해석되는 링크다. 이런 링크는 파일시스템이 달라도 사용할 수 있다. 곧 살펴보도록 하자.

8.3.1 하드 링크

link( ) 시스템 콜은 이전부터 존재하던 유닉스 시스템 콜의 하나로, 현재는 POSIX에서 표준화했다. 이 시스템 콜은 이미 존재하는 파일에 새로운 링크를 생성한다.

```
#include <unistd.h>

int link (const char *oldpath, const char *newpath);
```

link( ) 호출이 성공하면 이미 존재하는 파일인 oldpath를 가리키는 newpath라는 링크를

---

* 링크 카운터가 0이지만 해당 블록은 할당되었다고 표시해주는 작업은 파일시스템 검사 유틸리티인 fsck가 하는 일이다. 파일을 삭제했지만 열린 상태로 시스템이 비정상적으로 종료되어 미처 닫지 못했을 때 주로 발생한다. 커널은 이와 같은 파일시스템 블록을 재사용이 가능하다고 표시하지 않으므로 여기서 불일치가 생긴다. 저널링 파일시스템은 이런 종류의 에러를 제거한다.

생성하고 0을 반환한다. 호출이 완료되면 oldpath와 newpath는 같은 파일을 가리킨다. 실제로 어떤 링크가 '원본'인지 확인할 수 있는 방법은 없다.

호출이 실패하면 −1을 반환하고 errno를 다음 값 중 하나로 설정한다.

EACCES	호출한 프로세스에 oldpath를 탐색할 수 있는 권한이 없거나 newpath가 저장될 디렉터리에 쓰기 권한이 없다.
EEXIST	newpath가 이미 존재한다. link( )는 기존의 디렉터리 엔트리를 덮어쓰지 않는다.
EFAULT	oldpath 혹은 newpath가 유효한 포인터가 아니다.
EIO	내부 입출력 에러가 발생했다(이는 심각한 오류다).
ELOOP	oldpath 또는 newpath에 너무 많은 심벌릭 링크가 포함되어 있다.
EMLINK	oldpath가 가리키는 inode에 걸 수 있는 링크 수가 이미 최대치다.
ENAMETOOLONG	oldpath 또는 newpath가 너무 길다.
ENOENT	oldpath 또는 newpath가 존재하지 않는다.
ENOMEM	요청을 완료하는 데 필요한 메모리가 부족하다.
ENOSPC	newpath가 있는 디바이스에 새로운 디렉터리 엔트리를 저장할 공간이 없다.
ENOTDIR	oldpath 또는 newpath가 디렉터리가 아니다.
EPERM	newpath가 있는 파일시스템이 새로운 하드 링크 생성을 허용하지 않거나 oldpath가 디렉터리다.
EROFS	newpath가 있는 파일시스템이 읽기 전용으로 마운트되었다.
EXDEV	newpath와 oldpath가 동일하게 마운트된 파일시스템에 있지 않다. (리눅스에서는 하나의 파일시스템이 여러 군데 마운트될 수 있지만, 이 경우에는 마운트 포인트만 다르더라도 하드 링크를 생성할 수 없다.)

다음 예제는 새로운 디렉터리 엔트리인 pirate를 생성하고 기존 파일인 privateer와 동일한 inode로 맵핑한다(따라서 두 파일은 같다). 둘 다 /home/kidd에 위치한다.

```
int ret;

/*
 * /home/kidd/privateer와 동일한 inode를 가리키는
 * 새로운 디렉터리 엔트리인 '/home/kidd/pirate'를 생성한다
 */
ret = link ("/home/kidd/privateer", /home/kidd/pirate");
if (ret)
    perror ("link");
```

8.3.2 심벌릭 링크

심링크[symlink] 또는 소프트 링크라고도 알려진 심벌릭 링크는 파일시스템에 존재하는 파일을 가리킨다는 점에서 하드 링크와 비슷하다. 하지만 심벌릭 링크는 추가적인 디렉터리 엔트리가 아니라 새로운 유형의 파일이라는 점이 다르다. 이 특수 파일은 심벌릭 링크가 가리키는 다른 파일의 경로를 가지고 있다. 커널은 링크 그 자체에 대해서 동작하는 lstat( ) 같은 l로 시작하는 시스템 콜을 사용한 게 아니라면 실행 중에 동적으로 심벌릭 링크의 경로를 심벌릭 링크가 가리키는 대상으로 교체한다. 따라서 하드 링크는 같은 파일을 가리키는 다른 하드 링크와 구분이 안되지만, 심벌릭 링크와 심벌릭 링크가 가리키는 파일은 쉽게 구분할 수 있다.

소프트 링크와 하드 링크는 ls 명령으로도 구분해 볼 수 있는데, /bin/sh 파일에 대한 소프트 링크와 하드 링크가 어떻게 구분되는지 직접 확인해보자.

먼저 /bin/sh 파일에 대한 정보를 확인하자.

```
scari@sylvanas:~$ ls -l /bin/sh
-r-xr-xr-x  2 root  wheel  628800  9 27 11:03 /bin/sh
```

다음은 /bin/sh 파일에 대한 소프트 링크와 하드 링크를 만들고 이를 ls 명령으로 확인해보자.

```
scari@sylvanas:~$ ln -s /bin/sh soft_link_to_sh
scari@sylvanas:~$ ln /bin/sh hard_link_to_sh
scari@sylvanas:~$ ls -l soft_link_to_sh
lrwxr-xr-x  1 scari  staff  7 11 24 05:52 soft_link_to_sh -> /bin/sh
scari@sylvanas:~$ ls -l hard_link_to_sh
-r-xr-xr-x  2 root  wheel  628800  9 27 11:03 hard_link_to_sh
```

심벌릭 링크는 상대 경로나 절대 경로로 표현할 수 있다. 또한, 앞에서 살펴본 현재 디렉터리를 나타내는 . 디렉터리나 부모 디렉터리를 나타내는 .. 디렉터리도 포함할 수 있다. 이렇게 상대 경로를 포함한 심벌릭 링크는 흔히 사용되는 편이지만 유용하지는 않다.

하드 링크와 달리 소프트 링크는 파일시스템이 달라도 사용할 수 있다. 사실상 어떤 곳이라도 가리킬 수 있다. 심벌릭 링크는 일반적으로 존재하는 파일을 가리키지만, 존재하지 않는 파일도 가리킬 수 있다. 존재하지 않는 파일을 가리키는 링크를 댕글링 링크라고 한다.* 링크가 가리키는 대상은 삭제되었지만, 심벌릭 링크는 삭제하지 않아서 댕글링 링크가 생기는 경우가 있다. 하지만 의도적으로 이런 상태를 만들기도 한다. 심벌릭 링크는 다른 심벌릭 링크를 가리킬 수 있다. 이렇게 하면 서로가 서로를 가리키므로 루프가 생긴다. 심벌릭 링크를 다루는 시스템 콜은 탐색할 수 있는 최댓값을 유지하여 이런 루프를 검사한다. 만일 탐색할 수 있는 최대 깊이를 초과하면 ELOOP를 반환한다.

심벌릭 링크를 만들기 위한 시스템 콜은 하드 링크 생성을 위한 함수와 매우 유사하다.

```
#include <unistd.h>

int symlink (const char *oldpath, const char *newpath);
```

symlink() 호출이 성공하면 oldpath를 가리키는 심벌릭 링크인 newpath를 생성하고 0을 반환한다.

에러가 발생하면 −1을 반환하고 errno를 다음 값 중 하나로 설정한다.

EACCES	호출한 프로세스가 oldpath를 탐색할 수 있는 권한이 없거나 newpath가 저장될 디렉터리에 쓰기 권한이 없다.
EEXIST	newpath가 이미 존재한다. symlink()는 기존 디렉터리 엔트리를 덮어쓰지 않는다.
EFAULT	oldpath 또는 newpath가 유효한 포인터가 아니다.
EIO	내부 입출력 에러가 발생했다(이는 심각한 문제다).
ELOOP	oldpath나 newpath에 너무 많은 심벌릭 링크가 포함되어 있다.

....
* 역자주_ dangling link. 비슷한 의미로 이미 해제된 메모리 영역을 가리키고 있는 포인터를 댕글링 포인터라고 한다.

EMLINK	oldpath가 가리키는 inode에 걸 수 있는 링크 수가 이미 최대치다.
ENAMETOOLONG	oldpath 또는 newpath가 너무 길다.
ENOENT	oldpath 또는 newpath가 존재하지 않는다.
ENOMEM	요청을 완료하기 위해 필요한 메모리가 부족하다.
ENOSPC	newpath가 있는 디바이스에 새로운 디렉터리 엔트리를 저장할 공간이 없다.
ENOTDIR	oldpath 또는 newpath가 디렉터리가 아니다.
EPERM	newpath가 저장될 파일시스템이 새로운 심벌릭 링크 생성을 허용하지 않는다.
EROFS	newpath가 있는 파일시스템이 읽기 전용으로 마운트되었다.

다음 코드는 앞서 소개한 예제와 동일하지만 /home/kidd/privateer를 가리키는 하드 링크가 아니라 심벌릭 링크를 만든다.

```
int ret;

/*
 * /home/kidd/privateer를 가리키는 심벌릭 링크, /home/kidd/pirate을 생성한다
 */
ret = symlink ("/home/kidd/privateer", "/home/kidd/pirate");
if (ret)
    perror ("symlink");
```

8.3.3 링크 끊기

링크를 거는 것과 반대인 링크 끊기는 파일시스템에서 경로 이름을 삭제한다. unlink() 시스템 콜이 이 작업을 수행한다.

```
#include <unistd.h>

int unlink (const char *pathname);
```

unlink( ) 호출이 성공하면 파일시스템에서 pathname을 삭제하고 0을 반환한다. 이 이름이 그 파일을 참조하는 최후의 대상이라면 파일은 파일시스템에서 삭제된다. 하지만 프로세스가 파일을 열고 있는 상태라면 커널은 그 프로세스가 그 파일을 닫을 때까지 파일시스템에서 그 파일을 삭제하지 않는다. 열고 있는 프로세스가 없다면 그 파일을 삭제된다.

만일 pathname이 심벌릭 링크라면 링크가 가리키는 대상이 아니라 링크 그 자체가 삭제된다.

pathname이 디바이스, FIFO, 소켓 같은 특수 파일이라면 해당 파일은 삭제되지만, 이미 그 파일을 열고 있는 프로세스는 계속해서 그 파일을 활용할 수 있다.

에러가 발생하면 −1을 반환하고 errno를 다음 값 중 하나로 설정한다.

EACCES	호출한 프로세스가 pathname의 부모 디렉터리에 쓰기 권한이 없거나 pathname을 탐색할 수 있는 권한이 없다.
EFAULT	pathname이 유효한 포인터가 아니다.
EIO	내부 입출력 에러가 발생했다. (이는 심각한 문제다)
EISDIR	pathname이 디렉터리를 참조한다.
ELOOP	pathname에 너무 많은 심벌릭 링크가 포함되어 있다.
ENAMETOOLONG	pathname이 너무 길다.
ENOENT	pathname이 존재하지 않는다.
ENOMEM	요청을 완료하기 위해 필요한 메모리가 부족하다.
ENOTDIR	pathname이 디렉터리가 아니다.
EPERM	시스템에서 파일 삭제를 허용하지 않는다
EROFS	pathname이 있는 파일시스템이 읽기 전용으로 마운트되었다.

unlink( )는 디렉터리를 삭제하지 않는다. 디렉터리를 삭제하려면 앞서 살펴본 rmdir( )을 사용해야 한다(351쪽 '디렉터리 삭제하기').

C 언어는 파일 타입에 상관없이 과감하게 삭제를 수행할 수 있는 remove( ) 함수를 제공한다.

```
#include <stdio.h>

int remove (const char *path);
```

remove( ) 호출이 성공하면 파일시스템에서 path를 삭제하고 0을 반환한다. path가 파일이
라면 remove( )는 unlink( )를 호출하고 디렉터리라면 rmdir( )을 호출한다.

호출이 실패하면 remove( )는 −1을 반환하고 errno를 unlink( )나 rmdir( )에서 설정하는
값으로 설정한다.

8.4 파일 복사와 이동

파일을 다루는 작업에서 가장 기본은 cp와 mv 명령으로 수행하는 복사와 이동이다. 파일시스
템 수준에서 복사는 파일 내용을 새로운 경로로 복제하는 작업이다. 이는 복사한 파일의 내용
을 바꾸더라도 원본 파일의 내용은 바뀌지 않으므로 파일에 새로운 하드 링크를 거는 작업과는
다르다. 즉 복사는 완전히 독립적인 두 개의 파일이 서로 다른 디렉터리 엔트리로 존재하는 것
이다. 반대로 파일 이동은 파일이 위치한 디렉터리 엔트리의 이름을 바꾸는 것이다. 이는 복사
본을 만들지 않는다.

8.4.1 복사

혹자에게는 놀라울 수도 있으나 유닉스는 파일과 디렉터리를 복사하기 위한 시스템 콜이나 라
이브러리를 제공하지 않는다. 대신 cp나 GNOME의 파일 매니저에서 이런 작업을 수동으로
수행한다. src 파일을 dst로 복사하려면 다음과 같이 한다.

  1 src를 연다
  2 dst를 연다. dst가 없으면 새로 생성하고 dst가 있으면 길이를 0으로 자른다
  3 src의 내용을 일부 메모리로 읽어온다
  4 메모리에 읽은 내용을 dst에 쓴다.
  5 src의 내용을 모두 읽어서 dst에 다 쓸 때까지 계속 반복한다.
  6 dst를 닫는다.
  7 src를 닫는다.

디렉터리를 복사하려면 개별 디렉터리와 하위 디렉터리를 모두 mkdir( )로 생성한 다음 개별
파일을 디렉터리로 복사한다.

8.4.2 이동

파일 복사와 달리 유닉스는 파일 이동을 위한 시스템 콜을 제공한다. ANSI C 표준은 파일 이동을 위한 함수를 도입했고 POSIX는 파일과 디렉터리 모두를 위한 표준을 정의했다.

```
#include <stdio.h>

int rename (const char *oldpath, const char *newpath);
```

rename() 호출이 성공하면 oldpath를 newpath로 바꾼다. 파일의 내용과 inode는 그대로 유지된다. oldpath와 newpath는 같은 파일시스템에 존재해야 한다.* 그렇지 않으면 호출은 실패한다. mv 같은 유틸리티는 복사와 링크 끊기를 통해서 이런 경우를 처리한다.

호출이 성공하면 0을 반환하고 oldpath로 참조했던 파일은 이제 newpath가 된다. 호출이 실패하면 −1을 반환하며 oldpath나 newpath를 건드리지 않는다. errno는 다음 값 중 하나로 설정된다.

EACCES   호출한 프로세스에서 oldpath 또는 newpath를 탐색할 수 있는 권한이 없거나 oldpath 또는 newpath의 부모 디렉터리에 쓰기 권한이 없다. oldpath가 디렉터리인 경우 oldpath에 대한 쓰기 권한이 없다. 마지막 경우가 문제가 되는 이유는 oldpath가 디렉터리라면 rename()이 oldpath에서 ..을 갱신해야 하기 때문이다.

EBUSY   oldpath 또는 newpath가 마운트 포인트다.

EFAULT   oldpath 또는 newpath 포인터가 유효하지 않다.

EINVAL   newpath가 oldpath를 포함해서 oldpath가 그 자신의 하위 디렉터리로 만들려고 시도한다.

EISDIR   newpath가 이미 존재하며 디렉터리지만 oldpath는 디렉터리가 아니다.

ELOOP   oldpath 또는 newpath에 너무 많은 심벌릭 링크가 포함되어 있다.

EMLINK   oldpath에 걸 수 있는 링크 수가 이미 최대치이거나 oldpath가 디렉터리고 newpath에 걸 수 있는 링크 수가 이미 최대치다.

----
* 리눅스는 한 디바이스를 여러 곳에 마운트할 수 있지만 같은 디바이스에 있는 경우라도 다른 마운트 포인트로 이름을 변경할 수 없다.

ENAMETOOLONG   oldpath 또는 newpath가 너무 길다.

ENOENT   oldpath 또는 newpath가 존재하지 않거나 댕글링 링크다.

ENOMEM   요청을 완료하는 데 필요한 메모리가 부족하다.

ENOSPC   요청을 완료하는 데 필요한 디바이스의 공간이 부족하다.

ENOTDIR   oldpath 또는 newpath가 디렉터리가 아니거나 oldpath는 디렉터리이지만 newpath는 디렉터리가 아니다.

ENOTEMPTY   newpath가 디렉터리이고 비어 있지 않다.

EPERM   oldpath 또는 newpath 중 하나가 이미 존재하며 부모 디렉터리에 스티키 비트가 설정되어 있고, 호출하는 프로세스의 유효 사용자 ID가 파일의 사용자 ID도 부모의 사용자 ID도 아니며 프로세스에 권한이 없다.

EROFS   파일시스템이 읽기 전용으로 마운트되었다.

EXDEV   oldpath와 newpath가 같은 파일시스템에 있지 않다.

[표 8-1]은 다양한 파일 타입에 따른 이동 결과를 보여준다.

표 8-1 파일 타입에 따른 이동 결과

원본 \ 대상	파일	디렉터리	링크	없음
파일	원본이 대상을 덮어쓴다.	EISDIR 에러 발생	파일 이름이 바뀌고 대상을 덮어쓴다.	파일 이름이 바뀐다.
디렉터리	ENOTDIR 에러 발생	대상이 비어 있다면 원본이 대상으로 이름을 바꾼다. 그렇지 않다면 ENOTEMPTY 에러가 발생한다.	디렉터리 이름이 바뀌고 대상을 덮어쓴다.	디렉터리 이름이 바뀐다.
링크	링크 이름이 바뀌고 대상을 덮어쓴다.	EISDIR 에러 발생	링크 이름이 바뀌고 대상을 덮어쓴다.	링크 이름이 바뀐다.
없음	ENOENT 에러 발생	ENOENT 에러 발생	ENOENT 에러 발생	ENOENT 에러 발생

파일 타입과 무관하게 모든 경우에서 원본과 대상이 서로 다른 파일시스템에 존재한다면 해당 호출은 실패하고 EXDEV를 반환한다.

8.5 디바이스 노드

디바이스 노드는 애플리케이션과 디바이스 드라이버를 연결하는 인터페이스를 제공하는 특수한 파일이다. 애플리케이션에서 디바이스 노드를 대상으로 열기, 닫기, 읽기, 쓰기 같은 일반적인 유닉스 입출력을 수행하면 커널은 이런 요청을 일반 파일 입출력처럼 다루지 않는다. 대신커널은 이런 요청을 디바이스 드라이버로 전달한다. 디바이스 드라이버는 이런 입출력 연산을처리한 다음 결과를 사용자에게 반환한다. 디바이스 노드는 디바이스 추상화를 제공하여 애플리케이션이 디바이스의 세부 사항이나 심지어는 특수한 인터페이스를 공부해야 할 필요가 없도록 해준다. 디바이스 노드는 유닉스 시스템에서 하드웨어에 접근하는 표준 메커니즘이다. 네트워크 디바이스는 드문 예외인데 누군가는 유닉스 역사 속에 이 예외는 실수라고 주장하기도했다. 어쨌든 시스템 하드웨어를 read( ), write( ), 그리고 mmap( ) 호출을 통해 다루는 방식은 매우 명쾌한 방식이다.

커널이 어떤 디바이스 드라이버에 요청을 전달해야 하는지 확인하는 방법은 무엇일까? 각 디바이스 노드는 메이저 번호와 마이너 번호라는 두 가지 숫자가 매겨진다. 메이저 번호와 마이너 번호는 커널에 적재된 특정 디바이스 드라이버와 맵핑된다. 만일 커널에 적재된 디바이스드라이버에 대응되지 않는 메이저 번호와 마이너 번호를 가진 디바이스 노드를 오픈하면 −1을반환하고 errno를 ENODEV로 설정한다(여러 가지 이유로 이런 일은 자주 일어난다). 이런 디바이스 노드는 존재하지 않는 디바이스를 나타낸다고 볼 수 있다.

8.5.1 특수 디바이스 노드

몇몇 디바이스 노드는 모든 리눅스 시스템에 존재한다. 이런 디바이스 노드는 리눅스 개발 환경의 일부이며 리눅스 ABI로 취급한다.

null 디바이스는 메이저 번호가 1, 마이너 번호가 3이며 /dev/null에 위치한다. 이 디바이스파일은 root가 소유하고 모든 사용자가 읽거나 쓰는 게 가능해야 한다. 커널은 이 디바이스에들어오는 모든 쓰기 요청을 무시하고 이 파일에 대한 읽기 요청에는 EOF를 반환한다.

zero 디바이스는 메이저 번호가 1, 마이너 번호가 5이며 /dev/zero에 위치한다. null 디바이스와 마찬가지로 커널은 zero 디바이스로 들어오는 모든 쓰기 요청을 무시하고 이 파일에 대한 읽기 요청에는 무한한 null 바이트 스트림을 반환한다.

full 디바이스는 메이저 번호가 1, 마이너 번호가 7이며 /dev/full에 위치한다. zero 디바이스와 유사하게 읽기 요청은 null 문자(\0)를 반환한다. 하지만 쓰기 요청에는 항상 디바이스가 가득 찬 상태를 나타내는 ENOSPC 에러를 반환한다.

이런 디바이스는 다양한 목적으로 사용한다. 예를 들어 파일시스템이 가득 찬 상황에서 애플리케이션이 어떻게 동작하는지 테스트할 때 유용하게 사용할 수 있다. null과 zero 디바이스는 쓰기를 무시하므로 원치 않는 입출력을 말끔히 처리할 수 있다.

8.5.2 난수 발생기

커널의 난수 발생기는 /dev/random과 /dev/urandom에 위치한다. 메이저 번호는 1이고 마이너 번호는 각각 8과 9다.

커널의 난수 발생기는 디바이스 드라이버와 다른 소스로부터 잡음을 수집하고 커널에서 이를 모아 단방향 해시를 만든다. 그리고 엔트로피 풀에 이 결과를 저장한다. 커널은 이 풀의 엔트로피 비트 숫자를 계속 추정한다.

/dev/random 파일을 읽으면 엔트로피 풀에서 엔트로피를 반환한다. 반환 결과는 난수 발생기에 사용할 시드 값을 쓰거나, 키 생성을 수행하거나 아니면 암호학적인 측면에서 강한 엔트로피가 필요한 작업을 수행하는 데 쓸만하다.

이론상으로 엔트로피 풀에서 충분한 데이터를 얻어서 단방향 해시를 깨트린 공격자가 엔트로피 풀의 상태에 대한 정보를 습득할 수도 있다. 이런 공격은 현재 이론상으로만(실제 이런 공격이 있었다고 보고된 적은 없다) 가능하지만 커널은 이런 가능성에 대비해 매번 읽기 요청이 있을 때마다 이 풀의 엔트로피 총량 추정을 줄여나간다. 추정값이 0에 도달하면 시스템이 더 많은 엔트로피를 생성해서 충분히 큰 값이 되기까지 읽기 요청을 블록한다.

/dev/urandom은 이런 속성을 가지지 않는다. 커널의 엔트로피 추정값이 요청을 완료하기에 충분하지 않더라도 읽기 요청은 성공한다. GNU PG[Privacy Guard] 같은 보안이 필요한 애플리케이션에서는 암호학적으로 강한 엔트로피를 필요로 하지만 대부분의 일반 애플리케이션은 그렇지 않으므로 /dev/random 대신 /dev/urandom을 사용하면 된다. /dev/random은 커널의 엔트로피 풀을 유지하는 입출력 활동이 발생하지 않을 경우 아주 오랫동안 블록될 가능성이 있다. 디스크도 없고 키보드, 모니터가 없는 서버 장비에서는 그리 드물지 않은 일이다.

8.6 대역 외 통신

유닉스 파일 모델은 인상적이다. 단지 읽기와 쓰기 연산만으로 어떤 객체에 수행할 대다수의 동작을 추상화한다. 하지만 가끔 데이터 스트림 밖에서 파일과 통신해야 하는 경우가 있다. 예를 들어 시리얼 포트를 생각해보자. 시리얼 포트에서 읽는 작업은 시리얼 포트의 끝에 연결된 하드웨어로부터 데이터를 읽어오고 시리얼 포트에 쓰는 작업은 연결된 하드웨어로 데이터를 보낸다. 시리얼 포트의 특수한 상태 핀인 DTR[Data Terminal Ready] 신호는 어떻게 읽어야 할까? 아니면 시리얼 포트의 패리티는 어떻게 처리해야 할까?

해답은 ioctl() 시스템 콜을 사용하는 것이다. ioctl()은 입출력 컨트롤을 의미하며 대역 외(OOB[Out-Of-Band]) 통신을 허용한다.

```
#include <sys/ioctl.h>

int ioctl (int fd, int request, ...);
```

ioctl()은 두 가지 인자가 필요하다.

fd   파일 디스크립터

request   특수한 요청 코드 값으로 fd가 참조하는 파일에 대해서 수행 가능한 연산이 무엇인지 커널과 프로세스에 의해서 미리 정의한다.

또한, 커널로 전달하기 위해 타입이 정해지지 않은 추가 인자(일반적으로 부호 없는 정수나 포인터)를 받을 수 있다.

다음 프로그램은 CDROMEJECT 요청을 사용해서 명령행에서 인자로 받은 디바이스 노드가 가리키는 CD-ROM 드라이브의 트레이를 꺼낸다. 이 프로그램은 표준 eject 명령과 유사하게 동작한다.

```
#include <sys/types.h>
#include <sys/stat.h>
#include <fcntl.h>
#include <sys/ioctl.h>
#include <unistd.h>
#include <linux/cdrom.h>
```

```
#include <stdio.h>

int main (int argc, char *argv[])
{
    int fd, ret;

    if (argc < 2) {
        fprintf (stderr,
            "usage: %s <device to eject>\n",
            argv[0]);
        return 1;
    }
    /*
     * CD-ROM 디바이스를 읽기 전용으로 연다.
     * O_NONBLOCK은 드라이브에 미디어가 없더라도 트레이를 열겠다는 의미다.
     */
    fd = open (argv[1], O_RDONLY | O_NONBLOCK);
    if (fd < 0) {
        perror ("open");
        return 1;
    }

    /* CD-ROM 디바이스에 CDROMEJECT 명령을 보낸다 */
    ret = ioctl (fd, CDROMEJECT, 0);
    if (ret) {
        perror ("ioctl");
        return 1;
    }

    ret = close (fd);
    if (ret) {
        perror ("close");
        return 1;
    }

    return 0;
}
```

CDROMEJECT 요청은 리눅스의 CD-ROM 디바이스 드라이버에서 제공하는 기능이다. 커널이 ioctl() 요청을 받으면 실제 파일인 경우 파일시스템이나, 디바이스 노드인 경우 전달받은 파일 디스크립터에 해당하는 디바이스 드라이버를 찾아 해당 요청을 전달한다. 여기서 CD-ROM 디바이스 드라이버는 요청을 받아서 물리적으로 드라이브의 트레이를 꺼낸다.

이 장 후반부에서 요청한 프로세스에 정보를 반환하기 위해 추가 인자를 사용하는 `ioctl()` 예제를 살펴보겠다.

8.7 파일 이벤트 모니터링

리눅스는 파일이 옮겨지거나 읽히거나 쓰여지거나 삭제되는 등의 이벤트를 모니터링할 수 있는 inotify라는 인터페이스를 제공한다. GNOME의 파일 매니저 같은 파일 매니저를 작성한다고 해보자. 파일 매니저에서 디렉터리의 내용을 출력하고 있는 도중에 그 디렉터리로 파일이 복사되면 파일 매니저의 화면과 불일치가 생긴다.

디렉터리의 내용을 계속 다시 읽으면서 내용이 바뀌면 화면을 갱신하는 방법을 쓸 수도 있다. 하지만 주기적으로 부하가 발생하므로 세련된 해법이라고 볼 수는 없다. 더욱이 파일이 삭제되거나 추가되는 시점과 파일 매니저가 디렉터리를 다시 읽는 시점 간의 경쟁 상태가 발생한다.

inotify를 사용하면 커널은 이벤트가 발생했음을 애플리케이션에 알려줄 수 있다. 파일이 삭제되자마자 커널은 파일이 삭제되었음을 파일 매니저에 통지하고 파일 매니저는 즉시 삭제된 파일을 디렉터리 화면에서 제거할 수 있다.

다른 애플리케이션에서도 파일 이벤트는 유용하다. 백업 유틸리티나 데이터 색인 툴을 생각해보자. inotify는 이런 프로그램이 실시간으로 동작할 수 있게 해준다. 파일이 생성되거나 삭제, 또는 기록되는 시점에 백업을 수행하거나 데이터 색인을 수행할 수 있다.

inotify는 복잡하고 느린 시그널 기반 인터페이스를 사용해서 만들어진 파일 모니터링 매커니즘인 dnotify를 대체한다. 애플리케이션은 항상 dnotify가 아니라 inotify를 사용해야 한다. inotify는 커널 2.6.13부터 사용 가능하며 일반 파일에서 수행 가능한 연산은 inotify에서도 동일하게 사용할 수 있으므로 유연하고 사용이 편리하다. 이 책에서는 inotify만 다루도록 하겠다.

8.7.1 inotify 초기화하기

inotify는 사용하기 전에 반드시 초기화부터 해야 한다. `inotify_init()` 시스템 콜은 inotify를 초기화하고 초기화된 인스턴스를 나타내는 파일 디스크립터를 반환한다.

```
#include <sys/inotify.h>

int inotify_init1 (int flags);
```

flags 인자는 보통 0으로 쓰지만 다음 플래그를 OR로 묶어서 사용할 수도 있다.

IN_CLOEXEC 새로운 파일 디스크립터에 close-on-exec를 설정한다.

IN_NONBLOCK 새로운 파일 디스크럽터에 O_NONBLOCK을 설정한다.

      에러가 발생하면 −1을 반환하고 errno를 다음 값 중 하나로 설정한다.

EMFILE 사용자별 inotify 인스턴스 최대 개수에 도달했다.

ENFILE 시스템에서 사용 가능한 파일 디스크립터 최대 개수에 도달했다.

ENOMEM 요청을 완료하기 위해 필요한 메모리가 부족하다.

다음 단계에서 계속해서 사용할 수 있도록 inotify를 초기화하자.

```
int fd;
fd = inotify_init1 (0); if (fd == -1) {
        perror ("inotify_init1");
        exit (EXIT_FAILURE);
}
```

8.7.2 감시

inotify를 초기화하고 나면 감시[watch]를 설정한다. 감시는 감시 디스크립터로 표현되며 표준 유닉스 경로와 커널에게 어떤 이벤트에 관심이 있는지 알려줄 관련된 감시 마스크(읽기, 쓰기, 또는 둘 다)로 구성되어 있다.

inotify는 파일과 디렉터리 모두를 감시할 수 있다. 디렉터리를 감시한다면 inotify는 디렉터리 그 자체에 발생하는 이벤트와 그 디렉터리에 포함된 파일(하지만 하위 디렉터리에 포함된 파일은 포함되지 않는다. 감시는 재귀적이지 않다)에서 발생하는 이벤트를 알려준다.

새로운 감시 등록하기

inotify_add_watch() 시스템 콜은 fd가 가리키는 inotify 인스턴스에 path가 가리키는
파일이나 디렉터리에 대한 mask가 지정한 사건을 추가한다.

```
#include <sys/inotify.h>

int inotify_add_watch (int fd,
        const char *path,
        uint32_t mask);
```

호출이 성공하면 새로운 감시 디스크립터를 반환한다. 호출이 실패하면 −1을 반환하고 errno
를 다음 값 중 하나로 설정한다.

EBADF	파일 디스크립터 fd가 유효한 inotify 인스턴스가 아니다.
EFAULT	path가 유효한 포인터가 아니다.
EINVAL	감시 마스크인 mask에 포함된 이벤트가 유효하지 않다.
ENOMEM	요청을 완료하는 데 필요한 메모리가 부족하다.
ENOSPC	사용자별 inotify 감시 인스턴스 최대 개수에 도달했다.
EACCES	path가 가리키는 파일에 대한 읽기 권한이 없다. 해당 파일에 대한 감시를 추가하려면 읽기 권한이 필요하다.

감시 마스크

감시 마스크는 〈inotify.h〉에 정의된 다음 inotify 이벤트 중 하나 이상을 OR로 묶은 값이다.

IN_ACCESS	파일에 대한 읽기가 이루어졌다.
IN_MODIFY	파일에 대한 쓰기가 이루어졌다.
IN_ATTRIB	소유자, 권한, 확장 속성 같은 파일의 메타데이터가 변경되었다.
IN_CLOSE_WRITE	파일이 닫혔고 열려 있는 동안 쓰기가 이루어졌다.
IN_CLOSE_NOWRITE	파일이 닫혔고 열려 있는 동안 쓰기가 이루어지지 않았다.
IN_OPEN	파일이 열렸다.

IN_MOVED_FROM	파일이 감시 중인 디렉터리에서 옮겨졌다.
IN_MOVED_TO	파일이 감시 중인 디렉터리로 옮겨졌다.
IN_CREATE	감시 중인 디렉터리에 파일이 생성되었다.
IN_DELETE	파일이 감시 중인 디렉터리에서 삭제되었다.
IN_DELETE_SELF	감시 대상 객체 자체가 삭제되었다.
IN_MOVE_SELF	감시 대상 객체 자체가 옮겨졌다.

다음은 둘 이상의 이벤트를 묶어놓은 값이다.

IN_ALL_EVENTS	모든 유효한 이벤트
IN_CLOSE	닫기와 관련된 모든 이벤트(현재, IN_CLOSE_WRITE와 IN_CLOW_NOWRITE)
IN_MOVE	이동과 관련된 모든 이벤트(현재, IN_MOVED_FROM과 IN_MOVED_TO)

이제 만들어 둔 inotify 인스턴스에 새로운 감시를 추가해보자.

```
int wd;

wd = inotify_add_watch (fd, "/etc", IN_ACCESS | IN_MODIFY);
if (wd == -1) {
    perror ("inotify_add_watch");
    exit (EXIT_FAILURE);
}
```

이 예제는 /etc 디렉터리에 대한 모든 읽기와 쓰기를 감시하도록 설정한다. /etc에 있는 파일을 읽거나 쓰면 inotify는 inotify 파일 디스크립터 fd로 이벤트를 보내고 감시 디스크립터인 wd를 반환한다. inotify에서 이런 이벤트를 표현하는 방식에 대해서 알아보자.

8.7.3 inotify 이벤트

inotify_event 구조체는 〈inotify.h〉에 정의되어 있으며 inotify 이벤트를 나타낸다.

```
#include <sys/inotify.h>

struct inotify_event {
    int wd;              /* 감시 디스크립터 */
    uint32_t mask;       /* 이벤트 마스크 */
    uint32_t cookie;     /* 유일한 쿠키 */
    uint32_t len;        /* 'name' 필드의 크기 */
    char name[];         /* null로 끝나는 이름 */
};
```

inotify_add_watch()에서 반환하는 wd는 감시 디스크립터이며 mask는 이벤트를 나타낸다. wd가 디렉터리를 가리키고 감시 중인 이벤트가 해당 디렉터리 내부에 존재하는 파일에서 일어난다면 name은 이 디렉터리에 대한 상대적인 파일 이름이 된다. 이 경우 len은 0이 아닌 값이다. len은 name 문자열의 길이와 같지 않다는 점을 주목하자. 연속된 inotify_event 가 적절히 배치될 수 있도록 name에 하나 이상의 null 문자가 추가될 수도 있다. 따라서 배열에서 다음 inotify_event 구조체의 오프셋을 계산하려면 strlen()이 아니라 len을 사용해야 한다.

길이가 0인 배열

name은 길이가 0인 배열의 한 예이다. 길이가 0인 배열은 유연한 배열이라고도 알려져 있는데 C99 표준에서 제공하는 기능으로 생성한 가변 길이의 배열이다. 이 가변 길이 배열은 구조체에 넣을 수 있는 아주 강력한 쓰임새가 있다. 이 배열을 포인터 그 자체에 내용을 담을 수 있는 포인터라고 생각해도 된다.

inotify 예제를 생각해보자. 파일 이름을 이 구조체에 다시 저장하는 방법은 name[512] 같은 이름을 담을 수 있는 필드를 제공하는 것이다. 하지만 파일시스템에 파일 이름 길이에 대한 제약은 없다. 파일 이름이 길다면 inotify에 제한이 생기게 된다. 게다가 대부분의 파일 이름은 아주 짧아서 큰 버퍼를 사용하면 대부분의 파일에 대해서는 낭비가 된다. 이런 상황은 드물지 않다. 전통적인 해법은 name을 포인터로 선언하고 어딘가에서 동적으로 버퍼를 할당한 다음 name이 그 버퍼를 가리키도록 하는 것이다. 하지만 이 방법은 시스템 콜에서는 사용할 수 없다. 길이가 0 인 배열은 이 경우에 완벽한 해법이다.

예를 들어 wd가 /home/kidd를 나타내고, mask가 IN_ACCESS로 설정한 상태에서 /home/kidd/canon 파일이 읽히면 name은 canon이 되지만 len은 적어도 6은 될 것이다. 반면 같은 mask로 /home/kidd/canon 파일을 감시한다면 len은 0이 되고 name은 길이가 0인 문자열이 되므로 name을 건드리면 안된다.

cookie는 관련은 있지만 분리된 두 가지 이벤트를 하나로 연결하기 위해 사용하다. 이 내용은 바로 뒤에서 알아보도록 하자.

inotify 이벤트 읽기

inotify 이벤트를 읽어오기는 쉽다. 단순히 inotify 인스턴스와 연관된 파일 디스크립터를 읽으면 된다. inotify는 read( )에 전달한 버퍼에 담을 수 있는만큼 한 번에 여러 이벤트를 읽을 수 있는 기능을 제공한다. 가변 길이의 name 필드 때문에 inotify 이벤트를 읽는 가장 보편적인 방법이다.

앞서 소개한 예제에서 inotify 인스턴스를 만들었고 그 인스턴스에서 감시도 추가했다. 이제 발생한 이벤트를 읽어보자.

```c
char buf[BUF_LEN] __attribute__((aligned(4)));
ssize_t len, i = 0;

/* BUF_LEN 크기에 담을 수 있는 만큼의 이벤트를 읽어온다 */
len = read (fd, buf, BUF_LEN);

/* 읽어온 이벤트를 하나씩 처리한다 */
while (i < len) {
    struct inotify_event *event =
        (struct inotify_event *) &buf[i];

    printf ("wd=%d mask=%d cookie=%d len=%d dir=%s\n",
        event->wd, event->mask,
        event->cookie, event->len,
        (event->mask & IN_ISDIR) ? "yes" : "no");

    /* 이벤트의 이름이 있다면 출력한다 */
    if (event->len)
        printf ("name=%s\n", event->name);

    /* 다음 이벤트의 시작 위치를 갱신한다 */
```

```
        i += sizeof (struct inotify_event) + event->len;
   }
```

inotify 파일 디스크립터는 일반 파일처럼 동작하므로 select, poll, epoll을 사용해서 이 파일 디스크립터를 모니터링할 수 있다. 이렇게 하면 싱글스레드에서 inotify 이벤트와 다른 파일 입출력을 다중화할 수 있다.

고급 inotify 이벤트

inotify는 표준 이벤트 외에 다음과 같은 이벤트도 생성할 수 있다.

IN_IGNORED   wd가 가리키는 감시가 제거되었다. 사용자가 수동으로 감시를 제거했거나 감시 대상 객체가 더이상 존재하지 않을 때 발생한다. 이 이벤트에 대해서는 곧 알아보도록 하자.

IN_ISDIR   영향을 받는 객체가 디렉터리다(이 이벤트가 설정되지 않았다면 영향을 받는 객체는 파일이다).

IN_Q_OVERFLOW   inotify 큐에 오버플로가 발생했다. 커널 메모리를 무한정으로 사용하는 것을 막기 위해 이벤트 큐의 크기를 제한한다. 대기 중인 이벤트가 큐의 최대 크기보다 하나 작은 개수에 도달하면 커널은 이 이벤트를 발생시키고 그 이벤트를 큐의 끝에 채워넣는다. 큐가 비워지기 전까지 더 이상의 이벤트는 생성되지 않는다.

IN_UNMOUNT   감시 대상 객체가 들어 있는 디바이스가 마운트 해제되었다. 따라서 이 객체는 더 이상 사용 가능하지 않으므로 커널은 이 감시를 제거하고 IN_IGNORED 이벤트를 발생시킨다.

위 이벤트 사용자가 명시적으로 설정해주지 않아도 모든 감시에서 발생할 수 있다.

프로그래머는 mask를 대기 중인 이벤트의 비트마스크로 취급해야 한다. 따라서 == 연산자로 직접 이벤트를 비교하면 안 된다.

```
   /* 이렇게 하지 마라 */
   if (event->mask == IN_MODIFY)
       printf ("File was written to!\n");
```

```
    else if (event->mask == IN_Q_OVERFLOW)
        printf ("Oops, queue overflowed!\n);
```

대신 비트 단위로 비교한다.

```
if (event->mask & IN_ACCESS)
    printf ("The file was read from!\n");
if (event->mask & IN_UNMOUNTED)
    printf ("The file's backing device was unmounted!\n");
if (event->mask & IN_ISDIR)
    printf ("The file is a directory!\n");
```

이동 이벤트를 하나로 연결하기

IN_MOVED_FROM과 IN_MOVED_TO 이벤트는 각각 이동 상태의 한쪽 상태만 나타낸다. IN_MOVED_FROM은 주어진 위치에서 삭제가 일어남을 나타내고 IN_MOVED_TO는 새로운 위치에 추가되었음을 나타낸다. 따라서 유용하게 만들려면 파일시스템에서 이동하는 파일을 지능적으로 추적해서(이동한 파일은 의도적으로 재색인 하지 않는 색인 도구를 생각해보자), 이 두 이벤트를 하나로 연결해야 한다.

inotify_event 구조체에 있는 cookie 필드를 살펴보자.

cookie 필드는 0이 아닐 때 두 이벤트를 하나로 연결하는 유일한 값을 담고 있다. /bin과 /sbin을 감시 중인 프로세스를 생각해보자. /bin의 감시 디스크립터는 7번, /sbin의 감시 디스크립터는 8번이라고 가정하자. 만일 /bin/compass 파일이 /sbin/compass로 옮겨지면 커널은 두 개의 inotify 이벤트를 발생시킨다.

첫 번째 이벤트의 wd는 7이 될 것이고 mask는 IN_MOVED_FROM, name은 compass가 된다. 두 번째 이벤트의 wd는 8이 되고 mask는 IN_MOVED_TO, name은 compass가 된다. 이 두 이벤트에서 cookie는 같은 값(예를 들면 12)이 된다.

파일 이름이 바뀌어도 커널은 두 이벤트를 발생시킨다. 두 이벤트의 wd는 동일하다.

파일이 감시 중이 아닌 디렉터리에서 옮겨오거나 옮겨지면 프로세스는 관련된 이벤트 중 하나만 받는다. 동일한 cookie 값을 가지는 두 번째 이벤트는 절대 도착하지 않는다는 사실을 알아차리는 것은 프로그램의 몫이다.

8.7.4 고급 감시 옵션

새로운 감시를 생성할 때, 감시 동작을 제어하기 위해 다음 값 중 하나 이상을 mask에 추가할 수 있다.

IN_DONT_FOLLOW
이 값을 설정하면 path에 심벌릭 링크가 포함되어 있을 경우 링크를 따라가지 않고 inotify_add_watch() 호출은 실패한다.

IN_MASK_ADD
일반적으로, 이미 감시 중인 파일에 대해서 inotify_add_watch()를 호출하면 감시 마스크를 새롭게 제공된 mask의 내용으로 갱신한다. mask에 이 플래그가 설정되면 기존 mask에 이벤트에 추가된다.

IN_ONESHOT
이 값이 설정되면 주어진 커널은 객체에 대한 첫 번째 이벤트를 생성한 후에 감시를 자동으로 제거한다. 말 그대로 '한 번만' 감시한다.

IN_ONLYDIR
이 값을 설정하면 객체가 디렉터리인 경우에만 감시를 추가한다. path가 디렉터리가 아닌 파일인 경우 inotify_add_watch() 호출은 실패한다.

예를 들어 다음 코드 예제는 init.d가 디렉터리이고 /etc와 /etc/init.d 모두 심벌릭 링크가 아닌 경우에만 /etc/init.d 디렉터리를 감시에 추가한다.

```
int wd;

/*
 * /etc/init.d가 디렉터리이고 심벌릭 링크를 포함하지 않은 경우에만
 * 이동이 일어나는지 감시한다.
 */
wd = inotify_add_watch (fd,
            "/etc/init.d",
            IN_MOVE_SELF |
            IN_ONLYDIR |
            IN_DONT_FOLLOW);
if (wd == -1)
    perror ("inotify_add_watch");
```

8.7.5 inotify 감시 삭제하기

inotify_rm_watch( ) 시스템 콜을 사용해서 inotify 인스턴스에서 감시를 삭제할 수 있다.

```
#include <inotify.h>

int inotify_rm_watch (int fd, uint32_t wd);
```

inotify_rm_watch( ) 호출이 성공하면 fd가 가리키는 inotify 인스턴스에서 감시 디스크립터 wd가 가리키는 감시를 제거하고 0을 반환한다.

사용법은 다음과 같다.

```
int ret;

ret = inotify_rm_watch (fd, wd);
if (ret)
    perror ("inotify_rm_watch");
```

호출이 실패하면 −1을 반환하고 errno를 다음 값 중 하나로 설정한다.

EBADF fd가 유효한 inotify 인스턴스가 아니다.

EINVAL wd가 주어진 inotify 인스턴스에 대한 유효한 감시 디스크립터가 아니다.

감시를 삭제할 때 커널은 IN_IGNORED 이벤트를 발생시킨다. 커널은 수동으로 감시를 삭제할 때뿐만 아니라 다른 연산의 부작용으로 감시가 삭제될 때도 이 이벤트를 발생시킨다. 예를 들어, 감시 중인 파일이 지워지면 그 파일에 대한 모든 감시가 삭제된다. 이 경우 커널은 모든 삭제된 감시에 대해서 IN_IGNORED 이벤트를 발생시킨다. 이런 동작 방식은 애플리케이션에서 감시 삭제 처리를 IN_IGNORED 이벤트 핸들러 한 곳으로 통합할 수 있게 해준다. 이는 개별 inotify 감시를 위해 복잡한 데이터 구조를 관리하는 GNOME의 비글 검색 유틸리티 같은 고급 inotify 사용자에게 유용하다.

8.7.6 이벤트 큐 크기 구하기

이벤트 큐의 크기는 ioctl()을 통해 inotify 인스턴스의 파일 디스크립터에 FIONREAD 명령을 보내서 얻을 수 있다. 요청에 전달할 인자는 큐의 크기를 저장할 포인터 변수다.

```
unsigned int queue_len;
int ret;

ret = ioctl (fd, FIONREAD, &queue_len);
if (ret < 0)
    perror ("ioctl");
else
    printf ("%u bytes pending in queue\n", queue_len);
```

이 요청은 큐의 크기를 바이트 단위로 반환하며 큐에 들어 있는 이벤트 개수를 반환하지 않는다는 점을 주목하자. inotify_event 구조체의 크기는 sizeof()를 통해서 알 수 있으므로 큐의 크기와 name 필드의 평균 크기를 통해서 얼마나 많은 이벤트가 들어 있는지 추측할 수 있다. 바이트 크기를 아는 것이 읽어야 할 크기를 정확히 알 수 있으므로 더 유용하다.

〈sys/ioctl.h〉 헤더 파일에 FIONREAD 상수가 정의되어 있다.

8.7.7 inotify 인스턴스 끝내기

inotify 인스턴스와 관련된 감시를 모두 끝내기는 그냥 간단히 인스턴스의 파일 디스크립터를 닫으면 된다.

```
int ret;

/* 'fd'는 inotify_init()을 통해서 얻었다 */
ret = close (fd);
if (fd == -1)
    perror ("close");
```

물론, 다른 파일 디스크립터와 마찬가지로 프로세스가 종료되면 커널이 자동으로 해당 파일 디스크립터를 닫고 리소스를 정리한다.

CHAPTER 9

메모리 관리

메모리는 프로세스에서 사용할 수 있는 리소스 중에서 가장 기본이면서도 핵심적인 리소스다. 이 장에서는 메모리 할당과 조작, 해제에 대해서 알아보자.

메모리 할당이라는 용어는 메모리를 얻는다는 의미로 널리 쓰이는 용어인데 공급이 수요를 따라가지 못하는 부족한 리소스를 배급한다는 뉘앙스를 내포하고 있어서 오해의 소지가 있다. 사람들은 더 많은 메모리를 원한다. 하지만 최신 시스템에서는 부족한 메모리를 나눠써야 하는 게 문제가 아니라 넉넉한 메모리를 적절하게 관리해야 하는 게 더 큰 문제다.

이 장에서는 다양한 프로그램에서 메모리를 할당하는 여러 가지 방법의 장점과 단점에 대해서 알아볼 것이다. 또한, 임의의 메모리 내용을 설정하고 조작하는 방법과 커널이 스왑 영역에서 데이터를 페이지로 불러오기까지 기다리지 않도록 메모리를 락 걸어서 RAM에 그대로 두는 방법도 알아볼 것이다.

9.1 프로세스 주소 공간

리눅스는 다른 최신 운영체제와 마찬가지로 물리적인 리소스인 메모리를 가상화한다. 프로세스에서 직접 물리 메모리 주소에 접근하지 않고, 그 대신 커널이 개별 프로세스에 독자적인 가상 주소 공간을 제공한다. 이 주소 공간은 0부터 시작해서 최댓값까지 연속적으로 늘어난다. 또한, 주소 공간은 세분화되지 않고 한 곳에 존재하기 때문에 직접적으로 접근이 가능하다.

9.1.1 페이지와 페이징

메모리는 비트로 표현하며 보통 1바이트(byte)가 8비트(bit)다. 워드는 바이트로 구성되고 페이지는 워드로 구성된다. 이 중, 메모리 관리 측면에서 가장 중요한 것은 페이지다. 페이지는 메모리 관리 유닛MMU에서 관리할 수 있는 최소 단위다. 따라서 가장 주소 공간은 페이지로 구성된다. 페이지의 크기는 시스템 아키텍처에서 결정하는데 일반적으로 32비트 시스템에서는 4KB이고 64비트 시스템에서는 8KB로 고정된다.*

32비트 주소 공간은 4KB짜리 페이지 백만 개를 담을 수 있다. 64비트 주소 공간은 8KB짜리 페이지를 32비트 주소 공간보다 수천 배 더 담을 수 있다. 프로세스는 어쩔 수 없이 모든 페이지에 접근하지 못하며 따라서 어떤 페이지는 유효하지 않을 수도 있다. 유효한 페이지는 물리 메모리RAM 또는 스왑 파티션이나 디스크에 저장된 파일과 같은 2차 저장소에 있는 실제 페이지와 연관된다. 유효하지 않은 페이지는 실제 물리 메모리와 연관되지 않은, 사용되지 않은 주소일 뿐이다. 유효하지 않은 페이지에 접근하면 세그멘테이션 폴트를 일으킨다.

어떤 유효한 페이지가 2차 저장장치와 연결되어 있다면 그 페이지가 실제 메모리에 올라오기 전에는 프로세스에서 접근할 수 없다. 프로세스에서 그런 페이지에 접근하려고 하면 메모리 관리 유닛은 페이지 폴트를 발생시킨다. 이 경우 커널은 2차 저장장치에 있는 데이터를 물리 메모리로 페이징한다. 물리 메모리가 가상 메모리보다 훨씬 더 적기 때문에 커널은 메모리에서 데이터를 페이징 아웃해서 새로운 데이터를 위한 공간을 만들어내야 한다. 페이징 아웃은 물리 메모리에 저장된 데이터를 2차 저장장치로 옮기는 작업이다. 커널은 페이징에 따른 성능 부하를 줄이기 위해 가까운 미래에 쓰임이 덜 할 것으로 예상되는 데이터를 페이징 아웃한다.

공유와 copy-on-write

가상 메모리에 존재하는 여러 페이지는 심지어 서로 다른 프로세스의 가상 주소 공간에 존재할지라도 하나의 물리 페이지로 맵핑될 수도 있다. 이런 방식으로 물리 메모리에 있는 데이터를 다른 가상 주소 공간에서 공유한다. 예를 들어, 여러 프로세스가 표준 C 라이브러리를 사용할 때 각 프로세스는 표준 C 라이브러리를 저마다의 가상 주소 공간으로 맵핑하는데 실제 물리 메모리에는 복사본이 하나만 존재한다. 좀 더 복잡한 예제로 두 프로세스가 하나의 큰 데이터베

---

* 일부 시스템은 다양한 페이지 크기를 지원하기도 한다. 이 때문에 페이지 크기는 ABI의 일부가 아니다. 애플리케이션은 반드시 런타임에 프로그램을 통해 페이지 크기를 구해야 한다. 이 내용은 4장에서 살펴봤고 이 장에서도 해당 주제를 살펴보겠다.

이스를 맵핑하는 경우를 들 수 있다. 두 프로세스는 모두 자신의 가상 주소 공간에 데이터베이스를 가지고 있지만 실제 RAM에는 하나만 존재한다.

공유 데이터는 읽기 전용, 쓰기 전용, 또는 읽기와 쓰기가 모두 가능한 형태로 존재한다. 프로세스가 쓰기가 가능한 공유 페이지에 데이터를 쓰면 둘 중 한 가지 사건이 발생한다. 가장 단순한 것은 커널이 쓰기를 허용해서 그 페이지를 공유하고 있는 모든 프로세스가 쓰기 결과가 반영된 페이지를 공유하는 것이다. 일반적으로 여러 프로세스가 공유 페이지를 읽고 쓰도록 하려면 프로세스 간 일정 수준의 조정과 동기화가 필요하다. 하지만 커널 레벨에서는 일단 데이터를 쓰고 나면 그 데이터를 공유하는 모든 프로세스가 바로 데이터 변경을 알아차린다.

다른 형태는 MMU가 쓰기 요청을 가로채서 예외를 던지는 것이다. 그러면 커널은 쓰기를 요청한 프로세스를 위해 그 페이지의 복사본을 새로 만들어서 새로 만들어진 페이지에 대해 쓰기 요청을 계속 진행하도록 하는 것이다. 이런 접근 방법을 copy-on-write(COW)라고 한다.** 실제로, 공간을 절약하기 위해 여러 프로세스는 공유된 페이지에 대해서 읽기 작업을 수행한다. 하지만 공유 페이지의 내용을 변경하고 싶을 때는 실행 중에 해당 페이지의 유일한 복사본을 받아서 마치 프로세스가 항상 독자적인 개별 복사본을 가지고 있는 것처럼 동작하게 된다. copy-on-write는 페이지 단위를 기반으로 발생하므로 개별 프로세스는 해당 페이지를 변경하고 싶을 때만 유일한 물리 페이지를 받게 되고 따라서 큰 파일도 여러 프로세스 사이에서 효과적으로 공유될 수 있다.

9.1.2 메모리 영역

커널은 접근 권한과 같은 특정 속성을 공유하는 블록 내부에 페이지를 배열한다. 이런 블록을 맵핑, 메모리 영역이라고 한다. 모든 프로세스에는 다음과 같은 메모리 영역이 존재한다.

- 텍스트 세그먼트는 프로세스의 프로그램 코드, 문자열 상수, 상수 변수, 그리고 읽기 전용 데이터로 구성된다. 리눅스에서 이 세그먼트는 읽기 전용이며 실행 파일이나 라이브러리 오브젝트 파일에서 직접 맵핑된다.
- 스택 영역은 프로세스의 실행 스택으로 구성된다. 실행 스택은 스택 깊이가 깊어지고 얕아짐에 따라 동적으로 크기가 바뀐다. 실행 스택에는 지역 변수와 함수의 반환 데이터로 구성된다. 멀티스레드 프로세스에서는 스레드 당 하나의 스택이 존재한다.
- 힙[heap]이라고도 불리는 데이터 세그먼트는 프로세스의 동적 메모리로 구성된다. 이 세그먼트는 쓰기가 가능하고 크기 변경이 가능하다. 다음에 설명할 malloc( )은 이 영역에 메모리를 할당한다.

....
** 5장에서 살펴봤지만, fork( )가 부모 프로세스의 주소 공간을 자식 프로세스와 공유하기 위해서 copy-on-write 기법을 사용한다.

- bss 세그먼트*는 초기화되지 않은 전역 변수를 담는다. 이 변수는 C 표준에 따라 (기본적으로는 모두 0인) 특수한 값을 담고 있다.

리눅스는 두 단계로 변수를 최적화한다. 먼저, 초기화하지 않은 데이터는 전용 공간인 bss 세그먼트에 할당되므로 링커(ld)는 오브젝트 파일에 특수 값을 저장하지 않으며 이렇게 해서 바이너리의 크기를 줄인다. 그리고 이 세그먼트가 메모리에 적재되면 커널은 단순히 이 세그먼트를 copy-on-write 기법을 통해 0으로 채워진 페이지에 맵핑해서 효율적으로 변수에 기본값을 설정한다.

> **NOTE_** 대부분의 주소 공간은 맵핑된 프로그램 실행 파일 그 자체나 C나 다른 공유 라이브러리, 데이터 파일을 포함한다. /proc/self/maps 파일을 열어보거나 pmap 명령어를 사용해서 프로세스의 맵핑 파일을 살펴볼 수 있다.

이 장은 리눅스에서 제공하는 메모리 할당과 반환, 맵핑과 맵핑 해제 및 이 모든 과정에 대한 인터페이스에 대해서 소개한다.

9.2 동적 메모리 할당하기

메모리는 자동 변수나 정적 변수의 형태로 쓰이기도 하지만 메모리 관리 시스템의 기본은 동적 메모리의 할당과 사용, 그리고 해제다. 동적 메모리는 컴파일 시점이 아니라 실행 중에 할당되며 그 크기는 할당되기 전에 미리 알 수 없다. 프로그램 실행 전까지 얼마나 많은 메모리가 얼마 동안 필요한지 알 수 없을 경우에 동적 메모리가 필요하다. 파일 크기를 알 수 없고, 사용자가 얼마나 많은 키를 입력할지도 모르며 버퍼의 크기가 다양하고, 점점 더 많은 데이터를 읽게 되서 버퍼를 동적으로 늘려야 하기 때문이다.

동적 메모리에 저장되는 C 변수는 없다. 예를 들어, 동적 메모리에 저장되는 struct pirate_ship을 얻어오는 메커니즘은 제공되지 않는다. 그 대신 C는 pirate_ship 구조체를 담기에 충분한 동적 메모리를 할당하는 메커니즘을 제공한다. 개발자는 이렇게 얻은 메모리를 포인터, 이 예에서는 struct pirate_ship* 변수를 통해 접근할 수 있다.

---

* bss라는 이름은 Block Started by Symbol에서 유래했다.

동적 메모리를 얻는 C의 대표적인 인터페이스는 malloc( )이다.

```
#include <stdlib.h>

void * malloc (size_t size);
```

malloc( ) 호출이 성공하면 size 바이트만큼 메모리를 할당해서 새롭게 할당된 메모리 영역의 시작점을 가리키는 포인터를 반환한다. 이 메모리의 내용은 정의되지 않은 상태이며 0으로 채워져 있을 것이라 가정해서는 안된다. 호출이 실패하면 malloc( )은 NULL을 반환하고 errno를 ENOMEM으로 설정한다.

malloc( )의 사용법은 간단하다. 다음 예제는 고정된 크기만큼의 메모리를 할당한다.

```
char *p;

/* 2,048바이트를 할당한다 */
p = malloc (2048);

if (!p)
    perror ("malloc");
```

또는 다음과 같이 구조체를 위한 메모리를 할당할 수 있다.

```
struct treasure_map *map;

/*
 * treasure_map 구조체를 담을 수 있는 메모리를 할당하고
 *  map 변수에 포인터를 저장한다.
 */
map = malloc (sizeof (struct treasure_map));
if (!map)
    perror ("malloc");
```

C는 대입 과정에서 자동으로 void를 가리키는 포인터를 다른 타입으로 변환한다. 따라서 예제에서 malloc( ) 반환값을 map 변수에 대입할 때 타입 변환을 할 필요는 없다. 하지만 C++ 프로그래밍 언어는 자동으로 void 포인터를 변환하지 않는다. 따라서 C++ 사용자는 malloc( )의 반환값의 타입을 다음처럼 변환해야 한다.

```
char *name;

/* 512 바이트를 할당한다 */
name = (char *) malloc (512);
if (!name)
    perror ("malloc");
```

C 프로그래머 중 몇몇은 malloc( )을 포함해서 void 포인터를 반환하는 함수의 반환값을 타입 변환하는 습관이 있을 거다. 이런 습관은 그 함수의 반환값이 void 포인터가 아닌 다른 타입으로 변하면 에러를 숨기므로 지양하기를 권한다. 더욱이 그런 타입 변환은 함수가 제대로 선언되지 않았을 경우에 발생하는 버그를 감추기도 한다. 전자는 malloc( )에서 위험을 초래하지 않을지 몰라도 후자의 경우는 확실히 문제가 생길 수 있다.

> **NOTE_** 선언되지 않은 함수는 기본적으로 int를 반환하도록 되어 있다. 정수 타입에서 포인터 타입으로의 변환은 자동으로 이뤄지지 않으며 경고를 발생한다. 타입 변환은 이런 경고를 감춰버린다.

malloc( )에서 NULL을 반환할 수 있기 때문에 개발자는 항상 반환값을 검사해서 에러 조건을 처리해야 한다. 많은 프로그램에서 malloc( )이 NULL을 반환할 경우 에러 메시지를 출력하고 프로그램을 종료시키도록 래퍼wrapper 함수를 정의해서 사용하기도 한다. 관례적으로 이런 함수를 xmalloc( )이라고 부른다.

```
/* malloc()과 동일하지만 실패할 경우 프로그램을 종료한다 */
void * xmalloc (size_t size) {
    void *p;
    p = malloc (size);
    if (!p) {
        perror ("xmalloc");
        exit (EXIT_FAILURE);
    }
    return p;
}
```

9.2.1 배열 할당하기

동적 메모리 할당은 할당하려는 크기가 유동적이면 조금 복잡해진다. 대표적인 예가 배열에 들어가는 항목의 크기는 고정되어 있지만 배열의 길이는 고정되어 있지 않아서 배열을 동적으로 할당하는 경우다. 이런 시나리오를 편리하게 처리하기 위해 C에서는 calloc( ) 함수를 제공한다.

```
#include <stdlib.h>

void * calloc (size_t nr, size_t size);
```

calloc( ) 호출이 성공하면 각각 크기가 size 바이트인 원소를 nr개만큼 담을 수 있는 메모리 블록에 대한 포인터를 반환한다. 따라서 다음의 두 호출에서 얻은 메모리는 동일하다(요청한 것보다 더 많은 메모리를 할당할 수도 있지만, 절대로 요청한 것보다 더 적은 메모리를 할당하지는 않는다).

```
int *x, *y;

x = malloc (50 * sizeof (int));
if (!x) {
    perror ("malloc");
    return -1;
}

y = calloc (50, sizeof (int));
if (!y) {
    perror ("calloc");
    return -1;
}
```

하지만 동작 방식은 동일하지 않다. 할당된 메모리의 내용을 초기화하지 않는 malloc( )과 달리, calloc( )을 반환하는 메모리 영역을 모두 0으로 채운다. 따라서 y 배열의 모든 정수는 값이 0이지만 x 배열은 값을 알 수 없다. 프로그램에서 즉시 50개의 값을 설정하지 않는다면 배열의 내용이 알 수 없는 값으로 채워지지 않도록 calloc( )을 사용해야 한다. 바이너리 0과 부동소수점의 0은 같지 않을 수 있다는 점을 기억하자.

배열이 아니더라도 동적 메모리를 0으로 채우고 싶은 경우가 종종 있다. 뒤에서 설명할 memset()은 메모리 영역을 바이트 단위로 특정 값으로 채우는 인터페이스를 제공한다. 하지만 calloc()을 사용해서 0으로 채우는 방법이 더 빠른 이유는 커널이 이미 0으로 채워진 메모리를 제공하기 때문이다.

호출이 실패하면 malloc()과 마찬가지로 NULL을 반환하고 errno를 ENOMEM으로 설정한다.

calloc()과 구분해서 '할당 후 0으로 채우는' 함수를 표준으로 정의하지 않은 이유는 미스터리에 가깝다. 하지만 개발자 자신만의 인터페이스를 쉽게 정의할 수 있다.

```
/* malloc()과 동일하게 동작하지만 메모리를 0으로 초기화한다 */
void * malloc0 (size_t size) {
    return calloc (1, size);
}
```

편의를 위해 앞서 만들어 두었던 xmalloc()과 결합해서 쓸 수 있다.

```
/* malloc()과 동일. 하지만 메모리를 0으로 초기화하고 실패하면 종료한다 */
void * xmalloc0 (size_t size) {
    void *p;

    p = calloc (1, size);
    if (!p) {
        perror ("xmalloc0");
        exit (EXIT_FAILURE);
    }
    return p;
}
```

9.2.2 할당 크기 변경

C 언어는 이미 할당한 영역을 키우거나 줄일 수 있는 변경 인터페이스를 제공한다.

```
#include <stdlib.h>

void * realloc (void *ptr, size_t size);
```

---

realloc( ) 호출이 성공하면 ptr이 가리키는 메모리 영역을 size 바이트 크기로 새로 조정한다. realloc( ) 함수를 새로운 크기의 메모리를 반환하며 동일한 ptr이 아닐 수도 있다. 할당된 메모리 영역을 키울 때 원래 위치에서 기존 메모리 영역을 확장할 수 없다면 realloc( )은 size 크기만큼 새로운 메모리를 할당하고 이전 내용을 새로운 영역으로 복사한 다음 이전 영역을 해제한다. 메모리 영역의 내용은 이전 크기와 새로운 크기 중 더 작은 크기까지만 보존한다. 메모리 영역을 복사할 가능성이 있으므로 메모리 영역을 키우기 위한 realloc( )은 상대적으로 비용이 많이 든다.

size가 0이면 ptr에 대한 free( ) 호출과 같다.

ptr이 NULL이면 순수 malloc( ) 호출과 같다. ptr이 NULL이 아니라면 반드시 malloc( )이나 calloc( ), realloc( )에서 반환된 값이라야 한다.

호출이 실패하면 NULL을 반환하고 errno를 ENOMEM으로 설정한다. ptr이 가리키는 메모리의 상태는 변하지 않는다.

메모리 영역이 줄어드는 예제를 살펴보자. 먼저 calloc( )을 호출해서 map 구조체 두 개를 담을 수 있는 메모리를 할당하자.

```
struct map *p;

/* 두 개의 map 구조체를 담을 메모리를 할당한다 */
p = calloc (2, sizeof (struct map));
if (!p) {
    perror ("calloc"); return -1;
}

/* p[0]과 p[1]을 사용한다... */
```

이제 보물을 찾아서 두 번째 지도가 더 이상 필요하지 않게 되었다고 가정하자. 그래서 메모리 크기를 변경해서 쓰지 않는 절반을 다시 시스템으로 돌려준다. 일반적으로 이런 류의 연산은 그다지 가치가 있는 연산이 아니지만 map 구조체가 너무 방대하고 남아 있는 map을 아주 오랫동안 유지해야 할 경우에는 유용할 수도 있다.

```
struct map *r;

/* 이제 하나의 map만 가지고 있으면 된다 */
r = realloc (p, sizeof (struct map));
if (!r) {
    /* 'p'는 여전히 유효하다! */
    perror ("realloc");
    return -1;
}

/* use 'r'... */
free (r);
```

이 예제에서 p[0]은 realloc( ) 호출 후에도 보존된다. 이전에 담고 있던 데이터가 뭐든 간에 그대로 남아 있다. 만일 realloc( ) 호출이 실패하면 p는 바뀌지 않으며 역시 여전히 유효하다. 계속 p를 사용할 수 있으며 마지막에는 해제를 해야 한다. 반대로 호출이 성공하면 p가 아니라 r을 사용한다. 지금부터는 작업이 끝났을 때 r을 해제해야 할 책임이 있다.

9.2.3 동적 메모리 해제

스택을 거슬러 올라오면서 자동으로 거둬들이는 자동 할당과 달리, 동적 할당은 수동으로 해제될 때까지 프로세스 주소 공간에 계속 남아 있다. 따라서 프로그래머는 동적으로 할당된 메모리를 시스템에 반환해야 할 의무가 있다.

malloc( ), calloc( ), realloc( )으로 할당된 메모리는 더 이상 사용하지 않게 되면 free( )를 통해 시스템에 반환해야 한다.

```
#include <stdlib.h>

void free (void *ptr);
```

free()를 호출하면 ptr이 가리키는 메모리를 해제한다. ptr은 반드시 malloc(), calloc(), realloc()에서 반환한 값이여야 한다. 즉 할당된 메모리 블록 영역의 일부, 예를 들면 할당된 메모리 블록 중 절반을 가리키는 포인터를 넘기는 방식으로 메모리의 절반만 해제할 수 없다. 그렇게 하면 십중팔구는 시스템 크래시가 발생한다.

ptr은 NULL일 수도 있다. 이 경우 free()는 조용히 반환된다. 따라서 종종 보이는, free() 호출 전에 ptr이 NULL인지 검사하는 코드는 불필요하다.

다음 예제를 살펴보자.

```c
void print_chars (int n, char c)
{
    int i;

    for (i = 0; i < n; i++) {
        char *s;
        int j;

        /*
         * i+2 크기의 char 배열을 할당하고 0으로 초기화한다.
         * sizeof (char)의 크기는 항상 1이다.
         */
        s = calloc (i + 2, 1);
        if (!s) {
                    perror ("calloc");
            break;
        }

        for (j = 0; j < i + 1; j++)
            s[j] = c;

        printf ("%s\n", s);

        /* 모든 작업이 끝났다. 메모리를 반환하자 */
        free (s);
    }
}
```

이 코드에서 두 개의 원소(2바이트)부터 n+1개의 원소(n+1바이트)까지 연속적으로 증가하는 배열을 n번 할당한다. 그리고 각 배열마다 마지막을 제외한(이미 0으로 초기화되었으므로 그대로 둔다) 각 바이트에 문자 c를 기록해서 그 배열을 문자열처럼 출력한다. 그다음에는 동적으로 할당된 메모리를 해제한다.

print_chars() 함수에 n을 5로, c를 X로 넘기면 다음과 같은 결과를 얻는다.

```
X
XX
XXX
XXXX
XXXXX
```

물론 이 함수를 구현하는 더 효과적인 방법이 존재한다. 하지만 여기서 핵심은 실행 시점에서 할당할 크기를 알더라도 메모리를 동적으로 할당하고 해제할 수 있다는 점이다.

> **NOTE_** SunOS와 SCO 같은 유닉스 시스템은 cfree()라는 free()의 변종 함수를 제공하는데, 이 함수는 시스템에 따라 free()와 동일하게 동작하거나 calloc()에 대응하는 세 개의 인자를 받는다. 리눅스에서 free()는 지금까지 살펴본 어떤 할당 함수를 사용했더라도 모두 해제할 수 있다. cfree()는 하위 호환성을 위한 경우를 제외하고는 사용해선 안 된다. 리눅스 버전의 cfree()는 free()와 동일하다.

이 예제에서 free()를 호출하지 않을 경우의 영향에 대해서 주목하자. 프로그램은 절대 메모리를 반환하지 않을 것이며 심지어는 메모리를 참조하는 유일한 포인터인 s도 잃어버려서 절대 그 메모리에 다시 접근할 수 없다. 이런 프로그래밍 에러를 메모리 릭[leak](누수)이라고 한다. 메모리 릭을 비롯한 동적 메모리 관련 실수는 흔히 발생하며 불행하게도 C 프로그래밍에서 가장 끔찍한 사고이다. C 언어는 메모리 관리를 전적으로 프로그래머에게 일임하므로 모든 메모리 할당을 꼼꼼히 지켜봐야 한다.

또 다른 C 프로그래밍의 함정은 해제 후 접근이다. 이 문제는 메모리 블록을 해제한 후에 접근할 때 발생한다. free()를 호출해서 메모리를 해제하고 나면 절대로 해제한 내용에 다시 접근하면 안된다. 프로그래머는 NULL이 아니지만 유효하지 않은 주소를 가리키는 댕글링 포인터를 특히 주의 깊게 감시해야 한다. 프로그램의 메모리 관련 에러를 찾아낼 수 있는 훌륭한 도구로 발그린드*가 있다.

---

* 역자주_ Valgrind. http://valgrind.org/

9.2.4 정렬

데이터 정렬은 메모리에 데이터를 나열하는 방식을 의미한다. n이 2의 거듭제곱이고 A가 n의 배수일 때 메모리 주소 A는 n바이트로 정렬되었다고 한다. 프로세서, 메모리 서브시스템 및 시스템의 다른 구성 요소들은 특정 바이트로 정렬되기를 요구한다. 예를 들어 대부분의 프로세서는 워드 기반으로 동작하고 워드 크기로 정렬된 주소로만 접근할 수 있다. 이미 살펴봤지만, 메모리 관리 유닛은 이와 비슷하게 페이지 크기로 정렬된 메모리 주소만 다룬다.

변수가 자신의 크기의 배수가 되는 메모리 주소에 저장되면 이를 자연스럽게 정렬된 상태라고 한다. 예를 들어 32비트, 즉 4바이트 크기의 변수는 4의 배수인 메모리 주소에 위치할 경우 자연스럽게 정렬된 상태다. 다시 말하면 그 주소 값의 최하위 두 비트가 0인 경우다. 따라서 크기가 $2n$ 바이트인 타입은 주소에서 최하위 n비트가 0이 되어야 한다.

정렬에 관한 규칙은 하드웨어에서 유래하므로 시스템마다 다르다. 몇몇 아키텍처는 데이터 정렬에 대한 요구사항이 아주 엄격하며 어떤 아키텍처는 관대하다. 어떤 시스템은 에러를 발생하기도 한다. 그러면 커널은 이를 위반한 프로세스를 종료시키거나 수동으로 정렬되지 않은 접근을 수행할 수 있다. 이렇게 되면 성능 저하를 일으키고 원자성을 희생하지만 적어도 프로세스가 종료되지는 않는다. 이식 가능한 코드를 작성할 때는 반드시 정렬 요구사항을 위반하지 않도록 주의해야 한다.

정렬된 메모리 할당하기

대부분의 컴파일러와 C 라이브러리는 정렬 관련 요구사항을 투명하게 처리한다. POSIX는 malloc(), calloc(), 그리고 realloc()에서 반환된 메모리가 어떤 표준 C 타입을 사용하든지 적절히 정렬되어야 한다고 정의한다. 리눅스에서 이런 함수는 32비트 시스템에서는 항상 8바이트로 정렬되며 64비트 시스템에서는 16바이트로 정렬된다.

흔히 프로그래머는 페이지 같은 더 큰 단위로 정렬된 동적 메모리를 요구한다. 이유야 많겠지만 가장 흔한 이유는 직접 블록 입출력이나 소프트웨어와 하드웨어 간의 통신을 위한 버퍼를 적절히 정렬해야 하는 경우다. 이런 용도에 맞게 POSIX 1003.1d는 posix_memalign()이라는 함수를 제공한다.

```
/* 둘 중 아무거나 하나만 정의해도 상관없다 */
#define _XOPEN_SOURCE 600
#define _GNU_SOURCE

#include <stdlib.h>

int posix_memalign (void **memptr,
        size_t alignment,
        size_t size);
```

posix_memalign( ) 호출이 성공하면 동적 메모리를 size 바이트만큼 할당하고 alignment 의 배수인 메모리 주소에 맞춰 정렬한다. alignment는 2의 거듭제곱이며 void 포인터 크기 의 배수여야 한다. 할당된 메모리 주소는 memptr에 저장되며 0을 반환한다.

호출이 실패하면 메모리는 할당되지 않으며 memptr은 정의되지 않은 상태로 남고 다음 에러 코드 중 하나를 반환한다.

EINVAL   alignment가 2의 거듭제곱이 아니거나 void 포인터 크기의 배수가 아니다.

ENOMEM   메모리가 부족하여 요청한 만큼 메모리를 할당할 수 없다.

이 함수는 에러를 직접 반환하며 errno를 설정하지 않는다는 점을 주목하자.

posix_memalign( )으로 얻은 메모리는 free( )를 이용해서 해제한다. 사용법은 단순하다.

```
char *buf;
int ret;

/* 256바이트에 맞춰 1KB를 할당한다 */
ret = posix_memalign (&buf, 256, 1024);
if (ret) {
    fprintf (stderr, "posix_memalign: %s\n",
        strerror (ret));
    return -1;
}

/* 'buf'를 사용한다 */

free (buf);
```

POSIX에서 posix_memalign()을 정의하기 전에는 BSD와 SunOS에서 각각 다음 인터페이스를 제공했다.

```
#include <malloc.h>

void * valloc (size_t size);

void * memalign (size_t boundary, size_t size);
```

valloc()은 할당된 메모리가 페이지 단위로 정렬된다는 점만 제외하면 malloc()과 동작이 같다. 4장에서 설명했듯이 시스템의 페이지 크기는 getpagesize()를 통해서 얻을 수 있다.

memalign() 함수는 posix_memalign()과 비슷하다. memalign() 함수는 할당된 메모리가 2의 거듭제곱인 boundary 바이트에 맞춰 정렬된다. 이 예제에서 두 함수는 모두 페이지 크기에 맞춰 ship 구조체를 담을 수 있는 메모리를 할당한다.

```
struct ship *pirate, *hms;

pirate = valloc (sizeof (struct ship));
if (!pirate) {
    perror ("valloc");
    return -1;
}

hms = memalign (getpagesize (), sizeof (struct ship));
if (!hms) {
    perror ("memalign");
    free (pirate);
    return -1;
}

/* 'pirate'과 'hms'를 사용하자 */

free (hms);
free (pirate);
```

리눅스에서 이 함수로 얻은 메모리는 free()를 통해 해제할 수 있다. 하지만 다른 유닉스 시스템에서는 이 함수로 할당받은 메모리를 안전하게 해제하는 방법이 없는 경우도 있다. 이식성이 중요한 프로그램에서는 이 함수로 할당받은 메모리를 해제하지 않는 것 외에는 다른 방법이 없을 수도 있다.

`posix_memalign()`이 더 좋고 표준화되어 있으므로 리눅스 프로그래머는 이 두 함수를 예전 시스템과의 이식성을 위한 목적으로만 사용해야 한다. 지금까지 소개한 세 개의 인터페이스 모두 `malloc()`이 제공하는 정렬보다 더 큰 정렬이 필요한 경우에만 사용한다.

다른 정렬 고려 사항

정렬 고려 사항은 표준 타입과 동적 메모리 할당의 자연스러운 정렬을 넘어선다. 예를 들어, 비표준이나 복잡한 타입은 표준 타입보다 좀 더 복잡한 요구사항이 존재한다. 또한, 정렬 고려 사항은 다양한 타입의 포인터 사이에 값을 대입하거나 타입 변환을 사용할 경우 더욱 중요하다.

비표준 데이터 타입과 복잡한 데이터 타입의 정렬 요구사항은 자연스러운 정렬을 넘어선다. 네 가지 유용한 규칙은 다음과 같다.

- 구조체의 정렬 요구사항은 가장 큰 멤버의 타입을 따른다. 예를 들어, 구조체에서 가장 큰 타입이 32비트 정수이고 4바이트 단위로 정렬된다면 이 구조체 역시 4바이트 단위로 정렬되어야 한다.
- 구조체는 각 멤버가 그 타입의 요구사항에 맞게 적절히 정렬될 수 있도록 패딩(채워넣기)이 필요하다. 따라서 (4바이트 단위로 정렬되는) `int` 멤버가 (1바이트 단위로 정렬되는) `char` 멤버 다음에 나온다면 컴파일러는 둘 사이에 3바이트를 채워넣어 `int`가 네 바이트 정렬에 맞춰지도록 한다. 프로그래머는 종종 구조체 멤버 위치를 오름차순으로 조정해서, 패딩에 소모되는 공간을 최소화하기도 한다. gcc 옵션인 `-Wpadded`를 사용하면 컴파일러가 패딩을 채워넣을 때마다 경고를 발생시켜서 불필요한 패딩을 줄일 수 있는지 확인할 수 있도록 도와준다.
- 유니언union(공용체)의 정렬 요구사항은 유니언에 속한 가장 큰 타입을 따른다.
- 배열의 정렬 요구사항은 기본 타입을 따른다. 따라서 배열에는 단일 타입을 넘어서는 다른 요구사항이 없다. 배열에 속한 모든 멤버는 자연스러운 정렬에 맞춰진다.

컴파일러는 대부분의 정렬 요구사항을 투명하게 다루기 때문에, 잠재적인 문제를 드러내려면 약간의 노력이 필요하다. 포인터와 타입 변환과 관련된 정렬 문제에 대한 이야기는 심심치 않게 들을 수 있다.

포인터를 통해 데이터에 접근할 때, 정렬 크기가 작은 블록에서 큰 블록으로 데이터를 읽어오면 프로세스가 제대로 정렬되지 않은 데이터를 더 큰 타입으로 읽어 들일 수 있다. 예를 들어 다음 코드에서 `badnews`에 c의 값을 대입하면 c를 `unsigned long`으로 읽으려고 시도한다.

```
char greeting[] = "Ahoy Matey";
char *c = greeting[1];
unsigned long badnews = *(unsigned long *) c;
```

unsigned long은 4바이트 혹은 8바이트 단위로 정렬된다. 변수 c는 그렇게 정렬되어 있지 않다. 따라서 c를 타입 변환하면 정렬이 틀어진다. 아키텍처에 따라 미세한 성능 하락에서부터 프로그램이 비정상적으로 종료되는 심각한 현상까지 다양한 결과를 초래한다. 이런 정렬 위반을 감지는 하지만 제대로 다루지 못하는 아키텍처라면 커널은 이 프로세스에 SIGBUS 시그널을 보내서 프로세스를 종료하도록 만든다. 시그널에 대한 내용은 10장에서 다루도록 하겠다.

이런 예는 생각보다 흔하다. 실제로는 보기에도 어리석을뿐더러 잘 발견하기도 힘들다.

엄격한 앨리어싱

지금까지 살펴본 타입 변환 예제는 C와 C++에서 잘 알려지지 않은 특징인 엄격한 앨리어싱을 위반한다. 엄격한 앨리어싱은 객체가 실제 그 객체의 타입, 타입 한정자(const, volatile), 부호(signed, unsigned), 실제 그 타입의 구조체나 유니언의 멤버 또는 char 포인터를 통해서만 접근해야 한다는 요구사항이다. 예를 들어 uint16_t 포인터를 통해 uint32_t 값에 접근하는 방식은 엄격한 앨리어싱의 위반을 보여주는 흔한 예이다.

간략하게 요약하면 다른 타입으로 변환한 포인터를 통해 접근하는 방식은 엄격한 앨리어싱 규칙에 어긋난다. gcc에서 "dereferencing type-punned pointer will break strict-aliasing rules."라는 경고를 보게 된다면 이 규칙을 위반했다는 뜻이다. 엄격한 앨리어싱은 오랫동안 C++의 일부였으나 C에서는 C99에서 표준화되었으며 엄격한 앨리어싱을 따르지 않을 경우 경고가 발생한다. 이 규칙을 따름으로써 좀 더 최적화된 코드를 생성할 수 있다.

더 자세한 규칙이 궁금한 독자는 ISO C99 표준의 6.5절을 참고하자.

9.3 데이터 세그먼트 관리하기

유닉스 시스템은 전통적으로 데이터 세그먼트를 직접 관리할 수 있는 인터페이스를 제공한다. 하지만 대부분의 프로그램이 이런 인터페이스를 직접 사용하지 않는 이유는 malloc()이나 다른 할당 함수가 더 사용하기 쉽고 강력하기 때문이다. 여기서는 이런 인터페이스에 대해서 궁금해하는 독자와 자신만의 힙 기반 할당 메커니즘을 구현하고자 하는 일부 독자를 위해 데이터 세그먼트를 직접 관리하는 방법에 대해서 알아본다.

```
#include <unistd.h>

int brk (void *end);
void * sbrk (intptr_t increment);
```

이 함수들의 이름은 힙과 스택이 같은 세그먼트에 존재했었던 옛날 유닉스 시스템을 따라 지어졌다. 힙에서 동적 메모리 할당은 세그먼트의 아래에서 위로 올라가고 스택은 세그먼트의 위에서 힙 위까지 내려간다. 양쪽을 나누는 경계선을 브레이크break 또는 브레이크 포인트break point라고 한다. 데이터 세그먼트가 독자적인 메모리 맵핑에 존재하는 최신 시스템에서도 맵핑의 마지막 주소를 브레이크 포인트라고 부른다.

brk()를 호출하면 데이터 세그먼트의 마지막인 브레이크 포인트를 end로 지정한 주소로 설정한다. 호출이 성공하면 0을 반환하고, 실패하면 −1을 반환하고 errno를 ENOMEM으로 설정한다.

sbrk()를 호출하면 데이터 세그먼트를 increment만큼 늘린다. increment는 양수나 음수도 가능하다. sbrk()는 새로 갱신된 브레이크 포인트를 반환한다. 따라서 increment에 0을 넘기면 현재 브레이크 포인트를 출력한다.

```
printf ("The current break point is %p\n", sbrk (0));
```

POSIX와 C 표준은 의도적으로 이 함수를 정의하지 않는다. 하지만 거의 모든 유닉스 시스템은 최소한 하나 이상은 지원한다. 이식성이 중요한 프로그램은 표준 기반 인터페이스만을 사용하도록 하자.

9.4 익명 메모리 맵핑

glibc에서 메모리 할당은 데이터 세그먼트와 메모리 맵핑을 이용한다. malloc()을 구현하는 전통적인 방법은 데이터 세그먼트를 2의 배수만큼의 구역으로 나눈 다음에 요청하는 크기에 가장 가까운 크기의 구역을 반환하는 것이다. 메모리 해제는 간단히 이 구역을 '비어 있음'으로 표시하면 된다. 인접한 구역이 비어 있을 경우 하나로 합쳐서 좀 더 큰 구역을 확보할 수 있다. 힙의 윗 부분이 완전히 비어 있다면 brk()를 사용해서 브레이크 포인트를 낮춰 힙을 줄이고 메모리를 커널에게 반환한다.

이런 알고리즘을 버디^{buddy} 메모리 할당 기법이라고 한다. 이런 기법은 속도와 명료함이라는 장점이 있지만 두 종류의 파편화^{fragmentation}가 발생한다는 단점이 있다. 내부 파편화는 메모리 할당 요청을 충족시키기 위해 요청보다 더 많은 메모리를 반환할 때 일어난다. 이렇게 하면 사용 가능한 메모리를 비효율적으로 사용하게 된다. 외부 파편화는 요청을 충족시킬만한 메모리가 남아 있지만 인접하지 않은 둘 이상의 구역으로 떨어져 있을 때 발생한다. 이는 더 큰 메모리를 할당하기 때문에 메모리를 비효율적으로 사용하거나 다른 대안이 없을 경우 메모리 할당이 실패할 수도 있다.

더욱이 이런 방법은 한 번의 메모리 할당이 다른 메모리 할당을 고정시켜서 C 라이브러리가 커널에 해제된 메모리를 반환하지 못하도록 방해한다. 메모리 블록 A와 B가 할당되어 있다고 상상해보자. 블록A는 브레이크 포인트 바로 아래에 위치하며 블록B는 블록A 바로 아래에 위치한다. 프로그램이 B를 해제해도 C 라이브러리는 A가 해제되기 전까지는 브레이크 포인트를 변경할 수 없다. 이런 식으로 오랫동안 남아 있는 블록은 메모리 내에서 다른 블록을 고정시킨다.

C 라이브러리가 메모리를 시스템으로 엄격하게 반환하지 않았으므로 이런 동작 방식이 항상 문제가 되는 건 아니다. 일반적으로 힙은 매번 해제가 일어날 때마다 줄어들지 않는다. 대신 malloc() 구현은 연이은 할당을 위해 해제된 메모리를 보존한다. 힙 크기가 할당된 메모리의 총합보다 훨씬 더 큰 경우에만 malloc()은 데이터 세그먼트를 줄인다. 하지만 대규모 메모리 할당은 이렇게 데이터 세그먼트를 줄이지 못하도록 방지할 수 있다.

따라서 대규모 메모리 할당에서 glibc는 힙을 사용하지 않는다. 그 대신 glibc는 익명 메모리 맵핑을 사용해서 메모리 할당 요청에 대응한다. 익명 메모리 할당은 4장에서 설명한 파일 기반 맵핑과 유사하지만 파일과 연관되지 않기 때문에 '익명'이라고 한다. 익명 메모리 맵핑은 그저 사용하기 위해 준비된, 크고 0으로 채워진 메모리 블록이다. 익명 메모리 맵핑을 단일 할당만을 위한 새로운 힙이라고 생각하자. 이런 맵핑은 힙 영역 밖에 위치하기 때문에 데이터 세그먼트의 파편화를 일으키지 않는다.

익명 맵핑을 통해 메모리를 할당할 경우 다음과 같은 장점이 있다.

- 파편화를 신경쓰지 않아도 된다. 프로그램에서 더 이상 익명 메모리 맵핑을 필요로 하지 않는다면 맵핑을 해제하면 메모리는 즉시 시스템으로 반환된다.
- 익명 메모리 맵핑은 크기 조정이 가능하고 권한 설정이 가능하며 일반 맵핑과 마찬가지로 힌트를 사용할 수 있다(4장을 참고하자).
- 개별 메모리 할당이 독립된 메모리 맵핑에 존재한다. 전역 힙을 관리할 필요가 없다.

반면 익명 메모리 맵핑은 힙에 비해 두 가지 단점이 있다.

- 각 메모리 맵핑의 크기는 시스템 페이지 크기의 정수배가 된다. 이 때문에 페이지 크기의 정수배로 떨어지지 않는 할당 요청은 공간을 낭비한다. 이렇게 낭비된 공간은 할당 크기가 작은 경우 상대적으로 더 많은 공간을 낭비한다.
- 힙에서 메모리를 할당받는 것은 커널의 개입이 전혀 없으므로 새로운 메모리 맵핑을 생성하는 데 드는 부하가 더 많이 걸린다. 역시 할당 크기가 작을수록 이런 부하가 더 두드러진다.

장점과 단점을 잘 조율하기 위해 glibc에서 제공하는 malloc()은 데이터 세그먼트를 활용해서 작은 할당을 처리하고 익명 메모리 맵핑은 대규모 할당에 이용한다. 임계값은 조정이 가능하며(404쪽 '고급 메모리 할당' 참고), glibc 버전에 따라 달라질지도 모른다. 현재 임계값은 128KB이며 128KB 이하로 메모리를 할당하면 힙을 사용하며 이보다 큰 할당은 익명 메모리 맵핑을 사용한다.

9.4.1 익명 메모리 맵핑 생성하기

특정 할당을 위해 힙 대신 익명 메모리 맵핑을 사용하고 싶거나 독자적인 메모리 할당 시스템을 작성하려 한다면 수동으로 익명 메모리 맵핑을 생성해야 한다. 어느 경우건 리눅스에서는 쉽게 해결할 수 있다. 4장에서 mmap() 시스템 콜을 사용해서 메모리 맵핑을 만들고 munmap() 시스템 콜을 통해 메모리 맵핑을 해제했던 내용을 다시 살펴보자.

```
#include <sys/mman.h>

void * mmap (void *start,
```

```
            size_t length,
            int prot,
            int flags,
            int fd,
            off_t offset);

    int munmap (void *start, size_t length);
```

익명 메모리 맵핑은 파일을 열고 관리할 필요가 없기 때문에 파일 기반 맵핑보다 더 생성하기 쉽다. 둘의 가장 큰 차이점은 익명 맵핑이라는 것을 알려주기 위한 특수한 플래그의 유무다.

다음 예제를 살펴보자.

```
    void *p;

    p = mmap (NULL,                    /* 위치는 신경쓰지 않는다 */
        512 * 1024,                    /* 512 KB */
        PROT_READ | PROT_WRITE,        /* 읽기/쓰기 */
        MAP_ANONYMOUS | MAP_PRIVATE,   /* 익명, 공유하지 않음 */
        -1,
        0);

    if (p == MAP_FAILED)
        perror ("mmap");
    else
        /* 'p'는 512KB의 익명 메모리를 가리킨다 */
```

대부분의 익명 맵핑은 예제에서 mmap( )으로 넘기는 인자를 그대로 따른다. 물론 원하는 크기에 따라 length 인자의 내용은 적절히 바꾼다. 다른 인자는 일반적으로 다음 규칙을 따른다.

- 첫 번째 인자인 start는 익명 맵핑이 커널이 바라는 메모리 위치 어디서든 시작할 수 있음을 나타내는 NULL로 설정한다. 페이지 정렬을 따른다면 start가 NULL이 아니어도 되지만 이식성을 떨어트린다. 맵핑이 메모리의 어디에 위치할지 신경써야 하는 경우는 거의 없다.
- prot 인자는 일반적으로 PROT_READ와 PROT_WRITE 비트를 모두 설정해서 읽기와 쓰기가 가능하도록 한다. 읽고 쓰지 못할 때 비어 있는 맵핑은 쓸모가 없다. 반면에 익명 맵핑에서 코드를 실행하는 경우는 바람직하지 않으며 코드를 실행하도록 허용한다면 공격자가 공격할 수 있는 허점을 제공한다.
- flags 인자는 MAP_ANONYMOUS 비트를 설정해서 익명으로 맵핑을 생성하도록 하며 MAP_PRIVATE 비트를 설정해서 공유되지 않도록 설정한다.
- MAP_ANONYMOUS 비트가 설정되면 fd와 offset 인자는 무시된다. 하지만 일부 오래된 시스템에서는 fd 값으로 −1을 기대하므로 이식성을 고려하여 −1을 넘기는 것도 좋은 생각이다.

익명 맵핑으로 얻은 메모리는 힙에서 얻은 메모리와 똑같아 보인다. 익명 맵핑으로 할당했을 때 얻을 수 있는 한 가지 장점은 페이지가 이미 0으로 채워져 있다는 점이다. 커널이 copy-on-write를 사용해서 애플리케이션의 익명 페이지를 0으로 채운 페이지로 맵핑하므로 0으로 채우는 추가 작업이 필요 없다. 따라서 반환된 메모리에 대해서 memset()을 사용할 필요가 없다. 실제로 이는 malloc()에 이어 memset()을 수행하는 방법과 비교해서 calloc()을 사용할 때 얻는 장점이기도 하다. glibc는 익명 맵핑이 0으로 초기화되어 있음을 알고 있으므로 calloc()에서 명시적으로 메모리를 0으로 초기화할 필요가 없다는 사실을 알고 있다.

munmap() 시스템 콜은 익명 맵핑을 해제하고 할당된 메모리를 커널로 반환한다.

```
int ret;

/* 'p' 사용이 끝났으므로 512KB 맵핑을 반환한다 */
ret = munmap (p, 512 * 1024);
if (ret)
    perror ("munmap");
```

NOTE_ mmap()과 munmap() 그리고 맵핑에 대한 일반적인 내용은 4장을 참고하자.

9.4.2 /dev/zero 맵핑하기

BSD 같은 다른 유닉스 시스템에는 MAP_ANONYMOUS 플래그가 없다. 대신 /dev/zero 파일을 맵핑하는 방법으로 유사한 해법을 구현한다. 이 특수 디바이스 파일은 익명 메모리와 의미가 같다. 맵핑은 전체가 0으로 채워진 copy-on-write 페이지를 포함하며 동작 방식은 익명 메모리와 동일하다.

리눅스는 항상 /dev/zero 디바이스를 제공해서 0으로 채워진 메모리로 맵핑할 수 있는 기능을 제공해왔다. 실제로 MAP_ANONYMOUS가 도입되기 전에는 이런 BSD 방식을 사용했었다. 리눅스 예전 버전과 하위 호환성을 유지하거나 다른 유닉스 시스템과의 이식성을 유지하기 위해 익명 맵핑 대신에 /dev/zero 맵핑을 사용할 수도 있다. 사용법은 다른 파일을 맵핑하는 방법과 차이가 없다.

```
void *p;
int fd;

/* /dev/zeo 파일을 읽기 쓰기 모드로 연다 */
fd = open ("/dev/zero", O_RDWR);
if (fd < 0) {
    perror ("open");
    return -1;
}

/* /dev/zero를 [0, 페이지 크기)로 맵핑한다 */
p = mmap (NULL,                          /* 위치는 신경쓰지 않는다 */
    getpagesize (),                      /* 한 페이지를 맵핑한다 */
    PROT_READ | PROT_WRITE,              /* 읽기/쓰기로 맵핑한다 */
    MAP_PRIVATE,        /* 공유하지 않는다 */
    fd,                 /* /dev/zero를 맵핑한다 */
    0);                 /* 오프셋은 없다 */

if (p == MAP_FAILED) {
    perror ("mmap");
    if (close (fd))
        perror ("close");
    return -1;
}

/* /dev/zero 파일은 더 이상 필요하지 않으므로 닫는다 */
if (close (fd))
perror ("close");

/* 'p'는 메모리의 한 페이지를 가리킨다. 사용하자 */
```

이런 방식으로 맵핑된 메모리는 당연히 munmap( )을 통해 해제할 수 있다.

이런 접근 방식은 디바이스 파일을 열고 닫기 위한 추가적인 시스템 호출이 필요하다. 따라서 익명 메모리 맵핑이 더 빠른 해법이다.

9.5 고급 메모리 할당

지금까지 살펴본 메모리 할당 연산은 glibc나 프로그래머가 변경할 수 있는 커널 인자로 제약하거나 제어할 수 있다. 이렇게 하려면 `mallopt()` 호출을 사용하면 된다.

```
#include <malloc.h>

int mallopt (int param, int value);
```

`mallopt()`를 호출하면 param으로 지정한 메모리 관리와 관련된 인자를 value로 설정한다. 호출이 성공하면 0이 아닌 값을 반환하고 호출이 실패하면 0을 반환한다. `mallopt()`는 errno를 설정하지 않음을 기억하자. 또한, `mallopt()`는 항상 성공적으로 반환하는 경향이 있으므로 반환값에서 유용한 정보를 얻을 수 있으리라는 낙관적인 생각은 피해야 한다.

현재 리눅스는 일곱 가지의 **param** 값을 지원하며 모두 〈malloc.h〉 파일에 정의되어 있다.

M_CHECK_ACTION   다음 절에서 설명할 MALLOC_CHECK_ 환경 변수 값이다.

M_MMAP_MAX   시스템이 동적 메모리 요청을 위해 생성할 수 있는 최대 맵핑 개수다. 이 한계에 도달하면 맵핑 중 하나를 해제하기 전까지는 데이터 세그먼트를 사용하여 할당을 처리한다. 이 값이 0이면 동적 메모리 할당을 위해 익명 맵핑을 사용하지 않는다.

M_MMAP_THRESHOLD   데이터 세그먼트를 대신해서 익명 맵핑으로 처리할 할당 요청의 임계 크기를 바이트 단위로 지정한다. 이 임계값보다 작은 할당 요청은 익명 맵핑을 사용한다. 이 값으로 0을 설정하면 동적 메모리 할당을 위해 익명 맵핑을 사용하며 결과적으로 데이터 세그먼트를 사용하지 않는다.

M_MXFAST   패스트 빈^{Fast bin}의 최대 크기다. 패스트 빈은 힙에 존재하는 특수한 메모리 영역으로 인접한 메모리 블록과 합쳐지지 않으며 시스템에 반환되지도 않기 때문에 파편화가 늘어나지만 빠른 할당이 가능하다. 값으로 0을 넘기면 패스트 빈을 사용하지 않는다.

| M_PERTURB | 메모리 관리 에러를 탐지하는 데 도움이 되는 메모리 포이즈닝*을 활성화한다. 이 값으로 0이 아닌 값이 설정되면 glibc는 calloc( )으로 할당된 영역을 제외한 모든 바이트를 value 값의 최소 유효 비트의 논리 보수^{compliment}로 설정한다. 또한, glibc는 해제된 모든 바이트를 value 값의 최소 유효 비트로 설정한다. 이는 해제된 메모리를 사용하는 에러를 찾는데 도움을 준다. |

M_PERTURB   메모리 관리 에러를 탐지하는 데 도움이 되는 메모리 포이즈닝*을 활성화한다. 이 값으로 0이 아닌 값이 설정되면 glibc는 calloc( )으로 할당된 영역을 제외한 모든 바이트를 value 값의 최소 유효 비트의 논리 보수^{compliment}로 설정한다. 또한, glibc는 해제된 모든 바이트를 value 값의 최소 유효 비트로 설정한다. 이는 해제된 메모리를 사용하는 에러를 찾는데 도움을 준다.

M_TOP_PAD   데이터 세그먼트 크기를 조정할 때 사용되는 패딩의 크기(바이트)다. glibc가 brk( )를 사용해서 데이터 세그먼트의 크기를 키울 때마다 추가적인 brk( ) 호출이 일어나지 않길 바라면서 필요한 것보다 더 많은 메모리를 요청한다. 유사하게 glibc가 데이터 세그먼트의 크기를 줄일 경우에는 실제보다 조금 덜 반환하는 방법으로 여분의 메모리를 유지한다. 이런 여분의 바이트가 패딩이다. 값으로 0을 넘기면 패딩을 비활성화 한다.

M_TRIM_THRESHOLD   glibc가 sbrk( )를 호출해서 메모리를 커널에 반환하기 전에 데이터 세그먼트의 빈 메모리의 최소 크기(바이트)다.

mallopt( )를 느슨하게 정의하고 있는 XPG 표준은 M_GRAIN, M_KEEP, M_NLBLKS를 추가로 지정하고 있다. 리눅스도 이 파라미터를 정의하지만 값을 설정하더라도 효과는 없다. [표 9-1]은 유효한 파라미터 목록으로, 기본값과 유효값 범위를 정리해두었다.

표 9-1 mallopt() 파라미터

파라미터	표준	기본값	유효값	특수값
M_CHECK_ACTION	리눅스 전용	0	0 - 2	
M_GRAIN	XPG 표준	리눅스 미지원		
M_KEEP	XPG 표준	리눅스 미지원		
M_MMAP_MAX	리눅스 전용	64 * 1024	>= 0	0은 mmap() 사용 비활성한다.
M_MMAP_THRESHOLD	리눅스 전용	128 * 1024	>= 0	0은 힙 사용 비활성한다.
M_MXFAST	XPG 표준	64	0 - 80	0은 패스트 빈 비활성한다.

----

* 역자주_ 메모리 포이즈닝은 메모리 영역을 특정 값으로 미리 정의한 쓰레기 값으로 채워 메모리 오류나 잘못된 접근을 탐지하기 위해 사용되는 기법이다.

M_NLBLKS	XPG 표준	리눅스 미지원		
M_PERTURB	리눅스 전용	0	0 or 1	0은 이 기능을 비활성한다.
M_TOP_PAD	리눅스 전용	0	>=0	0은 패딩 비활성한다.
M_TRIM_THRESHOLD	리눅스 전용	128 * 1024	>=-1	-1은 트림 비활성한다

mallopt()은 반드시 malloc()이나 다른 메모리 할당 인터페이스를 사용하기 전에 호출해야 한다.

```
int ret;

/* 64KB를 넘기는 메모리 할당은 mmap()을 사용한다 */
ret = mallopt (M_MMAP_THRESHOLD, 64 * 1024);
if (!ret)
    fprintf (stderr, "mallopt failed!\n");
```

9.5.1 malloc_usable_size()와 malloc_trim()으로 튜닝하기

리눅스는 glibc의 메모리 할당 시스템을 저수준에서 제어할 수 있는 두 함수를 제공한다. 첫 번째 함수는 주어진 할당 메모리 영역에서 사용 가능한 바이트를 얻어 오는 기능을 제공한다.

```
#include <malloc.h>

size_t malloc_usable_size (void *ptr);
```

malloc_usable_size() 호출이 성공하면 ptr이 가리키는 메모리 영역의 실제 할당 크기를 반환한다. glibc는 기존의 블록이나 익명 맵핑에 맞도록 할당 크기를 올림처리하므로 할당 영역에서 사용 가능한 공간은 요청한 크기보다 더 클 수 있다. 당연히 할당 크기가 요청 크기보다 작은 경우는 없다. 다음은 malloc_usable_size()의 사용법이다.

```
size_t len = 21;
size_t size;
char *buf;

buf = malloc (len);
```

```
if (!buf) {
    perror ("malloc");
    return -1;
}

size = malloc_usable_size (buf);

/* 실제로는 'buf'에서 'size' 바이트만큼 사용할 수 있다 */
```

두 번째 함수는 프로그램이 glibc에 즉시 해제할 수 있는 모든 메모리를 커널로 강제 반환하도록 한다.

```
#include <malloc.h>

int malloc_trim (size_t padding);
```

malloc_trim() 호출이 성공하면 유지되어야 하는 패딩 바이트를 제외한, 가능한 많은 데이터 세그먼트를 줄이고 1을 반환한다. 호출이 실패하면 0을 반환한다. 일반적으로 glibc는 해제 가능한 메모리가 M_TRIM_THRESHOLD 바이트에 도달하면 자동으로 데이터 세그먼트를 줄이는 작업을 수행한다. 패딩 값으로는 M_TOP_PAD 값을 사용한다.

디버깅이나 공부하려는 목적이 아니라면 이 두 함수를 쓸 일은 없을 것이다. 이식성도 떨어지며 glibc의 메모리 할당 시스템의 세부 내용을 프로그램에 저수준까지 노출하기 때문이다.

9.6 메모리 할당 디버깅

프로그램은 MALLOC_CHECK_ 환경 변수를 설정해서 메모리 서브시스템의 고급 디버깅 기능을 활성화할 수 있다. 추가적인 디버깅을 활성화하면 메모리 할당이 덜 효율적이게 되지만 애플리케이션 개발에서 디버깅 단계에서는 그 이상의 가치가 있다.

환경 변수로 디버깅을 제어하므로 프로그램을 다시 컴파일할 필요는 없다. 예를 들어, 간단히 다음 명령으로 프로그램을 실행하기만 하면 된다.

```
$ MALLOC_CHECK_=1 ./rudder
```

MALLOC_CHECK_를 0으로 설정하면 메모리 서브시스템은 에러를 무시한다. 1로 설정하면 유익한 정보를 담은 메시지가 stderr로 출력된다. 2로 설정하면 프로그램은 즉시 abort()를 호출해서 종료된다. MALLOC_CHECK_는 실행 중인 프로그램의 동작 방식을 변경하므로 setuid 프로그램은 이 변수를 무시한다.

9.6.1 통계 수집하기

리눅스는 메모리 할당 시스템과 관련된 통계를 수집하기 위한 mallinfo() 함수를 제공한다.

```
#include <malloc.h>

struct mallinfo mallinfo (void);
```

mallinfo()를 호출하면 mallinfo 구조체에 통계를 담아 반환한다. 이 구조체는 포인터가 아니라 값으로 반환된다. 구조체의 내용 역시 〈malloc.h〉에 정의되어 있다.

```
/* 크기는 모두 바이트 단위다 */

struct mallinfo {
    int arena;      /* malloc이 사용하는 데이터 세그먼트의 크기 */
    int ordblks;    /* 비어 있는 메모리 블록 수 */
    int smblks;     /* 패스트 빈 수*/
    int hblks;      /* 익명 맵핑 수 */
    int hblkhd;     /* 익명 맵핑 크기 */
    int usmblks;    /* 전체 할당 최대 크기 */
    int fsmblks;    /* 사용 가능한 패스트 빈의 크기 */
    int uordblks;   /* 전체 할당 공간의 크기 */
    int fordblks;   /* 사용 가능한 메모리 블록의 크기 */
    int keepcost;   /* 정리가 가능한 공간 크기 */
};
```

사용법은 간단하다.

```
struct mallinfo m;

m = mallinfo ();

printf ("free chunks: %d\n", m.ordblks);
```

또한, 리눅스는 메모리 관련 통계를 stderr로 출력하는 malloc_stats() 함수를 제공한다.

```
#include <malloc.h>

void malloc_stats (void);
```

메모리를 많이 쓰는 프로그램에서 malloc_stats()를 호출하면 큰 수를 출력한다.

```
Arena 0:
system bytes     =   865939456
in use bytes     =   851988200
Total (incl. mmap):
system bytes     =  3216519168
in use bytes     =  3202567912
max mmap regions =       65536
max mmap bytes   =  2350579712
```

9.7 스택 기반 할당

지금까지 설명한 동적 메모리 할당 메커니즘은 힙이나 메모리 맵핑을 사용했다. 힙과 메모리 맵핑은 분명히 동적인 특성이 있으므로 이런 방식을 기대할 수 있다. 프로그램의 주소 공간을 구성하는 다른 구성 요소로, 자동 변수가 저장되는 스택이 있다.

하지만 동적 메모리 할당을 위해 스택을 사용하지 못할 이유는 없다. 메모리 할당이 스택을 넘치지만 않는다면 이런 접근 방식은 쉽고 제대로 동작한다. 스택에 동적 메모리를 할당하려면 alloca() 시스템 콜을 사용한다.

```
#include <alloca.h>

void * alloca (size_t size);
```

호출이 성공하면 alloca()는 size 바이트 크기만큼 할당한 메모리에 대한 포인터를 반환한다. 이 메모리는 스택에 위치하며 실행 중인 함수라 반환될 때 자동으로 해제된다. 일부 구현에서는 호출이 실패할 경우 NULL을 반환하는데, 대부분의 alloca() 구현은 실패하지 않거나 실패를 알리지 못한다. 실패는 바로 스택 오버플로를 일으킨다.

사용법은 malloc()과 동일하지만 할당된 메모리에 대해서 해제할 필요가 없으면 그렇게 해서
도 안된다. 다음은 시스템 설정 파일이 모여 있는 /etc 디렉터리에서 특정 파일을 여는 함수의
코드다. 이 함수는 새로운 버퍼를 할당하고 시스템 설정 디렉터리를 버퍼로 복사한 다음, 인자
로 받은 파일 이름을 버퍼 뒤에 이어 붙인다.

```c
int open_sysconf (const char *file, int flags, int mode)
{
    const char *etc = SYSCONF_DIR; /* "/etc/" */
    char *name;

    name = alloca (strlen (etc) + strlen (file) + 1);
    strcpy (name, etc);
    strcat (name, file);

    return open (name, flags, mode);
}
```

함수가 반환될 때 alloca()로 할당한 메모리는 스택이 실행 중인 함수로 되돌아가면서 자동
적으로 해제된다. 이는 alloca()를 호출한 함수가 반환되면 이 메모리를 사용할 수 없다는 뜻
이다! 하지만 free()를 호출해서 메모리를 정리할 필요가 없으므로 좀 더 깔끔한 코드를 얻을
수 있다. 다음은 malloc()을 사용해서 구현한 같은 함수이다.

```c
int open_sysconf (const char *file, int flags, int mode)
{
    const char *etc = SYSCONF_DIR; /* "/etc/" */
    char *name;
    int fd;

    name = malloc (strlen (etc) + strlen (file) + 1);
    if (!name) {
        perror ("malloc");
        return -1;
    }

    strcpy (name, etc);
    strcat (name, file);
```

```
        fd = open (name, flags, mode);
        free (name);

        return fd;
}
```

alloca( )로 할당한 메모리를 함수 호출 시 인자로 넘기면 안 된다는 사실을 기억하자.
alloca( )로 할당한 메모리는 함수의 인자를 위한 스택 영역의 중간에 위치하기 때문이다. 예
를 들면 다음처럼 사용하면 안 된다.

```
/* 이렇게 사용하면 안 된다! */
ret = foo (x, alloca (10));
```

alloca( ) 인터페이스는 파란만장한 역사가 있다. 많은 시스템에서 alloca( )는 형편없이 동
작하거나 알 수 없는 동작을 했다. 작고 고정된 크기의 스택을 가지는 시스템에서 alloca( )를
사용하면 스택 오버플로를 발생시켜 프로그램을 쉽게 죽인다. 다른 시스템에서는 alloca( )가
아예 존재하지 않는 경우도 있다. 시간이 흐르면서 alloca( )는 버그가 많고 일관성 없는 구현
탓에 나쁜 평판을 얻었다.

따라서 프로그램이 호환성을 유지해야 한다면 alloca( )를 사용하지 않는 편이 좋다. 하지만
그럼에도 리눅스에서 alloca( )는 아주 유용한 도구다. 많은 시스템에서 alloca( )는 스택
포인터만 증가시키면 되므로 malloc( )보다 월등한 성능을 자랑한다. 리눅스 전용 코드에서
작은 메모리 할당이 필요하다면 alloca( )를 사용해서 놀라운 성능 향상을 얻을 수 있다.

9.7.1 스택에서 문자열 복사하기

문자열을 임시로 복사하는 경우 alloca( )를 매우 자주 사용한다. 다음 예제를 보자.

```
/* 'song'을 복사하려고 한다 */
char *dup;

dup = alloca (strlen (song) + 1);
strcpy (dup, song);
```

```
/* 'dup'을 사용한다 */

return; /* 'dup'은 자동으로 해제된다 */
```

이런 요구가 잦고 alloca( )를 통해 얻을 수 있는 속도상의 이점 때문에 리눅스 시스템은 스택에 문자열을 복사하는 strdup( ) 함수군을 제공하고 있다.

```
#define _GNU_SOURCE
#include <string.h>

char * strdupa (const char *s);
char * strndupa (const char *s, size_t n);
```

strdupa( )는 문자열 s를 복사한 다음 반환한다. strndupa( )는 문자열 s의 처음 n자까지 복사한다. s가 n보다 더 길다면 n까지만 복사하고 마지막에 NULL 바이트를 하나 추가한다. 이 함수들은 alloca( )에서 제공하는 장점을 얻을 수 있다. 복사된 문자열은 호출하는 함수가 반환될 때 자동으로 해제된다.

POSIX는 alloca( ), strdupa( ) 또는 strndupa( ) 함수를 정의하지 않으며 운영체제마다 각 함수의 구현은 제각각이다. 이식성을 염두에 둔다면 이 함수들은 사용하지 말아야 한다. 하지만 리눅스에서는 단순히 스택 프레임 포인터만 조정하면 동적 메모리 할당이라는 복잡한 과정을 대체할 수 있으므로 alloca( )와 strdup( ) 함수군은 매우 빠르게 잘 동작한다.

9.7.2 가변 길이 배열

C99는 컴파일 시점이 아니라 실행 중에 배열의 크기를 결정하는 가변 길이 배열(VLA[Variable Length Array])을 도입했다. GNU C는 가변 길이 배열을 이미 지원했지만, C99에서 이제 표준화되었고 사용해야 할 이유가 뚜렷하다. 가변 길이 배열은 alloca( )와 마찬가지로 동적 메모리 할당이라는 부하를 없애준다.

사용법은 이미 기대하고 있는 방식 그대로다.

```
for (i = 0; i < n; ++i) {
    char foo[i + 1];

    /* 'foo'를 사용하자. */
}
```

이 코드 예제에서 foo는 크기가 가변 길이인, i + 1 크기의 배열이다. 매 루프마다 foo를 동적으로 생성하며 스코프를 벗어나면 자동적으로 해제된다. 가변 길이 배열 대신에 alloca()를 사용했다면 할당된 메모리는 함수가 반환되기 전까지는 해제되지 않는다. 가변 길이 배열을 사용하면 매번 루프를 돌고 나서 해제된다. 따라서 alloca()는 n * (n+1) / 2바이트를 소비하는 반면 가변 길이 배열은 최악의 경우 n바이트를 소비한다.

가변 길이 배열을 사용해서 open_sysconf() 함수를 다음과 같이 고쳐 쓸 수 있다.

```
int open_sysconf (const char *file, int flags, int mode)
{
    const char *etc; = SYSCONF_DIR; /* "/etc/" */
    char name[strlen (etc) + strlen (file) + 1];

    strcpy (name, etc);
    strcat (name, file);

    return open (name, flags, mode);
}
```

alloca()와 가변 길이 배열의 주된 차이점은 alloca()로 얻은 메모리는 함수 주기 동안 유지되지만 가변 길이 배열로 얻은 메모리는 함수가 끝나는 시점이 아니라 변수가 스코프를 벗어날 때까지만 유지된다는 점이다. 이런 동작 방식은 좋은 점도 있고 나쁜 점도 있다. 방금 살펴본 for 루프에서 매번 루프를 돌 때마다 메모리를 회수하여 부작용(추가적인 메모리 낭비) 없이 전체 메모리 사용을 줄일 수 있다. 하지만 단일 루프 주기보다 더 오랫동안 메모리를 유지해야 할 경우에는 alloca()를 사용하는 편이 더 합리적이다.

> **NOTE_** 하나의 함수에서 alloca()와 가변 길이 배열을 함께 쓰면 특이하게 동작한다. 안전한지 실험해본 다음에 적절한 함수 하나만 사용해서 쓰도록 하자.

9.8 메모리 할당 메커니즘 선택하기

이 장에서는 아주 많은 메모리 할당 옵션을 살펴봤고 특정 작업에 최적인 해법이 무엇인지는 프로그래머가 결정할 몫이다. 대부분의 상황에서는 malloc()이 최선의 선택이다. 하지만 때때로 다른 방법이 더 좋은 선택인 경우도 있다. [표 9-2]에 메모리 할당 메커니즘 선택을 위한 가이드 라인을 정리해두었다.

표 9-2 리눅스에서 제공하는 메모리 할당 방식

메모리 할당 방식	장점	단점
malloc()	쉽고 단순하고 일반적이다.	반드시 0으로 채워진 메모리를 반환하지 않는다.
calloc()	배열 할당이 간단하며 0으로 채워진 메모리를 반환한다.	배열을 할당하지 않는다면 복잡한 인터페이스
realloc()	기존 할당 크기를 변경한다.	기존에 존재하는 할당 크기만 조정이 가능하다.
brk()와 sbrk()	즉각적인 힙 제어가 가능하다.	너무 저수준의 인터페이스
익명 메모리 맵핑	사용이 쉽고 공유가 가능하며 개발자가 보호 수준을 설정하고 힌트를 사용할 수 있다. 대규모 맵핑에 최적이다.	작은 할당에서는 최적이 아니다. 최적 상황에서 malloc()은 자동으로 익명 메모리 맵핑을 사용한다.
posix_memalign()	메모리를 합당한 경계에 맞춰 할당한다.	비교적 새로운 함수라서 이식성이 걱정된다. 정렬이 고려 사항이 아니라면 너무 지나친 방식이다.
memalign()와 valloc()	다른 유닉스 시스템에서 posix_memalign()보다 더 보편적이다.	POSIX 표준이 아니며 posix_memalign()보다 정렬 제어가 약하다.
alloca()	할당 속도가 아주 빠르고 메모리를 명시적으로 해제할 필요가 없다. 작은 할당에 적합하다.	에러를 반환하지 않으며 큰 할당에는 적합하지 않다. 몇몇 유닉스 시스템에서는 문제를 일으킨다.
가변 길이 배열	alloca()와 동일하지만 함수 반환 시점이 아니라 스코프를 벗어날 때 해제된다.	배열에서만 쓸 수 있다. 일부 상황에서는 alloca()의 해제 방식을 더 선호한다. 다른 유닉스 시스템에서는 alloca()보다 보편적이지 않다.

마지막으로 이 모든 옵션의 대안인 자동 메모리 할당과 정적 메모리 할당을 잊지 말자. 스택에 자동 변수를 할당하거나 전역 변수를 힙에 할당하는 방법은 더 쉽고 포인터를 관리해야 할 수고와 메모리 해제와 관련된 걱정을 없애준다.

9.9 메모리 조작하기

C 언어는 메모리의 바이트를 조작할 수 있는 함수를 제공한다. 이 함수는 strcmp( )나 strcpy( ) 같은 문자열 조작 인터페이스와 여러 가지로 유사하게 동작하지만 문자열이 NULL로 끝난다고 가정하는 대신 사용자가 제공한 버퍼 크기에 의존한다. 이런 함수는 에러를 반환하지 않는다는 점을 주목하자. 에러를 방지하는 몫은 전적으로 프로그래머에게 달려 있다. 잘못된 메모리 영역을 넘기면 세그멘테이션 폴트가 발생한다!

9.9.1 바이트 설정하기

메모리 조작 함수 중에서 가장 흔히 사용하는 함수는 memset( )이다.

```
#include <string.h>

void * memset (void *s, int c, size_t n);
```

memset( )을 호출하면 s에서 시작해서 n바이트만큼 c 바이트로 채운 다음 s를 반환한다. 주로 메모리 블록을 0으로 채울 때 많이 사용한다.

```
/* [s, s+256) 영역을 0으로 채운다 */
memset (s, '\0', 256);
```

bzero( ) 함수는 BSD에서 동일한 작업을 위해 도입되었으나 오래되었고 이제는 사용하지 않는다. 새로운 코드는 반드시 memset( )을 사용해야 한다. 하지만 리눅스는 하위 호환과 다른 시스템과의 이식성을 고려해 bzero( )를 남겨두었다.

```
#include <strings.h>

void bzero (void *s, size_t n);
```

다음 호출은 앞서 살펴본 memset( ) 예제와 동일하다.

```
bzero (s, 256);
```

bzero()는 다른 b 계열 인터페이스와 마찬가지로 〈string.h〉가 아니라 〈strings.h〉에 정의되어 있다.

TIP **calloc( )을 사용할 수 있다면 memset( )은 사용하지 말자!**

malloc()으로 메모리를 할당하고 바로 memset()으로 메모리를 0으로 초기화하는 방식은 피한다. 결과는 같을지 몰라도 두 함수를 사용하는 대신에 calloc() 함수를 한 번만 사용해서 메모리를 0으로 초기화하는 방법이 훨씬 낫다. 함수 호출을 한 번 줄일 뿐만 아니라 calloc()은 커널에서 이미 0으로 초기화된 메모리를 얻어온다. 이 경우 수동으로 모든 바이트를 0으로 초기화하는 작업을 피할 수 있어서 성능이 향상된다.

9.9.2 바이트 비교하기

strcmp()와 유사한 memcmp() 함수를 사용해서 두 메모리 영역이 동일한지 비교한다.

```
#include <string.h>

int memcmp (const void *s1, const void *s2, size_t n);
```

이 함수를 호출하면 s1과 s2의 처음 n바이트를 비교하고 두 영역이 동일하면 0을 반환한다. s1이 s2보다 작다면 음수를 반환하고 s1이 s2보다 크다면 양수를 반환한다.

BSD에서도 동일한 인터페이스를 제공하지만 현재는 사용되지 않는다.

```
#include <strings.h>

int bcmp (const void *s1, const void *s2, size_t n);
```

bcmp()를 호출하면 s1과 s2의 처음 n바이트를 비교해서 동일하면 0을, 그렇지 않다면 0이 아닌 값을 반환한다.

구조체 패딩(396쪽 '다른 정렬 고려 사항' 참고) 때문에 memcmp()나 bcmp()로 두 구조체가 동일한지 비교하는 것은 신뢰할 수 없다. 패딩에 초기화되지 않은 값이 들어 있어서 실제로 두 구조체의 멤버가 같을지라도 다르다고 판단할 수 있다. 따라서 이렇게 구조체를 비교하는 것은 안전하지 않다.

```
/* 두 dinghies 구조체가 동일한가? (문제 있음) */
int compare_dinghies (struct dinghy *a, struct dinghy *b)
{
    return memcmp (a, b, sizeof (struct dinghy));
}
```

대신, 구조체를 비교하고 싶다면 그 구조체의 개별 멤버끼리 비교해야 한다. 이런 방식은 몇 가지 최적화를 지원하긴 하지만 안전하지 않은 memcmp( )를 그냥 사용하는 것보다 확실히 더 많은 코드를 필요로 한다. 다음 코드를 보자.

```
/* 두 dinghies 구조체가 동일한가? */
int compare_dinghies (struct dinghy *a, struct dinghy *b)
{
    int ret;

    if (a->nr_oars < b->nr_oars)
        return -1;
    if (a->nr_oars > b->nr_oars)
        return 1;

    ret = strcmp (a->boat_name, b->boat_name);
    if (ret)
        return ret;

    /* 다른 멤버 계속 비교 */
}
```

9.9.3 바이트 옮기기

memmove( )는 src의 처음 n바이트를 dst로 복사하고 dst를 반환한다.

```
#include <string.h>

void * memmove (void *dst, const void *src, size_t n);
```

BSD에도 같을 작업을 수행하는, 이제는 사용되지 않는 인터페이스를 제공한다.

```
#include <strings.h>

void bcopy (const void *src, void *dst, size_t n);
```

두 함수는 같은 인자를 받긴 하지만 그 순서가 다른 점을 주목하자. 첫 두 인자의 순서가 바뀌어 있다.

bcopy( )와 memmove( ) 모두 중첩되는 메모리 영역(dst의 일부가 src 안에 존재하는 경우)을 안전하게 다룬다. 예를 들면 메모리 바이트를 특정 영역 안에서 위나 아래로 이동할 수 있게 만든다. 이런 경우는 흔치 않지만, 이런 동작 방식을 피해야 하는 프로그래머를 위해 C 표준은 중첩된 메모리 영역을 지원하지 않는 memmove( )의 변종 함수인 memcpy( )를 제공한다. memcpy( )는 잠재적으로 좀 더 빠르게 동작한다.

```
#include <string.h>

void * memcpy (void *dst, const void *src, size_t n);
```

memcpy( )는 dst와 src가 중첩되지 않는 점을 제외하면 memmove( )와 동일하다. 만약 dst와 src가 중첩된다면 결과를 보장할 수 없다. 또 다른 안전한 복사 함수로 memccpy( )가 있다.

```
#include <string.h>

void * memccpy (void *dst, const void *src, int c, size_t n);
```

memccpy( ) 함수는 src의 첫 n바이트 내에서 c 바이트를 발견하면 복사를 멈춘다는 차이를 제외하면 memcpy( )와 동일하다. dst에서 c의 다음 바이트를 가리키는 포인터를 반환하거나 c를 찾지 못하면 NULL을 반환한다.

마지막으로 메모리를 쭉 따라가려면 mempcpy( )를 사용한다.

```
#define _GNU_SOURCE
#include <string.h>

void * mempcpy (void *dst, const void *src, size_t n);
```

mempcpy() 함수는 memcpy()와 동일하게 동작하지만 마지막 바이트를 복사한 후에 다음 바이트를 가리키는 포인터를 반환한다. 여러 데이터를 연속적인 메모리 위치에 모아야 할 경우 유용하지만 단순히 dst + n을 반환하기 때문에 눈에 띄는 개선은 없다.

9.9.4 바이트 탐색하기

memchr()과 memrchr()은 주어진 메모리 블록에서 특정 바이트의 위치를 탐색한다.

```
#include <string.h>

void * memchr (const void *s, int c, size_t n);
```

memchr() 함수는 s가 가리키는 메모리의 n바이트 범위에서 unsigned char 문자 c를 탐색한다.

```
#define _GNU_SOURCE
#include <string.h>

void * memrchr (const void *s, int c, size_t n);
```

이 호출은 c와 일치하는 첫 바이트를 가리키는 포인터를 반환하거나 c를 찾지 못했을 경우 NULL을 반환한다.

memrchr() 함수는 memchr()과 동일하지만 시작 지점부터 찾는 게 아니라 s가 가리키는 메모리의 뒤에서부터 n바이트 범위에서 탐색을 시작한다. memchr()과 다르게 memrchr()은 GNU 확장이며 C 언어의 일부가 아니다.

좀 더 복잡한 탐색을 위한 괴상한 이름의 memmem() 함수는 임의 바이트 배열에서 메모리 블록을 탐색한다.

```
#define _GNU_SOURCE
#include <string.h>

void * memmem (const void *haystack,
        size_t haystacklen,
```

```
                const void *needle,
                size_t needlelen);
```

memmem( ) 함수는 길이가 haystacklen 바이트인 메모리 블록 haystack 내부에서 길이
가 needlelen 바이트인 서브 블록 needle의 첫 번째 위치를 가리키는 포인터를 반환한다.
haystack 내에서 needle을 찾지 못하면 NULL을 반환한다. 이 함수는 GNU 확장이다.

9.9.5 바이트 섞기
리눅스 C 라이브러리는 데이터 바이트를 간단하게 뒤섞는 인터페이스를 제공한다.

```
#define _GNU_SOURCE
#include <string.h>

void * memfrob (void *s, size_t n);
```

memfrob( )은 s에서 시작하는 메모리의 처음 n바이트를 숫자 42와 XOR 연산을 통해 이상한
값으로 바꾼 후 s를 반환한다.

이렇게 반환된 메모리 영역을 memfrob( )에 다시 넘기면 원래 내용으로 돌아온다. 따라서 아
래 코드는 보안 관점에서는 아무것도 하지 않은 것과 같다.

```
memfrob (memfrob (secret, len), len);
```

이 함수는 암호화를 위한 함수가 아니다. 문자열을 알아보기 어렵게 바꾸는 정도로 사용해야
한다. 이 함수는 GNU 확장이다.

9.10 메모리 락 걸기

리눅스는 필요할 때 디스크에서 페이지를 읽어오고 더 이상 필요하지 않을 때 디스크로 되돌리
는 요청식 페이징을 구현한다. 요청식 페이징은 물리 메모리가 거의 무한한 것처럼 착각을 불
러 일으켜 시스템에 존재하는 프로세스의 가상 주소 공간과 물리 메모리의 총량 간의 직접적인

관계가 없도록 한다.

이런 페이징은 투명하게 일어나며 일반적으로 애플리케이션은 리눅스 커널의 페이징에 대해 신경을 쓰거나 알아야 할 필요가 없다. 하지만 애플리케이션이 시스템의 페이징 동작 방식에 영향을 미치기를 원하는 두 가지 상황이 있다.

결정성

시간 제약이 있는 애플리케이션은 결정론적인 동작을 필요로 한다. 어떤 메모리 접근이 페이지 폴트를 일으킨다면 페이지 폴트는 디스크 입출력 연산을 발생시키므로 애플리케이션은 시간 제한을 넘긴다. 필요한 페이지가 항상 물리 메모리에 존재하고 절대 디스크로 페이징되지 않도록 해서 그 메모리 접근이 페이지 폴트를 일으키지 않게 일관성과 결정성을 보장하며 성능을 개선할 수 있다.

보안

중요한 내용을 메모리에 저장했는데 이런 내용이 암호화되지 않은 디스크로 페이징될 수 있다. 예를 들어 사용자의 개인 키는 일반적으로 암호화된 상태로 저장되지만 메모리에 있던 암호화되지 않은 복사본이 스왑 파일로 저장될 수도 있다. 보안을 중요시하는 환경에서 이런 동작 방식을 절대 용납할 수 없다. 이런 경우 애플리케이션에서 키를 담고 있는 메모리 영역을 항상 물리 메모리에 위치하도록 요구할 수 있다.

물론 커널의 페이징 동작 방식을 변경하면 전반적인 시스템 성능에 나쁜 영향을 미친다. 이렇게 하면 한 애플리케이션의 결정성이나 보안을 향상할 수 있지만 페이지가 메모리에 잠겨 있으므로 다른 애플리케이션의 페이지가 디스크로 페이징될 수 있다. 커널의 알고리즘을 신뢰한다면 커널은 미래에 가장 적게 사용될 가능성이 높은 페이지를 스왑 아웃한다. 따라서 커널 동작 방식을 변경하면 최적이 아닌 다른 페이지를 스왑 아웃할 가능성이 있다.

9.10.1 일부 주소 공간 락 걸기

POSIX 1003.1b-1993은 하나 이상의 페이지를 물리 메모리에 '락 걸어서' 절대 디스크로 페이지 아웃되지 않도록 하는 두 인터페이스를 정의한다. 첫 번째 인터페이스는 주어진 주소 범위를 잠근다.

```
#include <sys/mman.h>

int mlock (const void *addr, size_t len);
```

mlock()은 addr에서 시작하는 len 바이트의 가상 메모리를 물리 메모리로 잠근다. 호출이 성공하면 0을 반환하고 호출이 실패하면 −1을 반환하고 errno를 적절한 값으로 설정한다.

호출이 성공하면 메모리에서 [addr, addr+len) 영역*을 포함하는 모든 물리 페이지를 잠근다. 예를 들어, 단일 바이트에 대해서 이 함수를 호출하면 그 바이트가 포함된 전체 페이지가 메모리에 잠긴다. POSIX 표준은 addr이 반드시 페이지 크기로 정렬되어야 한다고 정의하고 있다. 리눅스는 이런 요구사항을 강제하지 않으며 필요하다면 addr을 가장 근접한 페이지로 잘라 버린다. 다른 시스템과의 이식성이 요구되는 프로그램은 addr이 페이지 크기에 맞춰지도록 보장해야 한다.

유효한 errno 코드는 다음과 같다.

EINVAL   len이 음수다.

ENOMEM   호출하는 쪽에서 RLIMIT_MEMLOCK 리소스 제한을 넘기는 페이지를 락 걸려고 시도했다(424쪽 '락 제약' 참고).

EPERM   RLIMIT_MEMLOCK 리소스 제한이 0이지만 프로세스가 CAP_IPC_LOCK 기능이 없다(424쪽 '락 제약' 참고).

> **NOTE_** 프로세스 포크 이후, 자식 프로세스는 잠긴 메모리 상태를 상속받지 않는다. 하지만 리눅스 주소 공간의 copy-on-write에 의해 자식 프로세스의 페이지는 그 주소 공간에 쓰기를 시도하기 전까지는 실질적으로 잠긴 상태로 남아 있다.

암호화된 문자열을 메모리에 저장하는 프로그램 예제를 생각해보자. 프로세스는 다음과 같은 코드로 문자열을 포함한 페이지를 락 걸 수 있다.

```
int ret;

/* 메모리에서 'secret'을 락 건다 */
```

---

* 역자주_ [: 주소의 시작. 시작값 포함.] : 주소의 끝. 끝값 포함. (: 주소의 시작. 시작값 미포함.) : 주소의 끝. 끝값 미포함.

```
ret = mlock (secret, strlen (secret));
if (ret)
    perror ("mlock");
```

9.10.2 전체 주소 공간 락 걸기

프로세스에서 전체 주소 공간을 물리 메모리에 락 걸기를 원한다면 mlock()을 사용하기는 번거롭다. 이 경우를 위해(주로 실시간 애플리케이션에서 흔하다) POSIX는 전체 주소 공간을 잠그는 시스템 콜을 정의한다.

```
#include <sys/mman.h>

int mlockall (int flags);
```

mlockall()을 호출하면 현재 프로세스 주소 공간에 있는 모든 페이지를 물리 메모리에 잠근다. 다음 두 값의 OR로 묶은 flags를 통해 동작 방식을 제어한다.

MCL_CURRENT   이 값을 설정하면 mlockall()은 현재 맵핑된 페이지(스택, 데이터 세그먼트, 맵핑된 파일 등)를 프로세스의 주소 공간에 잠근다.

MCL_FUTURE   이 값을 설정하면 mlockall()은 향후 주소 공간에 맵핑되는 모든 페이지 역시 메모리에 잠근다.

대부분의 애플리케이션은 두 값을 OR로 묶어서 사용한다.

호출이 성공하면 0을 반환하고 실패하면 −1을 반환하고 errno를 다음 값 중 하나로 설정한다.

EINVAL   flags가 음수다.

ENOMEM   호출하는 쪽에서 RLIMIT_MEMLOCK 리소스 제한을 넘기는 페이지를 락 걸려고 시도했다(424쪽 "락 제약" 참고).

EPERM   RLIMIT_MEMLOCK 리소스 제한이 0이지만 프로세스가 CAP_IPC_LOCK 기능이 없다(424쪽 '락 제약' 참고).

9.10.3 메모리 락 해제하기

POSIX는 물리 메모리에서 페이지의 락을 해제해서 커널이 필요한 경우 그 페이지를 디스크로 페이지 아웃할 수 있도록 두 가지 인터페이스를 정의한다.

```
#include <sys/mman.h>

int munlock (const void *addr, size_t len);
int munlockall (void);
```

munlock() 시스템 콜은 addr에서 시작해서 len 바이트만큼 확장된 페이지의 락을 해제한다. 이 호출은 mlock()에 대응하는 함수다. munlockall()은 mlockall()에 대응하는 함수다. 두 함수 모두 호출이 성공하면 0을 반환하고 실패하면 -1을 반환하고 errno를 다음 값 중 하나로 설정한다.

EINVAL len 인자가 유효하지 않다(munlock()만 해당).

ENOMEM 지정한 페이지 일부가 유효하지 않다.

EPERM RLIMIT_MEMLOCK 리소스 제한이 0이지만 프로세스가 CAP_IPC_LOCK 기능이 없다(424쪽 '락 제약' 참고).

메모리 락은 중첩되지 않는다. 따라서 mlock()이나 mlockall()을 여러 번 호출해서 잠궜더라도 munlock()이나 munlockall()을 한 번만 호출하면 잠긴 페이지가 풀린다.

9.10.4 락 제약

메모리 락은 시스템 전반적인 성능에 영향을 미치므로 너무 많은 페이지를 락 걸면 메모리 할당이 실패할 수 있다. 리눅스는 프로세스에서 얼마나 많은 페이지를 락 걸 수 있는지 제한을 두고 있다.

CAP_IPC_LOCK 기능을 가진 프로세스는 페이지 수에 제약 없이 메모리를 락 걸 수 있다. 하지만 이 기능이 없는 프로세스는 RLIMIT_MEMLOCK 바이트만 락 걸 수 있다. 기본적으로 이 리소스 제한은 32KB이며 한 두 개 정도를 락 걸만한 크기이지만 시스템 성능에 영향을 미칠만큼 크지는 않다(6장에서 리소스 제한과 이 값을 어떻게 조회하고 바꿀 수 있는지 살펴봤다).

9.10.5 페이지가 물리 메모리에 존재하는지 확인하기

리눅스는 디버깅과 진단 목적으로 주어진 메모리 영역이 물리 메모리에 존재하는지 아니면 디스크로 스왑되었는지 판단할 수 있는 mincore() 함수를 제공한다.

```
#include <unistd.h>
#include <sys/mman.h>

int mincore (void *start,
    size_t length,
    unsigned char *vec);
```

mincore()를 호출하면 시스템 콜을 호출하는 시점에 물리 메모리에 맵핑된 페이지를 기술하는 벡터를 제공한다. 반환되는 벡터는 vec에 저장되며 start(반드시 페이지 크기로 정렬되어야 한다)에서 시작해서 length 바이트(이 크기는 페이지 크기로 정렬되지 않아도 된다)만큼 확장된 페이지를 기술한다. vec에 포함된 각 바이트는 제공된 범위 내 하나의 페이지에 대응하며 첫 번째 페이지를 기술하는 첫 바이트에서 시작해서 선형적으로 증가한다. 따라서 vec은 최소한 '(length - 1 + 페이지 크기) / 페이지 크기' 바이트를 저장할 수 있을만큼 커야 한다. 그 페이지가 물리 메모리에 위치한다면 각 바이트의 최하위 비트는 1이며 그렇지 않다면 0이다. 다른 비트는 현재 정의되지 않았으며 나중에 사용하기 위해 예약되어 있다.

호출이 성공하면 0을 반환하고 실패하면 −1을 반환하고 errno를 다음 값 중 하나로 설정한다.

EAGAIN   요청을 처리하기 위한 커널 리소스가 충분하지 않다.

EFAULT   vec이 유효하지 않은 주소를 가리킨다.

EINVAL   start가 페이지 크기로 정렬되어 있지 않다.

ENOMEM   [start, start+1)은 파일 기반 맵핑이 아닌 메모리다.

현재 이 시스템 콜은 MAP_SHARED로 생성한 파일 기반 맵핑에 대해서만 제대로 동작한다. 이는 mincore() 시스템 콜을 사용하는 데 큰 걸림돌이다.

9.11 게으른 할당

리눅스는 게으른 할당 전략을 사용한다. 프로세스가 데이터 세그먼트를 늘리거나 새로운 메모리 맵핑을 만드는 방법으로 커널에 추가 메모리를 요청하면 커널은 실제 물리적인 저장장치를 제공하지 않고 메모리 할당을 약속해버린다. 프로세스가 새로 할당된 메모리에 쓸 때 커널은 사용자에게 제공한 메모리를 물리 메모리 할당으로 변환한다. 커널은 이를 페이지 단위로 수행하며 필요에 따라 요청식 페이징과 copy-on-write를 수행한다.

이런 동작 방식에는 여러 가지 장점이 있다. 먼저, 메모리 할당을 지연시켜서 실제 할당이 필요한 최후의 순간까지 대부분의 작업을 미룰 수 있다. 둘째, 요구에 따라 페이지 단위로 요청을 처리하므로 실제 사용하는 물리 메모리만 물리 저장소를 소비한다. 마지막으로 할당을 약속한 메모리의 총량이 물리 메모리의 총량을 넘어서고, 심지어는 사용 가능한 스왑 공간까지도 넘어설 수 있다. 이런 특징을 오버커밋^{overcommitment}이라고 한다.

9.11.1 오버커밋과 OOM

오버커밋은 매번 요청하는 메모리가 실제 사용 시점이 아니라 할당되는 시점에 반드시 물리 저장장치에 존재해야 한다면 실행시킬 수 없었던 크고 많은 애플리케이션을 실행할 수 있도록 한다. 오버커밋이 아니면 2GB 파일 맵핑에 대한 copy-on-write는 커널이 2GB의 저장 공간을 확보해야만 한다. 하지만 오버커밋이 가능하다면 2GB 파일 맵핑은 프로세스가 실제로 쓰는 데이터의 각 페이지를 담을 저장소만 필요하다. 마찬가지로 오버커밋이 없다면 대다수의 페이지에 copy-on-write가 일어나지 않을 경우에도 fork()는 주소 공간을 복사하기에 충분한 공간을 확보해야 한다.

하지만 프로세스가 시스템이 보유하고 있는 물리 메모리와 스왑 공간을 훨씬 초과하는 메모리를 요청한다면 어떻게 될까? 이 경우 요청 일부가 반드시 실패한다. 커널은 메모리를 요청한 시스템 콜이 성공하는 시점에 이미 메모리를 제공하고 프로세스는 제공받은 메모리를 사용하려고 한다. 이런 상황에서 커널은 프로세스를 죽여서 사용 가능한 메모리를 확보하는 방법 외에는 답이 없다.

오버커밋으로 인해 요청한 메모리를 충족시킬 수 있는 메모리가 부족한 경우 OOM^{Out Of Memory}이 발생한다. OOM이 발생하면 커널은 OOM 킬러를 실행시켜서 가장 덜 중요한 프로세스를 종료시킨다. 이를 위해 커널은 가장 덜 중요하면서 메모리를 많이 사용 중인 프로세스를 찾아낸다.

OOM 조건은 드물게 발생하므로 초기에 오버커밋을 허용하면 활용도가 극대화된다. 하지만 OOM은 환영받지 못하며 OOM 킬러에 의한 프로세스의 예측하지 못한 종료는 종종 용납되지 않는다.

이런 경우에는 /proc/sys/vm/overcommit_memory 파일과 이와 동일한 sysctl 파라미터인 vm.overcommit_memory를 통해서 오버커밋을 비활성화할 수 있다.

이 파라미터의 기본값은 0이며 커널이 경험적인 오버커밋 전략을 수행해서 합당한 오버커밋은 허용하지만 터무니 없는 오버커밋은 허용하지 않도록 한다. 이 값이 1이면 걱정 따위 날려버리고 모든 오버커밋을 허용한다. 과학 분야와 같이 메모리를 많이 사용하는 특정 애플리케이션은 이런 옵션이 무색할 정도로 더 많은 메모리를 요청하는 경향이 있다.

이 값이 2이면 오버커밋을 비활성화하고 메모리 할당을 엄격하게 한다. 이 모드에서는 스왑 공간의 크기에 물리 메모리에서 설정 가능한 비율만큼 더한 값으로 메모리 요청을 제한한다. 설정 비율은 /proc/sys/vm/overcommit_ratio 파일이나 이와 동일한 sysctl 파라미터인 vm.overcommit_ratio를 통해서 설정할 수 있다. 기본값은 50이며 스왑 공간의 크기에 물리 메모리 절반을 더한 값으로 메모리 요청을 제약한다. 물리 메모리는 커널, 페이지 테이블, 시스템 예약 페이지, 락 걸린 페이지 등을 포함해야 하므로 실제 메모리 일부만 스왑이 가능하며 메모리 요청을 충족할 수 있다.

엄격한 메모리 할당을 이용할 때는 주의를 기울이자. OOM 킬러라는 개념에 회의를 가진 많은 시스템 설계자들은 엄격한 메모리 할당을 만병통치약으로 생각한다. 하지만 애플리케이션은 종종 오버커밋 범위를 넘어서는 불필요한 할당을 수행하는 경우가 있으며 이런 동작 방식이 가상 메모리가 등장하게 된 핵심 동기 중 하나이다.

CHAPTER **10**

시그널

시그널은 비동기 이벤트 처리를 위한 메커니즘을 제공하는 소프트웨어 인터럽트다. 이런 이벤트는 사용자가 Ctrl+C를 눌러 인터럽트 문자를 생성하는 경우처럼 시스템 외부에서 발생하거나 프로세스가 0으로 나누는 연산을 수행한 경우처럼 프로그램이나 커널 내부 작업 중에 발생할 수도 있다. 가장 기본적인 프로세스 간 통신(IPC) 기법으로, 프로세스가 다른 프로세스에 시그널을 보낼 수도 있다.

중요한 점은 이벤트가 비동기적으로 발생한다는 사실뿐만 아니라 (예를 들면 사용자가 프로그램 실행 중에 Ctrl+C를 누를 수 있다) 해당 프로그램도 시그널을 비동기적으로 처리할 수 있다는 점이다. 시그널 처리 함수는 커널에 등록되어 시그널이 전달되었을 때 그 함수가 비동기식으로 호출된다.

시그널은 초기부터 유닉스의 한 부분이었다. 하지만 시간이 흐르면서 진화를 거듭했는데, 가장 눈에 띄는 점은 신뢰성 측면으로, 예전에는 시그널이 사라질 수도 있었다. 또한, 기능적인 면에서 이제는 사용자 정의 데이터를 전달할 수 있다. 초기에는 호환성을 고려하지 않고 유닉스 시스템마다 시그널을 변경했다. 고맙게도 POSIX가 구원투수로 나서서 시그널 처리를 표준화했다. 이 표준은 리눅스에서도 제공하며 그 내용을 지금부터 알아보겠다.

이번 장에서는 시그널에 대한 개략적인 설명과 시그널의 사용법 및 잘못된 사용에 대해서 알아본다. 다음으로 시그널을 관리하고 조작하기 위해 리눅스에서 제공하는 다양한 인터페이스를 살펴본다.

대부분의 애플리케이션은 시그널과 함께 동작한다. 일부러 통신 과정에서 시그널에 의존하지 않도록 프로그램을 설계하는 경우(대개는 좋은 생각이다!)조차도 프로그램 종료를 처리할 때는 시그널을 이용해야만 한다.

10.1 시그널 개념

시그널은 생명 주기가 명확하다. 먼저, 시그널이 발생한다(종종 보낸다 혹은 뜬다고 표현하기도 한다). 그러면 커널은 해당 시그널을 전달 가능할 때까지 쌓아둔다. 마지막으로 커널은 가능한 시점에서 적절하게 시그널을 처리한다. 커널은 프로세스 요청에 따라 다음 세 가지 동작 중 하나를 수행한다.

시그널을 무시한다.

아무런 동작도 하지 않는다. 무시할 수 없는 시그널은 SIGKILL과 SIGSTOP 두 가지다. 이렇게 만든 이유는 시스템 관리자가 프로세스를 종료하거나 멈출 수 있어야 하기 때문이다. 프로세스가 SIGKILL을 무시(종료가 불가능하다)하거나 SIGSTOP을 무시(멈추는 게 불가능하다)하기로 결정했다면 이는 해당 기능을 우회하는 셈이다.

시그널을 붙잡아 처리한다.

커널은 프로세스의 현재 코드 실행을 중단하고, 이전에 등록했던 함수로 건너뛴다. 그러면 프로세스는 해당 함수를 실행한다. 일단 해당 함수에서 반환되면 프로세스는 시그널을 붙잡은 시점으로 되돌아간다. SIGINT와 SIGTERM은 가장 흔하게 잡을 수 있는 시그널이다. 프로세스는 사용자가 유발한 인터럽트를 처리하기 위해 SIGINT를 붙잡아 처리한다. 예를 들어 터미널 프로그램은 이 시그널을 잡아서 프롬프트로 다시 돌아간다. 프로세스는 프로그램이 종료되기 전에 SIGTERM을 붙잡아서 네트워크 연결을 끊거나, 임시 파일 삭제하는 등 프로그램 종료와 관련된 작업을 수행할 수 있다. SIGKILL과 SIGSTOP은 잡을 수 없다.

기본 동작을 수행한다.

기본 동작은 시그널에 따라 다르다. 기본 동작은 대부분 프로세스 종료다. 예를 들면 SIGKILL의 경우가 그렇다. 하지만 많은 시그널이 특정 상황에서 프로그래머가 관심을 가지는 구체적인 목적을 위해 제공되고 이런 시그널은 많은 프로그램에서 관심을 가지지 않으므로 기본적으로 무시된다. 다양한 시그널과 각각의 기본 동작에 대해 간략하게 살펴볼 것이다.

전통적으로 시그널이 전달된 경우 해당 시그널을 처리하는 함수는 특정 시그널이 발생했다는 사실 외에는 무슨 일이 일어났는지 전혀 알지 못한다. 최근에는 커널에서 추가적인 정보를 제공할 수 있으며 시그널은 사용자 정의 데이터까지도 전달할 수 있다.

10.1.1 시그널 식별자

모든 시그널은 SIG라는 접두어로 시작하는 상징적인 이름이 있다. 예를 들어 SIGINT는 사용자가 Ctrl+C를 눌렀을 때 보내는 시그널이고, SIGABRT는 프로세스가 abort( )를 호출했을 때 보내는 시그널이며 SIGKILL은 프로세스가 강제로 종료될 때 보내는 시그널이다.

이런 시그널은 모두 〈signal.h〉 파일에 정의되어 있다. 시그널은 단순히 양의 정수를 나타내는 선행처리기의 정의다. 즉 모든 시그널은 또한, 정수 식별자와 관련되어 있다. 최초에 나온 십여 개 시그널은 일반적으로 이렇게 맵핑되지만(예를 들어 SIGKILL은 악명 높은 시그널 9번이다), 시그널에 대한 이름-정수 맵핑은 구현하기 나름이며 유닉스 시스템마다 다르다. 이식성이 중요한 프로그램은 항상 사람이 이해하기 쉬운 시그널 이름을 이용하며 절대로 정수 값을 이용하지 않는다.

시그널 번호는 1(보통 SIGHUP)에서 시작해서 선형적으로 증가한다. 전체 시그널이 대략 31개 있지만, 대다수 프로그램은 그중 몇 개만 처리한다. 0에 해당하는 시그널은 없지만 이 값은 널 시그널로 알려져 있다. 널 시그널은 정말 아무런 행동도 정의되지 않았고, 특별한 이름도 없다. 하지만 kill( )과 같은 일부 시스템 콜은 0이라는 값을 특별한 경우로 취급한다.

> **NOTE_** 시스템에서 지원하는 시그널 목록은 kill -l 명령으로 확인할 수 있다.

10.1.2 리눅스에서 지원하는 시그널

[표 10-1]은 리눅스에서 지원하는 시그널 목록이다.

표 10-1 시그널

시그널	설명	기본 동작
SIGABRT	abort( )에서 보냄	코어 덤프를 생성하며 종료
SIGALRM	alarm( )에서 보냄	종료
SIGBUS	하드웨어 혹은 정렬 에러	코어 덤프를 생성하며 종료
SIGCHLD	자식 프로세스 종료	무시
SIGCONT	프로세스를 정지했다가 계속 수행함	무시
SIGFPE	산술 연산 예외	코어 덤프를 생성하며 종료
SIGHUP	프로세스의 제어 터미널이 닫힘(보통 사용자 로그아웃)	종료
SIGILL	프로세스가 허용되지 않은 명령을 실행하려고 시도	코어 덤프를 생성하며 종료
SIGINT	사용자가 인터럽트 문자(Ctrl+C)를 생성	종료
SIGIO	비동기식 입출력 이벤트	종료*
SIGKILL	붙잡을 수 없는 프로세스 종료	종료
SIGPIPE	프로세스가 연결되지 않은 파이프에 쓰기 작업을 함	종료
SIGPROF	프로파일링 타이머 만료	종료
SIGPWR	전원 고장	종료
SIGQUIT	사용자가 종료 문자(Ctrl+\) 생성	코어 덤프를 생성하며 종료
SIGSEGV	메모리 접근 위반	코어 덤프를 생성하며 종료
SIGTKFLT	보조 프로세서의 스택 폴트	종료**
SIGSTOP	프로세스 실행 보류	정지
SIGSYS	프로세스가 유효하지 않은 시스템 콜을 실행	코어 덤프를 생성하며 종료
SIGTERM	붙잡을 수 있는 프로세스 종료	종료
SIGTRAP	브레이크 포인트를 만남	코어 덤프를 생성하며 종료
SIGTSTP	사용자가 일시 중지 문자(Ctrl+Z)를 생성	정지
SIGTTIN	백그라운드 프로세스가 제어 터미널을 읽기	정지
SIGTTOU	백그라운드 프로세스가 제어 터미널에 씀	정지

----

* BSD 같은 다른 유닉스 시스템에서는 이 시그널을 무시한다.

** 리눅스 커널은 더 이상 이 시그널을 발생시키지 않는다. 하위 호환성을 위해 남아 있다.

SIGURG	긴급한 입출력이 대기 중	무시
SIGUSR1	프로세스가 정의하는 시그널	종료
SIGUSR2	프로세스가 정의하는 시그널	종료
SIGVTALRM	ITIMER_VIRTUAL 플래그와 함께 setitimer()를 호출 할 때 발생	종료
SIGWINCH	제어 터미널 윈도우의 크기가 변경됨	무시
SIGXCPU	프로세서 리소스 제한 초과	코어 덤프를 생성하며 종료
SIGXFSZ	파일 리소스 제한 초과	코어 덤프를 생성하며 종료

다른 시그널 값이 존재하지만, 리눅스는 이를 동일한 다른 값으로 정의한다. SIGINFO는 SIGPWR***로 정의하고 SIGIOT는 SIGABRT로 정의하며 SIGPOLL과 SIGLOST는 SIGIO로 정의한다.

표를 통해 가볍게 살펴봤으니 이제 개별 시그널에 대해 자세히 알아보자.

SIGABRT   abort() 함수를 호출한 프로세스에 이 시그널을 보낸다. 그러면 프로세스는 종료되고 코어 파일을 생성한다. 리눅스에서는 assert() 호출이 실패할 경우 abort()를 호출한다.

SIGALRM   알람이 만료되었을 때 alarm() 함수와 (ITIMER_REAL 플래그를 설정한) setitimer() 함수를 호출한 프로세스에 이 시그널을 보낸다. 11장에서 관련 함수와 함께 자세한 내용을 살펴볼 것이다.

SIGBUS   프로세스가 메모리 보호(이 경우 SIGSEGV가 발생한다) 이외에 다른 하드웨어 장애를 유발한 경우에 커널에서 이 시그널을 보낸다. 전통적인 유닉스 시스템에서 이 시그널은 정렬이 맞지 않는 메모리 접근처럼 복구 불가능한 다양한 에러를 의미한다. 하지만 리눅스 커널은 이런 종류의 에러 대부분을 시그널 발생 없이 자동적으로 수정한다. 프로세스가 mmap()으로 만든 메모리 영역에 부적절하게 접근할 때 커널에서 이 시그널을 보낸다(메모리 맵핑에 대한 내용은 9장을 참고하자).

*** Appha 아키텍처에서만 SIGINFO 시그널을 정의한다. 다른 모든 아키텍처에는 이 시그널이 없다.

SIGCHLD   프로세스가 종료하거나 정지할 때마다 커널에서 해당 프로세스의 부모에게
            이 시그널을 보낸다. 기본적으로 SIGCHLD는 무시되므로 자기 자신의 실행
            여부를 알아야 하는 프로세스는 이 시그널을 명시적으로 처리해야 한다. 이
            시그널의 핸들러는 5장에서 살펴본 대로 자식의 pid와 종료 코드를 얻기 위
            해 wait()를 호출하는 경우가 많다.

SIGCONT   프로세스가 정지된 후 다시 시작할 때 커널에서 해당 프로세스에 이 시그널
            을 보낸다. 기본적으로 이 시그널은 무시되지만, 재시작한 다음에 특정 동
            작을 수행해야 하는 프로세스에서는 이를 붙잡을 수 있다. 이 시그널은 주로
            화면 갱신을 원하는 터미널이나 편집기에서 이용한다.

SIGFPE   이름과 다르게 이 시그널은 부동소수점 연산과 관련된 예외뿐만 아니라 모
            든 산술 연산 예외를 의미한다. 예외에는 오버플로, 언더플로, 0으로 나누기
            가 있다. 기본 동작은 해당 프로세스 종료와 코어 파일 생성이지만 원할 경
            우 프로세스에서 이 시그널을 처리할 수 있다. 이런 상황에서 프로세스를 계
            속 실행하기로 한다면 해당 프로세스 동작 방식과 문제가 된 연산 결과는 정
            의되지 않은 상태라는 사실에 주의하자.

SIGHUP   세션의 터미널 접속이 끊어질 때마다 커널에서 해당 세션 리더에게 이 시그
            널을 보낸다. 또한, 커널은 세션 리더가 종료될 때 포어그라운드 프로세스
            그룹에 속한 모든 프로세스에 이 시그널을 보낸다. 이 시그널은 사용자의 로
            그아웃을 의미하므로 당연히 기본 동작은 프로세스 종료이다. 데몬 프로세
            스는 이 시그널을 자신의 설정을 다시 읽도록 하는 의미로 사용한다. 예를
            들어 아파치에 SIGHUP을 보내면 httpd.conf를 다시 읽는다. 이런 목적으
            로 SIGHUP을 사용하는 관례가 일반적이지만, 강제는 아니다. 이런 사용법
            이 위험하지 않은 이유는 데몬 프로세스는 제어 터미널이 없어서 정상적인
            상황에서는 이 시그널을 절대 받을 수 없기 때문이다.

SIGILL   커널은 허용되지 않은 기계어 명령을 수행하려고 시도하는 프로세스에 이
            시그널을 보낸다. 해당 프로세스를 종료하고 코어 덤프를 생성하는 것이 기
            본 동작이다. 프로세스에서 SIGILL을 붙잡아 처리할 수는 있지만, 시그널
            발생 이후에 벌어지는 행동은 정의되어 있지 않다.

SIGINT	사용자가 인터럽트 문자(보통 Ctrl+C)를 입력했을 때 커널은 포어그라운드 프로세스 그룹에 속한 모든 프로세스에 이 시그널을 보낸다. 기본 동작은 프로세스 종료다. 그렇지만 프로세스에서 이 시그널을 붙잡아 처리할 수 있고, 일반적으로 종료 직전에 마무리 목적으로 사용한다.
SIGIO	BSD 스타일의 비동기 입출력 이벤트가 발생한 경우에 이 시그널을 보낸다. 이런 형식의 입출력은 리눅스에서 거의 사용하지 않는다(리눅스의 고급 입출력 기법에 관한 내용은 4장을 참조하자).
SIGKILL	이 시그널은 kill() 시스템 콜에서 보낸다. 이 시그널은 시스템 관리자가 프로세스를 무조건 종료하도록 만드는 방법을 제공한다. 이 시그널은 잡거나 무시할 수 없으며 결과는 항상 해당 프로세스의 종료다.
SIGPIPE	프로세스가 파이프에 데이터를 쓰려고 하지만 읽는 쪽 프로세스가 종료된 경우 커널에서 이 시그널을 보낸다. 기본 동작은 해당 프로세스의 종료지만, 프로세스에서 이 시그널을 처리할 수도 있다.
SIGPROF	ITIMER_PROF 플래그를 지정한 setitimer() 함수가 프로파일링 타이머 만료 때 이 시그널을 보낸다. 기본 동작은 해당 프로세스의 종료다.
SIGPWR	이 시그널은 시스템마다 다르다. 리눅스에서 이 시그널은 (무정전 전원 장치, 즉 UPS가 동작하는 상황처럼) 충전이 필요한 상황임을 의미한다. UPS 모니터링 데몬은 이 시그널을 init에 보낸다. 그러면 init은 가능하다면 전원이 꺼지기 전에 마무리 처리를 하고 시스템을 멈춘다.
SIGQUIT	사용자가 터미널 종료 문자(보통 Ctrl+\)를 입력하면 커널에서 포어그라운드 프로세스 그룹에 속한 모든 프로세스에 이 시그널을 보낸다. 기본 동작은 해당 프로세스의 종료와 코어 덤프 생성이다.
SIGSEGV	세그멘테이션 위반에서 이름이 유래된 이 시그널은 유효하지 않은 메모리 접근을 시도하는 프로세스에 보낸다. 여기에는 맵핑되지 않은 메모리에 접근하거나, 읽기를 허용하지 않는 메모리를 읽거나, 메모리에서 실행 가능하지 않은 코드를 실행하거나, 쓰기를 허용하지 않는 메모리에 쓰는 경우도 포함된다. 프로세스에서 이 시그널을 붙잡아 처리할 수 있지만, 기본 동작은 해당 프로세스의 종료와 코어 덤프 생성이다.

SIGSTOP	이 시그널은 kill( )에서만 보낸다. 이 시그널은 무조건 프로세스를 정지시키며 잡을 수도 무시할 수도 없다.
SIGSYS	유효하지 않은 시스템 호출을 시도하는 프로세스에 이 시그널을 보낸다. 이는 새로운 버전의 시스템 콜이 추가된 신규 운영체제에서 빌드된 바이너리를 이전 버전에서 실행할 경우에 발생할 수 있다. gblic를 사용해서 시스템 콜을 호출하도록 제대로 빌드된 바이너리는 결코 이 시그널을 받지 않는다. 대신에 유효하지 않은 시스템 콜은 −1을 반환하고 errno를 ENOSYS로 설정한다.
SIGTERM	이 시그널은 kill( )에서만 보낸다. 이 시그널의 기본 동작은 사용자가 프로세스를 안전하게 종료하도록 한다. 프로세스에서 이 시그널을 붙잡아 종료 전에 마무리 처리를 할 수는 있지만, 이 시그널을 붙잡은 뒤 즉시 종료하지 않는 것은 상식적이지 않은 일이다.
SIGTRAP	커널에서 브레이크 포인트를 지나는 프로세스에 이 시그널을 보낸다. 일반적으로 디버거는 이 시그널을 붙잡지만 다른 프로세스는 무시한다.
SIGTSTP	사용자가 일시 중지 문자(보통 Ctrl+Z)를 입력했을 때, 커널에서 포어그라운드 프로세스 그룹에 속한 모든 프로세스에 이 시그널을 보낸다.
SIGTTIN	제어 터미널을 읽으려고 시도하는 백그라운드 프로세스에 이 시그널을 보낸다. 기본 동작은 프로세스 정지다.
SIGTTOU	백그라운드에 있으면서 제어 터미널을 쓰려고 시도하는 프로세스에 이 시그널을 보낸다. 기본 동작은 프로세스 정지다.
SIGURG	대역 외(OOB^Out-Of-Band) 데이터가 소켓에 도착한 경우, 커널에서 해당 프로세스에 이 시그널을 보낸다. 대역 외 데이터는 이 책에서 다루지 않는다.
SIGUSR1와 SIGUSR2	사용자 정의 목적을 위한 시그널로, 커널은 두 시그널을 결코 사용하지 않는다. 프로세스는 원하는대로 SIGUSR1과 SIGUSR2를 사용할 수 있다. 일반적인 용도는 데몬 프로세스 동작 방식 지정이다. 기본 동작은 프로세스 종료다.
SIGVTALRM	ITIMER_VIRTUAL 플래그를 지정한 setitimer( ) 함수는 생성된 타이머가 만료될 때 이 시그널을 보낸다. 타이머는 11장에서 설명한다.

SIGWINCH   터미널 윈도우 크기가 변한 경우, 커널에서 포어그라운드 프로세스 그룹에
            속한 모든 프로세스에 이 시그널을 보낸다. 기본적으로 프로세스는 이 시
            그널을 무시하지만, 자신의 터미널 윈도우 크기를 신경써야 한다면 이 시그
            널을 붙잡아 처리할 수도 있다. 이 시그널을 처리하는 대표적인 프로그램은
            top이다. top이 동작 중일 때 윈도우의 크기를 변경한 후, 그것이 어떻게
            반응하는지 살펴보자.

SIGXCPU   커널은 프로세스가 소프트 프로세서 제한을 초과한 경우 이 시그널을 보낸
            다. 커널은 해당 프로세스가 없어지거나 하드 프로세서 제한을 초과할 때까
            지 일 초에 한 번씩 이 시그널을 계속해서 보낸다. 하드 제한을 초과하고 나
            면 커널은 해당 프로세스에 SIGKILL을 보낸다.

SIGXFSZ   커널은 프로세스가 파일 크기 제한을 초과하는 경우에 이 시그널을 보낸다.
            기본 동작은 해당 프로세스의 종료다. 하지만 이 시그널이 붙잡거나 무시한
            다면 파일 크기 제한 초과를 유발한 시스템 콜은 −1을 반환하고 errno를
            EFBIG으로 설정한다.

10.2 시그널 관리 기초

시그널에 대해서는 살펴봤고, 이제 프로그램에서 이 시그널들을 어떻게 관리해야 할지 알아보
자. 시그널 관리를 위한 가장 단순하면서도 오래된 인터페이스는 signal() 함수다. 이 시스템
콜은 시그널 지원을 위한 최소한의 부분만 표준화한 ISO C89 표준에서 정의했기 때문에 매우
기초적이다. 리눅스는 시그널에 대한 추가적인 통제 기능을 다른 인터페이스를 통해 충분히 제
공하며 세부 사항은 이 장 후반에 다룰 것이다. signal()이 가장 기초적이고, 또한, ISO C에
포함된 덕분에 아주 일반적이므로 이를 먼저 다루겠다.

```
#include <signal.h>

typedef void (*sighandler_t)(int);

sighandler_t signal (int signo, sighandler_t handler);
```

signal( ) 호출이 성공하면 signo 시그널을 받았을 때 수행할 현재 핸들러를 handler로 명시된 새로운 시그널 핸들러로 옮겨 해당 시그널을 처리한다. signo는 SIGINT나 SIGUSR1과 같이, 앞서 설명한 시그널 이름 중 하나다. SIGKILL과 SIGSTOP은 프로세스가 붙잡지 못하므로 이 두 시그널에 대한 처리 설정은 아무런 의미가 없다.

handler 함수는 반드시 void를 반환해야 하며 그래야 말이 된다. 왜냐하면 일반 함수와는 달리 이 함수의 반환값을 받아 처리할 수 있는 곳이 없기 때문이다. 이 함수에 대한 유일한 인자는 처리될 시그널의 시그널 식별자(예를 들면 SIGUSR2)를 나타내는 정수다. 이렇게 함으로써 다양한 시그널을 단일 함수에서 처리할 수 있다. 프로토타입의 형태는 다음과 같다.

```
void my_handler (int signo);
```

리눅스는 sighandler_t 타입을 사용해서 이 프로토타입을 정의한다. 다른 유닉스 시스템은 함수 포인터를 직접 이용한다. 일부 시스템은 자체 데이터 타입을 사용하며 이름이 sighandler_t가 아닐 수도 있다. 이식성이 중요한 프로그램은 해당 타입을 직접 참조해서는 안 된다.

시그널이 시그널 핸들러를 등록한 프로세스에 도착하면 커널은 해당 프로그램의 일반적인 실행을 중단하고, 시그널 핸들러를 호출한다. 시그널 핸들러의 signo 인자는 signal( )에 넘겼던 시그널 번호이다.

현재 프로세스에 대해 시그널을 무시하게 하거나 시그널을 기본 동작으로 재설정하는 용도로도 커널에 signal( ) 함수를 사용할 수 있다. 이를 위해 핸들러의 인자로 다음과 같은 특수 값을 이용한다.

SIG_DFL   signo로 지정한 시그널에 대한 동작을 기본값으로 설정한다. 예를 들어 SIGPIPE의 경우 해당 프로세스가 종료될 것이다.

SIG_IGN   signo로 지정한 시그널을 무시한다.

signal( ) 함수는 해당 시그널의 이전 동작인, 시그널 핸들러에 대한 포인터 또는 SIG_DFL, SIG_IGN을 반환한다. 에러가 발생하면 SIG_ERR을 반환하고 errno는 설정하지 않는다.

10.2.1 모든 시그널 기다리기

POSIX에서 정의한 pause( ) 시스템 콜은 프로세스를 종료시키는 시그널을 받을 때까지 해당 프로세스를 잠재우며 이는 디버깅과 테스트용 코드를 작성할 때 유용하다.

```
#include <unistd.h>

int pause (void);
```

pause( )는 붙잡을 수 있는 시그널을 받았을 때만 반환되며 −1을 반환하고 errno를 EINTR로 설정한다. 무시된 시그널을 받은 경우에는 해당 프로세스가 깨어나지 않는다.

pause( )는 리눅스 커널에서 가장 단순한 시스템 콜 중 하나다. 단 두 가지 동작만 수행한다. 우선, 해당 프로세스를 인터럽트 가능한 잠들기 상태로 만든다. 그다음 실행 가능한 다른 프로세스를 찾기 위해 schedule( )을 호출하여 리눅스 프로세스 스케줄러를 실행한다. 실질적으로 해당 프로세스가 기다리는 리소스가 없으므로 시그널을 받을 때까지 이 프로세스를 깨우지 않는다. 이 모든 수고는 C 코드 단 두 줄이면 충분하다.*

10.2.2 예제

간단한 두 개의 예제를 살펴보자. 처음 예제는 단순히 메시지만 출력하는 SIGINT용 시그널 핸들러를 등록하고 (결국 SIGINT가 하듯) 해당 프로그램을 종료한다.

```
#include <stdlib.h>
#include <stdio.h>
#include <unistd.h>
#include <signal.h>

/* SIGINT용 핸들러 */
static void sigint_handler (int signo)
{
    /*
     * 기술적으로, 시그널 핸들러에서 printf()를 사용해선 안 되지만
     * 그렇다고 세상이 끝나는 것도 아니다.
```

----

* 따라서 pause( )는 두 번째로 간단한 시스템 콜이다. 공동 우승자는 getpid( )와 gettid( )로, 각각 단 한 줄이다.

```
     * 그 이유에 대해서는 '재진입성'에서 설명하겠다.
     */
    printf ("Caught SIGINT!\n");
    exit (EXIT_SUCCESS);
}

int main (void)
{
    /*
     * sigint_handler를 SIGINT용 시그널 핸들러로 등록 */
     */
    if (signal (SIGINT, sigint_handler) == SIG_ERR) {
        fprintf (stderr, "Cannot handle SIGINT!\n");
        exit (EXIT_FAILURE);
    }

    for (;;)
        pause ();

    return 0;
}
```

다음 예제에서는 SIGTERM과 SIGINT용으로 동일한 핸들러를 등록한다. 또한, SIGPROF에 대한 동작은 기본값(해당 프로세스를 종료시킴)으로 재설정하고, SIGHUP은 무시하도록 설정한다(원래는 해당 프로세스를 종료시킴).

```
#include <stdlib.h>
#include <stdio.h>
#include <unistd.h>
#include <signal.h>

/* SIGINT와 SIGTERM용 시그널 핸들러 (*/
static void signal_handler (int signo)
{
    if (signo == SIGINT)
        printf ("Caught SIGINT!\n");
    else if (signo == SIGTERM)
        printf ("Caught SIGTERM!\n");
    else {
        /* 아래 코드는 절대 실행되지 않는다 */
        fprintf (stderr, "Unexpected signal!\n");
```

```c
        exit (EXIT_FAILURE);
    }
    exit (EXIT_SUCCESS);
}


int main (void)
{
    /*
     * signal_handler를 SIGINT용 시그널 핸들러로 등록
     */
    if (signal (SIGINT, signal_handler) == SIG_ERR) {
        fprintf (stderr, "Cannot handle SIGINT!\n");
        exit (EXIT_FAILURE);
    }


    /*
     * signal_handler를 SIGTERM용 시그널 핸들러로 등록
     */
    if (signal (SIGTERM, signal_handler) == SIG_ERR) {
        fprintf (stderr, "Cannot handle SIGTERM!\n");
        exit (EXIT_FAILURE);
    }


    /* SIGPROF의 동작을 기본값으로 재설정  */
    if (signal (SIGPROF, SIG_DFL) == SIG_ERR) {
        fprintf (stderr, "Cannot reset SIGPROF!\n");
        exit (EXIT_FAILURE);
    }


    /* SIGHUP 무시 */
    if (signal (SIGHUP, SIG_IGN) == SIG_ERR) {
        fprintf (stderr, "Cannot ignore SIGHUP!\n");
        exit (EXIT_FAILURE);
    }


    for (;;)
        pause ();


    return 0;
}
```

10.2.3 실행과 상속

fork( ) 시스템 콜을 통해서 프로세스가 생성되면 자식 프로세스는 부모 프로세스의 시그널에 대한 동작을 상속받는다. 이 말은, 자식 프로세스의 시그널에 대한 동작(무시, 기본 동작, 핸들러)은 부모 프로세스의 그것으로 복사된다는 뜻이다. 대기 중인 시그널은 상속되지 않는데, 대기 중인 시그널은 특정 pid로 보낸 것이지, 자식 프로세스로 보낸 것이 아니기 때문이다.

exec 시스템 콜을 통해서 프로세스가 처음 생성되면 모든 시그널은 부모 프로세스가 이를 무시하는 경우를 제외하고 모두 기본 동작으로 설정된다. 부모 프로세스가 무시한 시그널은 새로 생성된 프로세스에서도 무시한다. 다르게 말하면 부모가 붙잡는 시그널은 새로운 프로세스에 기본 동작으로 재설정되며 다른 시그널은 그대로 유지된다. 새롭게 실행되는 프로세스는 자신의 부모와 주소 공간을 공유하지 않으므로 기존에 등록된 시그널 핸들러가 존재하지 않을 수도 있기 때문이다. 대기중인 시그널은 상속된다. [표 10-2]에 상속에 대해서 요약해두었다.

표 10-2 상속된 시그널의 동작

시그널 동작	fork( )를 통했을 때	exec를 통했을 때
무시	상속됨	상속됨
기본	상속됨	상속됨
처리함	상속됨	상속되지 않음
대기 중인 시그널	상속되지 않음	상속됨

프로세스 실행 과정에 따른 이런 동작 방식에는 주목할만한 용도가 하나 있다. 셸이 백그라운드에서 프로세스를 실행할 때(혹은 다른 백그라운드 프로세스가 또 다른 프로세스를 실행할 때), 새로 실행되는 프로세스는 인터럽트 문자와 종료 문자를 무시해야 한다. 따라서 셸은 백그라운드로 실행되기 전에 SIGINT와 SIGQUIT을 SIG_IGN으로 설정해야 한다. 그러므로 이런 프로그램에서는 두 시그널이 무시되지 않음을 먼저 확인하는 것이 일반적이다. 예를 들면 다음과 같다.

```
/* SIGINT를 무시하지 않을 때만 처리 */
if (signal (SIGINT, SIG_IGN) != SIG_IGN) {
    if (signal (SIGINT, sigint_handler) == SIG_ERR)
        fprintf (stderr, "Failed to handle SIGINT!\n");

/* SIGQUIT을 무시하지 않을 때만 처리 */
```

```
if (signal (SIGQUIT, SIG_IGN) != SIG_IGN) {
    if (signal (SIGQUIT, sigquit_handler) == SIG_ERR)
        fprintf (stderr, "Failed to handle SIGQUIT!\n");
}
```

시그널 동작을 확인하기 위해 시그널 동작을 설정해봐야 한다는 점은 signal() 인터페이스의 결점을 더 두드러지게 한다. 이후에 이런 결점이 없는 함수에 대해 살펴보겠다.

10.2.4 시그널 번호를 문자열에 맵핑하기

지금까지 살펴본 예제에서는 미리 정의한 시그널 이름으로 코드를 작성하였다. 하지만 시그널 번호를 시그널 이름의 문자열로 변환할 수 있다면 더욱 편리하다(아니 편리한 수준을 훨씬 넘는다). 여기에는 여러 가지 방법이 있다. 한 가지는 정적으로 정의된 목록에서 해당 문자열을 검색하는 방법이다.

```
extern const char * const sys_siglist[];
```

sys_siglist는 시스템에서 지원하는 시그널 이름을 담고 있는 문자열의 배열이며 시그널 번호를 색인으로 이용한다.

대안은 BSD에 정의된 psignal() 인터페이스인데, 리눅스 역시 이를 지원할 만큼 대중적이다.

```
#include <signal.h>

void psignal (int signo, const char *msg);
```

psignal()을 호출하면 msg 인자로 전달한 문자열을 stderr에 출력하는데, 연이어 콜론과 공백, signo로 지정한 시그널 이름이 따라온다. 만약 signo가 유효하지 않은 경우라면 출력 메시지에도 이를 알려준다.

더 나은 인터페이스는 strsignal()이다. 표준은 아니지만 리눅스와 다른 시스템에서도 이를 지원한다.

```
#define _GNU_SOURCE
#include <string.h>

char * strsignal (int signo);
```

strsignal()을 호출하면 signo로 지정한 시그널의 설명을 가리키는 포인터를 반환한다. signo가 유효하지 않은 경우, 반환된 설명에도 이를 알려준다(이 함수를 지원하는 일부 유닉스 시스템은 그 대신 NULL을 반환한다). 반환된 문자열은 다음에 strsignal()을 호출하기 전까지만 유효하다. 그렇다. 이 함수는 스레드 세이프thread-safe하지 않다.

보통 sys_siglist를 이용하는 것이 최선의 선택이다. 이런 접근 방법을 이용하여 앞에 나온 시그널 핸들러를 다음과 같이 고쳐 쓸 수 있다.

```
static void signal_handler (int signo)
{
    printf ("Caught %s\n", sys_siglist[signo]);
}
```

10.3 시그널 보내기

kill 유틸리티의 기반이 되는 kill() 시스템 콜은 특정 프로세스에서 다른 프로세스로 시그널을 보낸다.

```
#include <sys/types.h>
#include <signal.h>

int kill (pid_t pid, int signo);
```

일반적인 상황에서 (pid가 0보다 큰 경우) kill()은 pid가 가리키는 프로세스에 signo 시그널을 보낸다.

pid가 0이면 호출한 프로세스의 프로세스 그룹에 속한 모든 프로세스에 signo 시그널을 보낸다.

pid가 −1이면 호출한 프로세스가 시그널을 보낼 권한이 있는 모든 프로세스에 signo를 보낸다. 호출한 프로세스 자신과 init은 제외된다. 시그널 전달을 통제하는 권한은 다음 절에서 살펴보겠다.

pid가 −1보다 작은 경우, 프로세스 그룹 -pid에 signo 시그널을 보낸다.

호출이 성공하면 0을 반환한다. 해당 호출은 시그널을 하나라도 보내면 성공으로 간주한다. 실패하면(시그널을 하나도 보내지 않았을 때) 해당 호출은 −1을 반환하고 errno를 다음 값 중 하나로 설정한다.

EINVAL   signo로 지정한 시그널이 유효하지 않다.

EPERM   호출한 프로세스가 요청 프로세스 모두에 시그널을 보낼 수 있는 충분한 권한이 없다.

ESRCH   pid가 가리키는 프로세스나 프로세스 그룹이 존재하지 않거나, 프로세스인 경우 좀비 상태다.

10.3.1 권한

다른 프로세스에 시그널을 보내기 위해서는 보내는 프로세스가 적절한 권한을 가지고 있어야 한다. CAP_KILL 기능이 있는(보통 root 프로세스) 프로세스는 모든 프로세스에 시그널을 보낼 수 있다. 이 기능이 없는 경우, 보내는 프로세스의 유효 사용자 ID나 실제 사용자 ID는 반드시 시그널을 받는 프로세스의 실제 사용자 ID나 저장된 사용자 ID와 동일해야 한다. 간단히 말해서, 사용자는 자신이 소유하고 있는 프로세스에만 시그널을 보낼 수 있다.

> **NOTE_** 리눅스를 포함한 유닉스 시스템은 SIGCONT에 대한 예외를 정의한다. 프로세스는 동일한 세션에 속한 모든 프로세스에 이 시그널을 보낼 수 있다. 사용자 ID가 일치할 필요는 없다.

만일 signo가 0(이는 앞서 말한 널 시그널이다)이라면 해당 호출은 시그널을 보내지 않지만, 그래도 에러 검사는 수행한다. 이는 제공받은 프로세스에 시그널을 보낼 수 있는 적절한 권한이 있는지 프로세스를 검사할 때 유용하다.

10.3.2 예제

다음은 pid가 1722인 프로세스에 SIGHUP 시그널을 보내는 방법이다.

```
int ret;

ret = kill (1722, SIGHUP); if (ret)
perror ("kill");
```

이 코드는 다음과 같이 kill 유틸리티를 실행하는 경우와 동일하다.

```
$ kill -HUP 1722
```

시그널을 실제로 보내지 않고 1722 프로세스에 시그널을 보낼 수 있는 권한이 있는지 확인하고 싶다면 다음과 같이 한다.

```
int ret;

ret = kill (1722, 0);
if (ret)
    ; /* 권한이 없다 */
else
    ; /* 권한이 있다 */
```

10.3.3 자신에게 시그널 보내기

raise( ) 함수는 자기 자신에게 시그널을 보낼 수 있는 간단한 방법을 제공한다.

```
#include <signal.h>

int raise (int signo);
```

raise( ) 호출을 보자.

```
raise (signo);
```

이 raise( ) 호출은 다음 코드와 동일하게 동작한다.

```
kill (getpid (), signo);
```

호출이 성공하면 0을, 실패하면 0이 아닌 값을 반환한다. errno는 설정하지 않는다.

10.3.4 프로세스 그룹 전체에 시그널 보내기

또 다른 편리한 함수로, 프로세스 그룹 ID를 음수로 바꿔서 kill( )을 사용하는 것이 너무 과하다고 생각하는 경우에 프로세스 그룹에 속한 모든 프로세스에 시그널을 보낼 수 있는 함수가 있다.

```
#include <signal.h>

int killpg (int pgrp, int signo);
```

다음처럼 프로세스에 시그널을 보낼 수 있다.

```
killpg (pgrp, signo);
```

이 방법은 다음 호출과 동일하다.

```
kill (-pgrp, signo);
```

심지어 pgrp가 0인 경우에도 유효하다. 이 경우 killpg( )는 호출하는 프로세스의 그룹에 속한 모든 프로세스에 signo로 지정한 시그널을 보낸다.

killpg( ) 호출이 성공하면 0을 반환한다. 실패하면 −1을 반환하고 errno를 다음 값 중 하나로 설정한다.

EINVAL   signo로 지정한 시그널이 유효하지 않다.

EPERM   호출한 프로세스가 요청 대상 프로세스 모두에 시그널을 보낼 수 있는 충분한 권한이 없다.

ESRCH   pgrp가 가리키는 프로세스가 존재하지 않는다.

10.4 재진입성

커널이 시그널을 보낼 때, 프로세스는 코드 어딘가에서 실행 중인 상태다. 예를 들어 중요한 연산 도중에 프로세스가 중단된다면 프로세스는 불안정한 상태로 남는다. 즉 방마 갱신된 자료구조나 부분적으로만 수행된 계산 결과가 존재한다. 심지어 해당 프로세스가 다른 시그널을 처리하는 중일지도 모른다.

시그널 핸들러는 시그널이 발생할 때 프로세스가 어떤 코드를 실행하고 있었는지 알 수 없다. 핸들러는 어떤 작업 도중에도 실행 가능하므로 프로세스에 설정된 시그널 핸들러는 자신이 실행하는 작업과 자신이 손대는 데이터를 아주 조심히 다뤄야 한다. 시그널 핸들러는 관련 프로세스가 중단되었을 때 무엇을 하고 있었는지에 대해 어떤 가정도 하지 않도록 주의해야 한다. 특히, 글로벌 데이터(공유 데이터)를 수정할 때는 반드시 주의해야 한다. 일반적으로 시그널 핸들러에서 글로벌 데이터를 절대 손대지 않는 정책이 바람직하다. 하지만 다음 절에서 일시적으로 시그널 전달을 블록해서 시그널 핸들러와 프로세스의 다른 부분이 공유하는 데이터를 안전하면서도 재치있게 처리하는 방법을 살펴보겠다.

시스템 콜과 다른 라이브러리 함수는 어떨까? 만약 프로세스가 파일에 쓰기 작업 중이거나 메모리를 할당하는 중이었는데, 시그널 핸들러가 동일한 파일에 쓰기 작업을 하거나 `malloc()`을 호출한다면? 아니면 시그널이 전달되었을 때 프로세스가 정적 버퍼를 이용하는 `strsignal()`과 같은 함수를 호출하는 중이었다면 어떻게 될까?

일부 함수는 확실히 재진입이 가능하지 않다. 만약 어떤 프로그램에서 재진입이 불가능한 함수를 수행하는 도중에 시그널이 발생하고, 시그널 핸들러가 나중에 그 재진입이 불가능한 함수를 다시 호출하면 혼란이 일어난다. 재진입 가능 함수는 자기 자신의 내부에서(혹은 동시에 동일 프로세스의 다른 스레드에서) 안전하게 호출할 수 있는 함수다. 어떤 함수가 재진입 가능하다고 하려면 정적 데이터를 건드려서는 안 되며 스택에 할당된 데이터나 호출한 쪽에서 제공한 데이터만 조작해야 한다. 또한, 내부에서 어떤 재진입 불가능 함수도 호출해서는 안된다.

10.4.1 재진입이 가능한 함수

시그널 핸들러를 작성할 때, 중단된 프로세스가 재진입이 불가능한 함수를 수행하는 중이었다고 가정해야만 한다. 따라서 시그널 핸들러는 반드시 재진입이 가능한 함수만 이용해야 한다.

다양한 표준에서 시그널 세이프signal-safe한, 즉 재진입이 가능하고 시그널 핸들러 내에서 안전하게 사용할 수 있는 함수 목록을 발표했다. 대표적으로 POSIX.1-2003과 SUS는 표준을 준수하는 모든 플랫폼에서 재진입이 가능하고 시그널 세이프한 함수 목록을 명시했다. [표 10-3]은 그 함수의 목록이다.

표 10-3 시그널 사용 시 안전하게 재진입이 가능한 함수 목록

abort()	aio_error()	alarm()	cfgetospeed()
chdir()	clock_gettime()	creat()	execle()
_exit()	fcntl()	fpathconf()	ftruncate()
getgid()	getpgrp()	getsockname()	kill()
lseek()	mkfifo()	pause()	posix_trace_event()
read()	recvfrom()	rmdir()	send()
setgid()	setsockopt()	sigaction()	sigemptyset()
signal()	sigprocmask()	sigsuspend()	socketpair()
sysconf()	tcflush()	tcsendbreak()	time()
timer_settime()	uname()	wait()	accept()
aio_return()	bind()	cfsetispeed()	chmod()
close()	dup()	execve()	fchmod()
fdatasync()	fstat()	getegid()	getgroups()
getpid()	getsockopt()	link()	lstat()
open()	pipe()	pselect()	readlink()
recvmsg()	select()	sendmsg()	setpgid()
setuid()	sigaddset()	sigfillset()	sigpause()
sigqueue()	sleep()	stat()	tcdrain()
tcgetattr()	tcsetxattr()	timer_getoverrun()	times()
unlink()	waitpid()	access()	aio_suspend()
cfgetispeed()	cfsetospeed()	chown()	connect()
dup2()	_Exit()	fchown()	fork()
fsync()	geteuid()	getpeername()	getppid()
getuid()	listen()	mkdir()	pathconf()
poll()	raise()	recv()	rename()

sem_post()	sendto()	setsid()	shutdown()
sigdelset()	sigismember()	sigpending()	sigset()
socket()	symlink()	tcflow()	tcgetpgrp()
tcsetpgrp()	timer_gettime()	umask()	utime()
write()			

이 외에도 더 많은 안전한 함수가 있지만 리눅스와 다른 POSIX 호환 시스템은 이 함수들에 대해서만 재진입성을 보장한다.

10.5 시그널 모음

나중에 살펴볼 여러 함수에서 프로세스가 블록한 시그널 모음이나 프로세스에 대기 중인 시그널 모음과 같은 시그널을 관리해야 할 필요가 있다. 시그널 집합 연산은 이런 시그널 모음을 관리한다.

```
#include <signal.h>

int sigemptyset (sigset_t *set);

int sigfillset (sigset_t *set);
int sigaddset (sigset_t *set, int signo);

int sigdelset (sigset_t *set, int signo);

int sigismember (const sigset_t *set, int signo);
```

sigemptyset()은 set으로 지정된 시그널 모음을 비어 있다고(해당 집합에서 모든 시그널을 제외한 하여) 표시하며 초기화한다. sigfillset()은 set으로 지정된 시그널 모음을 가득 차 있다고(해당 집합이 모든 시그널을 포함하여) 표시하며 초기화한다. 두 함수는 모두 0을 반환한다. 시그널 모음을 사용하려면 두 함수 중 하나를 먼저 호출해야 한다.

sigaddset( )은 set으로 지정된 시그널 집합에 signo를 추가한다. sigdelset( )은 set으로 지정한 시그널 모음에서 signo를 제거한다. 두 함수 모두 성공하면 0을 반환하고, 에러가 발생하면 −1을 반환하며 errno를 signo가 유효하지 않은 시그널임을 나타내는 EINVAL로 설정한다.

sigismember( )는 set으로 지정한 시그널 모음에 signo가 있으면 1을 반환하고 그렇지 않으면 0을, 에러가 발생하면 −1을 반환한다. 에러가 발생한 경우, errno는 signo가 유효하지 않은 시그널임을 나타내는 EINVAL로 설정한다.

10.5.1 추가적인 시그널 모음 함수

앞에서 소개한 함수는 모두 POSIX 표준이며 대부분의 최신 유닉스 시스템에 포함되어 있다. 리눅스는 다음과 같은 몇 가지 비표준 함수를 제공한다.

```
#define _GNU_SOURCE
#define <signal.h>

int sigisemptyset (sigset_t *set);

int sigorset (sigset_t *dest, sigset_t *left, sigset_t *right);

int sigandset (sigset_t *dest, sigset_t *left, sigset_t *right);
```

sigisemptyset( )은 set으로 지정된 시그널 모음이 비어 있는 경우에는 1을, 그렇지 않으면 0을 반환한다.

sigorset( )은 시그널 모음인 left와 right의 합집합(이진 OR)을 dest에 넣는다. sigandset( )은 시그널 모음 left와 right의 교집합(이진 AND)을 dest에 넣는다. 두 함수 모두 성공하면 0을 반환하고 에러가 발생하면 −1을 반환하고 errno를 EINVAL로 설정한다.

이 함수들은 유용하지만 POSIX 호환이 중요한 프로그램에서는 사용하면 안된다.

10.6 시그널 블록

앞서 재진입성과 함께 아무 때나 비동기적으로 동작하는 시그널 핸들러 때문에 발생하는 문제에 대해서 논의하면서 시그널 핸들러 내에서 호출할 수 없는 함수를 설명했는데, 그 이유는 해당 함수가 재진입이 불가능하기 때문이다.

하지만 프로그램에서 시그널 핸들러와 프로그램의 다른 부분이 데이터를 공유해야 할 필요가 있다면 어떻게 해야 할까? 프로그램에 있어서 이런 부분을 크리티컬 섹션이라 하며 일시적으로 시그널 전달을 보류하여 이 영역을 보호한다. 이런 시그널은 블록되었다고 표현한다. 블록되는 동안 발생하는 어떤 시그널도 블록이 해제될 때까지는 처리되지 않는다. 프로세스는 여러 시그널을 블록할 수 있으며 프로세스가 블록한 시그널 모음을 해당 프로세스의 시그널 마스크라고 한다.

POSIX가 정의하고 리눅스에서 구현한 프로세스의 시그널 마스크 관리 함수는 다음과 같다.

```
#include <signal.h>

int sigprocmask (int how,
        const sigset_t *set,
        sigset_t *oldset);
```

sigprocmask()는 how 값에 따라 다르게 동작하는데 how 값은 아래와 같다.

SIG_SETMASK   호출한 프로세스의 시그널 마스크를 set으로 변경한다.

SIG_BLOCK   호출한 프로세스의 시그널 마스크에 set에 포함된 시그널을 추가한다. 다시 말하면 시그널 마스크를 현재 마스크와 set의 합집합(이진 OR)으로 변경한다.

SIG_UNBLOCK   호출한 프로세스의 시그널 마스크에서 set에 포함된 시그널을 제거한다. 다시 말하면 시그널 마스크를 set의 부정(이진 NOT)과 현재 마스크의 교집합(이진 AND)으로 변경한다. 블록되지 않은 시그널을 블록 해제하는 것은 허용되지 않는다.

oldset이 NULL이 아니라면 이전 시그널 모음을 oldset에 넣는다.

set이 NULL인 경우, how를 무시하고 시그널 마스크를 변경하지 않지만, 시그널 마스크를 oldset 에 넣는다. 다시 말하면 set에 NULL 값을 넣어 전달하면 현재 시그널 마스크를 조회할 수 있다.

호출이 성공하면 0을 반환하고 실패하면 −1을 반환하고, errno를 how가 유효하지 않음을 나타 내는 EINVAL이나 set 혹은 oldset이 유효하지 않은 포인터임을 나타내는 EFAULT로 설정한다.

SIGKILL이나 SIGSTOP은 블록할 수 없다. sigprocmask()는 두 시그널을 시그널 마스크에 추가하려는 시도는 그냥 무시한다.

10.6.1 대기 중인 시그널 조회하기

커널에서 블록된 시그널이 발생할 경우, 이 시그널은 전달되지 않는다. 이런 시그널을 대기 중 ^{pending}이라고 한다. 대기 중인 시그널의 블록이 해제되면 커널은 이를 프로세스에 넘겨 처리하 게 한다.

POSIX에서는 대기 중인 시그널 모음을 조회하기 위한 함수를 정의한다.

```
#include <signal.h>

int sigpending (sigset_t *set);
```

호출이 성공하면 대기 중인 시그널 모음을 set에 넣고 0을 반환한다. 실패하면 −1을 반환하고 errno를 set이 유효하지 않은 포인터임을 나타내는 EFAULT로 설정한다.

10.6.2 여러 시그널 기다리기

POSIX가 정의한 세 번째 함수는 프로세스가 자신의 시그널 마스크를 일시적으로 변경하고, 자신을 종료시키거나 자신이 처리할 시그널이 발생할 때까지 기다리게 만든다.

```
#include <signal.h>

int sigsuspend (const sigset_t *set);
```

시그널이 프로세스를 종료시키는 경우 sigsuspend( )는 반환되지 않는다. 시그널이 발생해서 이를 처리한 경우 해당 시그널 핸들러가 반환한 후에 sigsuspend( )는 −1을 반환하고 errno를 EINTR로 설정한다. 만약 set이 유효하지 않은 포인터라면 errno는 EFAULT가 된다.

일반적인 sigsuspend( )의 활용 방법은 프로그램이 크리티컬 섹션에 머물러 있을 때 도착해서 블록되었던 시그널을 조회하는 것이다. 프로세스는 우선 sigprocmask( )를 사용해서 이전 마스크를 oldset에 저장하면서 시그널 모음을 블록한다. 크리티컬 섹션을 빠져나온 후, 해당 프로세스는 set으로 oldset을 제공하면서 sigsuspend( )를 실행한다.

10.7 고급 시그널 관리

이 장을 시작하면서 살펴본 signal( ) 함수는 매우 기초적이다. 이는 표준 C 라이브러리의 일부이며 운영체제의 능력을 최소로 가정해야 하기 때문에 시그널 관리를 위한 최소한의 부분만을 제공할 수 있다. 이에 대한 대안으로 POSIX는 sigaction( ) 시스템 콜을 표준화했는데, 이는 훨씬 더 훌륭한 시그널 관리 능력을 제공한다. 특히 핸들러가 동작하는 동안 지정한 시그널의 수신을 블록하기 위해 그리고 시그널을 받은 시점에서 시스템과 프로세스 상태에 대한 폭넓은 데이터를 조회하기 위해 이 함수를 사용할 수 있다.

```
#include <signal.h>

int sigaction (int signo,
        const struct sigaction *act,
        struct sigaction *oldact);
```

sigaction( )을 호출하면 signo로 지정한 시그널의 동작 방식을 변경하는데, 이때 signo에는 SIGKILL과 SIGSTOP을 제외한 모든 값을 설정할 수 있다. act가 NULL이 아닌 경우 시스템 콜은 해당 시그널의 현재 동작 방식을 act가 지정한 내용으로 변경한다. oldact가 NULL이 아닌 경우, 해당 호출은 이전의(혹은 act가 NULL인 경우에는 현재의) 동작 방식을 oldact에 저장한다.

sigaction 구조체는 시그널을 세세하게 제어할 수 있게 한다. ⟨signal.h⟩에 포함된 ⟨sys/signal.h⟩ 헤더는 해당 구조체를 다음과 같이 정의한다.

```
struct sigaction {
    void (*sa_handler)(int);        /* 시그널 핸들러 또는 동작 */
    void (*sa_sigaction)(int, siginfo_t *, void *);
    sigset_t sa_mask;               /* 블록할 시그널 */
    int sa_flags;                   /* 플래그 */
    void (*sa_restorer)(void);      /* 사용되지 않으며 POSIX 표준이 아니다 */
};
```

sa_handler 필드는 해당 시그널을 받았을 때 수행할 동작을 지정한다. 이 필드는 signal()과 마찬가지로, 기본 동작을 의미하는 SIG_DFL이거나, 커널에게 해당 프로세스에서 전달되는 시그널을 무시하도록 하는 SIG_IGN이거나, 시그널을 처리하는 함수를 가리키는 포인터일 수 있다. 이 함수는 signal()이 설정한 시그널 핸들러와 형식이 동일하다.

```
void my_handler (int signo);
```

sa_flags에 SA_SIGINFO를 설정하면 sa_handler가 아니라 sa_sigaction이 시그널을 처리하는 함수를 명시한다. 이 함수의 형식은 약간 다르다.

```
void my_handler (int signo, siginfo_t *si, void *ucontext);
```

이 함수는 첫 번째 인자로 시그널 번호, 두 번째 인자로 siginfo_t 구조체, 세 번째 인자로 ucontext_t 구조체를 void 포인터로 타입 변환하여 받는다. 반환값은 없다. siginfo_t 구조체는 시그널 핸들러에 다양한 정보를 제공하는데 뒤에서 이를 간략하게 살펴보겠다.

일부 아키텍처, 그리고 아마 다른 유닉스에서도 sa_handler와 sa_sigaction이 유니언이라는 사실에 주의하고, 두 필드 모두에 값을 할당하지 않도록 해야 한다.

sa_mask 필드는 시그널 핸들러를 실행하는 동안 시스템이 블록해야 할 시그널 모음을 제공한다. 프로그래머는 이 필드를 사용해서 여러 시그널 핸들러 간의 재진입을 적절하게 막을 수 있다. sa_flags에 SA_NODEFER 플래그를 설정하지 않으면 현재 처리 중인 시그널도 역시 블록된다. SIGKILL과 SIGSTOP은 블록할 수 없으며 sa_mask에 설정한 두 시그널은 호출 과정에서 조용히 무시된다.

sa_flags 필드는 0개 혹은 하나 이상의 플래그에 대한 비트마스크인데, 해당 플래그들은

signo로 지정한 시그널의 처리를 변경한다. SA_SIGINFO 플래그와 SA_NODEFER 플래그는 이미 살펴보았으며 sa_flags의 다른 값은 다음과 같다.

SA_NOCLDSTOP 이 플래그는 signo가 SIGCHLD인 경우, 시스템에 자식 프로세스가 정지하거나 재시작할 때 이를 통보하지 않도록 지시한다.

SA_NOCLDWAIT 이 플래그는 signo가 SIGCHLD인 경우, 자식 프로세스에 대한 자동 처리를 활성화한다. 종료된 자식 프로세스는 좀비로 바뀌지 않으며 부모도 이들에 대해 wait( )를 호출할 필요가 없고, 할 수도 없다. 자식 프로세스와 좀비와 wait( )에 대한 자세한 설명은 5장을 참조하자.

SA_NOMASK 이 플래그는 이 절의 앞부분에서 설명했던 SA_NODEFER와 동일하지만 지금은 사용하지 않으며 POSIX에는 존재하지 않는다. 이 플래그 대신 SA_NODEFER를 사용하자. 하지만 옛날 코드에서 이 값이 나올 경우를 대비해 의미는 알고 있는 게 좋다.

SA_ONESHOT 이 플래그는 앞서 살펴본 SA_RESETHAND와 동일하지만 지금은 사용하지 않으며 POSIX에는 존재하지 않는다. 이 플래그 대신 SA_RESETHAND를 사용하자. 하지만 옛날 코드에서 이 값이 나올 경우를 대비해 의미는 알고 있는 게 좋다.

SA_ONSTACK 이 플래그는 시스템이 sigaltstack( )에서 제공한 대체 시그널 스택의 시그널 핸들러를 호출하도록 한다. 대체 스택을 제공하지 않는 경우 초기 설정을 이용한다. 즉 시스템은 마치 이 플래그가 제공되지 않은 듯이 행동한다. 시그널 핸들러가 사용하기에 턱없이 작은 스택을 가진 일부 Pthread 애플리케이션에서는 유용하지만, 대체 시그널 스택은 거의 활용되지 않는다. 이 책에서는 sigaltstack( )을 더 이상 다루지 않는다.

SA_RESTART 이 플래그는 시그널로 중단된 시스템 콜에 대해 BSD 스타일의 재시작을 활성화한다.

SA_RESETHAND 이 플래그는 일회성 모드를 활성화한다. 이 시그널의 동작 방식은 일단 시그널 핸들러가 반환된 다음 초기 설정으로 돌아온다.

sa_restorer 필드는 이제 더 이상 리눅스에서 사용되지 않는다. 어쨌든 sa_restorer 필드는 POSIX의 일부가 아니며 사용하지 않도록 하자.

sigaction( ) 호출이 성공하면 0을 반환하고 실패하면 −1을 반환하고 errno를 다음 값 중 하나로 설정한다.

EFAULT   act 또는 oldact가 유효한 포인터가 아니다.

EINVAL   signo가 유효한 시그널이 아니거나 SIGKILL 또는 SIGSTOP이다.

10.7.1 siginfo_t 구조체

siginfo_t 구조체는 〈sys/signal.h〉 파일에 정의되어 있으며 내용은 다음과 같다.

```
typedef struct siginfo_t {
    int si_signo;           /* 시그널 번호 */
    int si_errno;           /* errno 값 */
    int si_code;            /* 시그널 코드 */
    pid_t si_pid;           /* 보내는 프로세스의 pid */
    uid_t si_uid;           /* 보내는 프로세스의 실제 uid */
    int si_status;          /* 종료 값이나 시그널 */
    clock_t si_utime;       /* 소비된 사용자 시간 */
    clock_t si_stime;       /* 소비된 시스템 시간 */
    sigval_t si_value;      /* 시그널 페이로드 값 */
    int si_int;             /* POSIX.1b 시그널 */
    void *si_ptr;           /* POSIX.1b 시그널 */
    void *si_addr;          /* 장애가 발생한 메모리 위치 */
    int si_band;            /* 대역(band) 이벤트 */
    int si_fd;              /* 파일 디스크립터 */
};
```

이 구조체에는 sa_sighandler 대신 sa_sigaction을 이용하는 경우 시그널 핸들러로 전달할 정보가 가득하다. 많은 사람이 최신 컴퓨팅 환경에서 유닉스 시그널 모델은 IPC를 수행하기에 적합하지 않다고 생각한다. 하지만 아마도 사람들이 sigaction( )을 SA_SIGINFO와 함께 사용해야 하는 경우에도 signal( )을 사용하는 방식에 집착하기 때문이라고 할 수 있겠다. siginfo_t 구조체는 시그널에서 훨씬 많은 기능을 끌어낼 수 있도록 하고 있다.

이 구조체에는 시그널을 보낸 프로세스에 대한 정보와 시그널을 일으킨 원인에 대한 정보를 포함하여 흥미로운 데이터가 많다. 필드 각각에 대한 자세한 설명은 다음과 같다.

si_signo	관련 시그널의 번호다. 시그널 핸들러에서 첫 번째 인자도 이 정보를 제공한다. 그리고 포인터 역참조를 방지한다.
si_errno	0이 아닌 경우, 해당 시그널과 관련된 에러 코드다. 이 필드는 모든 시그널에 대해 유효하다.
si_code	프로세스가 왜 그리고 어디로부터 시그널을 받았는지에 대한 설명(예를 들면 kill( )로부터)이다. 가능한 값은 다음 절에서 자세히 살펴볼 것이다. 이 필드는 모든 시그널에 대해 유효하다.
si_pid	SIGCHLD의 경우, 종료한 프로세스의 pid다.
si_uid	SIGCHLD의 경우, 종료한 프로세스의 소유자 uid다.
si_status	SIGCHLD의 경우, 종료한 프로세스의 종료 상태다.
si_utime	SIGCHLD의 경우, 종료한 프로세스가 소비한 사용자 시간이다.
si_stime	SIGCHLD의 경우, 종료한 프로세스가 소비한 시스템 시간이다.
si_value	si_int와 si_ptr의 유니언이다.
si_int	sigqueue( )를 통해 보낸 시그널(462쪽 '페이로드와 함께 시그널 보내기' 참조)의 경우, 제공한 페이로드를 정수 타입으로 지정한다.
si_ptr	sigqueue( )를 통해 보낸 시그널(462쪽 '페이로드와 함께 시그널 보내기' 참조)의 경우, 제공한 페이로드를 void 포인터 타입으로 지정한다.
si_addr	SIGBUS, SIGFPE, SIGILL, SIGSEGV, SIGTRAP의 경우 이 void 포인터는 장애를 일으킨 주소를 저장한다. 예를 들어, SIGSEGV의 경우 이 필드는 메모리 접근 위반 주소를 담고 있다(때문에 대부분 NULL이다!).
si_band	SIGPOLL의 경우 si_fd에 나열된 파일 디스크립터에 대한 대역 외[OOB] 데이터와 우선순위 정보다.
si_fd	SIGPOLL의 경우 작업을 완료한 파일에 대한 파일 디스크립터다.

si_value, si_int, 그리고 si_ptr 필드의 설명이 특히 복잡한 이유는 프로세스가 다른 프로세스에 임의의 데이터를 전달하기 위해 이 필드를 사용할 수 있기 때문이다. 따라서 단순한 정수를 보내거나 구조체 포인터를 보내는 데 이를 사용할 수 있다(프로세스들이 주소 공간을 공유하지 않으면 포인터는 그다지 도움이 되지 않는다는 사실을 주목하자). 각 필드는 462쪽

'페이로드와 함께 시그널 보내기'에서 설명한다.

POSIX는 처음 세 필드만이 모든 시그널이 유효하다고 보증한다. 다른 필드는 적절한 시그널을 다룰 때만 접근해야 한다. 가령 si_fd 필드는 시그널이 SIGPOLL일 때만 접근해야 한다.

10.7.2 si_code의 멋진 세계

si_code 필드는 시그널을 일으킨 원인을 알려준다. 사용자가 보낸 시그널의 경우, 이 필드는 시그널을 어떻게 보냈는지를 나타낸다. 커널이 시그널을 보냈을 때 이 필드를 보면 왜 시그널을 보냈는지 알 수 있다.

다음 si_code 값은 모든 시그널에 대해 유효하다. 각각 어떻게 그리고 왜 그 시그널을 보냈는지를 알려준다.

SI_ASYNCIO	비동기식 입출력의 완료로 인해 보낸 시그널이다(5장 참조).
SI_KERNEL	커널에서 보낸 시그널이다.
SI_MESGQ	POSIX 메시지 큐의 상태 변화로 보낸 시그널이다(이 내용은 이 책에서 다루지 않는다).
SI_QUEUE	sigqueue( )로 보낸 시그널이다(다음 절 참조).
SI_TIMER	POSIX 타이머 만료로 보낸 시그널이다(11장 참조).
SI_TKILL	tkill( ) 혹은 tgkill( )로 보낸 시그널이다. 이런 시스템 콜은 스레드 라이브러리에서 이용하는데 이 책에서는 다루지 않는다.
SI_SIGIO	SIGIO가 큐에 들어왔기 때문에 보낸 시그널이다.
SI_USER	kill( ) 또는 raise( )로 보낸 시그널이다.

다음의 si_code 값은 SIGBUS에 대해서만 유효하다. 각각 발생한 하드웨어 에러 타입을 나타낸다.

BUS_ADRALN	프로세스가 정렬 오류를 유발했다(정렬에 대한 내용은 9장을 참조).
BUS_ADRERR	프로세스가 유효하지 않은 물리 주소에 접근했다.
BUS_OBJERR	프로세스가 뭔가 다른 형태의 하드웨어 에러를 일으켰다.

SIGCHLD의 경우 다음 값은 자식이 해당 시그널을 부모에게 보낸 사유를 설명한다.

CLD_CONTINUED   자식 프로세스가 정지되었다가 재시작되었다

CLD_DUMPED   자식 프로세스가 비정상적으로 종료했다.

CLD_EXITED   자식 프로세스가 exit()를 호출해서 정상적으로 종료했다.

CLD_KILLED   자식 프로세스가 종료되었다.

CLD_STOPPED   자식 프로세스가 정지되었다.

CLD_TRAPPED   자식 프로세스가 트랩에 걸렸다.

다음 값은 SIGFPE에 대해서만 유효하다. 각각은 발생한 산술 연산 에러 타입을 설명한다.

FPE_FLTDIV   프로세스가 0으로 나누는 부동소수점 연산을 수행했다.

FPE_FLTOVF   프로세스가 오버플로를 유발하는 부동소수점 연산을 수행했다.

FPE_FLTINV   프로세스가 유효하지 않은 부동소수점 연산을 수행했다.

FPE_FLTRES   프로세스가 부정확하거나 유효하지 않은 결과를 초래하는 부동소수점 연산을 수행했다.

FPE_FLTSUB   프로세스가 범위를 초과하는 서브스크립트를 초래하는 부동소수점 연산을 수행했다.

FPE_FLTUND   프로세스가 언더플로를 유발하는 부동소수점 연산을 수행했다.

FPE_INTDIV   프로세스가 0으로 나누는 정수 연산을 수행했다.

FPE_INTOVF   프로세스가 오버플로를 유발하는 정수 연산을 수행했다.

다음 si_code 값은 SIGKILL에 대해서만 유효하다. 이들은 허용하지 않은 명령에 대한 실행 특성을 설명한다.

ILL_ILLADR   프로세스가 허용되지 않은 주소 지정 모드에 진입하려 했다.

ILL_ILLOPC   프로세스가 허용되지 않은 opcode[operation code]를 실행하려 했다.

ILL_ILLOPN   프로세스가 허용되지 않은 피연산자[operand]를 실행하려 했다.

ILL_PRVOPC   프로세스가 특권 opcode를 실행하려 했다.

ILL_PRVREG	프로세스가 특권 레지스터에 대한 실행을 시도했다.
ILL_ILLTRP	프로세스가 허용하지 않은 트랩에 진입하려 했다.

지금까지 설명한 SIGKILL에 한정지은 si_code 값에 대해 si_addr은 위반한 주소를 가리 킨다.

SIGPOLL의 경우, 다음 값은 해당 시그널을 일으킨 입출력 이벤트를 나타낸다.

POLL_ERR	입출력 에러가 발생했다
POLL_HUP	디바이스와 연결이 끊어졌거나 소켓 접속이 끊어졌다.
POLL_IN	파일에 읽을 데이터가 존재한다.
POLL_MSG	유효한 메시지가 존재한다.
POLL_OUT	파일에 쓰기 작업이 가능하다.
POLL_PRI	파일에 우선순위가 높은 읽을 데이터가 존재한다.

다음 코드는 SIGSEGV에 대해 유효하며 유효하지 않은 메모리 접근 유형 두 가지를 설명한다. 다음 코드에 대해 si_addr은 문제를 일으킨 주소를 담고 있다.

SEGV_ACCERR	프로세스가 유효한 메모리 영역에 유효하지 않은 방법으로 접근했다. 즉 프로세스가 메모리 접근 권한을 위반했다.
SEGV_MAPERR	프로세스가 유효하지 않은 메모리 영역에 접근했다.

SIGTRAP의 경우, 다음 두 가지 si_code 값은 발생한 트랩의 타입을 알려준다.

TRAP_BRKPT	프로세스가 브레이크 포인트를 만났다.
TRAP_TRACE	프로세스가 추적 트랩을 만났다.

si_code는 값을 담고 있는 필드이며 비트 필드가 아님을 주목하자.

10.8 페이로드와 함께 시그널 보내기

앞에서 살펴봤듯이 SA_SIGINFO 플래그와 함께 등록된 시그널 핸들러는 siginfo_t 인자를 전달한다. 이 구조체는 si_value라는 이름의 필드를 포함하며 이는 시그널을 생성한 곳에서 시그널을 받는 곳까지 전달되는 선택적인 페이로드다.

POSIX에서 정의한 sigqueue( ) 함수를 이용해서 페이로드와 함께 시그널을 보낼 수 있다.

```
#include <signal.h>

int sigqueue (pid_t pid,
        int signo,
        const union sigval value);
```

sigqueue( )는 kill( )과 유사하게 동작한다. 호출이 성공하면 signo 시그널은 pid 프로세스나 프로세스 그룹 큐에 들어가고 0을 반환한다. 시그널의 페이로드는 value로 지정하는데 이는 정수와 void 포인터의 유니언이다.

```
union sigval {
    int sival_int;
    void *sival_ptr;
};
```

호출이 실패하면 −1을 반환하고 errno를 다음 값 중 하나로 설정한다.

EAGAIN   큐에 담을 수 있는 최대 시그널 개수 제한에 걸렸다.

EINVAL   signo로 지정한 시그널이 유효하지 않다.

EPERM   요청한 프로세스 모두에게 시그널을 보내기 위해 충분한 권한이 없다. 시그널을 보내기 위해 필요한 권한은 kill( )과 동일하다(444쪽 '시그널 보내기' 참조).

ESRCH   pid가 가리키는 프로세스나 프로세스 그룹이 존재하지 않거나 좀비다.

kill( )에서처럼 권한을 가지고 있는지 검사하기 위해 signo로 널 시그널(0)을 전달할 수도 있다.

10.8.1 시그널 페이로드 예제

다음 예제는 pid가 1722인 프로세스에 404라는 정수 값을 페이로드에 담아 SIGUSR2 시그널과 함께 보낸다.

```
sigval value;
int ret;

value.sival_int = 404;

ret = sigqueue (1722, SIGUSR2, value);
if (ret)
    perror ("sigqueue");
```

1722 프로세스가 SA_SIGINFO 핸들러로 SIGUSR2를 처리하면 SIGUSR2로 설정된 signo와 404로 설정된 si->si_int, SI_QUEUE로 설정된 si->si_code를 확인한다.

10.9 시그널은 미운 오리 새끼?

시그널은 유닉스 프로그래머 사이에서 환영받지 못한다. 시그널은 커널과 사용자 간 통신을 위한 구식 메커니즘이며 기껏해야 IPC의 원시적인 형태라고 볼 수 있다. 멀티스레딩 프로그램과 이벤트 루프 세계에서 시그널은 대부분 적절하지 않다.

그럼에도 좋든 나쁘든 시그널은 필요하다. 시그널은 커널에서 수많은 통지(이를 테면 허용하지 않은 opcode 실행에 대한 통지)를 수신할 수 있는 유일한 방법이다. 게다가 시그널은 유닉스가(그리고 리눅스도) 프로세스를 종료하고 부모/자식 프로세스의 관계를 관리하는 방법이다. 그러므로 시그널을 반드시 이해하고 사용해야 한다.

시그널이 평가절하되는 주 원인 중 하나는 재진입성에 대한 우려가 없는 적절한 시그널 핸들러를 작성하기가 쉽지 않다는 점이다. 하지만 시그널 핸들러를 간결하게 유지하고 (필요하다면!) [표 10-3]에 열거된 함수만 이용한다면 안전할 것이다.

시그널의 또 다른 약점은 많은 프로그래머가 시그널 관리를 위해 여전히 sigaction()과 sigqueue() 대신에 signal()과 kill()을 사용하기 때문에 생긴다. 마지막 두 절에서 보았듯이 시그널은 SA_SIGINFO 스타일의 시그널 핸들러를 사용할 때 상당히 강력하고 풍부한 표현력을 가진다. 시그널이 가지는 단점을 리눅스의 고급 시그널 인터페이스를 이용해서 보완할 수 있다.

## CHAPTER 11

시간

최신 운영체제에서는 다양한 목적으로 시간을 사용하며 많은 프로그램에서 시간을 추적해야 할 필요가 있다. 커널은 다음 세 가지 방법으로 경과 시간을 측정한다.

실제 시간

현실에서 사용하는 진짜 시간과 날짜다. 벽에 걸려 있는 시계에서 읽은 시간이다. 프로세스는 사용자와 상호 작용을 하는 경우나 이벤트에 타임스탬프를 붙일 때 실제 시간을 사용한다.

프로세스 시간

이 시간은 프로세서에서 프로세스를 실행하는 데 소비한 시간이다. 이 시간은 프로세스가 사용자 영역에서 직접 소비했거나 프로세스를 대신해서 커널이 간접으로 소비한 시스템 시간을 측정하는 데 사용될 수 있다. 프로세스는 프로파일링과 통계 산출 목적으로 특정 알고리즘을 처리하는 데 걸린 시간이 어느 정도인지 측정한다. 실제 시간이 프로세스 동작 방식을 측정하는 과정에 부적합한 이유는 리눅스의 멀티태스킹 특성으로 인해 특정 연산을 수행하는 프로세스 시간이 실제 시간보다 무척 짧기 때문이다.

모노토닉* 시간

이 시간은 반드시 일정하게 증가한다. 리눅스를 포함한 대부분의 운영체제는 (시동 직후부터 경과한 시간인) 시스템 가동시간^{uptime}을 사용한다. 실제 시간은 변경이 가능하다. 예를 들어 사용자가 시간을 설정하거나 시스템이 어긋난 시간을 끊임없이 보정하기 때문이다. 또한, 실제 시간에는 윤초**와 같은 부정확한 요소가 추가적으로 끼어든다. 반면에 시스템 가동시간은 결정론적이며 변경이 불가능한 시간 표현법이다. 모노토닉 시간의 중요한 특징은 정확한 값이 아니라 시간이 엄격하게 선형적으로 증가하는 특성이므로 두 샘플링 사이의 시간 차이를 계산할 때 유용하다.

이 세 가지 시간 측정 방법은 다음의 두 형식 중 하나로 표현이 가능하다.

상대 시간

현재 시각과 같이 특정 기준점에 대한 상댓값으로 표현한다. 현재 시각을 기준으로 5초 후, 10분 전과 같은 표현이 좋은 예다. 모노토닉 시간은 상대 시간을 계산하는 데 유용하다.

절대 시간

특정 기준점 없이 절댓값으로 표현한다. 1968년 3월 25일 정오 같은 표현이 좋은 예다. 실제 시간은 절대 시간을 계산하는 데 적합하다.

상대 시간과 절대 시간 모두 나름대로 용도가 있다. 500밀리 초 이내에 요청을 취소하거나, 화면을 초당 60번씩 갱신하거나, 아니면 연산을 시작한 후 7초가 경과했음을 프로세스에 알려줄 필요도 있다. 이런 모든 경우에 상대 시간 계산이 필요하다. 반대로, 일정 관리 프로그램이 사용자가 주최하는 파티를 2월 8일로 저장하거나, 파일시스템이 파일을 생성할 때 '5초 전'과 같은 표현 대신 완전한 날짜와 시각을 기록하거나, 사용자의 시계를 시스템 시동 직후 경과 초 대신에 그레고리안력으로 표시할 필요도 있다.

유닉스 시스템은 1970년 1월 1일 00:00:00 UTC로 정의된 기원^{epoch}부터 경과된 절대 시간을 초로 표현한다. UTC^{Universal Time Coordinate}는 GMT^{Greenwith Mean Time} 또는 줄루^{Zulu} 시라고도 한다.

---

* 역자주_ monotonic. 흔히 단조로 번역한다. 증가 또는 감소가 항상 일정하다는 의미가 있다.

** 역자주_ 윤초는 국제 표준시에서 기준으로 삼고 있는 원자 시계와 실제 지구의 자전/공전 속도를 기준으로 한 태양시(solar time) 간의 오차를 보정하기 위해 추가하는 1초다. 윤초는 6월 30일과 12월 31일의 마지막에 추가되는데, 항상 추가되는 건 아니고 필요에 의해 아예 추가되지 않거나 6월과 12월 중 한 번만 추가되기도 한다. 가장 최근에는 2012년 6월 30일에 1초가 추가되었다. 윤초가 추가되면 시계는 23시 59분 60초를 지나 다음으로 넘어간다.

이는 흥미롭게도, 절대 시간조차도 저수준에서는 상대 시간을 사용하고 있음을 의미한다. 다음 절에서 살펴보겠지만 유닉스는 '기원에서부터 경과된 초'를 저장하기 위한 특수한 데이터 타입을 도입했다.

운영체제는 커널이 관리하는 소프트웨어 시계를 사용해서 시간 경과를 추적한다. 커널은 시스템 타이머라고 알려진 주기적인 타이머를 초기화하고 정해진 주기에 맞춰 똑딱거린다. 타이머 동작 주기가 한 차례 지나가면 커널은 경과 시간을 틱이나 지피라는 한 단위만큼 늘린다. 경과된 틱을 기록한 카운터를 지피 카운터 _jiffies counter_ 라고 한다. 예전에는 32비트 값이었지만 리눅스 커널 2.6부터는 지피 카운터가 64비트로 늘어났다. *******

리눅스에서는 시스템 타이머의 빈도를 HZ라고 하는데, 선행처리기에서 정의한 이름 그대로다. HZ 값은 아키텍처마다 다르며 리눅스 ABI의 일부가 아니다. 따라서 프로그램은 이 값에 의존하거나 특정 값을 기대해서는 안 된다. 역사적으로 x86 아키텍처는 HZ를 100으로 사용해 왔으며 이것은 시스템 타이머가 초당 100번 동작한다는 사실을 의미한다(즉 시스템 타이머의 주파수가 100HZ라는 의미다). 따라서 각 지피 값은 0.01초(1/HZ 초)가 된다. 리눅스 커널 2.6부터는 커널 개발자들이 HZ 값을 1000으로 급격하게 올려 지피 값을 0.001초로 바꿔버렸다. 하지만 커널 2.6.13 이후 버전에서는 HZ 값을 250으로 조정해서 지피 값을 0.004초로 제공한다. ******** 더 높은 HZ 값은 해상도를 높이지만 타이머 부하도 함께 높이는 이해 상충이 뒤따른다.

비록 프로세스가 고정된 HZ 값에 의존하면 안 되지만, POSIX는 실행 중에 시스템 타이머 주파수를 결정하는 메커니즘을 정의하고 있다.

```
long hz;

hz = sysconf (_SC_CLK_TCK);
if (hz == -1)
    perror ("sysconf"); /* 절대 일어나지 않는다 */
```

이 인터페이스는 프로그램에서 시스템 타이머 해상도를 결정하려 할 때 유용하지만 시스템 시간을 초로 바꿀 필요는 없다. 왜냐하면 대다수 POSIX 인터페이스에서 이미 변환되거나 (HZ와

*** 리눅스는 이제 '틱이 없는' 방식을 지원하므로 엄밀히 말하면 다르다.
**** HZ는 이제 컴파일 시점에서 변경 가능한 커널 옵션이며 x86 아키텍처에서는 100, 250, 1000을 지원한다. 이와 상관없이 사용자 영역은 특정 HZ 값에 의존해서는 안 된다.

무관하게) 고정된 주파수에 맞춰 시간 측정 값을 제공하기 때문이다. HZ와는 달리 이런 고정 주파수는 시스템 ABI의 일부로 x86에서 이 값은 100이다. 시계 틱 기준으로 시간을 반환하는 POSIX 함수는 CLOCKS_PER_SEC을 사용해서 고정 주파수로 값을 표현한다.

종종 컴퓨터가 꺼지기도 하고 때로는 전원 플러그를 뽑아둔다. 그럼에도 컴퓨터를 켜면 시간이 맞다. 대다수 컴퓨터는 배터리로 동작하는 하드웨어 시계가 내장되어 있어서 컴퓨터가 꺼진 상태에서도 시간과 날짜를 저장하기 때문이다. 커널은 시작하면서 하드웨어 시계에서 현재 시각을 받아 운영체제 시각을 초기화한다. 유사하게 사용자가 시스템을 종료할 때 커널은 현재 시각을 하드웨어 시계에 다시 기록한다. 시스템 관리자는 hwclock 명령으로 하드웨어 시각과 운영체제 시각을 언제든지 동기화할 수 있다.

유닉스 시스템에서 경과 시간을 관리하는 작업은 다른 여러 작업과 관련이 있으며 프로세스에서 관심을 가지는 작업으로는 현재 실제 시간 설정과 조회, 경과 시간 계산, 특정 시간 동안 잠들기, 고해상도 시간 측정 수행, 타이머 제어 등이 대표적인 예다. 이 장에서는 시간과 관련이 있는 전반적인 작업을 다룬다. 우선 리눅스 커널에서 시간을 표현하는 자료구조부터 살펴보자.

11.1 시간에 대한 자료구조

유닉스 시스템이 발전함에 따라서 시간 관리를 위한 독자적인 인터페이스를 구현했으며 외관상 단순한 시간 개념을 여러 자료구조로 표현했다. 이런 자료구조는 단순한 정수부터 시작해서 여러 다중 필드 구조체에 이르기까지 다양하다. 실제 인터페이스를 살펴보기 전에 자료구조부터 살펴보자.

11.1.1 전통적인 표현법

가장 단순한 자료구조는 time_t이며 ⟨time.h⟩에 정의되어 있다. 이렇게 정의한 의도는 time_t의 내부 구조를 숨기기 위함이다. 하지만 리눅스를 포함한 대대수 유닉스 시스템에서는 C의 long 타입을 가리키는 간단한 typedef로 정의한다.

```
typedef long time_t;
```

time_t는 기원 시간 이후에 경과한 초를 숫자로 표현한다. "오버플로 때문에 얼마 못 갈 텐데?"라고 생각하는 게 당연하다. 실제로는 기대보다 오래 버티긴 하지만, 상당수 유닉스 시스템에서 지금처럼 사용한다면 실제로 오버플로를 일으키게 될 것이다. 32비트 long 타입을 사용하면 time_t는 기원 시간 이후 2,147,483,647초까지 표현 가능하다. 이는 2038년에 Y2K 대란*이 다시 한 번 찾아온다는 의미! 하지만 운이 좋다면 2038년 1월 18일 월요일 22:14:07이 되기 전에 대다수 시스템과 소프트웨어는 64비트로 동작하고 있을 것이다.

11.1.2 마이크로 초 정밀도

time_t와 관련한 또 다른 문제점은 상당히 많은 사건이 1초 내에 벌어질 수도 있다는 점이다. timeval 구조체는 time_t를 확장해서 마이크로 초(ms) 정밀도를 추가했다. 〈sys/time.h〉 헤더는 이 구조체를 다음과 같이 정의한다.

```
#include <sys/time.h>

struct timeval {
    time_t tv_sec;             /* 초 */
    suseconds_t tv_usec;       /* 마이크로 초 */
};
```

tv_sec은 초를 나타내고, tv_usec은 마이크로 초를 나타낸다. suseconds_t는 일반적으로 정수 타입을 가리키는 typedef로 정의한다.

11.1.3 나노 초 정밀도

마이크로 초 해상도로도 만족하지 못한다면 timespec 구조체가 나노 초(us)까지 해상도를 높였다. 〈time.h〉 헤더는 이 구조체를 다음과 같이 정의한다.

---

* 역자주_ Y2K 문제는 1999년 12월 31일에서 2000년 1월 1일로 넘어갈 때, 날짜나 시간을 처리하는 과정에서 발생하는 문제로, 2000년 문제라고도 한다. 초기 컴퓨터의 메모리는 아주 비싼 리소스였으므로 1바이트라도 더 아껴쓰는 게 미덕이었다. 이런 이유로 연도를 표시하는 4자리 중에서 끝 두 자리만 저장했는데 (예, 1999년을 저장하는 게 아니라 99만 저장) 해가 바뀌면 이 값이 100이 되므로 2000년으로 인식해야 할지 1900년으로 인식해야 할지 판단할 수 없는 문제가 발생한다.

```
#include <time.h>

struct timespec {
    time_t tv_sec;   /* 초 */
    long tv_nsec;    /* 나노 초 */
};
```

이 둘 중 마이크로 초보다 나노 초가 더 선호되는 인터페이스다. 게다가 `timespec` 구조체는 단순하고 바보 같은 suseconds_t를 없애버렸다. 그 결과 `timespec` 구조체가 등장한 이후에 대다수 시간과 관련된 인터페이스는 `timespec` 구조체를 쓰도록 바뀌었으며 정밀도가 높아졌다. 그럼에도 중요한 함수 하나는 여전히 `timeval`을 사용한다. `timeval`은 잠시 뒤에 설명하겠다.

실제로는 어떤 구조체도 명세된 정밀도를 제공하지 못한다. 왜냐하면 시스템 타이머는 나노 초는 고사하고 마이크로 초 해상도도 지원하지 않기 때문이다. 그럼에도 인터페이스에서 정밀한 해상도를 선호하는 이유는 나중에라도 시스템에서 지원하면 더 높은 해상도를 제공할 수 있기 때문이다.

11.1.4 시간 세분하기

여기서 살펴볼 몇 가지 함수는 유닉스 시간과 문자열을 변환하며 프로그램적으로 주어진 날짜를 표현하는 문자열을 만든다. 이런 과정을 돕기 위해 C 표준은 좀 더 사람에게 가까운 형태로 세분화한 시간을 표현하는 tm 구조체를 제공한다. 이 구조체 역시 〈time.h〉에 정의되어 있다.

```
#include <time.h>

struct tm {
    int tm_sec;     /* 초 */
    int tm_min;     /* 분 */
    int tm_hour;    /* 시 */
    int tm_mday;    /* 월중 경과일 */
    int tm_mon;     /* 월 */
    int tm_year;    /* 년 */
    int tm_wday;    /* 주중 경과일 */
    int tm_yday;    /* 연중 경과일 */
```

```
    int tm_isdst;          /* 섬머타임 시간인가 */
#ifdef _BSD_SOURCE
    long tm_gmtoff;        /* GMT 시간대 오프셋*/
    const char *tm_zone;/* 시간대 약어 */
#endif                     /* _BSD_SOURCE */
};
```

tm 구조체는 time_t 값, 말하자면 314159가 일요일인지 토요일인지 더 쉽게 알 수 있도록 해준다(정답은 일요일이다). 저장 공간이라는 관점에서 보면 tm 구조체는 날짜와 시각을 표현하기에는 부적합하지만, 사용자 중심 값으로 변환하기에는 편리하다.

각 필드는 다음과 같다.

tm_sec   분 단위 이후 남은 초를 나타낸다. 이 값은 일반적으로 0부터 59 사이지만 윤초를 포함하기 위해 61까지 늘어날 수도 있다.

tm_min   시간 단위 이후 남은 분을 나타낸다. 이 값은 0부터 59까지다.

tm_hour   자정 이후 시간을 나타낸다. 이 값은 0부터 23까지다.

tm_mday   월중 경과일을 나타낸다. 이 값은 0부터 31까지다. POSIX는 0을 명세하지 않지만, 리눅스는 이 값을 사용해서 이전 달의 마지막 날짜를 표시한다.

tm_mon   1월 이후 경과한 월을 나타낸다. 이 값은 0부터 11까지다.

tm_year   1900년 이후 경과한 년을 나타낸다.

tm_wday   일요일부터 경과한 일을 나타낸다. 이 값은 0부터 6까지다.

tm_yday   1월 1일부터 경과한 일을 나타낸다. 이 값은 0부터 365까지다.

tm_isdst   다른 필드에 기술한 시간에 섬머타임(일광 절약 시간, DST)이 영향을 미치는지 알려주는 특수한 값이다. 이 값이 양수면 DST가 영향을 미친다. 값이 0이면 DST가 영향을 미치지 않는다. 값이 음수면 DST는 모르는 상태다.

tm_gmtoff   현재 시간대의 GMT 기준 오프셋을 초로 나타낸 값이다. 이 필드는 〈time.h〉를 인클루드하기 전에 _BSD_SOURCE를 정의해야만 사용 가능하다.

tm_zone   KST(대한민국 표준시)처럼 현재 시간대 약자를 나타내는 값이다. 이 필드는 〈time.h〉를 인클루드하기 전에 _BSD_SOURCE를 정의해야만 사용 가능하다.

11.1.5 프로세스 시간을 위한 타입

clock_t는 틱을 표현한다. 이 타입은 정수형이지만, 종종 long으로도 정의한다. 인터페이스에 따라 clock_t 틱은 시스템의 실제 타이머 주파수(HZ)나 CLOCKS_PER_SEC을 나타낸다.

11.2 POSIX 시계

이 장에서 설명하는 여러 시스템 콜은 시간 구현과 표현을 위한 표준인 POSIX 시계를 활용한다. clockid_t 타입은 리눅스가 지원하는 다섯 가지 POSIX 시계를 나타낸다.

CLOCK_REALTIME	시스템 전역에서 사용하는 실시간(실제 시간) 시계다. 이 시계를 설정하려면 특수 권한이 필요하다.
CLOCK_MONOTONIC	어떤 프로세스도 설정하지 못하는 단조롭게 증가하는 시계다. 시스템 시동과 같이 불특정 시작 시점부터 경과한 시간을 나타낸다.
CLOCK_MONOTONIC_RAW	CLOCK_MONOTONIC과 유사하지만 시간이 뒤틀렸을 때 조정이 되지 않는다. 즉 하드웨어 시계가 실제 시간보다 빨라지거나 늦어진다고 해도 이 시계는 조정이 되지 않는다. 이 시계는 리눅스 전용이다.
CLOCK_PROCESS_CPUTIME_ID	프로세서 수준에서 지원되는, 각 프로세스에서 사용 가능한 고해상도 시계다. x86 아키텍처를 예로 들면 이 시계는 TSC[Time Stamp Counter] 레지스터를 사용한다.
CLOCK_THREAD_CPUTIME_ID	CLOCK_PROCESS_CPUTIME_ID와 유사하지만 프로세스 스레드마다 유일한 시계다.

POSIX는 CLOCK_REALTIME만 요구한다. 따라서 리눅스는 이 모든 시계를 다 지원하지만 이식성을 높이려면 CLOCK_REALTIME만 사용해야 한다.

11.2.1 시계 해상도

POSIX는 시계 해상도 정보를 제공하는 clock_getres() 함수를 정의한다.

```
#include <time.h>

int clock_getres (clockid_t clock_id,
        struct timespec *res);
```

clock_getres() 함수 호출이 성공하면 res가 NULL이 아닐 경우 clock_id로 지정한 시계의 해상도를 res에 저장하고 0을 반환한다. 실패하면 −1을 반환하고 errno를 다음 두 값 중하나로 설정한다.

EFAULT   res가 유효하지 않은 포인터다.

EINVAL   clock_id는 이 시스템에서 유효하지 않다.

다음 예제는 앞에서 설명한 다섯 가지 시계의 해상도를 출력한다.

```
clockid_t clocks[] = {
CLOCK_REALTIME,
CLOCK_MONOTONIC,
CLOCK_PROCESS_CPUTIME_ID,
CLOCK_THREAD_CPUTIME_ID,
CLOCK_MONOTONIC_RAW,
(clockid_t) -1 };

int i;

for (i = 0; clocks[i] != (clockid_t) -1; i++) {
    struct timespec res;
    int ret;

    ret = clock_getres (clocks[i], &res);
    if (ret)
        perror ("clock_getres");
    else
        printf ("clock=%d sec=%ld nsec=%ld\n",
            clocks[i], res.tv_sec, res.tv_nsec);
}
```

최신 x86 시스템에서 출력 결과는 다음과 같다.

```
clock=0 sec=0 nsec=4000250
clock=1 sec=0 nsec=4000250
clock=2 sec=0 nsec=1
clock=3 sec=0 nsec=1
clock=4 sec=0 nsec=4000250
```

4000250나노 초가 4밀리 초, 즉 0.004초라는 점을 주목하자. 다시 말하면 앞에서 설명한 대로 0.004초는 HZ 값이 250인 x86 시스템 시계의 해상도다. 따라서 CLOCK_REALTIME과 CLOCK_MONOTONIC은 모두 지피와 시스템 타이머가 제공하는 해상도와 관련이 있다. 반면에 CLOCK_PROCESS_CPUTIME_ID와 CLOCK_THREAD_CPUTIME_ID는 x86 머신에서 나노 초 해상도를 제공하는 TSC와 같은 고해상도 시계를 활용한다.

리눅스와 대다수의 유닉스 시스템에서 POSIX 시계를 사용했다면 오브젝트 파일을 librt와 링크해야 한다. 예를 들어, 앞 예제를 완전한 실행 파일로 컴파일하려면 다음과 같이 해야 한다.

```
$ gcc -Wall -W -O2 -lrt -g -o snippet snippet.c
```

11.3 현재 시간 얻기

애플리케이션은 사용자에게 출력하거나, 상대 시간이나 경과 시간을 계산하거나, 이벤트에 타임 스탬프를 찍는 등 다양한 이유로 현재 시간과 날짜를 필요로 한다. 현재 시각을 얻기 위한 단순하면서도 전통적으로 가장 보편적으로 사용하는 함수는 time()이다.

```
#include <time.h>

time_t time (time_t *t);
```

---

time() 함수를 호출하면 기원 시간 이후 경과한 현재 시각을 초 단위로 표현하여 반환한다. t가 NULL이 아니라면 현재 시각을 t 포인터에 기록한다.

에러가 발생하면 time_t로 변환된 −1을 반환하며 errno를 적절한 값으로 설정한다. 유일한 에러는 EFAULT로, t가 유효한 포인터가 아님을 의미한다.

다음과 같이 사용하자.

```
time_t t;

printf ("current time: %ld\n", (long) time (&t));
printf ("the same value: %ld\n", (long) t);
```

> **NOTE_ 시간 계산을 위한 고지식한 방법**
>
> '기원 시간 이후 경과한 초'를 나타내는 time_t는 실제로 기원 시간 이후 경과한 초를 정확하게 표현하지 못한다. 유닉스 계산에 따르면 윤년은 4로 나눠지는 모든 해를 가정하며 윤초는 완전히 무시한다. time_t 표현의 요점은 정확도가 아니라 일관성이다.

11.3.1 더 나은 인터페이스

gettimeofday() 함수는 마이크로 초 해상도를 제공하는 time()의 확장이라고 볼 수 있다.

```
#include <sys/time.h>

int gettimeofday (struct timeval *tv,
        struct timezone *tz);
```

gettimeofday() 호출이 성공하면 tv가 가리키는 timeval 구조체에 현재 시각을 기록하고 0을 반환한다. timezone 구조체와 tz는 더 이상 사용하지 않기 때문에 리눅스에서 사용해서는 안 된다. tz는 항상 NULL을 넘기자.

호출이 실패하면 −1을 반환하고 errno를 tv 혹은 tz가 유효하지 않은 포인터임을 나타내는 EFAULT로 설정한다.

예를 들면 다음과 같다.

```
struct timeval tv;
int ret;

ret = gettimeofday (&tv, NULL);
if (ret)
    perror ("gettimeofday");
else
    printf ("seconds=%ld useconds=%ld\n",
        (long) tv.sec, (long) tv.tv_usec);
```

timezone 구조체가 더 이상 사용되지 않는 이유는 커널이 시간대를 관리하지 않으며 glibc도 timezone 구조체의 tz_dsttime 필드를 사용하지 않기 때문이다. 이어서 시간대를 다루는 방법을 살펴보겠다.

11.3.2 고급 인터페이스

POSIX는 지정한 시계의 시간을 얻기 위한 clock_gettime() 인터페이스를 제공한다. 이 함수는 나노 초 정밀도를 허용하므로 더욱 유용하다.

```
#include <time.h>

int clock_gettime (clockid_t clock_id,
        struct timespec *ts);
```

호출이 성공하면 0을 반환하고 clock_id로 지정한 시계의 현재 시간을 ts에 저장한다. 실패하면 −1을 반환하고 errno를 다음 값 중 하나로 설정한다.

EFAULT   ts가 유효하지 않은 포인터다.

EINVAL   clock _id는 이 시스템에서 유효하지 않은 시계다.

다음은 다섯 가지 표준 시계 모두에서 현재 시각을 얻는 예제다.

```
clockid_t clocks[] = {
CLOCK_REALTIME,
CLOCK_MONOTONIC,
```

```
CLOCK_PROCESS_CPUTIME_ID,
CLOCK_THREAD_CPUTIME_ID,
CLOCK_MONOTONIC_RAW,
(clockid_t) -1 };
int i;

for (i = 0; clocks[i] != (clockid_t) -1; i++) {
    struct timespec ts;
    int ret;

    ret = clock_gettime (clocks[i], &ts);
    if (ret)
        perror ("clock_gettime");
    else
        printf ("clock=%d sec=%ld nsec=%ld\n",
            clocks[i], ts.tv_sec, ts.tv_nsec);
}
```

11.3.3 프로세스 시간 얻기

times( ) 시스템 콜은 실행 중인 프로세스와 자식 프로세스의 프로세스 시간을 틱 단위로 가져온다.

```
#include <sys/times.h>

struct tms {
    clock_t tms_utime;      /* 소비한 사용자 시간 */
    clock_t tms_stime;      /* 소비한 시스템 시간 */
    clock_t tms_cutime;     /* 자식 프로세스가 소비한 사용자 시간 */
    clock_t tms_cstime;     /* 자식 프로세스가 소비한 시스템 시간 */
};

clock_t times (struct tms *buf);
```

호출이 성공하면 buf가 가리키는 tms 구조체를 프로세스와 프로세스 자식을 수행하는 과정에서 소비한 프로세스 시간으로 채운다. 이렇게 보고된 시간을 사용자와 시스템 시간으로 나눈다. 사용자 시간은 사용자 영역에서 코드를 수행한 시간이다. 시스템 시간은 커널 영역에서 코드를 수행한 시간으로, 시스템 콜이나 페이지 폴트가 좋은 예다. 자식 프로세스가 끝나고 부모가 waitpid( ) 또는 관련 함수를 호출하고 나서야 각 자식 프로세스에 대한 보고 시간이 구조체의 해당 필드에 포함된다. 이 함수는 과거 특정 시점을 기준으로 단조롭게 증가하는 틱 횟수를 반환한다. 이런 참조 시점은 시스템 시동 시점에 결정되므로 times( ) 함수는 시스템 가동 시간을 틱 단위로 반환한다. 하지만 현재 참조 시점은 시스템 시동 시점에서 대략 429밀 리 초 앞당긴 값으로 바뀌었다. 커널 개발자가 이렇게 변경한 이유는 시스템 가동 시간이 최댓 값을 넘어설 경우 한 바퀴 돌려서 0으로 설정하지 못하는 커널 코드를 찾아냈기 때문이다. 따 라서 함수가 반환하는 절댓값은 의미가 없다. 하지만 호출 사이에 일어난 상대적인 변화 값은 여전히 의미가 있다.

호출이 실패하면 −1을 반환하며 errno를 적절히 설정한다. 리눅스에서 유일한 에러 코드는 buf가 유효하지 않은 포인터임을 나타내는 EFAULT이다.

11.4 현재 날짜와 시각 설정하기

앞 절에서는 시간을 얻는 방법을 살펴보았다. 하지만 애플리케이션이 현재 날짜와 시간을 지정 한 값으로 설정해야 하는 경우도 있다. 이런 목적으로 설계된 date 같은 시간 설정 유틸리티에 서 주로 활용한다.

시간 설정을 위한 time( ) 대응 함수는 stime( )이다.

```
#define _SVID_SOURCE
#include <time.h>

int stime (time_t *t);
```

stime( ) 호출이 성공하면 시스템 시간을 t가 가리키는 값으로 설정하고 0을 반환한다. 호출 한 프로세스는 CAP_SYS_TIME 기능이 필요하다. 일반적으로 root 사용자에게만 이런 기능 이 있다.

호출이 실패하면 −1을 반환하고 errno를 t가 유효하지 않은 포인터임을 나타내는 EFAULT나 호출한 사용자에게 CAP_SYS_TIME 기능이 없음을 나타내는 EPERM으로 설정한다.

사용법은 아주 단순하다.

```
time_t t = 1;
int ret;

/* 시간을 기원 시간으로부터 1초 후로 설정한다 */
ret = stime (&t);
if (ret)
    perror ("stime");
```

이후에 사람이 읽기 쉬운 시간 형태를 time_t로 쉽게 변환하는 함수를 살펴보겠다.

11.4.1 정확하게 시각 설정하기

gettimdofday()의 대응 함수는 settimeofday()다.

```
#include <sys/time.h>

int settimeofday (const struct timeval *tv,
        const struct timezone *tz);
```

settimeofday() 호출이 성공하면 시스템 시간을 tv로 넘긴 값으로 설정하고 0을 반환한다. gettimeofday() 함수와 마찬가지로 tz에 NULL을 넘기는 방식을 권장한다. 호출이 실패하면 −1을 반환하고 errno를 다음 값 중 하나로 설정한다.

EFAULT   tv 또는 tz가 유효하지 않은 메모리 영역을 가리킨다.

EINVAL   제공한 구조체 필드 중 하나가 유효하지 않다.

EPERM   호출한 프로세스에 CAP_SYS_TIME 기능이 없다.

다음 예제는 현재 시각을 2014년 7월 27일 오후 3시 16분으로 설정한다.

```
struct timeval tv = { .tv_sec = 1406441760,
              .tv_usec = 27182818 };
int ret;
```

```
ret = settimeofday (&tv, NULL);
if (ret)
    perror ("settimeofday");
```

11.4.2 시각 설정을 위한 고급 인터페이스

clock_gettime()이 gettimeofday()를 개선한 인터페이스라면 clock_settime()은 settimeofday()를 개선한 인터페이스다.

```
#include <time.h>

int clock_settime (clockid_t clock_id,
        const struct timespec *ts);
```

호출이 성공하면 0을 반환하며 clock_id로 지정한 시계를 ts로 지정한 시간으로 설정한다. 호출이 실패하면 −1을 반환하고 errno를 다음 값 중 하나로 설정한다.

EFAULT   ts가 유효하지 않은 포인터다.

EINVAL   clock_id가 이 시스템에서 유효하지 않다.

EPERM   clock_id로 넘긴 시계를 설정할 권한이 없거나 ts로 지정한 시간이 설정되지 않았다.

대부분의 시스템에서 유일하게 설정 가능한 시계는 CLOCK_REALTIME이다. 따라서 이 함수가 settimeofday()보다 나은 점은 (쓸모없는 timezone 구조체를 다룰 필요가 없다는 편리함과 더불어) 나노 초 해상도를 제공한다는 점뿐이다.

11.5 시간 다루기

유닉스 시스템과 C 언어는 (시간을 ASCII 문자열로 표현한) 세분화된 시간과 time_t 사이를 변환하는 함수들을 제공한다. 다음에 소개하는 asctime()은 tm 구조체를 ASCII 문자열로 변환한다.

```
#include <time.h>

char * asctime (const struct tm *tm);
char * asctime_r (const struct tm *tm, char *buf);
```

이 함수는 정적으로 할당된 문자열을 가리키는 포인터를 반환한다. 이 함수를 연속적으로 호출하면 기존 문자열을 덮어쓸 수도 있다. asctime( )은 스레드 세이프하지 않다.

따라서 멀티스레드 프로그램(그리고 형편없이 설계된 인터페이스를 싫어하는 개발자)는 asctime_r( )을 사용해야 한다. 정적으로 할당된 문자열을 가리키는 포인터를 반환하는 대신, 이 함수는 buf로 넘긴 영역에 문자열을 저장한다. buf는 최소한 문자 26글자를 담을 수 있는 크기여야 한다.

두 함수는 에러가 발생할 경우 NULL을 반환한다.

mktime( )은 tm 구조체를 time_t로 변환한다.

```
#include <time.h>

time_t mktime (struct tm *tm);
```

mktime( )은 tm에 따라 tzset( )을 호출해서 시간대를 설정한다. 에러가 발생하면 −1을 반환한다(time_t로 타입 변환).

ctime( )은 time_t를 ASCII 표현으로 변환한다.

```
#include <time.h>

char * ctime (const time_t *timep);
char * ctime_r (const time_t *timep, char *buf);
```

실패하면 NULL을 반환한다. 사용법은 다음과 같다.

```
time_t t = time (NULL);

printf ("the time a mere line ago: %s", ctime (&t));
```

printf( )에 줄바꿈 문자가 없다는 사실을 주목하자. 불편하게도, ctime( )은 줄바꿈 문자를 반환 문자열에 덧붙인다.

asctime( )과 마찬가지로 ctime( )은 정적 문자열을 가리키는 포인터를 반환한다. asctime( )과 마찬가지로 ctime( )도 스레드 세이프하지 않으므로 스레드 프로그램은 ctime( ) 대신 buf가 가리키는 영역에 결과를 기록하는 ctime_r( )을 사용해야 한다. buf는 최소한 문자 26글자를 담을 수 있는 크기여야 한다.

gmtime( )은 time_t를 tm 구조체로 변환하며 UTC 시간대로 표현한다.

```
#include <time.h>

struct tm * gmtime (const time_t *timep);
struct tm * gmtime_r (const time_t *timep, struct tm *result);
```

실패하면 NULL을 반환한다.

이 함수 역시 반환된 구조체를 정적으로 할당하므로 스레드 세이프하지 않다. 스레드 프로그램은 result가 가리키는 구조체에 값을 기록하는 gmtime_r( )을 사용해야 한다.

localtime( )과 localtime_r( )은 각각 gmtime( )이나 gmtime_r( )과 유사하게 동작한다. 하지만 time_t를 사용자 시간대에 맞춰 표현한다.

```
#include <time.h>

struct tm * localtime (const time_t *timep);
struct tm * localtime_r (const time_t *timep, struct tm *result);
```

mktime( )과 마찬가지로 localtime( ) 역시 tzset( )을 호출하여 시간대를 초기화한다. localtime_r( )도 이렇게 동작할지는 아직 표준에 명세되어 있지 않다.

difftime( )은 두 time_t 값 사이에 경과한 초를 double 타입으로 변환해서 반환한다.

```
#include <time.h>

double difftime (time_t time1, time_t time0);
```

모든 POSIX 시스템에서 time_t는 산술 타입이며 difftime()은 뺄셈에서 오버플로 감지를 고려하지 않은 점만 제외하면 다음 코드와 동일하다.

```
(double) (time1 - time0)
```

리눅스에서 time_t는 정수 타입이므로 double 타입으로 변환할 필요는 없다. 하지만 이식성을 유지하려면 difftime()을 사용하자.

11.6 시스템 시계 조율

실제 시간을 갑작스럽게 조정하면 동작 과정에서 절대 시각에 의존하는 애플리케이션은 완전히 혼란에 빠진다. Makefile에 세부 사항을 명세하는 방식으로 소프트웨어 프로젝트를 빌드하는 make의 예를 생각해보자. make를 실행하더라도 매번 전체 소스 트리를 새로 빌드하지는 않는다. 매번 다시 빌드했다가는 대규모 소프트웨어에서는 소스 파일 하나만 바꿔도 수 시간 동안 빌드하게 된다. 그 대신 make는 소스 파일(예를 들어 wolf.c) 변경 시각과 오브젝트 파일(예를 들어 wolf.o) 변경 시각을 비교한다. 소스 파일이나 소스 파일이 인클루드하는 wolf.h 같은 헤더 파일이 오브젝트 파일보다 최신이라면 make는 변경된 소스 파일을 빌드해서 갱신된 오브젝트 파일을 생성한다. 하지만 소스 파일이 오브젝트 파일보다 최신이 아니라면 아무런 동작도 하지 않는다.

이런 사실을 염두에 두고, 실제 시간이 몇 시간 정도 차이난다는 사실을 인지한 사용자가 시스템 시간을 맞추기 위해 date 명령을 실행하면 무슨 일이 벌어질지 생각해보자. 사용자가 wolf.c를 수정해서 저장하면 문제가 생긴다. 사용자가 현재 시각을 뒤로 돌렸다면 실제로는 그렇지 않음에도 불구하고 wolf.c는 wolf.o보다 오래된 듯이 보이므로 make는 다시 빌드하지 않는다.

이런 낭패를 막기 위해 유닉스는 adjtime() 함수를 통해 제공된 시간 차이에 따라 현재 시각을 점진적으로 조정한다. 지속적으로 시간을 보정하는 NTP^{Network Time Protocol} 데몬 같은 백그라운드 작업은 시스템에 미치는 영향을 최소화하기 위해 adjtime()을 사용하여 주기적으로 시간을 보정한다.

```
#define _BSD_SOURCE
#include <sys/time.h>

int adjtime (const struct timeval *delta,
        struct timeval *olddelta);
```

adjtime() 함수 호출이 성공하면 커널이 delta로 지정한 시간에 맞춰 천천히 조정 작업을 시작하도록 한 다음에 0을 반환한다. delta로 지정한 시간이 양수면 커널은 완전히 시계를 맞출 때까지 delta만큼 시스템 시계를 빨리 가게 만든다. delta로 지정한 시간이 음수라 해서 시계가 뒤로 돌아가는 건 아니다. 그저 커널은 완전히 시간을 맞출 때까지 delta만큼 시스템 시계를 느리게 가게 만든다. 커널은 시계가 항상 단조롭게 증가하는 방식으로 시간을 조정하므로 갑작스런 시간 변화는 발생하지 않는다. 그 대신 시스템 시간이 올바른 시간에 수렴할 때까지 시계를 천천히 움직이게 만든다.

delta가 NULL이 아니라면 커널은 이전에 등록된 조정값을 처리하는 작업을 멈춘다. 하지만 조정이 일부 진행되었다면 조정된 값은 그대로 유지된다. olddelta가 NULL이 아니라면 이전에 등록되었으며 아직 적용되지 않은 조정값이 timeval 구조체에 기록된다. delta 값으로 NULL을, olddelta 값으로 NULL이 아닌 값을 넘기면 진행 중인 조정값을 가져온다.

adjtime()이 적용할 조정값은 크기가 작아야 한다. 앞서 언급했지만 (몇 초 정도로) 소규모 수정 작업을 지시하는 NTP가 이상적인 활용 사례다. 리눅스는 양쪽 방향으로 최소/최대 조정 임계값을 수천 초까지만 지원한다.

에러가 발생하면 adjtime()은 −1을 반환하고 errno를 다음 값 중 하나로 설정한다.

EFAULT   delta 또는 olddelta가 유효하지 않은 포인터다.
EINVAL   delta로 지정한 조정값이 너무 크거나 작다.
EPERM   호출한 사용자가 CAP_SYS_TIME 기능을 가지고 있지 않다.

RFC 1305는 adjtime()이 수행하는 점진적인 조정 접근 방식과 비교해서 훨씬 더 강력하면서 복잡한 시간 조정 알고리즘을 정의한다. 리눅스는 이런 알고리즘을 adjtimex() 시스템 콜로 구현하고 있다.

```
#include <sys/timex.h>

int adjtimex (struct timex *adj);
```

adjtimex()을 호출하면 커널 시간 관련 파라미터를 읽어 adj가 가리키는 timex 구조체에 기록한다. timex 구조체의 modes 필드에 따라 선택적으로 특정 파라미터를 추가적으로 설정한다.

⟨sys/timex.h⟩ 헤더는 다음과 같은 timex 구조체를 정의한다.

```
struct timex {
    int modes;        /* 모드 셀렉터 */
    long offset;      /* 시간 오프셋 (usec) */
    long freq;        /* 주파수 오프셋 (스케일된 ppm) */
    long maxerror;    /* 최대 에러 (usec) */
    long esterror;    /* 예상 에러 (usec) */
    int status;       /* 시계 상태 */
    long constant;    /* PLL 시간 상수 */
    long precision;   /* 시계 정밀도 (usec) */
    long tolerance;   /* 시계 주파수 허용 오차 (ppm) */
    struct timeval time;    /* 현재 시각 */
    long tick;        /* 틱 경과 시각 (usec) */
};
```

modes 필드는 다음에 소개하는 플래그를 비트 단위 OR로 결합해서 값을 설정한다.

ADJ_OFFSET	offset으로 시간 오프셋을 설정한다.
ADJ_FREQUENCY	freq로 주파수 오프셋을 설정한다.
ADJ_MAXERROR	maxerror로 최대 에러를 설정한다.
ADJ_ESTERROR	esterror로 예상 에러를 설정한다.
ADJ_STATUS	status로 시계 상태를 설정한다.
ADJ_TIMECONST	constant로 PLL[Phase-Locked Loop] 시간을 설정한다.
ADJ_TICK	tick으로 틱 값을 설정한다.
ADJ_OFFSET_SINGLESHOT	adjtime()과 같은 단순한 알고리즘으로 시간 오프셋을 offset으로 한 차례 설정한다.

modes가 0이면 아무런 값도 설정하지 않는다. CAP_SYS_TIME 기능이 있는 사용자만 0이 아닌 값을 설정할 수 있다. 어떤 사용자라도 modes에 0을 넘겨서 시간 관련 파라미터를 전부 가져올 수는 있지만 설정은 할 수 없다.

호출이 성공하면 다음 값 중 하나인 현재 시계 상태를 반환한다.

TIME_OK	시계가 동기화되었다.
TIME_INS	윤초가 삽입되었다.
TIME_DEL	윤초가 삭제되었다.
TIME_OOP	윤초가 진행 중에 있다.
TIME_WAIT	윤초가 막 발생했다.
TIME_BAD	시계가 동기화되지 않았다.

호출이 실패하면 −1을 반환하고 errno를 다음 값 중 하나로 설정한다.

EFAULT	adj가 유효하지 않은 포인터다.
EINVAL	modes, offset 또는 tick이 유효하지 않다.
EPERM	modes가 0이지만 호출한 사용자에게 CAP_SYS_TIME 기능이 없다.

adjtimex() 시스템 콜은 리눅스 전용이다. 이식성이 중요한 애플리케이션은 adjtime()을 사용해야 한다.

RFC 1305는 복잡한 알고리즘을 정의하므로 adjtimex()에 대한 완벽한 설명은 이 책의 범위를 벗어난다. 세부 정보가 필요하다면 해당 RFC를 참조하자.

11.7 잠들기와 대기

특정 시간 동안 프로세스를 재우는(실행 중지) 다양한 함수가 존재한다. 첫 번째 함수는 sleep()으로, seconds로 지정한 초 동안 프로세스를 잠재운다.

```
#include <unistd.h>

unsigned int sleep (unsigned int seconds);
```

sleep( )은 잠들지 않은 초를 반환한다. 따라서 호출이 성공하면 0을 반환하지만, 그렇지 않다면 함수는 0부터 seconds를 포함한(이 경우는 시그널이 잠들기를 방해한 상황이다) 범위에 들어 있는 값을 반환한다. 이 함수는 errno를 설정하지 않는다. 대부분 sleep( ) 사용자는 실제로 프로세스가 얼마나 잠들었는지 신경쓰지 않으므로 반환값 역시 확인하지 않는다.

```
sleep (7); /* 7초 동안 잠든다 */
```

지정한 시간 동안 잠들지 않을까 염려스럽다면 0을 반환할 때까지 sleep( )이 돌려주는 반환값을 인자로 계속 sleep( )을 호출할 수 있다.

```
unsigned int s = 5;

/* 5초 동안 잠든다 */
while ((s = sleep (s)))
    ;
```

11.7.1 마이크로 초 해상도로 잠들기

초 단위로 잠드는 기능만으로는 부족하다. 최신 시스템에서 1초는 억겁의 시간이므로 프로그램은 종종 마이크로 초나 나노 초 단위 해상도를 필요로 한다. usleep( )을 살펴보자.

```
/* BSD 버전 */
#include <unistd.h>

void usleep (unsigned long usec);

/* SUSv2 버전 */
#define _XOPEN_SOURCE 500
#include <unistd.h>

int usleep (useconds_t usec);
```

usleep( ) 호출이 성공하면 프로세스는 usec 마이크로 초 동안 잠든다. 불행하게도 BSD와 SUS는 이 함수 정의에 동의하지 못했다. BSD 버전은 unsigned long 타입을 받으며 반환값이 없다. 하지만 SUS 버전에서는 usleep( )이 useconds_t 타입을 받아서 int로 반환한다. 리눅스는 _XOPEN_SOURCE 매크로 값이 500 이상이면 SUS를 따른다. _XOPEN_SOURCE가 정의되어 있지 않거나 500 미만이면 BSD를 따른다.

SUS 버전은 성공하면 0을 반환하며 에러가 발생하면 −1을 반환하며 errno를 시그널이 잠들기를 방해한 경우 EINTR로, usecs가 너무 큰 경우 EINVAL로 설정한다. 리눅스에서는 전체 타입 범위가 유효하므로 EINVAL은 절대로 설정되지 않는다.

표준에 따르면 useconds_t 타입은 unsigned int 타입이며 1,000,000까지 값을 저장한다.

BSD와 SUS 사이에 의견 충돌과 일부 유닉스 시스템은 어느 한 쪽만 지원하는 상황으로 인해 코드 내부에 useconds_t 타입을 명시적으로 포함하지 않는 편이 현명하다. 호환성을 최대로 보장하려면 인자를 unsigned int로 가정하고, usleep( ) 반환값에 의존하면 안된다.

```
void usleep (unsigned int usec);
```

사용법은 다음과 같다.

```
unsigned int usecs = 200;

usleep (usecs);
```

이렇게 하면 BSD와 SUS 어느 쪽에서도 동작하며 에러 발생까지 감지 가능한다.

```
errno = 0;
usleep (1000);
if (errno)
    perror ("usleep");
```

하지만 대부분 프로그램이 usleep( ) 에러를 검사하지도 않고 신경쓰지도 않는다.

11.7.2 나노 초 해상도로 잠들기

리눅스는 usleep( ) 함수의 대체품으로 nanosleep( ) 함수를 권장하고 있다. nanosleep( ) 함수는 나노 초 해상도를 제공하며 더욱 똑똑한 인터페이스를 제공한다.

```
#define _POSIX_C_SOURCE 199309
#include <time.h>

int nanosleep (const struct timespec *req,
        struct timespec *rem);
```

nanosleep( ) 함수는 호출이 성공하면 req로 명시한 시간 동안 프로세스가 잠들며 0을 반환한다. 에러가 발생하면 −1을 반환하고 errno를 적절한 값으로 설정한다. 시그널이 잠들기를 방해하면 명시한 시간이 경과하기 전에 반환될 수 있다. 이 경우 nanosleep( )은 −1을 반환하며 errno를 EINTR로 설정한다. rem이 NULL이 아니라면 이 함수는 (req만큼 잠들지 못하고) 남은 시간을 rem에 저장한다. 사용자 프로그램은 rem을 req에 넘기며 다시 호출하면 된다(잠시 뒤에 예제를 살펴보자).

EINTR 외에 가능한 errno는 다음과 같다.

EFAULT   req 또는 rem이 유효하지 않은 포인터다.

EINVAL   req에 속한 필드 중 하나가 유효하지 않다.

기본 사용법은 단순하다.

```
struct timespec req = { .tv_sec = 0,
        .tv_nsec = 200 };

/* 200나노 초 동안 잠든다 */
ret = nanosleep (&req, NULL);
if (ret)
    perror ("nanosleep");
```

두 번째 인자를 활용해서 인터럽트가 걸리더라도 계속 잠들도록 만드는 방법은 다음과 같다.

```
struct timespec req = { .tv_sec = 0,
            .tv_nsec = 1369 };
struct timespec rem;
int ret;

/* 1369나노 초 동안 잠든다 */
retry:
ret = nanosleep (&req, &rem);
if (ret) {
    if (errno == EINTR) {
        /* 남은 시간만큼 재시도 */
        req.tv_sec = rem.tv_sec;
        req.tv_nsec = rem.tv_nsec;
        goto retry;
    }
    perror ("nanosleep");
}
```

마지막으로, 동일한 목표를 달성하기 위한 (실행은 효율적이지만 가독성이 떨어지는) 대안을 소개한다.

```
struct timespec req = { .tv_sec = 1,
            .tv_nsec = 0 };
struct timespec rem, *a = &req, *b = &rem;

/* 1초동안 잠든다 */
while (nanosleep (a, b) && errno == EINTR) {
    struct timespec *tmp = a;
    a = b;
    b = tmp;
}
```

nanosleep( )은 sleep( )이나 usleep( )보다 여러 가지 측면에서 더 낫다.

- 초나 마이크로 초 대신 나노 초 해상도를 제공한다.
- POSIX.1b에서 표준화되었다.
- 시그널로 구현되어 있지 않다(이 경우의 위험성은 나중에 살펴보자).

권장하고 있지 않음에도 불구하고, 많은 프로그램은 nanosleep( ) 대신 usleep( )을 선호한다. nanosleep( )은 POSIX 표준이며 시그널을 사용하지 않으므로 새로운 프로그램은 sleep( )이나 usleep( ) 대신 nanosleep( ) 계열을 사용해야 한다.

11.7.3 고급 잠들기 기법

지금까지 살펴봤던 여러 가지 시간 관련 함수와 마찬가지로 POSIX 시계는 고급 잠들기 인터 페이스를 제공한다.

```
#include <time.h>

int clock_nanosleep (clockid_t clock_id,
            int flags,
            const struct timespec *req,
            struct timespec *rem);
```

clock_nanosleep( )은 nanosleep( )과 유사하게 동작한다. 다음 예를 보자.

```
ret = nanosleep (&req, &rem);
```

위 호출은 다음과 동일하다.

```
ret = clock_nanosleep (CLOCK_REALTIME, 0, &req, &rem);
```

차이점은 clock_id와 flags에 있다. 전자는 측정 대상 시계를 명시한다. 대다수 시계가 유 효하지만 호출하는 프로세스의 CPU 시계는 명시할 수 없다(예, CLOCK_PROCESS_CPUTIME_ ID). 이 시계가 의미가 없는 이유는 호출이 프로세스 수행을 멈추므로 프로세스 시간도 증가하 지 않기 때문이다.

잠들기 목적에 따라 프로그램이 어떤 시계를 사용할지 정해진다. 어떤 절대 시간까지 잠들 어야 한다면 CLOCK_REALTIME이 가장 적합하다. 상대 시간 동안 잠들어야 한다면 CLOCK_ MONOTONIC이 제격이다.

flags 인자는 TIMER_ABSTIME이나 0이다. flags가 TIMER_ABSTIME이라면 req로 지정 한 값은 상댓값이 아니라 절댓값으로 취급된다. 이는 잠재적인 경쟁 상태를 해결한다. 이 인자

값을 설명하기 위해 T+0 시점에 있는 프로세스가 T+1까지 잠들기를 원한다고 가정하자. T+0에서 프로세스는 현재 시각(T+0)을 얻기 위해 clock_gettime()을 호출한다. 그리고 나서 T+1에서 T+0을 빼서 Y를 얻고 이 값을 clock_nanosleep()에 넘긴다. 하지만 시각을 얻은 시점과 프로세스가 잠든 순간 사이에도 어느 정도 시간이 경과할 것이다. 더 나쁜 상황으로, 프로세스가 스케줄러에서 빠지거나, 페이지 폴트를 일으키거나 아니면 이와 유사한 상황이 발생한다면 어떻게 될까? 현재 시각을 얻어서 차이를 계산한 다음, 실제로 잠들기까지 작업이 진행되는 사이에는 항상 잠재적인 경쟁 상태가 존재한다.

TIMER_ABSTIME 플래그는 프로세스가 직접 T+1을 지정하여 이런 경쟁 상태를 제거한다. 커널은 지정된 시계가 T1 + 1에 이르기까지 프로세스를 멈춘다. 지정된 시계의 현재 시각이 T+1을 이미 넘겼으면 호출은 즉시 반환된다.

상대 잠들기와 절대 잠들기를 살펴보자. 다음 예제는 1.5초 동안 잠든다.

```
struct timespec ts = { .tv_sec = 1, .tv_nsec = 500000000 };
int ret;

ret = clock_nanosleep (CLOCK_MONOTONIC, 0, &ts, NULL);
if (ret)
    perror ("clock_nanosleep");
```

반면에, 다음 예제는 절대 시각에 도달할 동안 프로세스가 잠들게 만든다. 이 경우 CLOCK_MONOTONIC 시계에서 얻은 시간을 기준으로 정확하게 1초가 지날 때까지 잠든다.

```
struct timespec ts;
int ret;

/* 지금부터 1초 동안 잠들기를 원한다 */
ret = clock_gettime (CLOCK_MONOTONIC, &ts);
if (ret) {
    perror ("clock_gettime");
    return;
}

ts.tv_sec += 1;
printf ("We want to sleep until sec=%ld nsec=%ld\n",
ts.tv_sec, ts.tv_nsec);
ret = clock_nanosleep (CLOCK_MONOTONIC, TIMER_ABSTIME,
```

```
                        &ts, NULL);
    if (ret)
        perror ("clock_nanosleep");
```

대다수 프로그램에서 상대 잠들기만으로 충분한 이유는 잠들기가 그리 엄격할 필요가 없기 때문이다. 하지만 몇몇 실시간 프로세스는 매우 정확한 시간을 요구하며 잠재적으로 무시무시한 경쟁 상태라는 위험을 피하기 위해 절대 잠들기가 필요하다.

11.7.4 이식성을 고려한 잠들기

2장에서 살펴봤던 우리의 친구, select( )를 떠올려보자.

```
#include <sys/select.h>

int select (int n,
    fd_set *readfds,
    fd_set *writefds,
    fd_set *exceptfds,
    struct timeval *timeout);
```

2장에서 언급했듯이 select( )는 이식성이 높은 마이크로 초 단위로 잠들기 방법을 제공한다. 오랫동안 이식성이 중요한 유닉스 프로그램에서는 잠들기가 필요한 경우 sleep( )을 고수하고 있다. usleep( )은 널리 보급되지 않았으며 nanosleep( )은 여전히 미구현 상태였다. 개발자들은 select( )에서 n에 0을, fd_set 포인터 셋을 전부 NULL로, timeout에 원하는 잠들기 시간을 넘기면 이식성 높고 효율적인 프로세스 잠들기 기능을 구현할 수 있다는 사실을 발견했다.

```
struct timeval tv = { .tv_sec = 0,
            .tv_usec = 757 };

/* 757ms 동안 잠든다 */
select (0, NULL, NULL, NULL, &tv);
```

예전 유닉스 시스템과 호환성이 문제가 되면 select( )를 사용하는 것이 최선이다.

11.7.5 시간 초과

이 장에서 소개한 모든 인터페이스는 적어도 요청한 만큼 잠들도록 보증한다(그렇지 않으면 에러를 반환한다). 요청한 시간이 경과되지 않으면 절대로 성공을 반환하지 않는다. 하지만 요청한 시간을 초과해서 잠들 가능성도 있다.

이런 현상은 단순한 스케줄러 동작 방식 때문이다. 요청한 시간이 경과해서 커널이 프로세스를 정시에 깨웠지만, 스케줄러가 다른 작업을 선택해서 실행할 수도 있다.

하지만 숨어 있는 원인은 타이머 초과라는 현상이다. 타이머 초과 현상은 타이머 정밀도가 요청받은 시간 간격보다 떨어지는 경우에 발생한다. 예를 들어 시스템 타이머 틱이 10ms 간격인 상황에서 프로세스가 1ms 동안 잠들기를 요청했다고 가정하자. 시스템은 10ms 간격으로만 시간을 측정하며 (잠들기에서 프로세스를 깨우는 등) 시간 관련 이벤트에 응답한다. 프로세스가 잠들기 요청을 했을 때 타이머가 틱에서 1ms 벗어나 있다면 큰 문제가 없다. 1ms 동안 요청한 시간(1ms)이 경과하고, 커널이 프로세스를 깨울 것이다. 하지만 프로세스가 잠들기를 요청한 바로 그 순간 타이머도 함께 시작한다면 10ms 동안 틱은 없다. 그 결과 프로세스는 9ms 동안 추가로 잠들게 된다. 1ms 시간 초과가 9번 일어난 셈이다. 평균적으로 주기가 X인 타이머의 초과 비율은 X/2다.

POSIX에서 제공하는 고해상도 시계와 더 높은 HZ 값을 사용해서 시간 추과 가능성을 최소로 줄인다.

11.7.6 잠들기 대안

되도록 잠들기를 피해야 한다. 하지만 가끔씩 어쩔 수 없는 경우가 있는데, 코드가 1초 미만으로 잠든다면 크게 문제되지 않는다. 하지만 대개 이벤트를 기다리며 '바쁘게 대기하기' 위해 잠들기로 도배한 코드는 나쁜 설계다. 파일 디스크립터를 블록해서 커널이 잠들기를 처리하고 프로세스를 깨우도록 허용하는 코드가 훨씬 더 낫다. 이벤트가 일어날 때까지 루프를 반복적으로 돌아가는 프로세스를 대신해서, 커널은 해당 프로세스를 실행하지 못하도록 블록한 다음에 필요할 때만 깨운다.

11.8 타이머

커널은 주어진 시간이 경과했을 때 프로세스에 알려주는 메커니즘을 제공한다. 타이머가 만료되기 전까지 경과한 전체 시간을 딜레이나 만료시간이라고 한다. 타이머가 만료됐을 때 커널이 프로세스에 통지하는 방법은 타이머에 따라 다르다. 리눅스 커널은 다양한 타입의 타이머를 제공한다. 여기서는 모든 유형을 살펴볼 것이다.

타이머는 여러모로 유용하다. 화면을 초당 60번씩 갱신하거나, 500밀리 초 이후에도 계속 진행되는 미해결 트랜잭션을 취소하는 작업이 좋은 예다.

11.8.1 간단한 알람

alarm( )은 가장 단순한 타이머 인터페이스다.

```
#include <unistd.h>

unsigned int alarm (unsigned int seconds);
```

이 함수를 호출하면 실제 시간에서 seconds 초가 경과한 후에 호출한 프로세스에 SIGALRM 시그널을 전송하도록 예약을 해둔다. 앞서 걸어둔 시그널이 대기 중인 상황이라면 호출은 그 알람을 취소하고 새로 요청한 알람으로 대체한 다음에 이전 알람에서 남아 있는 초 숫자를 반환한다. seconds가 0이라면 이전 알람은 취소되지만 새로운 알람을 걸어두지는 않는다.

이 함수를 제대로 사용하려면 SIGALRM 시그널 처리를 위한 시그널 핸들러를 등록해야 한다(시그널과 시그널 핸들러는 10장에서 설명했다). 아래는 SIGALRM 핸들러인 alarm_handler( )를 등록하고 5초 후에 알람을 보내도록 설정하는 코드다.

```
void alarm_handler (int signum)
{
    printf ("Five seconds passed!\n");
}

void func (void)
{
    signal (SIGALRM, alarm_handler);
```

```
    alarm (5);

    pause ();
}
```

11.8.2 인터벌 타이머

4.2BSD에 처음 등장한 인터벌 타이머 시스템 콜은 POSIX에서 표준화되었으며 alarm( )보다 풍부한 제어 기능을 제공한다.

```
#include <sys/time.h>

int getitimer (int which,
        struct itimerval *value);

int setitimer (int which,
        const struct itimerval *value,
        struct itimerval *ovalue);
```

인터벌 타이머는 alarm( )처럼 동작하지만, 옵션으로 자동 재장전 기능을 제공하며 명확하게 구분된 세 가지 모드 중 하나로 동작한다.

ITIMER_REAL   실제 시간을 측정한다. 지정된 실제 시간이 경과하면 프로세스에 SIGALRM 시그널을 보낸다.

ITIMER_VIRTUAL   프로세스의 사용자 영역 코드가 수행되는 동안에만 타이머가 흘러간다. 지정된 프로세스 시간이 경과하면 커널은 프로세스에 SIGVTALRM 시그널을 보낸다.

ITIMER_PROF   프로세스가 실행 중이거나 커널이 (시스템 콜 완료와 같이) 프로세스를 대신해서 실행 중인 경우에 타이머 시간이 흘러 간다. 지정된 시간이 경과하면 커널은 프로세스에 SIGPROF 시그널을 보낸다. 이 모드는 일반적으로 ITIMER_VIRTUAL과 함께 사용한다. 이렇게 해야 프로세스가 소비한 사용자와 커널 시간을 측정할 수 있기 때문이다.

ITIMER_REAL   alarm( )과 같은 방식으로 시간을 측정한다. 다른 두 모드는 프로파일링에 유용하게 쓰인다.

itimerval 구조체는 타이머 만료시간과 만료 이후에 타이머를 다시 설정하기 위한 경과 시간을 사용자가 명시하도록 한다.

```
struct itimerval {
    struct timeval it_interval;      /* 다음 값 */
    struct timeval it_value;         /* 현재 값 */
};
```

timeval 구조체는 마이크로 초 해상도까지만 지원한다는 사실을 다시 한 번 상기하자.

```
struct timeval {
    long tv_sec;      /* 초 */
    long tv_usec;     /* 마이크로 초 */
};
```

setitimer( )는 which가 가리키는 타이머에 it_value로 지정한 만료시간을 설정한다. 일단 it_value로 지정한 시간이 경과한 다음에, 커널은 it_interval로 지정한 시간으로 타이머를 재설정한다. 따라서 it_value는 현재 타이머에 남아 있는 시간이다. 일단 it_value가 0에 도달하면 it_interval로 설정된다. 타이머가 만료된 상태에서 it_interval이 0이면 커널은 타이머를 재설정하지 않는다. 마찬가지로 활성 타이머의 it_value를 0으로 설정하면 타이머는 멈추며 재설정되지 않는다.

ovlaue가 NULL이 아니면 which가 가리키는 인터벌 타이머에 설정된 이전 값이 반환된다.

getitimer( )는 which가 가리키는 인터벌 타이머에 설정된 현재 값을 반환한다.

두 함수 모두 성공하면 0을 반환하며 실패하면 −1을 반환하고 errno를 다음 값 중 하나로 설정한다.

EFAULT   value 또는 ovalue가 유효하지 않은 포인터다.

EINVAL   which가 유효한 인터벌 타이머 타입이 아니다.

다음 예제는 SIGALRM 시그널 핸들러를 생성하고(10장 참고), 5초라는 초기 만료시간으로 인터벌 타이머를 설정한 다음에, 이후 만료시간을 1초로 재설정한다.

```c
void alarm_handler (int signo)
{
    printf ("Timer hit!\n");
}

void foo (void)
{
    struct itimerval delay;
    int ret;

    signal (SIGALRM, alarm_handler);

    delay.it_value.tv_sec = 5;
    delay.it_value.tv_usec = 0;
    delay.it_interval.tv_sec = 1;
    delay.it_interval.tv_usec = 0;
    ret = setitimer (ITIMER_REAL, &delay, NULL);
    if (ret) {
        perror ("setitimer");
        return;
    }

    pause ();
}
```

일부 유닉스 시스템은 SIGALRM으로 sleep( )과 usleep( )을 구현한다. 당연히 alarm( )과 setitimer( )도 SIGALRM을 활용한다. 따라서 프로그래머는 이런 함수를 중첩해서 호출하지 않도록 주의해야 한다. 결과는 어떻게 될지 모른다. 잠깐 기다릴 목적이라면 nanosleep( )을 사용해야 한다. POSIX 표준에 따르면 nanosleep( )은 시그널을 사용하지 않기 때문이다. 타이머 용도로는 setitimer( )나 alarm( )을 사용해야 한다.

11.8.3 고급 타이머

가장 강력한 타이머 인터페이스는 짐작했듯이 POSIX 시계에서 시작한다.

POSIX 시계 기반 타이머에서 타이머 생성, 초기화, 삭제 동작은 세 가지 함수로 분리되어 있다. timer_create( )는 타이머를 생성하며 timer_settime( )은 타이머를 초기화하고, timer_delete( )는 타이머를 삭제한다.

> **NOTE_** POSIX 시계가 제공하는 타이머 인터페이스는 의심할 여지없는 가장 진보된 타이머지만, 또한, 최신 기능이며(그래서 호환성이 가장 떨어진다) 활용법도 가장 복잡하다. 단순함과 호환성이 주요 목표라면 setitimer( )가 훨씬 더 나은 선택일 가능성이 높다.

타이머 생성하기

타이머를 생성하려면 timer_create( )를 사용한다.

```
#include <signal.h>
#include <time.h>

int timer_create (clockid_t clockid,
        struct sigevent *evp,
        timer_t *timerid);
```

timer_create( ) 호출이 성공하면 clockid로 지정한 POSIX 시계와 관련된 새로운 타이머를 생성하며 timerid에 새롭고 유일한 타이머 식별자를 저장한 다음에 0을 반환한다. 이 함수는 단순히 타이머 동작을 위한 조건만 설정하며 다음 절에서 설명하는 타이머 설정 작업 전까지 실제로 아무런 일도 일어나지 않는다.

다음 예제는 CLOCK_PROCESS_CPUTIME_ID로 POSIX 시계를 사용해서 새로운 타이머를 만든 다음에 타이머 ID를 timer에 저장한다.

```
timer_t timer;
int ret;

ret = timer_create (CLOCK_PROCESS_CPUTIME_ID,
                    NULL,
            &timer);

if (ret)
    perror ("timer_create");
```

호출이 실패하면 −1을 반환하며 timerid는 정의되지 않은 상태로 남고, errno는 다음 값 중 하나로 설정된다.

EAGAIN   시스템에 요청을 완료할 수 있는 리소스가 부족하다.

EINVAL   clockid가 유효한 POSIX 시계가 아니다.

ENOTSUP   clockid가 유효한 POSIX 시계지만, 시스템이 타이머용으로 해당 시계를 지원하지 않는다. POSIX는 모든 구현에서 타이머용 CLOCK_REALTIME 시계를 보장한다. 다른 시계 지원은 구현에 따라 달라진다.

evp 인자가 NULL이 아니라면 타이머가 만료될 때 발생하는 비동기식 통지를 지정한다. 이 구조체를 ⟨signal.h⟩ 헤더에서 정의한다. 구현에 따라 구조체 내용이 바뀔지도 모르지만 최소한 다음 필드는 포함해야 한다.

```
#include <signal.h>

struct sigevent {
    union sigval sigev_value;
    int sigev_signo;
    int sigev_notify;
    void (*sigev_notify_function)(union sigval);
    pthread_attr_t *sigev_notify_attributes;
};

union sigval {
    int sival_int;
    void *sival_ptr;
};
```

POSIX 시계 기반 타이머는 타이머 만료 시점에서 커널이 프로세스에 통지하는 방법을 훨씬 더 자세하게 제어하는 수단을 제공한다. 프로세스는 커널에서 제공받을 시그널 종류를 정확하게 설정할 수도 있으며 심지어 타이머 만료 시점에서 커널이 스레드를 띄워 함수를 수행하게 만들 수도 있다. 프로세스는 sigev_notify로 타이머 만료 시 동작 방식을 명세하는데, 다음 세 가지 값 중 하나가 되어야 한다.

SIGEV_NONE   NULL 통지다. 타이머가 만료될 때 아무 일도 일어나지 않는다.

SIGEV_SIGNAL   타이머가 만료될 때 커널은 프로세스에 sigev_signo로 지정한 시그
                널을 보낸다. 시그널 핸들러에서 si_value는 sigev_value로 설정
                된다.

SIGEV_THREAD   타이머가 만료될 때 커널은 (이 프로세스 내부에) 새로운 스레드를 띄
                워서 sigev_notify_function 함수에 sigev_value를 인자
                로 넘겨 실행한다. 스레드는 이 함수가 반환될 때 종료된다. sigev_
                notify_attributes가 NULL이 아니라면 제공되는 pthread_
                attr_t 구조체가 새로운 스레드 동작 방식을 정의한다.

앞서 소개한 예제처럼 evp가 NULL이면 sigev_notify는 SIGEV_SIGNAL로, sigev_signo
는 SIGALRM으로, sigev_value는 타이머 ID로 설정해서 타이머 만료를 알려준다. 따라서 기
본적으로 이런 타이머는 POSIX 인터벌 타이머와 유사한 방식으로 통지 작업을 수행한다. 하
지만 조금만 손을 보면 엄청나게 복잡한 작업도 가능하다.

다음 예제는 CLOCK_REALTIME 시계를 사용해서 타이머를 생성한다. 타이머가 만료되면 커널
은 SIGUSR1 시그널을 보내고 si_value를 타이머 ID를 저장하는 주소로 설정한다.

```
struct sigevent evp;
timer_t timer;
int ret;

evp.sigev_value.sival_ptr = &timer;
evp.sigev_notify = SIGEV_SIGNAL;
evp.sigev_signo = SIGUSR1;
ret = timer_create (CLOCK_REALTIME,
                    &evp,
                    &timer);
if (ret)
    perror ("timer_create");
```

타이머 설정하기

timer_create()로 생성한 타이머는 시작되지 않은 상태다. 만료 기간을 설정하고 시계를 돌
리려면 timer_settime()을 사용한다.

```
#include <time.h>

int timer_settime (timer_t timerid,
            int flags,
            const struct itimerspec *value,
            struct itimerspec *ovalue);
```

timer_settime( ) 호출이 성공하면 만료시간이 value이고 timerid로 지정한 타이머가 설정된다. value는 다음과 같은 itimerspec 구조체다.

```
struct itimerspec {
    struct timespec it_interval;    /* 다음 값 */
    struct timespec it_value;       /* 현재 값 */
};
```

setitimer( )와 마찬가지로 it_value는 현재 타이머 만료를 명세한다. 타이머가 만료되면 it_interval에서 가져온 값으로 it_value를 갱신한다. it_interval이 0이면 해당 타이머는 인터벌 타이머가 아니며 it_value가 한번 만료되면 재설정하지 않는다.

timespec 구조체는 나노 초 해상도를 지원한다는 사실을 다시 한 번 상기하자.

```
struct timespec {
    time_t tv_sec;  /* 초 */
    long tv_nsec;   /* 나노 초 */
};
```

flags가 TIMER_ABSTIME이면 value로 지정한 시간은 (기본적인 해석 방법인, 현재 시점에서 상대적인 시간과 반대로) 절대 시간으로 해석된다. 이렇게 동작 방식을 바꾸면 현재 시각을 얻어서 미래 시간과의 상대적인 차이를 계산하고 타이머를 설정하는 일련의 단계를 거치는 동안에 발생할 수 있는 경쟁 상태를 방지한다. 세부 사항은 491쪽 '고급 잠들기 기법'을 참고하자.

ovalue가 NULL이 아니면 이전 타이머 만료 값을 ovalue가 가리키는 timespec 구조체에 저장한다. 타이머가 이전에 설정 해제되었다면 ovalue가 가리키는 구조체 멤버를 모두 0으로 설정한다.

다음 예제는 timer_create( )로 이전에 초기화한 timer 값을 사용해서 매초 만료되는 인터벌 타이머를 생성한다.

```
struct itimerspec ts;
int ret;

ts.it_interval.tv_sec = 1;
ts.it_interval.tv_nsec = 0;
ts.it_value.tv_sec = 1;
ts.it_value.tv_nsec = 0;

ret = timer_settime (timer, 0, &ts, NULL);
if (ret)
    perror ("timer_settime");
```

타이머 만료 정보 얻기

타이머 재설정 없이 만료시간을 알려면 timer_gettime( ) 함수를 사용한다.

```
#include <time.h>

int timer_gettime (timer_t timerid,
        struct itimerspec *value);
```

timer_gettime( ) 호출이 성공하면 timerid로 지정한 타이머의 만료시간을 value가 가리키는 구조체에 저장하고 0을 반환한다. 실패하면 −1을 반환하고 errno를 다음 값 중 하나로 설정한다.

EFAULT   value가 유효하지 않은 포인터다.

EINVAL   timerid가 유효하지 않은 타이머다

예제를 살펴보자.

```
struct itimerspec ts;
int ret;

ret = timer_gettime (timer, &ts);
if (ret)
```

```
        perror ("timer_gettime");
    else {
        printf ("current sec=%ld nsec=%ld\n",
            ts.it_value.tv_sec, ts.it_value.tv_nsec);
        printf ("next sec=%ld nsec=%ld\n",
            ts.it_interval.tv_sec, ts.it_interval.tv_nsec);
    }
```

타이머 초과 횟수 얻기

POSIX는 타이머 초과 횟수를 알 수 있는 인터페이스를 정의한다.

```
#include <time.h>

int timer_getoverrun (timer_t timerid);
```

호출이 성공하면 타이머의 초기 만료 시점과 (시그널 등으로) 타이머 만료 상태를 프로세스에 통지한 시점 사이에 일어난 추가적인 타이머 만료 횟수를 반환한다. 예를 들어 1ms 타이머가 10ms 동안 동작했다면 9를 반환한다.

POSIX에 따르면 초과 횟수가 DELAYTIMER_MAX 이상이라면 DELAYTIMER_MAX를 반환한다. 불행히도 리눅스는 이렇게 구현하지 않고 DELAYTIMER_MAX를 넘어서는 타이머 초과가 발생하게 되면 0부터 다시 시작한다.

호출이 실패하면 −1을 반환하고 errno를 timerid가 유효한 타이머가 아님을 나타내는 EINVAL로 설정한다.

예제는 다음과 같다.

```
int ret;

ret = timer_getoverrun (timer);
if (ret == -1)
    perror ("timer_getoverrun");
else if (ret == 0)
    printf ("no overrun\n");
else
    printf ("%d overrun(s)\n", ret);
```

타이머 삭제하기

타이머 삭제는 간단하다.

```
#include <time.h>

int timer_delete (timer_t timerid);
```

timer_delete( ) 호출이 성공하면 timerid 관련 타이머를 삭제하고 0을 반환한다. 실패하면 −1을 반환하고 errno를 timerid가 유효한 타이머가 아님을 나타내는 EINVAL로 설정한다.

C 언어의 GCC 확장 기능

GNU 컴파일러 컬렉션GCC은 다양한 C 언어 확장 기능을 제공하며 그중 일부는 시스템 프로그래머에게 특히 유용하다. 부록에서 살펴볼 주요 C 언어 확장 기능은 프로그래머가 코드의 의도와 동작 방식을 컴파일러에 알려줄 수 있는 방법을 제공한다. 컴파일러는 이 정보를 활용해서 좀 더 효율적인 기계 코드를 생성할 수 있다. 기타 다른 C 언어 확장 기능은 특히 저수준에서 C 프로그래밍 언어의 부족한 틈을 메꿔준다.

GCC에서 제공하는 확장 기능은 이제 최신 C 표준인 ISO C11에서도 사용할 수 있다. GCC 확장 기능은 C11에서 제공하는 기능과 유사하지만 ISO C11은 조금 다른 방식으로 이 기능을 구현하고 있다. 새로운 코드는 GCC 확장 기능을 사용하지 말고 표준화된 함수를 사용해야 한다. 여기서는 C11에서 제공하는 새로운 기능에 대해서는 설명하지 않고 GCC 관련 기능만 다루겠다.

A.1 GNU C

GCC가 지원하는 C는 GNU C라고 불린다. 1990년대에 GNU C는 복소수, 길이가 0인 배열, 인라인 함수, 그리고 이름이 있는 초기화 같은 기능을 제공하여 C 언어의 부족한 부분을 채웠다. 하지만 거의 10년이 지나 ISO C99와 ISO C11으로 C 언어가 업그레이드되면서 GNU 확장의 비중이 줄어들기 시작했다. 그럼에도 GNU C는 계속해서 유용한 기능을 제공하고 있으며 많은 리눅스 프로그래머는 C99나 C11 호환 코드에서 GNU C 확장의 일부를 사용하고 있다.

GCC 전용 코드를 사용한 주요 사례는 리눅스 커널이다. 하지만 최근 인텔은 커널에서 사용하는 GNU C 확장을 인텔 C 컴파일러(ICC)에서도 해석할 수 있도록 노력을 기울였고 그 결과, 이제 이 확장 기능의 많은 부분은 GCC 전용을 넘어서고 있다.

A.2 인라인 함수

컴파일러는 'inline'으로 선언된 함수의 전체 코드를 그 함수를 호출한 위치로 복사한다. 함수를 외부에 두고 호출할 때마다 그곳으로 건너뛰도록 하는 대신, 그 함수의 내용을 직접 실행한다. 이런 동작 방식은 함수 호출에 따른 부하를 줄이며 컴파일러가 호출하는 쪽caller과 호출되는 쪽callee을 함께 최적화할 수 있기 때문에 잠재적인 최적화의 가능성도 얻을 수 있다. 특히 호출하는 쪽에서 함수에 전달하는 인자가 상수인 경우에는 최적화가 가능하다. 하지만 함수를 호출하는 쪽에 매번 코드를 복사하다보면 자연스럽게 코드 크기가 늘어나는 부작용이 있다. 따라서 함수 크기가 작고 간단하거나 여러 곳에서 호출하지 않는 함수만 인라인으로 처리해야 한다.

GCC는 오래 전부터 컴파일러가 해당 함수를 인라인으로 처리하도록 지시하는 inline 키워드를 지원해왔다. C99에서는 다음과 같이 정의한다.

```
static inline int foo (void) { /* ... */ }
```

하지만 엄밀히 말하자면 이런 키워드는 단순히 힌트에 불과하며 컴파일러가 해당 함수를 인라인으로 처리할지 고려하도록 요청할 뿐이다. GCC는 지정한 함수를 항상 인라인으로 처리하도록 하는 확장도 제공한다.

```
static inline __attribute__ ((always_inline)) int foo (void) { /* ... */ }
```

가장 명백한 인라인 함수 후보는 선행처리기 매크로다. GCC에서 인라인 함수는 매크로처럼 동작하며 타입 검사도 가능하다. 다음 매크로를 보자.

```
#define max(a,b) ({ a > b ? a : b; })
```

이 매크로는 다음과 같은 인라인 함수로 사용할 수 있다.

```
static inline max (int a, int b)
{
    if (a > b)
        return a;
    return b;
}
```

프로그래머는 인라인 함수를 남용하는 경향이 있는데 대부분의 최신 아키텍처, 특히 x86 시스템에서 함수 호출 비용은 매우 적다. 정말 가치가 있는 함수만 인라인으로 고려하자.

A.3 인라인 피하기

GCC의 가장 공격적인 최적화 모드에서는 인라인에 가장 적합한 함수를 자동적으로 인라인으로 처리한다. 일반적으로 이는 좋은 생각이지만 가끔 인라인으로 처리할 경우 정상적으로 실행되지 않는 함수도 있다. 대표적으로 __builtin_return_address(자세한 내용은 뒤에 설명하겠다)를 사용한 경우인데, 인라인으로 처리하지 않으려면 noinline 키워드를 사용한다.

```
__attribute__ ((noinline)) int foo (void) { /* ... */ }
```

A.4 순수 함수

'pure' 함수는 부작용이 없으며 반환값은 함수의 인자나 volatile이 아닌 전역 변수에 의해서만 영향을 받는다. 함수 인자나 전역 변수에 접근할 때는 읽기 전용으로 접근해야 한다. 순수 함수에는 루프 최적화와 서브 익스프레션 제거가 적용될 수 있다. 순수 함수는 pure 키워드로 선언한다.

```
__attribute__ ((pure)) int foo (int val) { /* ... */ }
```

순수 함수의 대표적인 예는 strlen( ) 함수다. 입력이 같다면 몇 번을 호출하든 결과는 변하지 않으므로 루프 바깥으로 빼내고 한 번만 호출할 수 있다. 다음 예제를 살펴보자.

```
/* 글자 단위로 읽어서 p에 들어 있는 글자를 대문자로 출력한다 */
for (i = 0; i < strlen (p); i++)
    printf ("%c", toupper (p[i]));
```

컴파일러가 strlen( )이 순수 함수라는 사실을 모른다면 루프를 돌 때마다 strlen( ) 함수를 호출한다.

프로그래머가 컴파일러만큼 똑똑하다면 코드를 다음과 같이 작성할 것이고, 이는 strlen( )을 pure로 선언했을 경우 컴파일러가 생성하는 코드와 유사하다.

```
size_t len;

len = strlen (p);
for (i = 0; i < len; i++)
    printf ("%c", toupper (p[i]));
```

하지만 이 책의 독자처럼 더 똑똑한 프로그래머라면 다음과 같이 작성했을 것이다.

```
while (*p)
    printf ("%c", toupper (*p++));
```

순수 함수는 void를 반환할 수 없으며 반환값이야말로 순수 함수의 유일한 핵심이므로 void 를 반환한다는 것은 말도 되지 않는다. 순수 함수가 될 수 없는 대표적인 예는 random( ) 함수다.

A.5 상수 함수

'constant' 함수는 좀 더 엄격한 버전의 순수 함수라고 할 수 있다. 이런 함수는 전역 변수에 접근할 수 없고 포인터를 인자로 받을 수도 없다. 따라서 상수 함수의 반환값은 값으로 전달된 pass-by-value 인자에만 영향을 받는다. 상수 함수는 순수 함수보다 더 높은 수준의 최적화를 얻을 수 있다. abs( )와 같은 수학 함수가 대표적인 상수 함수다(상수 함수는 상태를 저장하지 않는다고 가정하거나 그렇지 않다면 최적화를 수행한다). 상수 함수는 const 키워드로 선언한다.

```
__attribute__ ((const)) int foo (int val) { /* ... */ }
```

순수 함수와 마찬가지로 상수 함수도 void를 반환하지 않는다.

A.6 반환하지 않는 함수

exit( )를 호출하는 등의 이유로 반환하지 않는 함수가 있다면 noreturn 키워드를 사용해서 컴파일러에 이 사실을 알려준다.

```
__attribute__ ((noreturn)) void foo (int val) { /* ... */ }
```

그러면 컴파일러는 해당 함수가 반환되지 않는다는 사실을 알고 추가적인 최적화를 수행한다. 이런 함수가 void가 아닌 다른 값을 반환하는 것은 의미가 없다.

A.7 메모리를 할당하는 함수

어떤 함수가 메모리를 새로 할당해서 이미 존재하지 않는 유일한 포인터*를 반환하는 함수라면 malloc 키워드를 사용해서 컴파일러가 적절한 최적화를 수행할 수 있도록 한다.

---

* 둘 이상의 포인터가 같은 메모리 주소를 가리킬 수 있다. 이는 흔히 포인터 값을 다른 포인터에 대입했을 때 발생하며 이보다 더 복잡한 경우도 있다. 만일 어떤 함수가 메모리를 새로 할당하고 그 포인터를 반환한다면 동일한 주소를 가리키는 다른 포인터가 존재할 수 없다.

```
__attribute__ ((malloc)) void * get_page (void)
{
    int page_size;

    page_size = getpagesize ();
    if (page_size <= 0)
        return NULL;
    return malloc (page_size);
}
```

A.8 강제로 반환값 검사하기

최적화가 아니라 프로그래밍을 돕기 위한 목적으로, 함수의 반환값이 저장되거나 조건문에서 사용되지 않는다면 컴파일러가 경고를 내도록 warn_unused_result 속성을 지정할 수 있다.

```
__attribute__ ((warn_unused_result)) int foo (void) { /* ... */ }
```

이렇게 하면 반환값이 특히 중요한 경우에 프로그래머가 이를 검사하고 처리할 수 있도록 해준다. read( )처럼 반환값이 중요함에도 불구하고 종종 무시되는 함수에 이 속성을 유용하게 사용할 수 있다. 이런 함수는 void를 반환할 수 없다.

A.9 권장하지 않는 함수로 표시하기

deprecated 속성은 해당 함수를 호출할 때마다 컴파일러가 경고를 내도록 한다.

```
__attribute__ ((deprecated)) void foo (void) { /* ... */ }
```

이렇게 하면 프로그래머에게 권장하지 않거나 앞으로 사라질 인터페이스임을 알려준다.

A.10 사용되는 함수로 표시하기

종종 호출이 되지 않는 함수라고 컴파일러가 착각하는 경우가 있다. 이 경우 used 속성을 붙여 절대로 참조되지 않는 것처럼 보일지라도 실제로 그 함수를 사용한다고 컴파일러에 알려준다.

```
static __attribute__ ((used)) void foo (void) { /* ... */ }
```

그러면 컴파일러는 해당 함수에 대한 어셈블리 코드를 만들어내며 사용되지 않는 함수라는 경고도 출력하지 않는다. 이 속성은 직접 작성한 어셈블리 코드에서만 호출하는 정적 함수에 유용하게 쓰인다. 일반적으로, 컴파일러에서 호출되지 않는 함수라고 판단하면 경고를 출력하고 해당 함수를 제거하는 최적화를 수행한다.

A.11 사용되지 않는 함수나 인자라고 표시하기

unused 속성은 지정된 함수나 인자가 사용되지 않음을 알려주어 관련 경고를 출력하지 않도록 한다.

```
int foo (long __attribute__ ((unused)) value) { /* ... */ }
```

이 속성은 컴파일할 때 -W 혹은 -Wunused 옵션을 주어 사용하지 않는 함수 인자를 확인하고 싶지만 이미 정해진 함수 형식을 따르기 위해 어쩔 수 없이 사용하지 않는 인자를 지정한 경우 (이벤트 드리븐 GUI 프로그래밍이나 시그널 핸들러에서 쉽게 볼 수 있다)에 유용하다.

A.12 구조체 채우기

packed 속성은 잠재적으로 정렬 요구사항을 위반하더라도 가능한 한 최소한의 공간을 차지하도록 타입이나 변수를 메모리에 꽉 채워넣도록 한다. 구조체나 유니언에 지정하면 그 멤버가 모두 꽉 채워진다. 변수 하나만 지정하면 지정된 변수만 꽉 채워넣는다.

다음은 구조체의 모든 멤버를 최소한의 공간만 차지하도록 채워넣는다.

```
struct __attribute__ ((packed)) foo { ... };
```

예를 들어 char 바로 다음에 int 멤버를 가진 구조체에서 int는 char 바로 다음이 아니라 3바이트 뒤에 위치한다. 컴파일러는 char와 int 사이에 사용하지 않는 바이트(패딩padding)를 삽입해서 변수를 정렬한다. 꽉 채워진 구조체는 이런 패딩 바이트가 없으므로 공간을 적게 차지하지만 아키텍처에서 요구하는 정렬 요구사항을 만족하지 못한다.

A.13 변수의 정렬값 늘리기

변수를 꽉 채워넣는 기능에 더하여, GCC는 특정 변수의 최소 정렬값을 지정할 수 있는 기능을 제공한다. 그렇게 하면 아키텍처와 ABI에서 지정한 최소 정렬값을 따르지 않고 프로그래머가 지정한 최소 정렬값에 따라 변수를 정렬한다. 아래는 beard_length라는 정수를 최소 32바이트로 정렬되도록 선언한다(32비트 정수의 일반적인 정렬값은 4바이트이다).

```
int beard_length __attribute__ ((aligned (32))) = 0;
```

아키텍처 자체의 정렬 요구사항보다 더 큰 정렬값이 필요한 하드웨어 제어나 C와 어셈블리 코드를 함께 사용하면서 특수한 정렬값을 요구하는 명령어를 사용하는 경우에 특히 유용하다. 이 기능을 활용하고 있는 예제로는 캐시를 최적화하기 위해 프로세서 캐시 라인에서 자주 사용하는 변수를 저장하는 경우다. 리눅스 커널에서 이 기법을 사용하고 있다.

최소 정렬값을 지정하는 대신에 GCC가 데이터 타입에 사용된 최소 정렬값 중에서 가장 큰 값으로 주어진 타입을 정렬하게 할 수 있다. 예를 들어, 다음은 GCC가 parrot_height를 여태껏 사용한 정렬값 중에서 가장 큰 값, 대부분 double 타입의 정렬값으로 정렬하도록 한다.

```
short parrot_height __attribute__ ((aligned)) = 5;
```

이런 결정은 일반적으로 공간과 시간의 타협이 필요하다. 이런 식으로 정렬된 변수는 공간을 더 소모하지만, 컴파일러가 가장 큰 메모리를 다루는 기계 명령어를 사용할 수 있으므로 다른 복잡한 조작과 더불어 복사 속도가 빨라질 수 있다.

아키텍처의 다양한 측면이나 시스템의 툴체인에 의해 변수 정렬값의 최댓값이 제한될 수 있다. 예를 들어, 일부 리눅스 아키텍처에서 링커는 정렬값이 다소 작은 기본값을 넘어가는 경우 인식하지 못하는 문제가 있다. 이런 경우에 aligned 키워드를 사용하면 허용된 최소 정렬값으로 줄인다. 예를 들어, 정렬값으로 32를 명시했지만 시스템의 링커가 8바이트를 초과하는 정렬값을 지원하지 않는다면 이 변수는 8바이트에 맞춰 정렬된다.

A.14 전역 변수를 레지스터에 저장하기

GCC는 프로그램이 실행되는 동안에 전역 변수가 특정 머신 레지스터에 저장될 수 있도록 한다. GCC는 이런 변수를 전역 레지스터 변수라고 부른다.

저장될 레지스터는 프로그래머가 직접 지정해야 한다. 다음 예제에서는 ebx를 사용했다.

```
register int *foo asm ("ebx");
```

전역 레지스터 변수로 사용할 변수는 주의 깊게 선택해야 한다. 해당 변수는 다른 지역 함수에서 사용할 수 있어야 하며 함수 호출이 일어날 때 저장되고 복구될 수 있어야 하며 아키텍처나 운영체제의 ABI에서 특수 목적으로 사용되는 레지스터가 아니어야 한다. 부적절한 레지스터를 사용할 경우 컴파일러는 경고를 출력한다. 예제에서 사용한 x86 아키텍처에서의 ebx처럼, 명시한 레지스터가 적합하다면 컴파일러는 해당 레지스터를 다른 목적으로 사용하지 않는다.

해당 변수가 자주 사용된다면 이런 최적화는 엄청난 성능 향상을 가져온다. 좋은 예로 가상 머신을 들 수 있다. 레지스터에 가상 스택 프레임 포인터를 저장하도록 하면 성능을 대폭 향상시킬 수 있다. 반면 x86 아키텍처처럼 레지스터가 부족하다면 이런 최적화는 거의 의미가 없다.

전역 레지스터 변수는 시그널 핸들러나 멀티스레드 환경에서는 사용할 수 없다. 또한, 실행 파일에서 레지스터의 기본값을 제공할 수 있는 방법이 없기 때문에 초깃값을 지정할 수도 없다. 전역 레지스터 변수는 함수보다 먼저 선언해야 한다.

A.15 분기 주석

GCC에서는 어떤 표현식의 기대 값을 주석으로 붙일 수 있다. 예를 들어, 어떤 조건문이 참 또는 거짓 중 하나가 될 확률이 높다면 이를 알려줄 수 있다. 그러면 GCC는 분기되는 조건문을 만나면 이를 재배치해서 성능을 향상시킨다.

분기 주석의 문법은 차마 눈뜨고 볼 수 없을 정도로 흉하므로 선행처리기 매크로를 사용해서 보기 쉽게 만들어주자.

```
#define likely(x)    __builtin_expect (!!(x), 1)
#define unlikely(x)  __builtin_expect (!!(x), 0)
```

이제 likely()와 unlikely()를 사용해서 표현식이 참이 될 경우와 그렇지 않을 경우를 각각 표시한다. 다음 코드는 컴파일러에 참이 될 경우가 없는(거의 거짓이 될) 분기문임을 알려준다.

```
int ret;

ret = close (fd);
if (unlikely (ret))
    perror ("close");
```

반대로 다음 코드는 분기문이 거의 참일거라는 사실을 알려준다.

```
const char *home;

home = getenv ("HOME");
if (likely (home))
    printf ("Your home directory is %s\n", home);
else
    fprintf (stderr, "Environment variable HOME not set!\n");
```

인라인 함수와 마찬가지로 분기 주석을 남용하는 경향이 있다. 한번 분기 주석을 사용하기 시작하면 모든 표현식에 사용하고픈 유혹에 빠지게 된다. 하지만 해당 표현식이 선험적으로, 의심의 여지 없이 거의 99퍼센트의 확률로 참이거나 거짓임을 확신할 때만 likely와 unlikely를 사용하도록 주의해야 한다. 거의 발생하지 않는 에러에는 unlikely()를 사용하기 좋다. 잘못된 예측은 아무런 예측도 하지 않는 것보다 훨씬 나쁘다는 사실을 꼭 명심하자.

A.16 표현식의 타입 구하기

GCC는 주어진 표현식의 타입을 구하는 typeof( ) 키워드를 제공한다. 의미상으로는 sizeof( ) 와 동일하게 동작한다. 예를 들어 다음 표현식은 x가 가리키는 대상의 타입을 반환한다.

```
typeof (*x)
```

이렇게 얻은 타입의 배열, y를 선언할 수 있다.

```
typeof (*x) y[42];
```

typeof( )는 안전한 산술 연산 매크로를 작성할 때 인자를 한번만 검사할 수 있어서 아주 유용하다.

```
#define max(a,b) ({        \
typeof (a) _a = (a); \
typeof (b) _b = (b); \
_a > _b ? _a : _b;   \
})
```

A.17 타입의 정렬값 얻기

GCC는 주어진 대상의 정렬값을 구할 수 있는 __alignof__ 키워드를 제공한다. 이 값은 아키텍처와 ABI에 따라 다르다. 만일 현재 아키텍처가 요구하는 정렬값이 없다면 ABI의 권장값을 반환한다. 그렇지 않다면 최소 정렬값을 반환한다.

사용법은 sizeof( )와 동일하다.

```
__alignof__(int)
```

아키텍처에 따라 다르지만, 아마 4를 반환할 것이다. 32비트 정수는 4바이트에 맞춰 정렬되는 것이 일반적이기 때문이다.

좌측값(lvalue)에도 이 키워드를 사용할 수 있다. 이 경우 반환되는 정렬값은 지정된 좌측값의 실제 정렬값이 아니라 해당 타입의 최소 정렬값을 반환한다. 만일 최소 정렬값이 aligned 속성을 통해 변경되었다면(514쪽 '변수의 정렬값 늘리기') `__alignof__`에도 반영이 된다.

다음 구조체를 살펴보자.

```
struct ship {
    int year_built;
    char cannons;
    int mast_height;
};
```

그리고 다음 코드를 살펴보자.

```
struct ship my_ship;

printf ("%d\n", __alignof__(my_ship.cannons));
```

cannons가 구조체 패딩 바이트 때문에 4바이트를 차지하더라도 이 코드에서는 1을 반환한다.

A.18 구조체 멤버의 오프셋

GCC는 구조체 내부에서 멤버의 오프셋을 구할 수 있는 내장 키워드를 제공한다. 〈stddef.h〉에 정의된 `offsetof()` 매크로는 ISO C 표준의 일부다. 멤버의 오프셋을 찾기 위한 대부분의 정의는 끔찍하며 지저분한 포인터 연산과 부적절한 코드로 도배되어 있다. GCC 확장은 훨씬 더 단순하고 빠른 방법을 제공한다.

```
#define offsetof(type, member)  __builtin_offsetof (type, member)
```

매크로는 type 안에서 member의 오프셋을 반환한다. 즉 구조체의 시작점부터 멤버의 오프셋까지 0부터 시작하는 바이트로 반환한다. 다음 구조체를 살펴보자.

```
struct rowboat {
    char *boat_name;
    unsigned int nr_oars;
    short length;
};
```

실제 오프셋은 변수의 크기와 아키텍처의 정렬값, 패딩 바이트의 크기에 따라 달라진다. 32비트 환경에서 rowboat 구조체의 boat_name, nr_oars, length에 대해서 offsetof()를 사용하면 각각 0, 4, 8이 반환될거라고 예상할 수 있다.

리눅스에서 offsetof() 매크로는 GCC 키워드를 사용해서 정의되어야 하며 재정의할 필요는 없다.

A.19 함수 반환 주소 구하기

GCC는 현재 함수나 현재 함수를 호출한 함수의 반환 주소를 얻기 위한 키워드를 제공한다.

```
void * __builtin_return_address (unsigned int level)
```

level 인자는 콜체인call chain에서 반환 주소를 구할 함수를 지정한다. 0은 현재 함수의 반환 주소를 의미하며 1은 현재 함수를 호출한 함수의 반환 주소를 나타내며 이런 식으로 level 값이 증가할수록 콜체인을 거슬러 올라간다.

만일 현재 함수가 인라인 함수라면 자신을 호출한 함수와 같은 주소를 반환한다. 이를 수용할 수 없다면 noinline 키워드(509쪽 '인라인 피하기')를 사용해서 해당 함수가 인라인 함수가 되지 않도록 한다.

__builtin_return_address 키워드는 여러 곳에서 사용한다. 디버깅이나 정보 수집을 위한 목적으로 쓰이며 자기 관찰을 구현하거나 크래시 덤프 유틸리티, 디버거 등을 구현하기 위해 콜체인을 거슬러 올라가야 할 때 사용한다.

일부 아키텍처는 호출한 함수의 반환 주소만 반환한다는 점을 주의하자. 이런 아키텍처에서는 0이 아닌 level 값을 넘길 경우 무작위 값이 반환될 수 있다. 따라서 0이 아닌 값을 사용하면 이식성이 사라지므로 디버깅 목적으로만 사용하자.

A.20 case 범위 지정

GCC에서는 단일 블록에서 case문에 사용하는 값의 범위를 지정할 수 있다. 일반적인 사용법은 다음과 같다.

```
case low ... high:
```

다음 예제를 살펴보자.

```
switch (val) {
case 1 ... 10:
    /* ... */
    break;
case 11 ... 20:
    /* ... */
    break;
default:
    /* ... */
}
```

이 기능은 ASCII 범위를 지정할 때도 매우 유용하다.

```
case 'A' ... 'Z':
```

생략 부호 앞뒤로 공백이 들어가야 한다는 점을 주의하자. 그렇지 않으면 특히 정수를 다룰 때 컴파일러가 혼란에 빠진다. 항상 다음과 같이 작성하자.

```
case 4 ... 8:
```

다음처럼 작성하면 컴파일러가 혼란에 빠진다.

```
case 4...8:
```

A.21 void와 함수 포인터 연산

GCC에서는 void 포인터와 함수 포인터에 대한 더하기와 빼기 연산이 허용된다. 일반적으로 ISO C는 'void'의 크기가 무의미하고 실제로 포인터가 가리키고 있는 대상에 따라 다르기 때문에 이런 포인터에 대한 연산을 허용하지 않는다. 이런 연산을 지원하기 위해 GCC는 해당 포인터가 참조하는 대상의 크기를 한 바이트로 취급한다. 따라서 다음 코드는 a 포인터 값이 1바이트만큼 증가한다.

```
a++; /* a는 void 포인터다 */
```

GCC에서 -Wpointer-arith 옵션을 사용하면 이런 표현식을 사용할 경우 경고를 출력한다.

A.22 이식성과 가독성을 한 번에 잡기

솔직히 attribute 문법은 보기에 좋지 않다. 부록에서 살펴본 몇 가지 확장 기능은 맛깔나게 사용하기 위해서는 선행처리기 매크로가 필요하지만 겉으로 보이는 모습도 신경을 쓴다면 더할 나위 없겠다.

선행처리기 마법을 조금 부린다면 어렵지 않다. GCC 컴파일러가 아닌 경우 __attribute__ 구문을 제거해서 이식성을 높일 수도 있다.

이렇게 하려면 소스 파일에서 다음 코드 내용을 포함하는 헤더 파일을 인클루드한다.

```
#if __GNUC__ >= 3
# undef  inline
# define inline inline __attribute__ ((always_inline))
```

```
# define __noinline __attribute__ ((noinline))
# define __pure __attribute__ ((pure))
# define __const    __attribute__ ((const))
# define __noreturn __attribute__ ((noreturn))
# define __malloc   __attribute__ ((malloc))
# define __must_check   __attribute__ ((warn_unused_result))
# define __deprecated   __attribute__ ((deprecated))
# define __used __attribute__ ((used))
# define __unused   __attribute__ ((unused))
# define __packed   __attribute__ ((packed))
# define __align(x) __attribute__ ((aligned (x)))
# define __align_max    __attribute__ ((aligned))
# define likely(x)   __builtin_expect (!!(x), 1)
# define unlikely(x) __builtin_expect (!!(x), 0)
#else
# define __noinline /* no noinline */
# define __pure     /* no pure */
# define __const        /* no const */
# define __noreturn /* no noreturn */
# define __malloc       /* no malloc */
# define __must_check   /* no warn_unused_result */
# define __deprecated   /* no deprecated */
# define __used     /* no used */
# define __unused       /* no unused */
# define __packed       /* no packed */
# define __align(x) /* no aligned */
# define __align_max    /* no align_max */
# define likely(x)   (x)
# define unlikely(x) (x)
#endif
```

그러면 다음과 같은 단축 표현으로 순수 함수를 선언할 수 있다.

```
__pure int foo (void) { /* ... */ }
```

GCC를 사용하면 해당 함수에 pure 속성이 부여된다. GCC가 아니라면 선행처리기는 __pure를 no-op으로 처리한다. 함수 정의에 여러 속성을 사용해서 두 개 이상의 속성을 부여 하는것도 가능하다.

쉽고, 보기 좋고, 이식성도 높다!

참고 서적

여기서는 시스템 프로그래밍과 관련된 추천 서적을 네 가지로 분류해두었다. 꼭 읽어야 할 책은 아니지만 필자가 뽑은 각 분야의 바이블이다. 이 책에서 다룬 내용 중에서 관심이 가는 분야가 있다면 추천 서적을 읽어보기 바란다.

참고 서적 중 일부는 C 프로그래밍 언어처럼 독자가 이미 친숙한 주제를 다룬다. 다른 책은 gdb, Git 또는 운영체제 설계와 같은 보충할 수 있는 내용을 담고 있다. 주제에 상관없이 모든 책을 다 추천한다. 물론 여기서 소개하는 책이 완전하지는 않으므로 다른 책도 살펴보기 바란다.

B.1 C 프로그래밍 언어 관련 서적

여기서 소개하는 책은 시스템 프로그래밍의 국제 공용어인 C 프로그래밍 언어에 대해서 설명하는 책이다. C를 모국어처럼 자유자재로 사용할 수 없다면 여기서 소개하는 책 몇 권과 수많은 연습을 통해 올바른 방향으로 나아갈 수 있을 것이다. 적어도 K&R이라고 널리 알려진 첫 번째 추천 서적은 꼭 읽어볼 만하다. 이 책의 간결함은 C의 단순함을 잘 나타내고 있다.

『The C Programming Language, 2nd ed』(Prentice Hall, 1988) Brian Kernighan, Dennis Ritchie

번역서:『C 언어 프로그래밍』(휴먼사이언스, 2012)

이 책은 C 프로그래밍 언어의 저자와 그의 동료가 함께 쓴 책이며 C 프로그래밍 언어의 바이블이다.

『C in a Nutshell』(O'Reilly Media, 2005) Peter Prinz, Tony Crawford

C 언어와 표준 C 라이브러리를 모두 다루는 훌륭한 책이다.

『C Pocket Reference』(O'Reilly Media, 2002) Peter Prinz, Ulla Kirch-Prinz, Tony Crawford

ANSI C99에 맞춰 C 언어를 간략하게 소개한다.

『Expert C Programming』(Prentice Hall, 1994) Peter van der Linden

C 프로그래밍 언어의 잘 알려지지 않은 측면을 뛰어난 재치와 유머를 곁들여 설명한 멋진 책이다. 이 책은 말도 안되는 농담으로 가득 차 있다.

『C Programming FAQs: Frequently Asked Questions, 2nd ed』(Addison-Wesley, 1995) Steve Summit

이 엄청난 책은 C 프로그래밍 언어에 대한 400여 개의 FAQ를 담고 있다. FAQ 대부분이 C 전문가의 입장에서는 당연한 답변으로 보이겠지만 몇 가지 무거운 질문과 답변은 박식한 C 프로그래머조차도 강한 인상을 받을 수 있다. 이 FAQ는 온라인 버전이 있으며 최근에 업데이트 되었을 가능성이 있다.*

B.2 리눅스 프로그래밍 관련 서적

다음은 이 책에서는 설명하지 않았던 내용을 포함하는 리눅스 프로그래밍과 리눅스 프로그래밍 도구에 대한 참고 서적이다.

----
* 역자주_ 국내에서는 신성국 님이 온라인 버전을 번역, 관리, 운영하고 있다. http://www.cinsk.org/cfaqs/index.ko.html

『**Unix Network Programming, Volume 1: The Sockets Networking API**』
(Addison-Wesley, 2003) W. Richard Stevens 외 공저

> **번역서:**『Unix Network Programming Volume 1, 3판』(교보문고, 2005), 절판
>
> 소켓 API를 다루는 전설적인 책이다. 불행하게도 리눅스에 국한된 내용은 아니지만 다행히 최근 개정판에서 IPv6를 다루고 있다.

『**UNIX Network Programming, Volume 2: Interprocess Communications**』
(Prentice Hall, 1998) W. Richard Stevens

> **번역서:**『Unix Network Programming Volume 2, 3판』(교보문고, 2001), 절판
>
> IPC(Inter-Process Communication)를 다루는 훌륭한 책이다.

『**PThreads Programming**』(O'Reilly Media, 1996) Bradford Nichols 외 공저

> POSIX 스레딩 API인 Pthread를 심도있게 다루는 레퍼런스이며 이 책에서 설명한 내용을 보충한다.

『**Managing Projects with GNU Make**』(O'Reilly Media, 2004) Robert Mecklenburg

> 리눅스에서 소프트웨어 프로젝트를 빌드하는 데 사용되는 전통적인 도구인 GNU Make를 잘 설명한 훌륭한 책이다.

『**Version Control with Subversion**』(O'Reilly Media, 2004) Ben Collins-Sussman 외 공저

> 유닉스 시스템에서 소스 코드를 관리하고 리비전 관리를 위한 CVS의 계승자인 서브버전 subversion을 종합적으로 다루는 책이다. 서브버전의 세 개발자가 집필했다.

『**Version Control with Git**』(O'Reilly Media, 2012) Jon Loeliger 외 공저

> **번역서:**『분산 버전 관리 Git 사용설명서』(제이펍, 2013)
>
> 가끔 어렵기도 하지만 언제나 최고인 분산 리비전 관리 시스템인 깃Git에 대한 훌륭한 설명서다.

『**GDB Pocket Reference**』(O'Reilly Media, 2005) Arnold Robbins

리눅스 디버거인 gdb를 다루는 간편한 포켓 가이드다.

『**Linux in a Nutshell**』(O'Reilly Media, 2009) Ellen Siever 외 공저

리눅스 개발 환경을 구성하는 다양한 도구와 리눅스의 모든 것을 다루는 궁극적인 참고서다.

B.3 리눅스 커널 관련 서적

여기서는 리눅스 커널을 다루는 서적 두 권을 소개한다. 커널에 대해서 공부해야 하는 이유는
세 가지로 나눌 수 있다. 첫째, 커널은 시스템 콜 인터페이스를 사용자 영역에 제공하며 따라서
시스템 프로그래밍의 핵심이다. 둘째, 커널의 동작 방식과 독특함은 커널이 실행하는 애플리케
이션과 상호작용하는 데서 찾을 수 있다. 마지막으로, 리눅스 커널은 그 자체로 훌륭한 코드이
며 소개하는 두 책은 모두 재미있다.

『Linux Kernel Development』(Addison-Wesley, 2010) Robert Love

번역서:『리눅스 커널 심층분석, 개정판 3판』(에이콘출판, 2012)

필자가 쓴 이 책은 리눅스 커널의 설계와 구현에 대해서 알고 싶은 시스템 프로그래머를 위
해 쓴 책이다. 이 책은 API 레퍼런스가 아니라 리눅스 커널 구현 과정에서 내렸던 결정과 사
용된 알고리즘을 소개한다.

『Linux Device Drivers』(O'Reilly Media, 2005) Jonathan Corbet 외 공저

번역서:『리눅스 디바이스 드라이버, 개정 3판』(한빛미디어, 2005년), 절판

이 책은 훌륭한 API 레퍼런스이자 리눅스 디바이스 드라이버를 작성하기 위한 지침서다. 비
록 디바이스 드라이버에 초점을 두고 있지만 리눅스 커널에 숨어 있는 술책을 밝히고 싶은
시스템 프로그래머를 포함하여 어떤 유형의 프로그래머일지라도 이 책에서 많은 도움을 얻
을 수 있다. 필자가 쓴 리눅스 커널 책을 보완하는 훌륭한 책이다.

B.4 운영체제 설계 관련 서적

여기서 소개하는 두 책은 리눅스에 국한된 내용은 아니지만 운영체제 설계에 대한 개략적인 내용을 다룬다. 약간 어려운 책이지만 개발하려는 시스템에 대한 확실한 이해가 있어야만 실력을 키울 수 있다.

『**Operating System Concepts**』(Prentice Hall, 2012) Abraham Silberschatz 외 공저

> **번역서:**『Operating System Concepts, 8판』(홍릉과학출판사, 2013)

> 운영체제에 대한 소개와 역사, 지탱하고 있는 알고리즘에 대한 내용을 담고 있는 훌륭한 책이다. 여러 가지 사례 연구도 포함되어 있다.

『**UNIX Systems for Modern Architectures**』(Addison-Wesley, 1994) Curt Schimmel

> 이 책은 유닉스보다는 프로세서와 캐시 아키텍처에 대해서 다루고 있으며 운영체제에서 시스템의 복잡함을 어떻게 대처하고 있는지 훌륭하게 설명하고 있다. 조금 오래된 책이긴 하지만 여전히 강력하게 추천한다.

INDEX

INDEX